中国古代房内考
SEXUAL LIFE IN ANCIENT CHINA
——中国古代的性与社会

〔荷〕高罗佩 著

李零 郭晓惠 李晓晨 张进京 译

R.H. VAN GULIK

SEXUAL LIFE IN ANCIENT CHINA

First published 1961

The vignette on the cover of this book is a fan-shaped cut from a wood-print of the erotic album *Hua-ying-chin-chên* described on page XI of the Preface.

Copyright 1974 *by E.J. Brill, Leiden, Netherlands*

原 书 封 面

图版 1　伏羲女娲（山东武梁祠画像石拓本）

图版 2　汉代杂技艺人（汉画像石拓本，木版翻刻）

图版 3　宫女为帝妃梳头（大英博物馆藏《女史箴图》局部）

图版 4　卧室(《女史箴图》局部)

图版 5　古代日本的床架（据《丹鹤图谱》）

图版6 抚琴的女子(北京故宫博物院藏唐代画家周昉画卷的局部)

图版 7　宫女戏犬（出处同图版 6）

图版 8 唐骑马官员像(据日本《佛说十王经》图摹本)

图版 9　山西太原晋祠宋塑道士像(细部,据《中国古代陶塑集》,北京,1955 年)

图版 10 山西太原晋祠宋塑女子像(细部,出处同图版 9)

图版 11　公元 983 年的北宋女子（巴黎基美博物馆藏敦煌壁画，no.17.662 的细部）

图版 12　日本艺妓（英山彩绘，约作于 1840 年，荷兰莱顿国家民族博物馆藏品，no.360.4578）

图版 13　公元 968 年的北宋男子和女子
（华盛顿弗利尔美术馆藏敦煌壁画，no.30.36 的细部）

图版 14 狎戏(作者藏明代彩绘绢画的局部)

图版 15　象牙环

图版 16 卧室，一男子在正冠（据北京故宫博物院藏明画家仇英彩绘绢画集）

图版 17 两女子在逗弄睡着的丈夫(出处同图版 16)

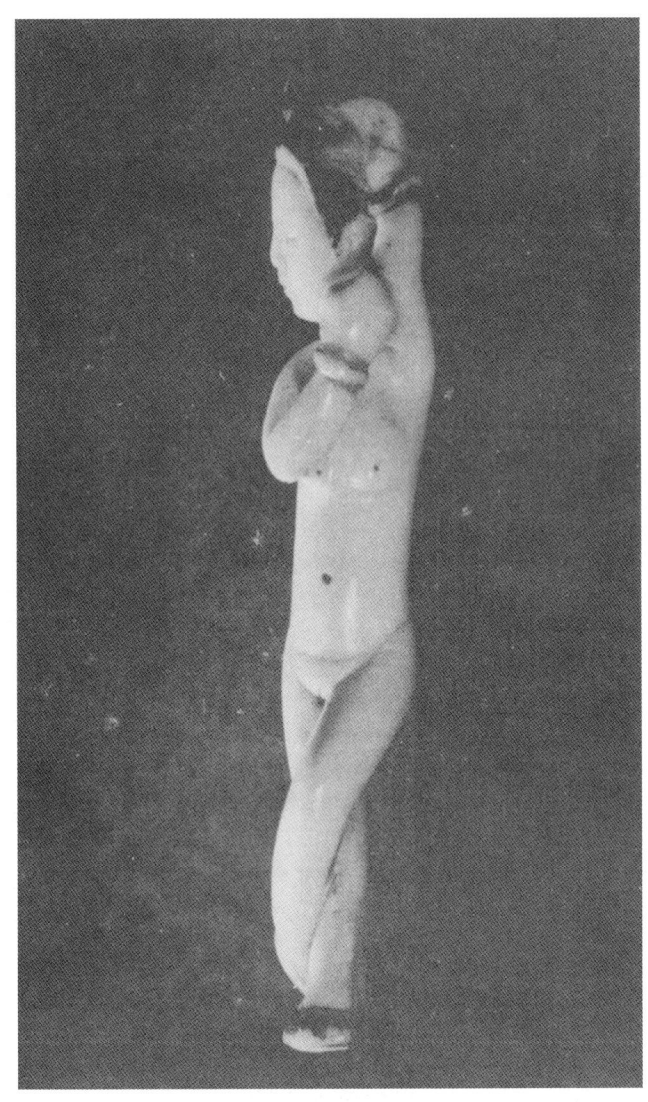

图版 18 医用牙雕人像（作者藏）

图版 19　唤庄生（据明代套色春宫版画集《风流绝畅》）

图版 20 云散雨收（出处同图版 19）

图版 21 六穴（作者藏印度北部彩绘纸画）

图版 22　时母在湿婆身上跳舞（作者藏印度北部彩绘纸画）

译者前言

现在,由荷兰布利尔出版社正式授权,中国大陆商务印书馆正式出版,高罗佩《中国古代房内考》的中文译本终于和广大读者见面了。商务印书馆是翻译出版海外名著,资格最老,质量最高,名气也最大的出版社,我从年轻时就对它非常景仰,是它的忠实读者。本书由它出版,是再合适不过。这里应当说明的是,过去我们的译本曾于1990年由上海人民出版社以"内部读物"的形式出版,签约10年。那个版本,未经布利尔出版社正式授权,也未经译者审校,存在不少错误,令我们愧对读者。十多年来,我们一直希望有机会能弥补遗憾,现在才如愿以偿。

这次再版,我们不仅重新核对和修改过全部译文,还在书后增附了《高罗佩的生平和著作》,以及我为纪念高氏写作的三篇短文:

(一)《高罗佩与马王堆房中书》。本来是1992年应中国社会科学院历史研究所和荷兰大使馆为筹备纪念高罗佩先生逝世二十五周年学术讨论会的约稿而作。由于这次会议未能如期召开,我以此文提交当年在湖南长沙召开的马王堆汉墓国际学术讨论会,并发表于湖南省博物馆编《马王堆汉墓研究文集》(长沙:湖南出版社,1994年,142—149页)。这是我从学术角度,利用考古新发现,为纪念高氏专门写作的文章。

(二)《闭门造车——房中术》。是我写的一篇杂文,原来收入我的杂文集《放虎归山》(沈阳:辽宁教育出版社,1996年),也涉及对高罗佩的评介。

(三)《昙无谶传密教房中术考》。则是摘自我写作的长文《东汉魏晋南北朝房中经典流派考》(《中国文化》第十五、十六合期,1997年,141—158页),内容是就高氏此书附录一讨论的中国房中术和印度房中术的关系，写一点补充性的意见。在这篇文章中，我把问题从唐代反溯到释之入、道之兴的早期阶段，以昙无谶为例，对高氏提出的中国房中术西传印度又回传中国的假说进行了再讨论。

这些文章都是追随高氏的思路，研究高氏提出的问题，根据新材料，提出新看法，用自己的研究，纪念高氏在这一领域的巨大贡献。读者如果有兴趣对有关细节和总体评价作进一步了解，还可参看我在《中国方术考》和《中国方术续考》二书（北京：东方出版社，2001年）中的有关考证文章。

由于这个版本是中国大陆出版的第一个正式版本，我请读者注意，这个版本出版后，上海版已失去意义，应当停止印刷和发行。

往事如烟，若隐若现，有些忘记了，有些又清清楚楚，好像就在昨天。书虽然还是原来的书，但感受却很不一样。

当年，我和郭晓惠、李晓晨、张进京翻译这本书，非常辛苦。书中涉及的知识很广，语言也很多。我们四个，一人是专业教英语，一人是专业学英语，一人非常喜欢说英语，其中不包括我。我的英语水平，当时很差，现在也不高，整个感觉可以用这样的词来形容，就是临阵磨枪，蚂蚁啃骨头。但我是翻译此书的发动者和惟一熟悉全书内容的人，很多累活不能不落在我的身上。除我承担翻译的部分，全书由我通校和加工，引文由我查对和补译，越是认真，越是费力而不能自拔。从此，对翻译，我是说英翻中，我不能不心生畏惧。我觉得，英语本身的通读固然是基础，但也仅仅是基础。认真查对，认真琢磨，认真推敲每个词和每句话的中文表达、文学表达和思想表达，还有专业上的理解，才更难也更为重要。尤其是讲咱们自己的事。你千万不要以为，讲中国的事，中国人最熟悉，顺手牵羊，还不容易，像我最初想象的那样。其实，正因为熟，才更难。什么词都得对号入座，找出它固有的说法，梵文还得查中国佛经的译法，一个萝卜一个坑，绝对糊弄不了。引文也如此，回查很麻烦。高氏讲《儿女英雄传》，整部小说，我得一页一页查，找不到原文，就没法交待。因为这不是英文，你不能照字面含义直接翻。现在,我也好,其他人也好,很多人都有过痛苦回忆,校一遍比翻一遍还难。如果只从字面翻,没有真正的理解,即达到遗形取神消化为母语的理解,达到超越语言进入人心同理的理解,翻也等于没翻。自己不懂,别人也没法懂。这是心里话。当然,我们的工作只是勉为其难,还根本达不到这样的标准,错误是在所难免。

记得1989年,我在一个书摊上翻书,摊主问,您要不要《中国古代房内考》。我问,你说的是哪一本《房内考》?我怎么不知道。他说,千真万确,我朋友那儿有,您要,我给您留着,200元。当时我们的书还没出来,心里好奇怪。后来,高氏此书,通过我们,终于和广大读者见面。我完全没有想到,它会引起那么大轰动,甚至是人大代表的争议——刘东先生跟我说,李泽厚先生跟他这么讲。而且当时,我和李泽厚先生还从未见过面,他猜,李零一定是女的。当时的阅读环境,现在想起来,可以两个字概之,无知。无知,无知到什么程度,书店进书,不知摆哪儿,有人进门打听,小姐说"喏",拿手一指,是在室内装修那一栏。还有,则是好奇。当时人的好奇,也实在好笑,真像叶德辉老先生讲外国性学译本初入中国,那也是"无知之夫,诧为鸿宝"(《新刊素女经序》,收入《双梅景闇丛书》)。有人是拿它当宝贝,外边用纸包着,犄角旮旯藏着,夜深人静,背着小孩,才偷偷拿出来看,觉得有如醍醐灌顶,顿开茅塞——原来人间还有这等奇事。我们的书,稿酬很低,一次付清,但出版社狂印,盗版书铺天盖地,我们的收获是浪得虚名。很多人知道有我这么个人,那都不是因为我自己写了什么书,反而是蝇附骥尾,沾高氏的光。现在回想,当时的热度是缘何而起,满足好奇还是解放思想,低级趣味,高级趣味,两种成分都有。但不管怎么说,大家如饥似渴,求知欲太强,理应得到满足。不足之处,是很多人还没有从学术价值上理解此书,充分了解它还有很多更重要的意义。所以现在,亲爱的读者,让我再次告诉你,这是一本非常正经也非常严肃,在西方汉学界享有盛誉,用确凿史料从根本上影响和改变了西方世界对中国之了解的经典之作。

高罗佩,是西方著名的汉学家,但他的本职工作却是外交官,汉学只是业余爱好。业余比本职还出名。在汉学家中,他是上一代的汉学家,比较古板也比较风雅。作为外交官,中国、印度、日本,他都生活过,三个方面的语言、历史和文化知识,他都具备,这在《中国古代房内考》一书中有充分运用。见多识广,学养深厚,是作者的一个突出特点。另一个特点是,他的兴趣也广,各种问题,奇奇怪怪,他都关心。他的学问,都是趁工作之余,借地利之便,彻头彻尾玩出来的——"玩"是很高的境界(不是为了搜集情报,不是为了文化立场,像现在的很多汉学家那样),这里毫无贬义。我记得中央电视台,前两年,哪个频道没记住,播过一个片子,叫《奇人高罗佩》,里面有不少老镜头,以及对其亲朋好友和外交同行的访谈。他在中国,同很多文化名流都有交谊,特别是风雅圈中的风雅人物。凡中国文人喜欢,笔墨纸砚,琴棋书画,什么都玩,甚至就连长臂猿(他把猿啼制成录音带),他也投入了极大兴趣,而且玩索有得,达到相当的研究水平。比如,他画的画,写的字,我在国外看过,作为外国人,不容易。他只活了57岁,比我今年大一岁,但留下的书很多,真可谓"著作等身"(见书后的《高罗佩的生平和著作》)。这些书,我不必多谈,这里只说一下和本书有关的《秘戏图考》。在旧版前言中,我说,本书的前身是《秘戏图考》的上篇。该书是线装本,文字部分是手写,非卖品,全世界只有50本,分藏于世界各大学、研究机构和博物馆。1993年,我在赛克勒美术馆的图书馆见过一本,同时发现,还有董光忠亲笔写在格纸上的山西万泉荆村发掘报告的手稿,经我指出,均升格为善本。《秘戏图考》是讲明代春画,港台有盗印本,作者以为儿童不宜,不愿公开出版。经作者严格审定,允许公开出版,其实只有《房内考》。1999年,广东人民出版社出版过杨权先生翻译的《秘戏图考》。该书也是"内部读物",删去图画,保留文字。在出版前言中,承杨先生不弃,他引用过我对高书的评价。该书讲有关文献史的部分,即卷一的上篇,是《中国古代房内考》的初稿。虽然本书出版后,它的这一部分已失去意义,但它的其他两部分,至今仍有参考价值。这就是其卷一中篇和下篇讲春画历史的部分,还有卷二的资料,特别是后者。本书的很多引文就是出自这批资料。其中，辑自《医心方》的佚文，高氏是参考叶德辉的辑本，有不少错误，我已重新编排（见《中国方术考》的附录二），但为保持原貌和反映高氏本人的理解，凡出自此书的引文，我们均保持原貌，不加任何修改。

另外，我想顺便说一句，山西电视台拍的电视连续剧《狄公案》，曾在很多频道反复播出，广大观众比较熟悉，但很多人都没注意，它的原作是出自高罗佩。在我们的译本问世之后，正是这部剧，把高氏带进了千家万户。高氏的《狄公案》曾风靡欧美，现在在咱们中国也火了一把。

和我们初译此书的年代相比，现在的中国有很大变化。中国古代性生活，这点陈年往事早就不是什么心惊肉跳了不得的敏感话题。从前，有位研究医史的专家跟我推心置腹，语重心长，他问我，咱们的研究会不会被流氓利用，就像高氏当初是把很多涉及房中的引文用拉丁文译出，也是出于类似的道德考虑。我完全理解，他老先生为什么会这么担心。但现在怎么样？满大街的走火入魔和直奔主题，这点新鲜劲早就过去了。我相信，马王堆帛书，他们看不懂也没有兴趣，中国的古文正是对等于欧洲的拉丁文。况且，现代的事，有现代人煽风点火、推波助澜，无论功过，都与古人无干。如果大家真有兴趣将自己的好奇之心提升为当代科学的考虑，大家不妨看一下潘绥明教授和李银河教授的书，他们是这方面的专家，也是我的老朋友。维持风化和道德建设，谁也不必拿高氏是问（他在书中对性爱的精神意义非常强调，对皮肉烂淫是持批评态度）。这里，我只说几句，说说高氏对我这个热心读者有什么重要，对中国古代研究有什么重要，有些话讲过了，不再重复，这里只说两点。

第一，我想说，当初我们翻译此书，是和我对中国方术史的研究有关。我的兴趣，主要是高氏对中国古代房中书的研究，而且追随他的研究，还颇有心得。这方面，前人有突出贡献，平心而论，过去只有两位，中国是叶德辉，海外是高罗佩。他们的研究，以今日的水平衡之，当然有可商之处。比如叶德辉，他对房中书的源流还不太明白，玄、素、彭祖，颇有混淆，高氏之书袭其误,也没有彻底厘清,作为后学,我是当仁不让。现在,从马王堆帛书到《医心方》佚文到《素女妙论》,早期房中书的源流(主要是《房中七经》),我已梳理过一遍(参看:拙作《中国方术考》和《中国方术续考》,北京:东方出版社,2001年),当然有不少订正,但整个研究基础是他们奠定的。他们对重张此学,筚路蓝缕,功不可没。特别是,高氏搜集材料比叶氏要广。比如,他在日本找到的《素女妙论》,就是一把钥匙。马王堆帛书也好,《医心方》的佚文也好,其中的关键术语,长期以来谁也搞不清(如所谓"女有九宫"),我就是靠了此书,才把它破译出来。另外,高氏对中国房中术和印度房中术做历史比较,他的问题,他的假设,都是高屋建瓴。我对这个问题有所探讨,观点和他不一样,但平心而论,也是被其教泽。高氏的书,我翻过我知道,他的基础研究是由三个方面支撑,一是医书类的房中文献,二是道教内丹派的采补之术,三是明清时期的色情小说(高氏又分为"色情小说"和"淫秽小说",这个词比下文所说的"人情小说"概念要窄)和春画,此外,还涉及家庭婚姻、生儿育女、梳妆打扮、室内陈设,以及各种文化习俗,舒展开来,是一幅巨大的画卷。现在,学者奋起直追,思加其上,是值得鼓励的。高氏的书并非完美无缺,但撇开高氏的整体框架,撇开高氏的突出贡献,光是说他这不内行,那有疏忽,没有境界本身的超越,也是无济于事的。另一方面,细节也很重要。我个人认为,现在的研究,关键是基础薄弱,上面三个方面,进展还不够,尤其是后两方面。特别是把它们揉在一起,综合为一本新书,就更难。起码,我个人很清楚,我自己没有下过足够功夫,可以通吃这三个方面,所以对朋友的鼓励和出版社的邀请,只能婉言谢绝。实际上,到今天为止,我所看到的国内出版物,我是说,系统讨论中国古代性传统的学术著作,还没有一本可与此书比美,旗鼓相当,足以取而代之。在旧版前言中,我说我仍在期待着这样的著作问世,现在这话也没有过时。

第二,说到中国古代房中术的传统,现在有些批评,特别是国外的批评,眼界倒是比较广,立意倒是比较高,但往往没有说到点上。比如,有些女权立场的批评家认为,高氏的书是个大阴谋,他说中国的房中术,比西方更健康,更正常,也更关心妇女,这是给中国拍马屁,是美化中国(有人对李约瑟主编的《中国科技史》也作如是观),是把中国变成了一个男性统治的理想王国。我想,高氏对中国文化,态度比较平等,也比较谦虚,比起很多汉学家来,这是难得的优点。虽然,出于西方人对异国情调的好奇,他对我们说了一些过头的好话,这种情况的确存在,但未必就是阴谋诡计,值得如此索隐钩深。因为男性统治是自古如此,全世界都一样,中国并不例外,大家批判,我双手赞成。但有人以为,中国性文化缺少浪漫,下流的东西太多,高雅的情趣太少;或者说,房中书是坏东西,胎产书是好东西,这却是十足的误解。关于这类误解,我在上面提到的随笔中曾有所澄清,这里可略事补充。大家都知道,有些男性喜欢讲"公牛"理论(公牛对母牛的"性趣"极易厌倦,经常移情别恋,更换伙伴)。前两年,我在巴黎看毕加索的色情画展(有些画是第一次展出),很多妇女在画前指指点点,都在议论他反复表现的公牛形象。女性要批判"公牛"论,很有必要,但不一定非得堕入"母猪"论(请不要误会,我不是用"母猪"骂妇女,而是指雌性动物普遍有保护幼仔的本能,动物是人类反省的起点,猪的智慧也毋庸置疑),以为性交是男性的法宝,生育是女性的法宝,两者必须对着干。我在农村见过母猪下崽,狗误入猪圈,她能把狗咬死。这种现象,动物界很普遍。中国的房中书,从来都是以男性为中心,这一点也没错("房中"这个词,本身就是证明)。明清小说也是如此。过去,高氏已注意到中国房中书不讲避孕、堕胎。近来,马克梦(Keith McMahon)教授也指出,明清时期的人情小说(泛指儿女风情类的小说,从闺阁到青楼,从才子佳人到皮肉烂淫,各种内容都有,比色情小说的概念要广),同样不爱谈这类问题,还有女性的疾病、行经和生育,以及其他许多与妇女有关的问题,它们也不睬,完全是单向的视角(参看:马氏著 *Misers, Shrews, and Polygamists*, Durham & London: Duke University Press, 1995;中文译本,见王维东、杨彩霞翻译的《吝啬鬼、泼妇、一夫多妻者》,北京:人民文学出版社,2001年)。这些书讲男女之事,一直是以男性为中心,很明显,就是假借女性口吻,也遮不住男性嘴脸。要母性,不要妻性。要胎产,不要房中。

反其道而行之,似乎就是彻底革命。但我想在此提个醒,在中国,胎产书只是房中书的补充部分(观《汉书·艺文志》的著录可知),很多男人(比如现在农村里的某些男人),他们把孩子(特别是男孩子)看得比老婆更金贵。胎产书,如果上纲上线,那是把妇女当生育工具,男性的霸道更明显。所以,胎产书并不一定比房中书更为圣洁;生孩子,疼孩子,惯孩子,也未必就是女性的理想王国。比如,有人推崇明代万全的《万密斋医学全书》,说它比汉唐时期的房中书要好,因为它重视生孩子,体现了对妇女的关心。此书是什么货色?它讲广嗣延生,那完全是以男性为中心。清心寡欲,爱啬精液,少跟妻妾行房,千万别累坏身子,折了寿数,这是为了男人。同样,它讲调元协期,种子保胎,不患寡而患不均,好钢用在刀刃上,普降甘露才能家和,家和才能万事兴,那也是为了给男主人传宗接代,维持其大家庭,绵延而不衰。再比如《金瓶梅》,还有很多明清色情小说,它们也老是把那首《吕纯阳仙翁诗》("二八佳人体似酥,腰间仗剑斩愚夫。虽然不见人头落,暗里教君骨髓枯")挂在嘴边(明天启《原本金瓶梅》是放在一开头)。这首诗也是万氏所乐道(但"虽然"作"分明")。它把女人描写得如此可怕(在挪威画家蒙克的笔下,女人也是每根毛发都流淌鲜血的吸血鬼),哪有丝毫的尊重和关心。所以,我们要对问题有清醒估计,男性统治一直是普遍统治,净土只在幻想之中。与房中书相比,生儿育女未必就是女性的理想王国。我在另外两篇随笔中,以我家乡的"妇女翻身"为例,也讨论过这类问题的历史遗产和现实困境(《惧内秘辛》,收入《放虎归山》,165—177页)。

总之,我的看法是,高氏对中国古代性文化的讨论,从整体上看,还是属于描述性。批判虽然少了点,因为对中国文化好感,难免津津乐道,的确存在某些不足之处。但他的描述大体上还算客观,并无刻意的宣传在其中。我们对世界上的各种文化应该一视同仁,出于同情的了解,首先要有平等精神,不一定非用"你好我坏"或"我好你坏"看问题。如果要批男性统治,那也应该是世界性的批判——谁也不是好东西。即使在错误面前,大家也是人人平等。

本书的翻译是在80年代后期,和当年相比,我有一点感想,这就是整个80年代,中国的阅读环境,完全是和当时的文化氛围相匹配。那时的冲动,压倒一切,还是如饥似渴、逆反传统的启蒙思潮,黑白分明,非此即彼,二元化的思维笼罩着一切(古今中外的对立是主要焦点,现在也很有市场)。因此而起的阅读兴奋点,理所当然是在"二巴"一类低层次的问题,即从无到有,有总比没有强,因而"聊胜于无"的本能冲动和快感发泄(我无意说这些问题不重要。我体会过,人要是饿急了,一盘过油肉,准比孔子闻韶还来劲。张贤亮对这类压抑有很好的描写)。人们还不太理解,有的吃了,吃什么的问题才更重要。这时,人们才会面临困境,有时别无选择又必须选择,甚至可能出现,宁肯放弃选择,也"聊胜于有"的苦恼。90年代以来,透过一大堆阴阳怪气的术语,我们开始一点点明白,西方的左派理论,西方的左派传统,关键还在打抱不平,替弱势群体鼓与呼。弱势的道理,可能都是软道理,但这样的道理不能没有。如妇女问题的研究便是其中之一。类似的道理,还有很多。它们对历史文化的研究,对人类困惑的思考,都是有如"半边天"。虽然,以性欲弛禁(绷着点还是放松点,压抑点还是开放点)讨论中国性文化的发展,是那个时候的主要关注点。高氏本人对中国古代性文化也有"一向开放,突变为压抑"的总体评价。但过去的研究,根本不足,是眼光只在"脐下三寸",太牲口了点。很多人还没把上床的问题提到更高层次来认识(当然,我不是说,房中书只谈这些有什么不对。相反,它把宗教、道德的问题撇开,这才是科学精神所在,古代的中国,现在的西方,凡是指导性生活的手册,大抵如是)。如高氏讨论问题的大前提是咱们中国的一夫多妻制。我们要明白,中国的性传统是在这个背景下顺利展开。这才是问题的关键。它和西方传统形成强烈反差。当年,利玛窦到中国传教,沈一贯听说泰西之人家里只有一个老婆,非常惊讶。他说,遑论其他,光凭这一点,就足以证明,西方的道德太高尚。同样,在西方人的眼里,中国有一夫多妻制,有适应这一套的房中术和家庭伦理,这等事情也非常奇怪。西方的一夫一妻制是怎么来的?为什么旧约时代的大卫王是一夫多妻,阿拉伯世界是一夫多妻,中国也是,而他们不是,原因在哪里?这些都是基本问题。我们中国人,对自己的传统,表面上很熟悉,一夫多妻,影视表现很多。但这个离我们咫尺之遥的过去,我们已经不太理解。有些男士还以为,妻妾成群,那多快乐呀,根本不知其中的苦恼。我们既不明白一夫多妻是怎么走的,也不知道一夫一妻是怎么来的,绝不像西方人那么敏感。其实,正是在这个方面,才大有文章可做,高氏给我们的启发才格外突出。可惜的是,他在这个问题上谈得太少。正是因为有这样的缺憾,我才认为,中国明清时期的人情小说,其实是个大有可为的领域。为此,我向读者推荐,上面提到的马克梦教授的书是本角度新颖的好书。他也是从一夫多妻制入手,但重点是讨论18世纪中国小说中的性和男女关系。他不但为我们详细分析了小说中光怪陆离的各种性别角色,还对他(她)们做了高屋建瓴的理论概括。他把"泼妇"(也包括溺爱孩子和制造败家子的母亲)和"吝啬鬼"(对女人的情欲和其他愿望都保持距离,只有限施予的丈夫)当作一夫多妻的两极,然后把其他角色排列其中,话题是通过两性的斗争来层层展开。这个前提很关键。因为,正是抓住这个前提,我们才能引入性别角色和性别关系的"中国特色"研究,才能把"房内"上升为广义男女关系的研究,才能把基于人之大欲的基本冲动纳入到人类学和社会学的视角之内。

在现代汉语中,"性"是由日语转译的西方词汇,它和告子说的"食、色,性也"(《孟子·告子上》)的"性"有关,但古人说的"性"是"人性"之"性"(human nature),还不是"性学"之"性"(sex)或"性别"之"性"(gender)。在中国原有的词汇中,真正与后两种含义对应,其实是"饮食男女"的"男女"。它有两重含义,既是 sex,也是 gender。"男女"有如阴阳二爻,男男女女,排列组合,可以构成八卦,八八六十四卦,生生不已,以至无穷。它不仅包括男性与妻子的关系,也包括他与妾、妓或偷情者的关系,下面还分化出父女、父子、母女、母子、婆媳、翁婿等血亲和姻亲的关系,以及各种社会性的男女关系、男男关系和女女关系。我们不难发现,正是在明清小说中,而不是在房中书中,这类材料才最丰富。虽然,在清代的人口比例中,一夫多妻的家庭只占约10%(而且是在男女比例失调的前提下,我们老家的说法是"十八罗汉,十七童女"),但这样的家庭却是引领时代潮流的家庭。中等水平的人家如萤扑火,朝它飞奔。下层百姓,望洋兴叹,也隐然以它为理想,逮着机会造反,也是三妻四妾霸着,能睡几个是几个。

芸芸众生,遍布地球,男女是最大的两类。男女的性别角色和性别关系,在全世界是最深奥的哲学问题。我们每个人用自己的一生去了解对方,往往都是举一反亿("一滴水珠见太阳"),拢共没见过几个女人,却大言不惭,妄事推测,硬要给整个人类的另一半作出全称的判断。在这个问题上,自以为是和愚昧无知经常是如影随形。这是引发我对上述问题产生兴趣的原因。

比如,高氏曾谈到中国男女的交往方式,由于中国家庭的榜样是一夫多妻制,而且男女之间有授受不亲的性别禁忌,我们和他们在性别关系上有很大不同。中国人,男人和男人扎堆,女人和女人厮混,乃平常之事,特别是文人之间的诗酒往还,西人或误解为同性恋(虽然,我们也不排除他们有这种关系)。同样,近代海禁初开,国人游历欧美,对西方的出双入对也一样十分惊讶。如清道光年间,福建人林鍼记美国之行,成《西海纪游草》,中有"浑浑则老少安怀,嬉嬉而男女混杂"之语,作者注"男女出入,携手同行"(见该书自序),就是讲这种现象。中国的男女关系是以家庭为壁垒。男人和男人,主要在家庭以外打交道。男人和女人,主要在家庭以内和勾栏瓦舍打交道(家里,侍奉高堂,生儿育女;外面,谈情说爱,琴棋书画,两者截然分开)。女人和女人,也是在家庭以内和勾栏瓦舍打交道(妻妾和丫鬟,鸨母和妓女,也是两个各自独立的世界)。这是基本结构。在这个结构下,我们的性别角色非常有趣。如:

(1)上述三个人堆,一个小孩,它是在男人堆里长大,女人堆里长大,还是男女混杂的人堆里长大,情况很不一样(这是很好的人类学实验)。贾宝玉成天扎在脂粉堆里,难免女里女气,认同女性;何玉凤舞枪弄棒,站着撒尿,则完全相反,如此才有"儿女"化的"英雄",才有男性欣赏的"女侠"。我们不难看到,正是因为有不同的"驯化"环境,才有中国小说津津乐道的"阴阳颠倒"。

(2) 我看历代帝王图,宋太祖活像近代军阀;明太祖,瓦刀脸,其貌不扬,他们的形象都比较男性。但皇帝的后代,胡子越来越短,脸皮越来越白,却像女性或太监(他们往往都是由妇女和阉宦所包围,生于深宫之中,长于妇人之手)。在贾宝玉和安骥的身上,在很多娘儿们气的男人身上,我们可以看到龙子龙孙的退化轨迹,看到中国文化的退化轨迹(当然他们也有他们的可爱之处,比如李后主和宋徽宗,我们也可以把"退化"反读为"进化")。

(3) 在三纲五常中,女性地位很低。但女性从内部夺权,转劣为优,化弱为强,架空男性,倒转乾坤,真不啻是绝妙兵法。比如贾母,本来不过是一个糊涂老太婆,但作为贾政的妈,贾政本人也得唯唯诺诺,在贾府之中,她是所有人献媚奉承的中心。这全是靠了孝道的合法性,母子母子,母在子上,妈的权威很重要(孩子是男女斗法中"柔弱胜刚强"的法宝)。还有,王熙凤管理荣宁二府,"金紫万千谁治国,裙钗一二可齐家",合府上下几百口人,甭管是太太、奶奶、丫鬟、奴才,一切大小事情,全听她管。那也是靠了"女主内"的地利。整个纲常有时是倒过来读。

总而言之,在这个领域中,有意思的问题还很多很多,我对我们的传统充满好奇,希望能抽出时间,多读一点。

最后,应当说明的是,本书的顺利出版,是和很多朋友的关心和支持分不开。罗泰(Lothar von Falkenhausen)教授曾邮寄原书以供校对;中华书局退休的老编审张忱石先生曾通读全书,提出许多修改意见;北京大学东方学系的王邦维教授对原书附录一中的梵文译文有所订正;商务印书馆的张稷女士也为联系国外版权和全书的编排校阅花费了很多心血。均此表示深切的感谢。

李 零
2004 年 3 月 8 日写于北京蓝旗营寓所

目　　录

图版目录

插图目录

作者序 ··· 1

第一编　封建王国

第一章　西周和西周以前（约公元前 1500—前 771 年）············· 11
　　　　殷文字与母权制残余——西周天道观与"德"——
　　　　《诗经》中的性与社会

第二章　东周（公元前 770—前 222 年）·································· 36
　　　　社会状况和性生活——《左传》的有关记载——《易
　　　　经》与阴阳五行——道家和儒家——中国人的基本
　　　　性观念

第二编　成长中的帝国

第三章　秦和西汉（公元前 221—公元 24 年）························· 63
　　　　《礼记》与古老的性原则——宫廷性生活的荒淫——
　　　　妓院的产生——房中书的流行

第四章　东汉（公元 25—220 年）··· 80
　　　　房中书的内容及应用——道家的性修炼

第五章　三国和六朝（公元 221—589 年）····························· 98
　　　　嵇、阮之交——葛洪《抱朴子》——班昭《女诫》——

房中书——佛教密宗的传入

第三编　帝国的全盛时期

第六章　隋（公元590—618年）…………………… 123
　　　　隋朝的建立——房中书：《洞玄子》、《房内记》——房中书的评价——变态性行为

第七章　唐（公元618—907年）…………………… 167
　　　　艺妓和艺妓制度——住房、家具和服饰——武则天与杨贵妃——房中书：《房内补益》与《大乐赋》——唐代色情传奇：《游仙窟》、《神女传》——狐狸精的描写

第八章　五代和宋（公元908—1279年）…………… 203
　　　　五代——李煜——缠足——理学——道家内丹派的房中书——"龟"字的含义变化——房中书——裸体——三种不同等级的妓院制度——宋代婚俗——住房、家具和服饰——李清照

第四编　蒙古统治与明的复兴

第九章　元（公元1279—1367年）…………………… 235
　　　　元代的性习俗：功过格——元曲——三姑六婆和太监等——管道升《我侬词》——忽思慧《饮膳正要》——喇嘛教的房中术

第十章　明（公元1368—1644年）…………………… 253
　　　　明代的性习俗——房中书：《某氏家训》、《素女妙论》、《既济真经》、《修真演义》——色情小说：《金瓶梅》、《隔帘花影》——一个真实的爱情故事：《影梅庵忆语》——明代的人物画像与服饰——淫秽小说：《肉蒲团》——江南妓女与梅毒——江南淫秽小说：

《绣榻野史》、《株林野史》、《昭阳趣史》——明代春宫画——明末江南春宫画册:《胜蓬莱》、《风流绝畅》、《鸳鸯秘谱》、《繁华丽锦》、《江南销夏》——中国性观念的最后标本——明朝的灭亡——中国文化的生命力

原书附录与索引

附录一:印度和中国的房中术 …………………………… 325
附录二:《秘戏图考》收藏简表(远东除外) …………… 347
书名简称索引 ………………………………………………… 348
中文索引 ……………………………………………………… 351
日文索引 ……………………………………………………… 365
总索引 ………………………………………………………… 367

中译本附录

附录一:高罗佩的生平和著作 …………………………… 385
附录二:《秘戏图考》中文自序 …………………………… 398
附录三:1990年中文版译者前言 ………………………… 401
附录四:1990年中文版译者后记 ………………………… 413
附录五:高罗佩与马王堆房中书 ………………………… 416
附录六:闭门造车——房中术 …………………………… 426
附录七:昙无谶传密教房中术考 ………………………… 434

图版目录

图版 1　伏羲女娲（山东武梁祠画像石拓本）

图版 2　汉代杂技艺人（汉画像石拓本，木版翻刻）

图版 3　宫女为帝妃梳头（大英博物馆藏《女史箴图》局部）

图版 4　卧室（《女史箴图》局部）

图版 5　古代日本的床架（据《丹鹤图谱》）

图版 6　抚琴的女子（北京故宫博物院藏唐代画家周昉画卷的局部）

图版 7　宫女戏犬（出处同图版 6）

图版 8　唐骑马官员像（据日本《佛说十王经》图摹本）

图版 9　山西太原晋祠宋塑道士像（细部，据《中国古代陶塑集》，北京，1955 年）

图版 10　山西太原晋祠宋塑女子像（细部，出处同图版 9）

图版 11　公元 983 年的北宋女子（巴黎基美博物馆藏敦煌壁画，no.17.662 的细部）

图版 12　日本艺妓（英山彩绘，约作于 1840 年，荷兰莱顿国家民族博物馆藏品，no.360.4578）

图版 13　公元 968 年的北宋男子和女子（华盛顿弗利尔美术馆藏敦煌壁画，no.30.36 的细部）

图版 14　狎戏（作者藏明代彩绘绢画的局部）

图版 15　象牙环

图版 16　卧室，一男子在正冠（据北京故宫博物院藏明画家仇英彩绘绢画集）

图版 17　两女子在逗弄睡着的丈夫（出处同图版 16）

图版 18　医用牙雕人像（作者藏）
图版 19　唤庄生（据明代套色春宫版画集《风流绝畅》）
图版 20　云散雨收（出处同图版 19）
图版 21　六穴（作者藏印度北部彩绘纸画）
图版 22　时母在湿婆身上跳舞（作者藏印度北部彩绘纸画）

插 图 目 录

1. 中文"娶"、"女"、"男"三字的古今字体 …………………… 13
2. 平衡男女双方的道士(作者藏明版《性命圭旨》插图)……… 47
3. 青龙白虎(出处同插图 2) ………………………………………… 91
4. 炀帝宠妃吴绛仙画眉图(据作者藏清版画《百美新咏》)…… 124
5. 母亲和她的两个孩子(据 19 世纪画家吴友如的画集《吴友如画谱》) ……………………………………………………………… 146
6. 二女共读(出处同插图 5) ………………………………………… 159
7. 唐艺妓徐月英(出处同插图 4) …………………………………… 170
8. 唐艺妓薛涛(出处同插图 4) ……………………………………… 174
9. 唐舞女俑线图 ……………………………………………………… 181
10. "生命之流"(出处同插图 2) ……………………………………… 189
11. 窅娘缠足(出处同插图 4) ………………………………………… 207
12. 小脚透视图线描 …………………………………………………… 210
13. 女子裹腿的不同式样和小脚 …………………………………… 211
14. 中国的床架(据明版《列女传》) ………………………………… 263
15. 坐在榻上、臂枕书上的女子(据作者藏版画《唐六如画谱》)… 278
16. 少男(约作于 1800 年,据清版画《红楼梦图咏》) …………… 280
17. 少女(约作于 1800 年,出处同插图 16) ……………………… 281
18. 正在脱衣的女子(出处同插图 14) ……………………………… 283
19. 明妓院(出处同插图 14) ………………………………………… 291
20. 明妓院(据作者藏明版画《风月争奇》) ………………………… 292
21. 床架(据作者藏清初版画《六合内外琐言》) …………………… 311
22. "生命的火花"(据日本密教书) ………………………………… 342

作者序

　　关于本书写作缘起的简介,再好不过地说明了它的写作计划和讨论范围。每本书的写成都各有机缘,本书的写成,起因也异常复杂。

　　1949年我在荷兰驻东京大使馆任参赞,偶然在一家古董店发现一套名为《花营锦阵》的中国明代春宫版画集的印版。这套印版是从日本西部一个古老封建家族的收藏散出(18世纪时日本西部与对华贸易有密切关系)。由于此种画册现已罕觏,无论从艺术的或社会学的角度看都很重要,我认为自己有责任使其他研究者也能利用这批材料。最初我的计划是想用这套印版少量复制,限额出版,再加上一篇前言,讨论春宫画的历史背景。

　　为写这篇前言,我需要有关中国古代性生活和性习俗的知识。在这以前,我在汉学研究中总是避开这一题目,原因是我觉得最好还是把这一领域留给合格的性学家去研究,特别是西方有关中国的新老著作信口雌黄,使我得出印象,误以为性变态在中国广泛存在。可是当我已不得不选定这一题目时,我却发现不论是从正经八百的中文史料还是西方有关中国的论著中都根本找不到像样的记录。

　　中文著作对性避而不谈,无疑是假装正经。这种虚情矫饰在清代(1644—1912年)一直束缚着中国人。清代编纂的汗牛充栋的书面材料对人类生活的各个方面几乎巨细无遗,但惟独就是不提性。当然希望在文学艺术中尽量回避爱情中过分肉欲的一面本身是值得称赞的。这的确给人一种好印象,特别是当前,无论在东方还是西方,肉欲的一面在文字和图画上都被强调得太过分,以至掩盖了性行为基本的精神意义。但清代的中国人是堕入另一极端。他们表现出一种近乎疯狂的愿望,极力想使他们的性生活秘不示人。

西方关于中国性生活的出版物之所以十分贫乏,原因之一是在华的西方观察者在设法获取有关资料时遇到了不可避免的困难。我没有发现任何一部西方有关出版物是值得认真对待的,它们简直是一堆地地道道的废物。

正是因为通常可以接触到的中文史料和外国文献都不能满足我的课题所需,所以,我不得不设法弄清是否在中国或日本再也找不到意外的材料。调查结果是,虽然在中国本土由于查禁太严,清代文献实际上没有留下任何记载,但在日本,中国有关性问题的重要古本却保存了下来。这些古本早在公元7世纪就已传入日本。它们启发我去做进一步搜集,使我在古老的中医学和道教文献中查出不少材料。这些材料印证和补充了日本保存的资料。

另外,由于某些中日私人版画收藏家的慷慨相助,使我得以研究他们收藏的一些明代春宫版画和房中书。所有这些画册和书都极为罕见,其中有些已成孤本。

验以上述材料,使我确信,外界认为古代中国人性习俗堕落反常的流俗之见是完全错误的。正如人们可以想见的那样,像中国人这样有高度文化教养和长于思考的民族,其实从很早就很重视性问题。他们对性问题的观察体现在"房中书",即指导一家之长如何调谐夫妇的书籍当中。这些书在两千年前就已存在,并且直到13世纪前后仍被广泛传习。此后儒家禁欲主义逐渐限制这类文献的流传。1644年清建立后,这种受政治和感情因素影响而变本加厉的禁欲主义,终于导致上述对性问题的讳莫如深。从那以后,这种讳莫如深一直困扰着中国人。清代学者断言,这种讳莫如深始终存在,并且男女大防在两千年前就已盛行。本书的主要论点之一,就是要反驳这种武断的说法,说明直到13世纪男女大防仍未严格执行,性关系仍可自由谈论和形诸文字。

古代的中国人确实没有理由要掩盖其性生活。他们的房中书清楚地表明，从一夫多妻制(这种制度从已知最古老的时期到不久前一直流行于中国)的标准看，总的说来，他们的性行为是健康和正常的。

选定这一课题带来的后果是，出版上述春宫版画集将意味着我要履行双重职责：除去使人们得到这些稀有的艺术材料之外，还必须纠正外界对中国古代性生活的误解。

复制出版春宫版画集的前言后来竟变成一部二百多页的著作。当我于1951年终于以《秘戏图考——附论汉至清代(公元前206—公元1644年)的中国性生活》为题出版该书时，它已长达三卷。由于该书中有复制的春宫版画及其他不应落入不宜读者手中的资料，我只印了五十册，并把它们全部送给东西方各大学、博物馆及其他研究单位。[①]

我本以为随着该书的出版，我在这一领域内的工作即可告结束。对这一课题的各个专门领域做进一步研究，最好还是留给合格的性学家去研究。

然而当我出版此书时，剑桥大学研究生物化学的高级讲师李约瑟(Joseph Needham)博士为收集材料写他的名世之作《中国科学技术史》，已经相当独立地开始研究道家采补术。他参考了我赠给他们学校图书馆的书，感到无法同意我对道教性原则的反对看法。坦率地说，道家的做法最初确曾使我大为震惊，因此我称之为"性榨取"(sexual vampirism)。虽然以一个外行来研究这类问题很难做到允执厥中，但我说道教思想对中国古代妇女的待遇和地位只具坏影响是太过分了。李约瑟在给我的信中指出，与我的说法相反，道教从总体上来说是有益于两性关系的发展和妇女地位的提高。并且他还向我指出，我对道教资料的解释过于狭隘，而他那种比较通融的观点才恰如其分。读者可参看当时正在付印的李约瑟所著该书第二卷146页的脚注 f。

其后汉学同行在他们对本书的评论当中又提出了其他一些订正和补充，[②] 而我从阅读中也发现一些新资料。虽然这些发现并未影响该书的主要论点(李约瑟的研究反倒加强了这些论点)，但我觉得还是应当把它们记录下来,并期望出版一部上述套色版画集的补编。1956 年,该书出版商建议我写一本讨论中国古代性与社会的书,我认定这是改写该书历史部分的好机会。我增加了西汉的资料,删去了讨论春宫画的细节,并扩充了其他部分,以便为广大人类学界和性学界研究中国的性生活提供更宏阔的总体面貌。

正是以这种方式,这本题为《中国古代房内考》(*Sexual Life in Ancient China*)的书终于问世。

从成书结果看,我的这两本书是互为补充的。它们是从同样的中文文献出发,但《秘戏图考》侧重于套色版画和中国色情艺术的一般发展,而《中国古代房内考》则采用一种视野开阔的历史透视,力求使论述更接近一般社会学的方法。③

至于说到本书涉及的时间范围,我发现必须对本书题目中"古代的"(ancient)这个形容词做出比中国人通常所用含义更宽泛的解释。通常他们都是以这一术语指他们历史的前半段,即从约公元前 1500 年到约公元 200 年这段时间。不过,中国文明此后并未中断其发展,而一直绵延至今。为了给进一步研究更加晚近的性生活提供全面的历史背景,我不得不把视野扩展到公元 1644 年。这时,满族征服了中国,中国人对性问题的态度发生了深刻变化。所以这个时间提供了一个既合乎逻辑也方便使用的结束点。

同样本书题目中的"性生活"(sexual life)一词也有更宽泛的含义。特别是鉴于中国文化是在与我们的文化有许多不同的环境中发展起来的,只讲性关系是不够的。为了正确估价中国人的性关系,读者至少要对中国的社会文化背景有一般了解。故我想尽量简要地提供一些有关情况,特别是那些与主题密切相关的细节,诸如室内陈设和穿戴打扮。

所有这些性的、文化的、经济的、艺术的和文学的资料只有纳入历史的框架才能说明它们的演变。因此,我把有关历史时期分为四大段。第一段的大体时间范围是公元前 1500 年至纪元初,第二段是纪元初至公元

600年,第三段是公元600年至1200年,第四段是公元1200年至1644年。这四大段又分为十章,每一章各讨论一个范围相对确定的历史时期。

要想在一本概论性质的书中反映出上述十个历史时期中每一期性关系的总体面貌,这当然不可能。况且我们对中国社会史的现有知识是否已经达到足以做详细论述的地步也是大可怀疑的。

只是在与早期中国历史有关的第一章和第二章中,我尝试以尽量简短的方式勾勒出一个概括性较强的画面。同时我们可以把这两章看作全书的导言。接下来的每一章则侧重于性生活的某些特定方面。

第三章(秦和西汉)侧重讲性与社会生活,第四章(东汉)侧重讲性与道教,第五章(三国和六朝)侧重讲性与家庭生活。

第六章(隋)重点放在房中术上,第七章(唐)主要是讲上等妓女、宫闱秘史以及医学的和色情的文献,而第八章(五代和宋)是论缠足习俗、上等和下等妓女以及理学对性关系的影响。

最后,第九章(元)是据喇嘛教的特殊材料描写蒙古占领下的性关系,而第十章(明)重点是讲文学艺术中的性描写。

只想研究某一特定问题的读者可从总索引中找到有关段落的出处。

本书只是一个提纲挈领的东西,它首次尝试综合现存材料,将其纳入历史序列,目的是想为不能参考原始中文材料的研究者提供他们所需了解的一般情况。我希望他们能从中找到自己所需的东西,或至少懂得从何处找到这些东西。鉴于后一点,我增加了引据西方汉学文献的脚注。在像本书这样一部用几百页篇幅去囊括三千年历史的书中,当然可以逐段加上汉学出版物的出处。但我想,这些出处对一般读者用处不大,而汉学家们又知道从何处查找有关书目。因此,我对西方汉学文献的引用只限于那些对读者做进一步研究最有用的书籍和论文。

不过,由于这是第一部研究本课题的书,并且为使汉学同行对书中仅属初步涉猎的问题能做进一步探讨,我必须在比较关键的地方注明有关中文史料的准确出处,因此有些页上充满了中文的人名、书名、术语和年代。希望一般读者能对此谅解。同时我还要请汉学同行们体谅,由于篇幅所限,我不得不大大简化某些历史叙述,甚至往往不得不把某些复杂问题一笔带过。

读者会注意到本书很少引用民俗学材料。正如在其他地方一样,民间传说在中国也是性学研究的丰富源泉,而且葛兰言(M. Granet)和艾伯华(W. Eberhard)等学者在这方面已做过出色的工作。但这一领域是如此广阔,尽管他们有开创之功,但将中国的民间传说令人信服地用于历史学和比较研究的目的,这样的时刻却尚未到来。在没有搜集到更多的材料并加以筛选之前,偶然的事实极易被误认为标志着普遍趋势。中文文献无论从数量上,还是从时间和地理范围上看都是如此的浩瀚,以至我们若想从孤立的事实下结论,那将很容易证明比较人类学所知道的每种现象或习俗其实都存在于中国的这一时期或那一时期。我们在本书中只使用明确属于中国文化范围的资料,即被新老文献中的大量引文证明,一直是中国人所确认代表他们思想习惯的资料。这意味着我应排除非汉化土著(纳西、苗、彝等)和信奉非汉化外国教义的中国人的性习俗不谈。

出于同样的理由,我竭力避免详细引述马可·波罗(Marco Polo)关于元代性生活的说法。这个伟大的威尼斯旅行家懂蒙古语和突厥语,但不懂汉语,完全把自己和那些蒙古王公看作一类人。他不过是从旁观的角度看中国人的生活。他对中国性习俗的观察似乎主要只同当地的外国居民有关,但例外的是,他对妓院制度的准确评论还是符合中国史料的。同时,我们还必须估计到鲁思梯谦(Rustichello)和其他编译者主观文饰的可能性。④

正如上面所解释,我是由于偶然的机会才接触到中国古代性生活这一课题,并且只配以一个对人类学有一般兴趣的东方学家来发表见解。当我进行这方面的调查时,常常感到自己缺乏专业性学知识犹如残疾人。正是因为意识到自己在这一方面不够内行,我采取了在关键处用中文文献本身说话的办法,只是当靠常情推理或凭我三十余年博览中文读物之印象看来是正确的时候才做出结论。希望从事医学和性学研究的读者,能从译文中发现足够的原始材料,使他们的结论系统化。另外,本书中所有散文和诗歌的译文都是出自我手,即使在脚注中已提到有相应西方译本的情况下也是如此。

对医学知识的缺乏也提醒我必须尽量避免对诸如产科学、药物学等纯医学问题进行讨论,尽管它们对性生活还是有某种影响。有兴趣的读者可参看现有西方论中医学的著作。[5] 只有性病是例外,因为性病的传入中国对中国性习俗是有影响的。

我在此谨向伦敦的不列颠博物馆(The British Museum)、华盛顿的弗利尔美术馆(The Freer Gallery of Art)和国会图书馆(The Library of Congress)、巴黎的基美博物馆(The Musée Guimet),以及莱顿的国立民族博物馆(The National Museum of Ethnography in Leyden)敬致谢忱,感谢他们一如既往,再次惠借其精美收藏中的许多图书资料。

高罗佩

1960 年夏于吉隆坡

注释:

① 想参考其书者,可参看本书附录二所列之收藏单位。
② 特别应感谢的是 Herbert Franke 教授在 *Zeitschrift der Deutschen Morgenländischen Gresellscheft* vol.105 (1995) pp.380—387 和 Rolf Stein 教授在 *Journal Asiatique* (1952) pp.532—536 提出的详尽而富有建设性的意见。
③ 在本书中,《秘戏图考》中的错误得到订正,批评家的多数建议被采纳。它还收有我对道家采补术的重新评价,故请读者注意,《秘戏图考》一书中所有关于"道家性榨取"(Taoist vampirism)和"黑巫术"(black magic)的引文均应取消。又本书将可随便买到,故所有逼真描写都已译成拉丁文。
④ 继 Moule 和 Pelliot (见下 253 页)所编《马可·波罗游记》的范本之后,我要提到 R. E. Latham 之《马可·波罗游记》的英语新译本(*The Travels of Marco Polo*, Penguin Classics, London 1958)。该书 pp.143—144 描写了西藏边缘地区的性习俗,pp.146—147 描写了四川土著用女子招待客人的习俗,pp.152—153 描写了云南土著实行的产翁制(the couvade),p.168 提到穆斯林社会实行的处女检查(见下

12页收藏注释⑧所引岩井大惠文所引有关资料)。作者在 p.100 正确描述了元大都的妓院制度,p.198 描述了京师(杭州)南宋宫廷中的裸浴,p.187 并述及外国人对该城名妓的看法:"这种女人手段高明,擅长卖弄风骚,几句话便能引任何男人上钩,以至外国人只要一亲芳泽,便会忘乎所以,被她们的千姿百媚弄得销魂夺魄,及至回到家中,还会说到过京师,如上天堂,指望有朝一日能旧地重游"。

  案:凡在本书出现的"参见页码"、"上文页码"和"下文页码"等,均为本书的原书页码(即边码)。——编者

⑤ 例如 K. Wong 和 L. Wu 的 *History of Chinese Medicine* (2nd edition 1936),J. P.Kleiweg de Zwaan 的 *Völkerkundliches und Geschichtliches über die Heilkunde der Chinesen und Japaner* (Haarlem 1917)。关于中国的避孕药和堕胎药,材料见于 Norman E. Hime 的 *Medical History of Contraception* (London 1936) pp. 108—113。关于系统的中国药物学则见于 Dr. B. E. Read 的一系列杰作所论。

第 一 编
封 建 王 国[1]

殷周,约公元前1500—前222年,
中国人对性与社会的基本观念。

---

[1] 注意:作者所用"封建"一词,是与"帝国"相对而言,与我国史学界所用含义不同。——译者

第一章　西周和西周以前

（约公元前 1500—前 771 年）

殷文字与母权制残余　西周天道观与"德"　《诗经》中的性与社会

尽量从头说起总是有益的，即便这个开端还笼罩在一片神秘之中，就像研究中国文化起源所碰到的那样。

据晚出的中国传说，公元前 3000 年，中国北方曾有一个叫夏的王国存在，它的国都在今山西南部。约公元前 1600 年，夏被一个自称殷或商的王朝取而代之。殷迁都于河南北部的安阳，直到约公元前 1100 年才被周所取代。

关于夏，我们掌握的只是一些相当晚才出现的传说；而关于殷代，考古发现却提供了虽然有限但却相当可靠的资料。殷是一个拥有高度发达的青铜文化，而且组织严密的封建国家。殷人在青铜铸造和石雕方面有高超的技艺，他们使用一种形音义结合的文字，这种文字是后来一切中国文字的基础。祖先崇拜和占卜在他们的日常生活中起着支配作用。

多亏他们高度重视占卜,这才使人们至少对殷人的生活和思想有了某些切实了解。他们卜求神谕的方法之一是烧灼鹿的肩胛骨或龟的背甲和腹甲。然后根据坼裂的兆纹验其所求。占辞和验辞皆刻于所用甲骨之上,随后埋入地下。晚近有大批带字的甲骨出土。正是这些甲骨,还有殷代的青铜礼器及其他器物,使我们能够检验并补充后来中国文献有关殷代的记载。

考古发现和文献资料的比较研究虽然是从本世纪初才开始,但现在已成绩斐然。例如它证实了近代历史学家深表怀疑、出自后起中国传说的殷王世系基本上还是可靠的。不过,关于殷代宗教和社会的研究尚在初始阶段。虽然大多数甲骨卜辞的一般含义现已被弄清,但许多文字的辨识及其确切含义在很大程度上还仅仅是一种猜测。主要的问题是,无论甲骨卜辞还是铜器铭文,它们都只反映了殷代文化的一个侧面。我们发现,这正好像一个生活在5000年时的人想要复原我们现在的西方文明,但他手头掌握的却只不过是些散见于欧洲各地公墓中的墓碑。

另外,传自于周(约公元前1100年克商)的商代史料用途也很有限。周起于西土,在尚武好战方面长于殷人,但在文化方面却劣于殷人。他们一方面接受了战败王朝的文化包括其文字,另一方面又尽量想使殷人的文化与自己的生活和思想方式相适应,并对殷人的许多概念做了不同的解释。所以有些殷文字并不一定能用周文字去辨识。因为我们根本无法断定殷人也是按同一意义使用它。还有,我们必须记住,周代传说乃是以屡经改易的文本留传至纪元初。这些困难不仅会在文字材料上碰到,也会在解释殷礼器和其他遗物的纹饰主题时碰到。

东西方最能干的学者都在致力于这些资料的研究,使我们的认识日趋深入。[①]然而,尽管如此,我们还是无法对殷人的社会生活和性生活形成明确的判断。

现在读音为ch'ü、义为"男子娶妻"的象形文字可以说明一些问题。这个见于殷代甲骨的象形文字(插图1:A)包括两部分,左半从女,象形

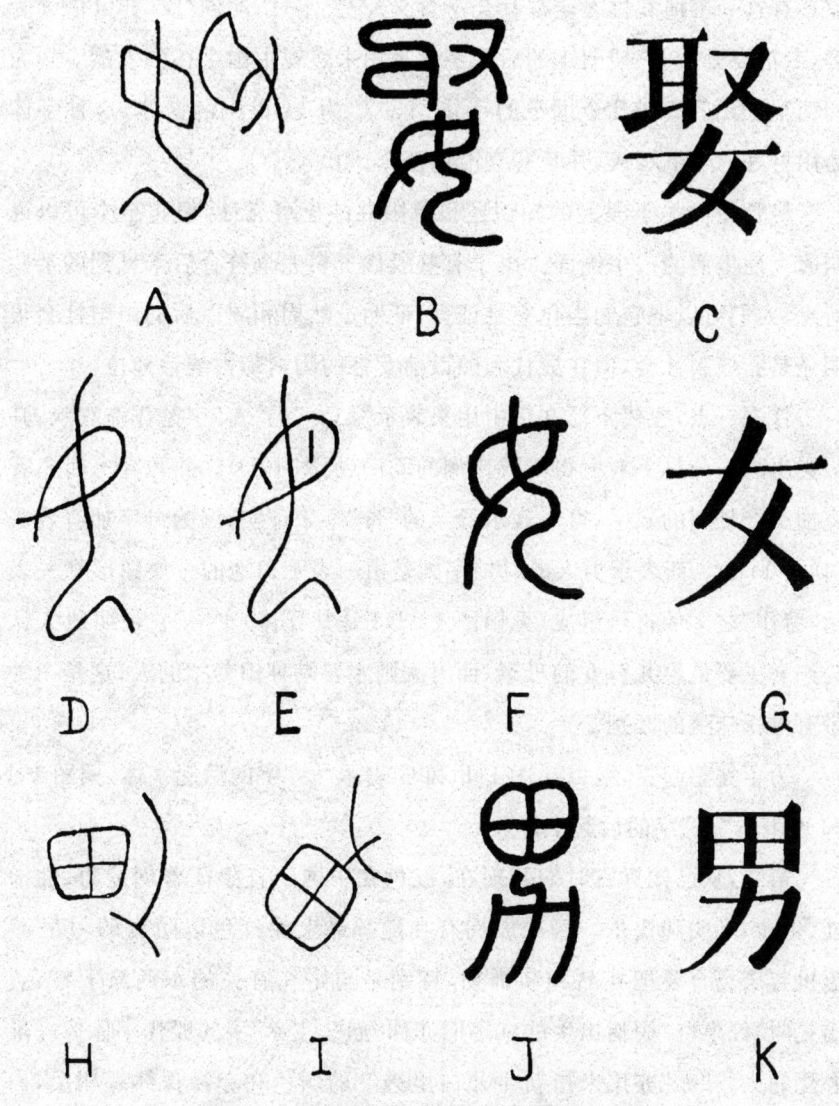

插图1 中文"娶"、"女"、"男"三字的古今字体

（参看图1:D）[1]，右半从动词"取"，亦音 chǔ，像以手执耳。人们很容易把这个殷代象形文字解释为一个男人手执一个女人的耳朵而与之成婚，

---

[1] 原书误作图2:D。——译者

它具有这一蛮横礼仪之全部社会学含义[1]。不过,动词"取"亦可借读为娶,专指娶妻[2]。插图1的后起字体是用来表现中国字体的发展。B为周朝至公元后最初几个世纪的字体[3]。C为14世纪的楷体,这种字体是用更好的毛笔写成,并且一直沿用至今。②

尽管我们关于殷人的知识还很有限并缺乏可靠性,但它至少可以说明殷人性生活的一个侧面。由于有些殷代资料完全符合后来见到的某些特点,人们可以把它们当作充足证据,证明虽然周和周以后的中国社会很明显是父权制社会,但在殷代和殷以前女性的因素却占统治地位。

首先一点,殷代象形文字中用来表示"妇女"的"女"字是作跪踞状,其最突出的部分是一对大得不成比例的乳房(插图1:D)。此乃乳房而非着宽袖叉在腰间的双手,可由表示母亲的"母"字来证实,因为母字加有乳头(插图1:E)。而表示男人的"男"字则是由一表示田地的方块图形和一表示"劳作"之义的符号组成(见插图1:H,I是其异体)[4]。它说明殷人认为妇女主要是生儿育女的母亲,而男人则主要是种田养家的人,这是一种带有母权味道的区别。

为了完整起见,兹以插图1:F和G表示"女"字的后起字体,插图1:J和K表示"男"字的后起字体。

第二,从已知远古时期到现在,红色在中国一直象征着创造力、性潜能、生命、光明和快乐。例如殷周有在随葬品上涂红色以防腐的习俗,③近世吉庆场合要把礼品和装饰物,特别是与婚礼有关的东西涂上红色。婚礼叫"红事"。用指出生的红字旧亦称"赤"。"赤"字的殷代字体像一堆燃烧的火。"赤"亦用来指新生儿白里透红的颜色和赤身裸体。相反,白色总是象征着消极影响、性能力的低下、死亡和悲伤。丧礼叫"白事"。

---

[1] 甲骨文"娶"字乃人名用字,此解释不可信。——译者
[2] "嫁娶"之"娶"作"取"见楚帛书,应即"娶"的本字。——译者
[3] 指周金文和秦篆。——译者
[4] "男"字从田从力,力是一种农具,而非"劳作"之义。——译者

"白"字的殷代字体和"土"字有关[1]。一位现代学者把它认作男性生殖器是完全正确的。①所有后世的炼丹书和色情书都有"男白女赤"之说(参见第82页[2]),而春宫画也往往正好是按"男白女赤"来画他们的裸体。这种颜色的联想表明,在古代,人们认为妇女在性方面要优越于男子。

第三,我要讲一下"姓"这个字。东周以来,这个字包括两部分,左半为形符"女"字,右半为表意的"生"字。这个字常常被用来证明中国古代社会是母权制社会。因为它明显地表现出孩子是从母亲而得姓。但不幸的是,据我所知,在殷代甲骨上还没有发现过这个字,而我知道的所有周代古文字也都是从"人"而非从"女"[3]。不过即使我们把"姓"字从"女"是否起源于殷代撇开不谈,也无法否认这一纯粹的事实,即两千多年来此字始终是作"姓"的含义来使用,它表明在中国人的潜意识当中顽强的母权制回忆始终绵绵不绝。

第四,古老王朝的传说表明,曾经有过王(或氏族首领)的嗣统是由祖传孙,因而在父系血统上隔了一代。社会学家将这一传统解释为母系向父系转变的一种残余,他们也许是对的。

最后,古老的神话传说认为妇女有着特殊的神力。而更重要的是,中国的房中书(据记载始见于公元初,但无疑在此之前早已存在)把妇女描绘成房中术的掌守人和一切性知识的所在。所有论述性关系的书都把女人当作伟大的传授者,而把男人当作无知弟子。⑤

周和周以后的王朝实行严格的父权制,理所当然要将男女的位置颠倒过来。特别是儒家学派为适应把社会建立于完美家庭制度之上的实际需要,竟吹捧男子为当然的一家之长,说他们强大而积极,象征光明,比弱小而消极、象征黑暗的女人要优越。然而在儒家思想支配人们头脑的时

---

[1] 此说不可信。——译者
[2] 凡在本书出现的"参见页码"、"上文页码"和"下文页码"等,均为本书的原书页码(即边码)。——编者
[3] 甲骨卜辞有"多生",西周铜器铭文有"百生",皆借"生"字为"姓"。"姓"作"住",这是东周时的字体。——译者

代里,母亲的形象却并没有从中国人的潜意识中消亡。通观中国的思想史和宗教史,人们会发现一种始终存在的视消极胜于积极、无为胜于有为的逆流。这种逆流在道教中被有意识地加以疏浚开导。下面我们将看到,很久以来,中国人对性问题的思考已不同于这样一种看法,即认为女人是伟大的母亲,她们不仅养育自己的后代,而且也恩泽其配偶,使中国人在性行为中仰赖女人无穷的供给而延年益寿。最后,母亲的形象在后期道教中亦随处可见。它既表现在神秘的"万物之母"上,也表现在有形的肉体上。道教文献中的神秘术语如"幽谷"和"玄关",在道家讲房事和方术的书中原意恰为"子宫"和"阴门"。

所有这些术语似乎都是源自女人为"大地子宫"(earth-womb)的概念。如我们将在下面看到的,人们认为云雾含有大量宇宙元气。因此中国人习惯于登高以吸取这种元气而强身健体。而且,人们也认为大地蕴含着宇宙元气,如果人类能够尽量深入其中并停留足够长的时间便可以分享到它。葛兰言指出一个重要事实,周的统治者往往喜欢在地窟和洞穴中举行重大庆典或进行关系到其统治地位的策划,包括政治谋杀。他们为了维护自己的声望,还召聚徒众在其中狂饮淫乐。⑥另外,不仅人类,就连住在地下和洞穴中的动物也被认为生活在有大量宇宙元气的土地上。说狐狸、獾、龟、熊多寿和具有神力,很可能(至少部分)是因为,人们相信这些动物的生活习性使它们总是与蕴含着大量宇宙元气的大地紧密相联。后世的道教史料说龟之长命在于"胎息",也就是说,它在地下呼吸正像胎儿在母亲的子宫内呼吸。这些信念虽然含混不清,但却证明了"妇女——子宫——地——创造力"之联想比"男人——男性生殖器——天——创造力"之联想要更古老。或许,前一种联想可以追溯到人们还没有认识到性交是妇女怀孕的惟一途径的时候。

基于上述考虑,我认为中国社会最初是按母权制形式组成。

我们在此提到这一点,是因为本书在描述后来的中国性生活时常常有很多地方要提到这种绵绵不绝的母权制回忆。

现在让我们把话题转回到周代。周代大约从公元前1100—前221

年统治着中国,我们看到,这是一个封建的父权制国家。它是中国历史上第一个有足够资料可以大致了解其社会状况的时期,特别是这一时期的后半段,即约公元前700—前221年。我们先来讨论周代的前半段。

周本是由世袭的"王"或"天子"实施统治权的封建国家。周王皆追溯其祖先于传说的"受命之君"。周代传说谓殷的最后一个在位者荒淫残暴,把受命之君周文王囚禁起来。文王赎归之后,他的继承人武王乃向殷王宣战,打败他,建立周朝。

正像大多数篡弑前王取得天下的人一样,周的统治者也感到需要援引历史先例来证实他们克殷的合理性。故他们把当时关于古代文化和英雄的神话加以润色修改,以这些被改造了的神话为历史,说什么从前殷的统治者就是以天不授命于无道为由废黜了夏的最后一王,强调他们取代殷和殷之取代夏是一样的。有些近代学者以为这种说法不可信,说夏代根本不存在,从头到尾纯属周人捏造。确实,直到现在,在殷代甲骨上还未发现任何关于夏的资料。但这类反证亦可用其他方法加以解释,并不令人信服。

不论这究竟是怎样的,在周代,不仅确有古老夏代的历史被记载下来,而且还有一些据传说是夏以前的国家的历史也被记载下来。它们开头讲的是创世神话,然后是一系列活了成千上万年的非凡的古帝。再下来是三个古帝:伏羲,教人以写字和婚配;神农,教人以耕稼;黄帝,教人以技巧。而黄帝的教化工作又由他的继承人尧和舜接替。舜选择大禹做他的继承人。禹救民于洪水之中,建立夏朝。这些古帝被描绘成盛世之主,从此一直被当成一种理想,而被后来衰败之世的人们追求不舍。由于这种信念是绝大多数古代文化通常都具有的,或许我们可以假定,殷人也相信从前有过黄金时代(aetas aurea),周王接受了这种观念,并使之适应他们自己的政治需要。这里特别需要注意的是非凡的黄帝、尧和舜,因为在本书许多地方他们的名字将反复出现。

周王国仅仅占有今中国之一小部分,大致辖有今河北、山西、山东和河南北部。其核心地区是黄河弯曲处的两岸。起初,它是个组织严密的国家,一切世俗的和宗教的权力都集中于天子一人手中,由他赐封族氏和土地给封建领主。这些领主是从王室庶支、周人的拥戴者或当地的古老氏族中挑选出来的。王畿之外住着"蛮夷",周王及其领主与之不断地发生战争。

周王国的经济基础是农业,主要栽种粟、麦及其他谷物。养蚕业也占有重要地位。铁只是到周末才为人所知,但周人也像从前的殷人一样具有铸造青铜的高超技艺。他们畜养的动物包括猪、水牛、绵羊、家禽、狗和马。马被当作辇畜使用,特别是用来驾驭战车。车兵是周代军队的中坚力量。

至于周代社会,领主和平民有明显差别。领主代表王管理分封给他们的领土并为王征战,平民则为领主耕种土地。统治阶级成员有永久性住所,住所四周有夯筑的城墙为防。宅中住着封建领主和他的妻妾、随从以及随从的家属。平民在春秋两季住在田中临时搭成的庐舍中;冬天来临时,则搬进簇拥在领主宅第周围的半永久性住所。

上流社会和下层平民都席地而坐,铺苇席和兽皮,用低矮的几案饮食。他们饮粟米酿造的酒。高的桌椅只是到大约1500年以后才使用。男人和女人同样都穿一种酷似 poncho〔1〕的内衣,外面是套装的外衣,上为带长袖的上衣,下为又长又宽的裙子,两者都带花边〔2〕。上衣交襟于前,右襟掩左襟,①并以一卷起的长条布带在腰上把它系紧。男人还打裹腿〔3〕,特别是穿礼服时用。不管居家还是外出皆戴冠。已婚妇女则用笄簪和辫绳束发。带裆的裤只是在周代的后半期才使用。

平民没有姓氏,他们不能占有土地,也没有公认的权力。可是他们的命运显然并不比我们西方封建时代的平民差,反而在许多方面要好得多。他们的主人为着自身的地位和财富,在很大程度上要依靠他们。要把适于耕种的土地种好并防止水涝灾害,需要很多劳力,加之领主需要这些平

---

〔1〕 南美人穿的一种中间开口套头的披巾。——译者
〔2〕 古称前者为"衣",后者为"裳"。——译者
〔3〕 古称"邪幅"。——译者

民在战争中充当步卒,所以当领主滥用权力时,人民可以移居其他采邑。由于领主间充满猜忌和倾轧,移民肯定会受到欢迎。领主收税和主持一些初级审判,但尽量不干涉平民的日常生活。在中国,人们根本不知道初夜权(ius primae noctis)。⑧

虽然统治者和被统治者生活迥异,但他们的宗教信仰却基本相同。他们把人仅仅看作是生机勃勃的自然界的一个方面。像许多其他古代民族一样,中国人亦将日夜交替、季节变换与人的生活周期相比。然而,对于神奇的生命力,即"气"的信念却是中国人独有的。气充满宇宙,它所包含的一切都处于一盈一亏、不断循环往复之中,后来人们把它定义为阴阳两种宇宙力量间的消长。据信这种生命力遵循一定的道路,这种道路代表着至上的自然秩序,所以后来便称为"道"。那些遵循这种秩序生活、思想的人将幸福长寿,而背离者将不幸早夭。与自然秩序和谐一致的人因而得到大量的气,这种气会增厚其"德"。"德"按其本义应理解为超自然力。这种"德"非惟人所独有,鸟兽木石亦应有之。例如龟鹤就是因长寿而被说成是有大量的"德"。松树和灵芝就是因从不凋萎而被认为是"德"之所集,而玉也被认为是特别富于"德"。

这一时期,妇女被认为具有很强的"德"。在汉及汉以后的文献中,"女德"的意思仅指"妇女的道德",但在更早的书中却有两处提到"女德"是指"女人的诱惑力"。第一处见于一部汉代的历史著作,它引用某人批评一位公子陷于爱情之中的话,说这位公子"怀女德"(见司马迁《史记》卷三九关于晋公子重耳)。文章上下文表明,这里"德"是指女人把男人同自己连在一起的力量,即主要不是靠其容貌,而是靠她的女性魅力征服男人。在同一意义上使用的"女德"一词也见于《左传》中的一段名言(参见26页注①):"女德无极,妇怨无终"(当公元前635年)〔1〕。这两段引文还为我们理解《左传》的另一段话提供了背景。这段话是:"女,阳物而晦时,

―――――――――

〔1〕 见《左传》僖公二十四年,当公元前636年。——译者

淫则生内热惑蛊之疾"(当公元前531年)〔1〕。

为了与这种自然秩序和谐一致,统治阶级的成员要按礼仪行事。礼仪对公众和私人生活的一切,事无巨细,皆有规定。这些规定体现为神圣的社会秩序。这种秩序是由天,即一种非人格的、至高无上的控制力按宇宙秩序而建立。当人们不知应当如何行动,或欲举大事时,就卜求神谕。除上述骨卜之术外,另一种流行的占卜方法是摆蓍草。人们还可以通过求问巫师来了解未来和天意。巫师可以降格神意。虽然人们以"男觋"、"女巫"并提,但有迹象表明,这种职责本来却完全是属于妇女的。⑨

统治阶级自认为拥有很多继祖传后的"德"。这种"德"形成他们与祖先和后代之间的联系,它联结着死人和活人。活人必须按时祭祀祖先,如果祭祀一旦中断,祖先的"德"就会消失,他们就会变成恶鬼或堕入地狱,给活着的子孙带来灾难。因此生个传递香火的男孩既是对列祖列宗也是对自己的神圣职责。这种考虑构成了多配偶家庭制度(这种家庭制度直到最近才在中国消失)的最有力的动机。因为如果一个妻子不能生子,男人就不得不让其他配偶给他生子。祖先从旁参与活人的生活,他们保佑活着的后代,而活着的后代也必须让祖先随时知道自己的所作所为。祖先崇拜是中国宗教生活的核心,而且一直保留到相当晚。

人们认为,人有两个灵魂,分别叫作"魄"和"魂"。"魄"通常译作"animal soul"(肉体的灵魂),是从受孕时即有,死后还保存在尸体中直到腐烂。"魂"译作"spirit soul"(精神的灵魂),则是从脱离母胎才进入孩子体内,死后升入天堂,先人的魂是靠地上的后人祭享。

为使魄尽可能长存,人们想方设法让尸体不腐烂。人们用有"德"的随葬品陪葬尸体,如玉或贝壳,因为后者像阴门,象征着生殖力和创造力。最初,有病的妇女和奴隶也被用来生殉,或入墓前杀死以陪葬,但后来则只陪葬他们的偶像。而刀剑、甲胄、个人饰物、马匹和战车则仍然用原物

---

〔1〕 原文作"Woman is a sinister creature, capable of perverting man's heart",查《左传》昭公十一年(前531年)无此句,《左传》中与此相近的只有昭公元年的这段话,疑作者所记年代有误。——译者

陪葬,因为人们指望这些东西可以继续为亡灵服务。近世人们下葬时烧死者房屋、衣物的纸糊模型,这是周代的古老遗风。

由于平民没有姓氏,因而也没有祖先崇拜,所以他们只有微不足道的"德"。但是由于他们的生活习俗使他们不断地和自然力紧密相联,对他们来说最重要的是不违背自然秩序。正像他们的领主在这方面是求助于礼仪,平民则以习俗为指归,它表现在四季燕飨和村社庆典当中。而且,尽管他们不能祭祀祖先,也不能参加贵族的大祭,但乡间的祷祠却使他们可以向土地、百谷、风、水和山川诸神奉献其钦敬之意。

以上是一般的背景介绍,从这一背景,我们将竭尽所知对周代早期的性生活与社会状况做一简略描述。

早期阶段,两性隔离的原则还远没有像后来把儒家道德定为行为规范之后所实行的那么严格。在王宫和贵族宅第中,妇女住在她们各自的闺房中,分别用餐,尤其是已婚妇女享有很大自由。白天她们在宅中自由走动,同管家和男仆商量家务。她们也参加家庭范围内的某些祭祀和庆典,但不与男人同桌而食,而以屏风为隔。她们还被排斥在大多数男人的娱乐活动之外,如饮酒、射箭和狩猎。享有自由最少的是未婚女子。由于处女的贞操乃是将来作为妻子的必要条件,所以她们在闺房中被严加监视。而相反,平民女子却可以和男人自由交往。下面我们将看到,那些年轻男女如何在村社庆典中一起载歌载舞。

在父权制的家庭制度中,父亲是无可争议的一家之长,妻子、孩子和仆人都无条件地服从他。家庭被视为小社会,父亲在家中就像是国王,是所有宗教和世俗活动的领导者。女人被看作低人一等。《诗经》中有一首诗讲到了人们对待一个新生男孩和女孩的不同习俗,[10]它象征着他们在未来生活中的不同身份。这是《斯干》中的一段:

乃生男子,
载寝之床,
载衣之裳,

载弄之璋。

其泣喤喤,

朱芾斯喤,

室家君王。

乃生女子,

载寝之地,

载衣之裼,

载弄之瓦。

无非无仪,

唯酒食是议,

无父母诒罹。

(《诗经》第 189 首)

不过,女人比男人低下这一总原则绝不意味着每个女人都比每个男人低下。特别是夫人,乃是举足轻重的人物,她在家庭事务中有着很大的权威。

十岁以前,男孩和女孩可以一起玩耍。十岁以后他们就开始走上不同的生活道路。男孩入学,女孩则被禁锢在闺房中学习缝纫和其他技巧。经典上说,女子"二七"月经初潮,男子"二八"精成而遗。男孩和女孩的这些变化都用同一个词"天癸"来表示,它的意思似乎是指"天所规定"[1]。表示行经的专门术语有"月事"、"经水"、"月经"、"姅"(来源不清)、"月客"和以后还要讨论的许多华丽美称。一直到纪元初,仍记载有妇女在月经期间不得参加仪典的规定,并提到她们的额上点有表示不洁的红点,不过这种习俗是否在周代早期就已存在尚不得而知。

第一次行经后,女孩就被认为已达结婚年龄,在一次叫作"及笄"的简单

---

[1] 此说无据。——译者

家庭庆祝仪式上,她们的头发要被束起来。男孩则接受更高的教养,到二十岁时要授予象征男子的帽子,即冠。这件事要在全家进行隆重的庆祝。之后,为了履行他对家庭和社会的神圣职责,即获得子嗣,他必须结婚。

值得注意的是,不论对男孩还是女孩都没有任何痛苦的成丁礼,人们从未听说给男孩割包皮和给女孩割阴蒂的习俗。

人是一个与宏观世界功能酷似的微观世界。男女的性结合是二元自然力的相互作用的小型复制品。因而人类婚姻和天地的婚姻基本一样,天与地是在暴风雨中交媾。从荒古时代以来中国人就认为云是地的卵子,它靠雨即天的精子而受孕。在人类范围内,国王和王后、男人和女人的结合,真正地体现了世界上正、负两极的平衡。如果它们的结合不和谐,整个大地都会遭受旱涝和其他自然灾害之苦。因此,统治者和其配偶的性关系要按礼仪做周密调节。我们先来描述这种性关系,然后进一步讨论统治阶级成员和平民的婚姻。

由于王具有最大量的德,他需要大批配偶,通过性交,滋养和永远保有他的德。王有一后、三夫人、九嫔、二十七世妇、八十一御妻。这些数字是据古老的数字巫术而定。奇数代表自然界的正力,代表男性和男性的潜力;偶数代表自然界的负力,代表女性和女性的潜力。3是1之后的第一个奇数,表示强大的男性力量;9是3的三倍,代表极大。将这两个数字相乘便得出27和81这两个数字。

被称为"女史"的特殊宫女安排和监督王与其妻妾们的行房。她们尽量使国王按正确的时辰和礼仪为每个级别所定的应有的频度与妻妾同房。她们用特制的叫作"彤管"的红色毛笔为房事做详细记录,因此直到后来,中国文献仍把统治者的性生活叫"彤史"。

一般的规定是,低等级的配偶应在高等级的配偶之前先与王行房交媾,并且次数也更多。而王后与王行房则一月仅一次。这一规定是根据这样一种观念,上面已稍微提到一下,即在性交过程中,男人的元气是由女人的阴道分泌物滋养和补益。因此只有在王和低等级的妇女频繁交媾之后,当他的元气臻于极限,而王后也最容易怀上一个结实聪明的王位继承人时,他才与王后交媾。①

这些女人是由女史带进王的寝宫。带到后,她给她们一只银戒指戴在右手上,留下等待房事圆满结束,然后记下结果。之后,她将戒指从这些女人的右手换到左手,记下性交日期和时间。当以后证明那个女人已经怀孕,女史再给她戴上一只金戒指。女史还不断向王报告这些女人的身体状况和经期。

只有高等级的配偶才能和君王共度通宵。妾则必须在天亮以前离开寝宫。《诗经》中有一首诗是描述妾对这些不平等的不满。诗云:

> 嘒彼小星,
> 三五在东,
> 肃肃宵征,
> 夙夜在公,
> 寔命不同。
>
> 嘒彼小星,
> 维参与昴。
> 肃肃宵征,
> 抱衾与裯,
> 寔命不犹。

(《诗经》第21首)

这首题为《小星》的诗现已成为"妾"的通行文言用语。这里不妨插入一段约公元前750年人们对绝代佳人的描写。这一描写见于《诗经》中一首叫《硕人》的诗,它赞美了一位美丽的著名诸侯夫人。

> 手如柔荑,
> 肤如凝脂,

领如蝤蛴，
　　螓首蛾眉，
　　齿如瓠犀，
　　巧笑倩兮，
　　美目盼兮。

《诗经》第 57 首

　　"螓首"指悬挂在头饰两边的两绺长发，"蛾眉"指蛾子弯曲的触须。这个句子后来成为形容美女的套语。

　　统治阶级成员间的通婚严格遵守外婚制。娶同姓女子为夫人或姬妾纯属禁忌。人们认为"同姓乱伦"会使夫妻子嗣遭罹祸殃。经书皆认为此种禁忌对平民来说并不存在。这显然不对。虽则名言有所谓"礼不下庶人"，但平民亦自有平民之俗。人类学告诉我们，一般古老的群体比文明水平高的群体有更复杂的性禁忌，所以恐怕在中国古代的农民当中，婚姻仍受到各种禁忌的限制，尽管它们并未见之于记载。后世的族姓禁忌适用于所有阶级，直到今天仍然是如此。

　　统治阶级的成员只能娶妻一次。[12] 如果她死去或被休掉，则不能再娶，至少不能再行娶妻规格的结婚典礼。婚事由那些管说媒的机构去安排。正如《诗经》所说[1]：

　　析薪如之何？
　　匪斧不克。
　　取妻如之何？
　　匪媒不得。

《诗经》第 158 首

---

〔1〕 出自《小雅·南山》。——译者

安排最初洽谈的是媒人。媒人除须弄清计划中的婚姻吉凶与否，还须查明新娘确属异族，确属处女，嫁妆齐备。同时，他还必须调查女方父母的社会地位和势力。因为统治阶级有一整套崇尚荣誉的礼教习俗，如果双方有一方认为提出的婚事不可接受，就可能引起流血冲突。按规矩，女子对丈夫的选择没有发言权，事情完全要由父母和媒人商定。

当一切准备就序，新郎便带着一只雁去拜访新娘的父母。后世注者对这种雁做有各种解释，但这一切都是次要的。然后，新郎迎娶新娘回家，在例行宴会上庆祝婚礼，当夜圆房。采用这一仪式也使新郎与新娘从娘家带来的姊妹、侍女的结合合法化。她们通常充当新郎的侧室和妾。翌日晨，丈夫带妻子见过父母，并谒拜宅中祭堂里祖先的灵魂。三月后，再行，但更为郑重。只是在行过第二次仪式之后，妻子才算是确立了她作为妻子的地位。

有时新娘并不喜欢由侧室陪嫁。《诗经》中有一首诗叫《江有汜》，表达了那些想随新娘陪嫁而去的姑娘最终说服新娘带她们去时的满意之情。

江有汜。
之子归，
不我以；
不我以，
其后也悔。

江有渚。
之子归，
不我与；
不我与，
其后也处。

江有沱。

之子归，

不我过；

不我过，

其啸也歌。

(《诗经》第22首)

描写大河有许多分支似乎是指丈夫有权享有许多女性伴侣。

统治阶级成员的婚姻叫作"婚"，这个神秘古老的字眼似乎意为"黄昏的典礼"，指在晚上庆祝婚礼和完婚。

平民的婚姻叫作"奔"。当春天来临，农家都从冬季住所迁至田野，村社组织春节的庆祝。届时少男少女乃一起跳舞、轮唱、踏歌。所有这些歌几乎千篇一律都与生殖崇拜有关，并常常带有不加掩饰的色情性质。每个青年男子都挑选姑娘，向她们求爱，并与她们交媾。以此作结的男欢女爱持续于整个夏季和秋季，并且在这些家庭搬回冬季住地之前，被人们（也许是村中长者）以某种手续使之合法化。合法的标准恐怕是看姑娘是否怀孕。

由于姑娘可以接受或拒绝求婚者，也可以接受之后又改变主意，而男青年也有同样的自由，遂使平民女子通常比高等级的女子享有更充分的性生活。《诗经》中所保存的关于求婚、爱情和婚姻的民歌对乡村爱情生活有出色的描写。《诗经》中的诗歌，其形式内容都与其他地区和其他时代的民歌有着惊人的相似，它们以动人的手法表达了求婚和爱情的全部悲欢。这里我们首先抄录一首描述在河岸上举行村社庆典的诗歌。青年男女在河岸上相互求爱，竞争角逐，然后进行性交。在后来的色情文献中，"芍药"常常用来指女子的生殖器。

溱与洧

方涣涣兮。

士与女,
方秉蕳兮。
女曰观乎?
士曰既且。
且往观乎?
洧之外,
洵讦且乐。
维士与女,
伊其相谑,
赠之以勺药。

溱与洧,
浏其清矣。
士与女,
殷其盈矣。
女曰观乎?
士曰既且。
且往观乎?
洧之外,
洵讦且乐。
维士与女,
伊其将谑,
赠之以勺药。

(《诗经》第95首)

还有一首诗描写青年男女在城门外相会。这首诗的题目是《出其东门》,诗云:

出其东门,
有女如云。
虽则如云,
匪我思存。
缟衣綦巾,
聊乐我员。

出其闉闍,
有女如荼。
虽则如荼,
匪我思且。
缟衣茹藘,
聊可与娱。

(《诗经》第93首)[23]

还有一首诗描写的显然是一个男子与他心爱之人成婚时的得意心情。这首诗的题目是《东方之日》,诗云:

东方之日兮。
彼姝者子,
在我室兮。
在我室兮,
履我即兮。

东方之日兮。
彼姝者子,
在我闼兮。
在我闼兮,

履我发兮。

(《诗经》第 99 首)

一首名为《遵大路》的感人诗篇生动地描述了一个被人遗弃的姑娘的悲哀：

遵大路兮，
掺执子之袪兮。
无我恶兮，
不寁故也。

遵大路兮，
掺执子之手兮。
无我魗兮，
不寁好也。

(《诗经》第 81 首)

最后我要引用三首具有特殊社会学意义的诗。首先是一首名为《氓》的长诗中的一段，它说明在农民中也存在着双重道德。诗曰：

于嗟女兮，
无与士耽！
士之耽兮，
犹可说也；
女之耽兮，
不可说也。

(《诗经》第 58 首)

第二首诗名为《甫田》，它警告姑娘不要爱上比自己社会等级高的年轻男子。因为当这些年轻人成年后，社会差别将变得更为明显，他们将只与本阶级的女子通婚。"远"在诗中是指社会地位的差距而不是空间的距离。诗中提出这种警告似乎表明这种不同等级间的私通确实经常发生。

> 无田甫田，
> 维莠骄骄。
> 无思远人，
> 劳心忉忉。
>
> 无田甫田，
> 维莠桀桀。
> 无思远人，
> 劳心怛怛。
>
> 婉兮娈兮，
> 总角丱兮。
> 未几见兮，
> 突而弁兮。

（《诗经》第 102 首）

第三首诗似乎暗示，一个求婚者要在夜间去看姑娘多少是可以容忍的。要想确定《诗经》中许多诗的社会背景是很难的。不过，人们得出的印象是此诗并非出自农民而是出自诸如领主的低级侍从一类人。此诗名为《将仲子》。

> 将仲子兮，
> 无逾我里！

无折我树杞!
岂敢爱之,
畏我父母。
仲可怀也,
父母之言,
亦可畏也。

将仲子兮,
无踰我墙!
无折我树桑!
岂敢爱之,
畏我诸兄。
仲可怀也,
诸兄之言,
亦可畏也。

将仲子兮,
无踰我园!
无折我树檀!
岂敢爱之,
畏人之多言。
仲可怀也,
人之多言,
亦可畏也。

(《诗经》第 76 首)

在对周代前半期的婚姻和性生活做一简短考察之后,现在我们再来谈谈周代的后半期。

注释：

① 泛论中国远古历史一般性质的书有 J.G.Anderson 的 *Children of the Yellow Earth*（London 1934）和 H.G.Creel 的 *The Birth of China*（2nd ed. London 1958）。两书之后的新发现现在只能从专门的汉学出版物中了解。

相当专门，但又令不熟悉汉学的读者仍有兴趣的书有 H.Maspéro 的 *La Chine Antique*（Paris 1927, reprinted 1958）和 M.Granet 的 *La Civilisation Chinoise*（Paris 1929；英文版题目为 *Chinese Civilization*，London 1930）。后者专门讨论社会学方面。不过必须说明的是，它们对许多与中国历史和社会有关的问题未做讨论，并有不少可商之处。

有一本关于中国通史的好书是 L.Carrington Goodrich 的 *A Short History of the Chinese People*（revised edition, London 1957），该书还说明了物质文化的发展。还有 K.S.Latourette 的 *The Chinese, their history and culture*（New York 1946, new edition New York 1958），其描述简要而公允，并注有大量书目。

② 有心于中国文学及其历史和有关问题的读者，可参看 B.Karlgren 的 *Sound and Symbol in Chinese*（Stockholm 1930）。

③ 不过，在汉代，人们似以白色为殷人所尚，红色为周人所尚。参看《礼记·檀弓》："殷人尚白，周人尚赤"。汉代哲学家王充（27—97年）在《论衡》一书中提到一个传说，谓太公（姜子牙，周文王之师）在殷周之争中使用过下述计策：他养了一个带朱砂痣的小孩，直到他长大成人，遍体通红，使其当街而呼殷将亡。殷人大恐，因为它暗示着体现强大光明的"赤"周将打败象征衰弱晦暗的"白"殷。但也许此说是汉代儒生为美化他们奉为典范的周代先王而假托其事，参看本书第三章开头所述。

④ 参看 B.Karlgren 的 *Some Fecundity Symbols in Ancient China*（收入 *Bulletin of the Museum of Far Eastern Antiquities* no.2, Stockholm 1930）。该书所发挥的理论只有一部分获得普遍承认。

⑤ 我不敢肯定是否应当在这一讨论中列入某些中文书的说法，例如法家商君的著作说上古民知其母不知其父（J.J.L.Duyvendak 的 *The Book of Lord Shang*, *Probsthain's Oriental Series* vol.XVII, London 1928, p.225），因为这一特点似出后世学者托言，而非真正对母权制的回忆。

⑥ 参看 R.A.Stein 的 *Présentation de I'oeuvre posthume de Marcel Granet Le Roi Boit*（*Année Sociologique*, Paris 1952, pp.64—65）。

⑦ 中国人认为这种习俗乃是他们区别于"蛮夷"的一个特点。见 Eberhard 著 *Lokalkulturen in alten China* p.229 所论。这一看法至今在中国和日本仍然是一种定论。19世纪中国和日本兴起过一股带有强烈民族情绪的反西方化潮流，"左祖"仍被认为是西方劣等民族的象征。

⑧ 没有迹象表明中国人也像其他许多民族一样相信破身充满神奇的危险。约 1300 年,当中国旅行家在柬埔寨发现处女在婚前要由僧侣破身的习俗,并注意到这种习俗或类似的习俗也见于穆斯林国家的人民当中时,他们大为惊讶,有关论据见 Iwai Hirosato(岩井大惠)的文章,*The Buddhist Priest and the Ceremony of Attaining Womanhood during the Yüan Dynasty* (in Memoirs of the Research Department of the Tōkyō Bunko, no. 7, Tōkyō 1935)。

⑨ J. Needham 在其 *Science and Civilization in China* (Cambridge University Press 1956) vol. II, p.132 sq. 充分讨论了巫这个题目。关于萨满教的一般情况见 Mircea Eliade 的杰出著作 *Le Chamanisme et les techniques archaiques de l'extase* (Paris 1951),该书 pp. 393－404 是讨论中国,其中也提到妇女的神奇力量。

⑩ 《诗经》是五经之一。其他四经是《易经》(讲占卜)、《书经》(各种历史文件的汇编)、《礼经》(三礼:《周礼》、《礼记》、《仪礼》)和《春秋》(历史大事年表)。这五部书旧说以为皆出于周或更早。但后来的研究却证明,除《诗经》和《春秋》,其他各书在最初的几百年有过很大的改动和增益(见下 56 页)。

《诗经》是采自各封建国的颂诗、赞歌和民歌的汇集,后人篡改最少;但由于它是"口头文学",所以有许多文本方面的问题。此书之得以保存原貌主要是因为它有助于一种间接的出于政治需要的解释,所以可以引证来做道德风化的宣传和政治讽刺。

S.Couvreur 出版过一本名为 *Cheu King* 的法文译本(Ho-kien-fu 1913)。这本书完全沿用公元 12 世纪理学的武断解释。要想复原许多地方的本义,请参看 B.Karlgren 的优秀学术译文 *The Book of Odes* (Stockholm 1950)。我译文的编号就是参照该译本。还有 M.Granet 做有社会学和民族学解释的 *Fêtes et Chansons anciennes de la Chine* (Paris 1929)。A. Waley 在他的 *The Book of Songs* (latest edition, London 1954)中出版了一个带文学注释的优秀选本。

⑪ 后起笺注都没有意识到这一事实。他们认为,由于王后象征月亮,国王象征太阳,国王必须在月满时,即所谓男女两性(两种宇宙力量的象征物)完全一致时才能交媾。M. Granet 在他的 *La polygynie sororale et le sororat dans la Chine féodale* (Paris 1920) pp.39－40 中详细介绍过整个理论。虽然也许人们一般用象征月亮说来解释王室交媾的礼仪,但无疑有一个基本考虑已经指出过,即只有当王通过与王后以外的其他妇女性交使其性能力达到极点时,才与王后性交。

⑫ 对中国古代婚礼这个非常复杂的问题,在这里只是粗略地涉及了一下,因为有关这一问题的大量文献没有为性生活的研究提供什么重要资料。有兴趣的读者可参看《仪礼》的有关章节(见本章注释⑩),J.Steele 的英译本 (*The I-li or Book of Etiquette and Ceremonial*, London 1917)和 S.Couvreur 的法译本 (*Cérémonial*, Ho-kien-fu 1916, reprinted Paris 1951)。书中对仪式的开头和每一步骤描写得极其详尽。这个问题与亲属制度的问题紧密相连,例如关于男子与妻成婚,而以其

侄娣媵嫁。这些在前已注明的 M.Granet 的 *La Polygynie sororale etc.* 一书中已经作过彻底讨论。而且在他的 *Catégories matrimoniales et relations de proximité dans la Chine ancienne* (Paris 1939)中也讨论过。冯汉骥(Feng Han-chi) 在他的 *The Chinese Kinship System* (见 *Harvard Journal of Asiatic Studies*, vol.II, 1937)中对此也有很好的研究。

第二章 东 周

（公元前770—前222年）

社会状况和性生活　《左传》的有关记载

公元前8世纪，政治的、社会的和经济的重大变化正在发生。随着周天子中央权力的衰落，封建诸侯变得更加独立。他们名义上仍奉周天子为天下共主，而实际上却各自割据称雄。他们自立朝廷，僭用天子的礼乐和官制；并拥有纯为私属而并不效忠天子的军队。正因为如此，所以西方学者把东周的诸侯称为princes（王公），把他们的封地称为states（国）。东周时期，天下分裂，诸侯日事于纵横捭阖，攻夺变诈，为了扩大自己的势力，不仅以邻为壑，同时还常常与境外的蛮夷作战。后者正日趋"汉化"，在中原各国的战争和政治活动中作用越来越大。

自公元前722年起，当时的文献记载为研究这一时期的社会状况提供了更为可靠的材料。①

这一时期似乎在贵族和平民之外出现了一个介于二者之间的第三等级，即可称之为士的等级。

他们虽然出身贵族,有自己的姓氏,可以参加车战,但没有封地。他们给诸侯充当军吏或文官、书吏、谋士和管家。后来由于对知识的要求越来越高,士开始专门研究学问。当时中国的许多杰出政治家、哲学家正是从这一阶层当中产生,其中包括孔子。他们被视为"文人士大夫"的原型。从纪元初到现在,这些文人士大夫是中国行政管理的主要承担者。

书法艺术主要用于记录官方的档案、仪典和编年史。周的书吏是用毛笔蘸墨在竹简和木简上书写。墨是用炭或漆研磨而成。书简是用皮条编连在一起。纯文学多属口头文学,最初并不书于竹帛。燕飨或其他聚会,诗文吟诵皆由与会者当场向其亲朋好友再三重复,直到人所共知。这一事实也说明了为什么许多周代的哲学著作显然缺乏连贯性。这些书本非出自一人之手,而是由门弟子杂录师说,汇集成书。

商业发展和货币制度,使上述等级之外又增加了一个等级,即商人等级。同时各种技巧和手艺的进步,以及对产品需求的增长,也加强了专业手工业者的地位。因此除王公之外,现在就有了四个社会等级:士、农、工、商。它们通常按这一顺序排列,以士、农为国家中坚,在理论上比工商地位要优越。

工商迎合了诸侯宫廷中盛行的竞尚豪奢之风。男女穿着华丽,开始在长袍里面穿可能是西方邻国传入的宽裤。②为使人们的服装符合月令的规定,似乎每个季节都要改易服色。③女人往往衣锦绣,用做工精巧的笄簪和绸带装饰头发,戴戒指和手镯。为了梳妆打扮,她们还使用背面带纽、可以穿系绶带供手执的磨光青铜圆镜(见插图4)。

动荡的政治局势和强宗大族的暴起暴灭助长了道德松弛和性放纵。王公和达官贵人除妻室外还拥有成群的女乐。她们在正式宴会和私人酒席上表演歌舞。这些姑娘和她们的主人、主人的左右以及宾客乱交。她们常常被易手,一卖再卖,或当作礼物馈赠他人。馈赠女乐是诸侯宫廷外交活动的一项内容。我们从《左传》上读到,公元前513年,有位官吏涉于讼事,曾以一群女乐贿赂法官(《左传》译本卷三,445 页)〔1〕。这些姑娘是从什么等级征选尚不清楚。可能她们大部分是家中养大的女奴,在歌舞方面表现出天才,但也有可能把女战俘收编其中。这些女乐是官妓的前身,官妓在后来的中国社会生活中占有相当重要的位置。

一些荒淫的国君还畜养娈童,或与成年男子搞同性恋。汉代和汉以后的史料证明,有些所谓嬖臣即与国君有同性恋关系。不过"嬖"这个词的一般含义是指靠阿谀奉承、助纣为虐而邀宠的男女。当嬖臣为男性时,是否为同性恋关系是很难断定的。古书文略,给各种不同的解释留下了余地。不过有个叫龙阳君的人却是个例外。他在公元前 4 世纪曾事魏侯。公元前 3 世纪的史料《战国策》中有段话证明,他确实和国君有同性恋关系〔2〕。龙阳君在历史上臭名昭著,以至"龙阳"成了男子同性恋的通用文言表达。

此时婚姻成了一种政治因素。许多诸侯都认为只有迎娶强邻之女才能确保其位,国君与妻子争吵而得罪其母国的亲戚,政治联盟往往就会破裂。因为所娶之女及其亲戚的影响非同小可,妻子的地位大大加强,给她带来更大的自由。人们认为妇女应三从:未婚从父,已婚从夫,夫死从子。但实际上已婚妇女常常完全是独立行事,只有未婚女子才与外界严格隔离,没有行动自由或发挥其创造性的自由。已婚妇女享有相当的行动自由,只要乐意,她们有充分的机会和家里家外的人私通。在家里,她们可以见丈夫的朋友和客人,甚至参加他们的讨论——尽管她们总是躲在屏风后边不露面。她们就是以这种方式经常对政治施加很大的影响。《诗经》中有一首名《瞻卬》的悲歌。诗中有一章对妇女和阉人干政流露出怨怼之情,虽然这首诗是批评幽王(公元前 8 世纪)的苛政。幽王深受声名狼藉的妃子褒姒(BD 条目 1624)影响。但这段文字无疑反映了一般人对妇女参加公众事务的看法。诗云:

---

〔1〕 本书引用《左传》推算年代多误。此事见《左传》昭公二十八年,当公元前 514 年。——译者

〔2〕 见《战国策·魏四》。——译者

哲夫成城,哲妇倾城。

懿厥哲妇,为枭为鸱。

妇有长舌,维厉之阶。

乱匪降自天,生自妇人。

匪教匪诲,时维妇寺。

鞫人忮忒,谮使竟背。

岂曰不极,伊胡为慝?

如贾三倍,君子是识。

妇无公事,休其蚕织。

(《诗经》第264首)

  妇女躲在屏风后边,还可以听音乐看舞蹈。一些国君甚至让他们的妻子参加田猎和宴饮。据说公元前573年灵公就有这种习惯。他的行为受到一位臣僚的批评(《左传》译本卷二,161页)〔1〕。妇女戴面纱则未闻,但外出要乘门帘低垂的马车,只有歌女和放荡的女人乘车外出才不垂帘。

  诸侯的后宫是仿天子之制而组成,并受保姆和宦官的监督。后者是用什么办法残毁身体而入宫尚不清楚。阉割是刑罚之一。《左传》中曾提到一位因政治问题而获罪的人就是因受这种刑罚致残而成为宦官,他和国君谈话时自称为"刑臣"(《左传》译本卷一,351页)〔2〕。似乎也有穷人或钻营之徒为了在朝廷之中谋取肥缺而甘受阉割。后世宦官往往就是如此。

  虽然有保姆和宦官的监督,已婚妇女仍可以找到充分的机会私通。况且寡妇,虽然叫作"未亡人",①却常常再嫁,或虽守寡,却过得相当自在。下面引用一些历史事件,用以说明当时的性生活。

  公元前708年,宋国出身公族的华父督道遇宋国高官孔父之妻而一见钟情。次年华父督攻打孔父的宅第,杀死孔父而夺其妻(《左传》译本卷

---

〔1〕 此"灵公"是晋厉公之误,见《左传》成公十七年,当公元前574年。——译者
〔2〕 见《左传》僖公二十四年。——译者

一,67页)〔1〕。

数年后,公元前695年,卫宣公与其父之妾私通,生子,取名急子。急子后来娶了齐国一位美丽的公主为妻。宣公爱之而据为己有,与之生有二子。宣公之父的妾因嫉妒自己的儿媳故悬梁自尽。急子之妻欲为急子之父的嫡夫人,遂设计陷害自己的丈夫。她对宣公说自己丈夫的坏话,宣公遂派强盗将自己的儿子杀死(《左传》译本卷一,120页)〔2〕。儿子与自己父亲的妻子通奸并不少见。公元前665年,晋献公在染指他父亲之妾以前一直无子,他父亲之妾为他生有一子一女(《左传》译本卷一,194页)〔3〕。

公元前573年,齐国庆克和齐国国君灵公之母私通。他常常扮成妇人潜入后宫与她幽会。他被两位官吏发现,受到他们的谴责。庆克把此事告给他的情妇。灵公之母谗害二人,致使其中一人受刖刑,一人被放逐(《左传》译本卷二,154页)〔4〕。

一个人的妻子易手他人并不妨碍他重新夺回她。公元前548年,郑国的游贩在途中遇见一人正迎娶新娘回家成亲。游贩用武力夺走那人的未婚妻,并把她安置在私邑的一座馆舍中。后来此人攻打游贩,杀之,将妻子夺回(《左传》译本卷二,384页)〔5〕。

淫荡的妇人诡计多端。公元前516年,一位国君的寡妇与饔人私通。由于害怕一位管理宫中事务的大臣向亡君的家族告发她,她让妾鞭打她。然后展示身上的鞭痕,控告这位大臣企图奸污她,说当她拒绝他的求爱时,这位大臣就用鞭子抽打她(《左传》译本卷三,385页)〔6〕。

此外,我们还读到,公元前599年陈灵公和另外两位大臣同本国一位官员的寡妇夏姬通奸。三人在朝中穿着寡妇的内衣,拿他们同她的性关系开玩笑。当另一位官员向灵公指出这样做很不体面时,恼怒的灵公竟

---

〔1〕 见《左传》桓公元年和二年,当公元前711、710年。——译者
〔2〕 见《左传》桓公十六年,当公元前696年。——译者
〔3〕 见《左传》庄公二十八年,当公元前666年。——译者
〔4〕 见《左传》成公十七年,当公元前574年。——译者
〔5〕 见《左传》襄公二十二年,当公元前551年。——译者
〔6〕 见《左传》昭公二十五年,当公元前517年。——译者

处死了他(《左传》译本卷一,599页)〔1〕。

公元前494年,卫灵公娶南子为妻,南子因与自己的兄弟乱伦而声名狼藉。为了取悦南子,卫灵公竟召南子的兄弟朝见。他们的乱伦广为人知,甚至连农民在田里干活都编唱歌曲戏谑他们(《左传》译本卷三,587页)〔2〕。也许应当补充一点,孔夫子曾因与南子会面而受到指责,但他拒不接受这些批评,理由是他和南子会面期间南子一直站在屏风后边,这完全符合当时已婚妇女与非血亲关系或婚姻关系的男人交谈时所须遵守的规矩(《论语》卷六,二十六章)〔3〕。

记载公元前537年史事的下述材料证实,出身高贵的男女有许多机会相见。一位叫穆子的官员与他的族长发生口角而出奔齐国。到达庚宗城时,他遇见一妇人。妇人用食物款待他并留他过夜,第二天一早还送他上路。后来这位妇人带着她给他生的儿子找到穆子的宫廷,被他接纳为妻,受到宠遇。文中没有迹象表明此妇人出身低贱(《左传》译本卷三,89页)〔4〕。同样的情况也见于公元前522年,楚国国君在蔡时,郧阳封人之女自愿做他的妾,被他接受,后来给他生了一个儿子(《左传》译本卷三,295页)〔5〕。我们还读到,公元前530年,鲁国有一位姑娘梦见她为孟氏之庙搭一帷幕,于是和她的一位女友自愿做孟僖子的妾,也被接受(《左传》译本卷三,184页)〔6〕。尽管这三个女人的动机也许完全不同,第一、第二例可能表明性交是出于好客的义务,而第三例则表明必须遵照梦中的神谕。不管属于哪种情况,这些材料都表明男女相见是自由的。这些事实还证明,在这类事情上,妇女常常可以按自己的意愿行事。

公元前540年,有个公主自择夫婿的有趣例子。郑国国君有一位美貌的妹妹,两位势力雄厚的贵族子晳和子南都想娶她为妻。郑国的国君

---

〔1〕 见《左传》宣公九年,当公元前600年。——译者
〔2〕 见《左传》定公十四年,当公元前496年。——译者
〔3〕 见《论语·雍也》。——译者
〔4〕 见《左传》昭公四年,当公元前538年。——译者
〔5〕 见《左传》昭公十九年,当公元前523年。——译者
〔6〕 见《左传》昭公十一年,当公元前531年。——译者

不愿拒绝其中的任何一位求婚者,以免得罪他们,所以告诉他们说,一切由他妹妹自己定夺。于是子皙盛服而见,而子南则戎服而见,向左右射箭。公女在屏风后观看这两位男子,说:"子皙信美矣,抑子南,夫也。夫夫妇妇,所谓顺也。"(《左传》译本卷三,22页)[1]不过,这种情况在中国似乎一直是一种例外,它使人不能不想起古代印度宫廷中普遍存在的 svayaṁvara(自择)。

除去许多描写淫妇的段落,也有不少关于妇女严守礼仪、忠贞不二的例子。当楚王和其家族在途中遭受攻击不得不逃跑时,有个叫钟建的楚国地方官背着王女季芈追随楚王。后来楚王欲将此女许人,此女拒绝,说:"所以为女子,远丈夫也。钟建负我矣。"于是楚王将她嫁给钟建(《左传》译本卷三,525页)[2]。她此番话的用意主要并不是因为感谢钟建,而是因为钟建和她有过身体接触,按礼仪规定不能再嫁他人。

公元前579年,晋国有名的郤犨访问鲁国,求妇于鲁国的一位官员。这位官员用武力夺走一位低级官员施孝叔的妻子而嫁与郤犨。施氏之妻对她的丈夫说:"鸟兽犹不失其俪,子将若何?"施氏回答说:"吾不能死亡。"于是他的妻子便和郤犨去了晋国并且给郤犨生了两个孩子。郤犨死后,晋将她送还鲁国的前夫,施氏一直到黄河去远迎,把她与郤犨生的两个孩子淹死在黄河里。他的妻子大怒说:"己不能庇其伉俪而亡之,又不能字人之孤而杀之,将何以终?"乃发誓从此再也不见他(《左传》译本卷二,88页)[3]。

公元前661年,据载,鲁国国君曾在一个高官的宅第附近筑一高台,从台上观看那位官员的女儿。国君想见她,但她闭门不纳。只是当国君保证让她做夫人时,她才应允此事,后来为他生了一个儿子(《左传》译本卷一,205页)[4]。

还有公元前665年,楚国令尹子元渴慕他兄弟的寡妻,故意搬到她的

---

[1] 见《左传》昭公元年,当公元前541年。——译者
[2] 见《左传》定公五年。——译者
[3] 见《左传》成公十一年,当公元前580年。——译者
[4] 见《左传》庄公三十二年,当公元前662年。——译者

隔壁去住。他在自己的宅第中跳万舞,以诱惑她。王后流泪说:"先君以是舞也,习戎备也。今令尹不寻诸仇雠,而于未亡人之侧,不亦异乎!"子元乃后悔(《左传》译本卷一,196页)[1]。

公元前 677 年,楚王灭息,并房息君之妻为妻。她坚决不与他说话,直到她为他生了两个孩子。当楚王问她为什么一直沉默不语,她回答说:"吾一妇人而事二夫,纵弗能死,其又奚言?"(《左传》译本卷一,162页)[2]

另一个妻子拒绝和丈夫说话而原因完全不同的例子是,有一其貌不扬的大官,娶一美女,三年不和他说一句话。有一天,他带她乘车来到一座湖边,射雉获之,其妻始笑而言(《左传》译本卷三,443页,时间不详)[3]。

丈夫有权出妻。不育、恶疾,皆被认为是正当理由。但一个男人真的要想离异,寻找其他借口,恐怕也很容易。最能制止离异发生的,莫过于害怕妻子亲戚的报复。如果丈夫决定出妻,在送还妻子的同时,也必须把媵嫁的侄娣和其他女子一起送还。公元前 485 年,有一件趣事可以说明这一规定是怎样使一个男子陷入使其毁灭的感情纠葛之中的。卫世叔齐不喜欢他的夫人,但喜欢她的侄女[4],后者是媵嫁而来的。出于政治的原因,他必须出妻而娶一位高官的女儿,但不愿和夫人的侄女分手。便说服她不要回娘家,把她安置在他的一所宅第中,待之如夫人。那位高官闻之大怒,要杀死世叔齐。虽经劝阻而作罢,但他还是把女儿从世叔齐处领走了。世叔齐因而身败名裂,丢官弃职(《左传》译本卷三,674页)[5]。

公元前 540 年,有一件事可以证实面子在婚姻关系上也起了相当大的作用。一次齐侯携夫人在宫廷园囿内的湖中泛舟。夫人荡舟,齐侯害怕,"变色",叫她停止,但夫人就是不听。齐侯大怒把她送回娘家,但没有正式休掉她。她的娘家遂将她改嫁他人(《左传》译本卷一,238页)[6]。⑤

---

[1] 见《左传》庄公二十八年,当公元前 666 年。——译者
[2] 见《左传》庄公十四年,当公元前 680 年。——译者
[3] 见《左传》昭公二十八年,当公元前 514 年。——译者
[4] 应为姊妹。——译者
[5] 见《左传》哀公十一年,当公元前 484 年。——译者
[6] 见《左传》僖公三年,当公元前 657 年。——译者

最后我想摘引一段话,用来说明人们对近亲通婚及纵欲过度的深恶痛绝。公元前540年,晋侯生病,多方医治而无效。一位谋臣断定,其病当是因为他在后宫中蓄有四个同姓女子而引起。他说:"内官不及同姓,其生不殖,美先尽矣,则相生疾。"其后又请来一位医生。医生说此病是因房事过频而引起。晋侯问:"女不可近乎?"医生答:"节之。"他先论述了许多其他因过度而造成的危害,最后说:"女,阳物而晦时,淫则生内热、惑蛊之疾。今君不节、不时,能无及此乎?"(《左传》译本卷三,34、37页)[1]

这段话证明,古代中国人承认房事过度是有害的。但这并不能进一步证明,按正确方式行房就会有益于男女双方的健康,甚至可以治愈疾病。下面我们将看到后一观点对理解后来中国人之性观念是关键所在。

不过,在进一步讨论这一问题之前,我们必须首先考察一下这一时期的宗教信仰,至少是那些与形成中国性观念有关的信仰。虽然我将力求做到简明扼要,往往要将大量文献中讲到的问题浓缩在一行之中,但我还是常常不得不去深入某些细节。务请读者原谅我们的离题,因为正是这些宗教信仰直到现在仍然是中国一切性观念的基础,它们在本书中将不断被提到。

《易经》与阴阳五行

人们也许还记得古代中国人相信一种主宰宇宙万物的二重作用力。这种起源古老而又从来含混不清的观念是在东周时期才开始系统化的。这种系统化很可能正是由占卜所促成。

第一章开头所说的龟卜只有"若"、"否"两种验辞。然而,自从发展出蓍占之后,就有可能更加直截了当地获知吉凶。实际上人们并不知道古代占筮者如何使用蓍草占筮,但一般推测占筮者是把蓍草随意分成完整的和断开的两种,撒在地上,从它们的位置判验吉凶。这些完整的和断开

---

[1] 见《左传》昭公元年,当公元前541年。——译者

的草棍代表宇宙二重作用力,分别用两种卦画来表示:

完整的卦画代表正和阳,与上述数字巫术以奇数表示正、阳是一致的。而断开的卦画则代表负与阴,可以用偶数来表示。

由这两种卦画便可构成八卦,每卦各有卦名、卦名含义及代表的方位。如下所示:

☰ 乾 天 南
☷ 坤 地 北
☳ 震 雷 东北
☵ 坎 水 西
☶ 艮 山 西北
☴ 巽 风 西南
☲ 离 火 东
☱ 兑 泽 东南

晚近传说相信八卦是传说中的伏羲(见上 10 页)所作,并同样武断地认为八卦是中国文字的起源。按方位排列四周的八卦从汉代以来大量出现于中国的实用美术中。⑥

八卦两两相重构成六十四卦。下述第六十三卦叫"既济",是由坎、离两卦组成:

䷾

这六十四个神秘符号构成了古代筮书的基础。筮者在每一个卦象下加上几句占验之辞。这些占验之辞正像大多数占验之辞一样,简短而往往模棱两可。这种书被当作占筮指南。

《易经》作为占筮指南中的一种,很早就取代了所有其他占筮书。加上各种后来增补的和派生的解释,它被中国和中国四周接受中国文化的国家沿用至今。《易经》和《诗经》在周人的生活中同样占有最重要的位置,它们似是惟一在公众和私人生活的多数场合中经常被引用的书。

近代对《易经》彖辞、系辞产生的看法不一。晚近传说认为彖辞[1]出于上文提到的文王之手,断言文王作彖是在殷代最后一王把他囚禁起来时。解说彖的系辞[2]则被认为是周朝的开国圣人周公所作。最后,据说孔子写了十翼。但近代大部分学者都认为这些说法是出于伪托,除去卦、爻和卦辞、爻辞,今本是成书于东周并在汉代(公元前206—公元220年)做过明显修改。

《易经》将正、负两种作用力分别称为阴和阳。从大约公元前6世纪起,这两个字就代替了像天地、日月等表示宇宙双重作用力的旧词,而且一直沿用下来。但不幸的是阴阳二字的起源却鲜为人知。阴阳二字均由一"阜"旁和一声符构成。阴指河之南岸、山之北坡,阳指河之北岸、山之南坡。但这两个字的声旁本来是单独使用,自有其含义:前者当与阴影、云彩有关;后者当与太阳、光明有关,疑像飘扬之旗。

《易经》把阴阳说成是使宇宙万物生生不已的二重作用力。这一概念被制定成一种哲学体系并为儒道两家所接受和利用(见索引 Neo-Confucianism(理学)条)。因而自公元后此书也就有了双重作用:它一方面被当作实用的占筮指南,①另一方面又被当作哲学书。这里我们关心的只是那些用阴阳两字把古已有之但表达不清的两性关系归结为清晰思想的有关段落。

《易经》强调性交是一切生命的基础,它是阴、阳两种宇宙作用力的体现。系辞下第四章云:"天地絪缊,万物化醇。男女构精,万物化生。"上第五章云:"一阴一阳之谓道,生生之谓易。"《易经》的这两段话常常被后来的房中书所引用。书中所谓的"一阴"、"一阳"则被用来指一女和一男。

上面所画的第六十三卦象征性交。它由上坎下离组成。坎卦代表"水"、"云"和"女",离卦代表"火"、"光"和"男"。通过上下两卦相重,这一卦象阴阳交错,排列有序,生动地表现了男女相成相益的高度和谐。人们

---

[1] 应指卦辞。——译者
[2] 应为爻辞之误。——译者

认为:取得此种和谐乃是保证性生活健康的基础。

插图2　平衡男女双方的道士

几乎后来所有的房中书都对这一卦象从各个方面进行探讨。插图2是一幅木刻版画,采自17世纪的哲学著作《性命圭旨》,它表现的是一位道士正在研究离、坎二卦象征的男女之均衡。虽然我们将在第四章对这些思想进行更为详尽的讨论,但这里值得注意的是,在这一卦象中像女之卦居上,正如在阴阳一词中阴总是在前一样,这肯定是我们在第一章开头就已述及的母权制复古情绪的另一种残余。至于火和水两种成分,值得注意的是医学和性学的论著把男子的性体验比作火,女人的性体验比作水。火容易燃起,也容易被水浇灭。而相反,水在火上加热需要很长时间,但冷却下来也非常慢。这是男女性高潮前后不同体验的真实写照。中医学虽疏于解剖学,但对心理因素却总是体察入微。

如上所述,《易经》是用阴阳对立思想表现性交取代了以自然现象表现性交的较为古老的象征手法。不过必须指出的是,有一种经久不变的古老象征保存下来,即天地在暴风雨中交媾。"云雨"直到今天仍然是性交的标准文言表达。这一观念本身可上溯至中国远古。但在中国文献中,这一典故却是大约公元前3世纪的东西。它出现在大诗人宋玉《高唐赋》的序言中(见《文选》卷十九)。他在序言中说,从前先王曾游高唐,"怠而昼寝,梦见一妇人,曰:'妾巫山之女也,为高唐之客,闻君游高唐,愿荐枕席。'"王因与之交媾。分手时,她说:"妾在巫山之阳,高丘之阻,且为朝云,暮为行雨,朝朝暮暮,阳台之下。"⑧这里天地交媾的古老宇宙形象已经变成一个美丽的故事。不过应当注意的是这里女人在性交中也是作为指导者而出现。中国的性学和色情文献都把"云"解释为妇女的卵子和阴道分泌物,把"雨"解释为男子的射精。后来的小说也用"云散雨收"之类的话描绘性交的完成。除"云雨"外,后来的文献也用"巫山"、"巫阳"、"高唐"和"阳台"这些词汇来指性交。另外,像"翻云覆雨"一类说法则用来指男子的性交,例子可参看本书第三章注释⑤中提到的《断袖篇》第16页上。

还可补充的是,人们一向认为山顶飘荡的雾聚集着大量的"气"。古代文献常常认为王"登高"是为了吸取山顶飘荡的气以增强他的"德"。后来的艺术评论家常说,山水画家之所以往往健康长寿是因为他们在作画时要不断与山中的云雾气接触。登高的习俗也是基于同一观念。每年阴历九月九日,大家都要按这一习俗登高,认为登高可以延年益寿。人们爬山登高,在山上野餐,也就认为可以延年益寿。但人们很难断定究竟作为天地交媾之气的云雨本身包含有大量的"气"呢,还是气本身就是元初之物。

中国古代宗教思想的系统化一方面是得益于占筮书,另一方面则受到将自然现象分类相联的趋势的影响,这一趋势产生了五行说。⑨

从很早的时候起,人们就分辨出五种不同的元素,即水、火、木、金、土。这些元素逐渐和星辰、季节、颜色、方位相联,并与《易经》中的八卦相配。周末已有下述对应关系:

水 —— 阴 —— 月 —— 水星 —— 冬 —— 北 —— 玄武
火 —— 阳 —— 日 —— 火星 —— 夏 —— 南 —— 朱雀
木 —— 少阳 —— 风 —— 木星 —— 春 —— 东 —— 青龙
金 —— 少阴 —— 云 —— 金星 —— 秋 —— 西 —— 白虎
土 —— 半阴半阳 —— 雷 —— 土星 —— —— 中 —— 黄龙

最后一栏列举了五种神物。"玄武"是正在与一条大蛇交媾的龟,"朱雀"是凤、雉或鹰,"青龙"和"白虎"就是通常人们描述的龙和虎。东周时期人们认为这四种动物是守护四方的一组神灵。但在很早的时候,这些动物就已各自出现过。⑩黄龙是为与五行全部对应而加上去的。

我们关心的只是与本书主题有关的两种动物,即代表"男人"的青龙和代表"女人"的白虎。从纪元初,这一对动物在讲巫术的书和炼丹术的文献中就一直象征着男女性关系及他们各自的性能力。

如果看一下对照表,人们就会问,既然朱雀象征火和日,玄武象征水和月,用它们来代表男女似乎更合适,却为什么偏偏选中青龙和白虎呢?假如对这些动物不明来历便很难回答这个问题。不过,我倒是觉得可以从这些动物的阴阳属性来寻找答案,尽管我也明白,这样做其实就是用11世纪才成熟和形成的概念去解释公元前2、3世纪时的词汇。我的看法是,《易经》把阴阳各分成老阴、少阴和老阳、少阳。前者代表两者中最强的一面,后者代表两者中最弱的一面。按照阴阳循环、相生相益的理论,阳极生阴,阴极生阳。阳中有阴,阴中有阳。11世纪的理学家用出名的图案,即被一曲线分割的圆,形象地表达了这种概念。圆的右半表示阳,内有一黑点表示阳中有阴;左半表示阴,内有一白点表示阴中有阳。①

不管这种特殊的图示晚到什么时候才产生,我相信中国人很早就已意识到这个图解隐含的原理,即每个男人都具有或隐或显的女性成分,而每个女人身上也都具有或隐或显的男性成分。而且正是因为意识到这一心理学的真理,中国人在选择最能准确表现男女性别的形象时,便选中了比较复杂而不确定的形象,而放弃了先前那种简单而确定的形象,如天地和日月等等。所以他们宁用代表"少阳"的青龙和代表"少阴"的白虎,而不用代表"阳"的朱雀和代表"阴"的玄武。

以后我们还要详细讨论象征男人和女人的青龙和白虎。读者可查索引 Chou Tun I（周敦颐）*Ts'an-t'ung-ch'i*（《参同契》）和 *Yellow Turbans*（《黄书》）。我在这里预先提到它们,是为了给上述概念提供适当的历史背景。

道家和儒家

这里之所以对《易经》和五行作比较详细的描述,是因为由此发展而来的理论对中国性观念的发展起着决定性影响。不过东周时期,在这两种体系之外,并与这两种体系相杂糅的,还有一种眼界更开阔、对中国宗教史和文化史以及一般的人类思想更为重要的思潮出现了。这就是以《道德经》为基础的道家思潮。②

道家从自然生和谐这一信念顺理成章地把他们所普遍遵循的道路称为"道"。他们论证说,人类的大多数人为活动,都只会使人与自然分离,导致一种人为的社会及其相应的家庭、国家和礼仪,以及武断的善恶标准。他们提倡返朴归真,重归福寿康宁、无恶无善的黄金时代。因为人人都生活在与自然的完美和谐之中,所以人人都不为不善。他们宣扬消极胜于积极,无为胜于有为。他们中有些人还弃绝尘世生活,想靠冥思苦想达到与原始自然力的沟通。他们崇拜妇女,因为他们认为妇女比男人在本质上更接近这种原始自然力,在妇女的子宫里孕育着新生命。正是道家学派发展了包含在《道德经》中的高超玄妙的神秘主义,而且出色地完成了道家第二部著名经典《庄子》⑬的编写。与此相反,另一些人归隐,只是为了通过服食等其他修行,最终达到长生不老、肉体不朽。为了求长生不老药,他们热衷于各种炼丹术和性实验。他们也崇拜妇女,但主要是因为他们认为女人身体内含有炼就仙丹不可缺少的元素。这两批人都叫道家,因为尽管他们的方法不同,但目的是一样的,都是为了得"道"。前者以它的杰出著作丰富了世界文献,而后者则对中国和中国以外的科学发展做出了贡献。

尽管这两派道家在东周时期都很流行,当时却不大符合统治者的兴趣。统治者满脑袋装的是各种实际问题,只关心如何保持、扩大和巩固他们的政治权力。在那种政治风云变幻莫测的混乱时代,治国之术和外交已变得和军事实力同等重要。为了商讨这类事情,诸侯要依靠主要选自于士(即官吏中的中间等级)的谋士。许多士发展了他们关于行政管理和社会改革的学问。这些学问使国君能更有效地治理国家,取信于民,追侔古代的圣贤帝王。这些人竭力想使大国之君相信他们的主张,因而聘用他们作为谋士。如果他们的计谋不被采纳,他们就改换门庭,另外去申述他们的主张。孔子即是这种"游士"之一。

孔子的学说归根结底可以说是对他所生活的那个时代的一种抗争。由于看到道德不行于世,所以他强调以"仁"为本,认为如果统治者和他的官吏有了这种道德,其国就会大治,其民就会富足。由于看到纲常废弛,所以他提倡"孝",鼓吹用关系紧密、秩序井然的家庭作为立国之本。由于看到文臣武将朝秦暮楚,所以他强调"忠"。由于礼崩乐坏,所以他想克己复礼。同时他还强调说,所有这些观点都不是别出新裁,他只不过是在宏扬古代圣贤黄帝、尧、舜的理想之治。

与超脱凡俗和带有浓厚母权制色彩的道家相反,孔子的教义在本质上是一种适应父权制的实用哲学。孔子不理会神秘主义和我们所谓的宗教问题。但是他的观点伦理色彩太浓,很难迎合当时统治者的需要,他的道德运动总的说来是失败的。不过,他的人生观被证明还是符合中国人心理的某些方面。他的忠实弟子继承并完善了他的教义,这些教义得到了汉朝统治者的支持。后来他被尊为"圣人",在若干世纪后被奉为"万世师表"。以他的名字命名的教义也成了一种国家教义。儒教经受住了道教和佛教的攻击,甚至幸免于近年来中华人民共和国所实行的急风暴雨般的改革,直到今天,孔子仍被官方承认为中国历史的伟人。1957年在曲阜孔庙还恢复了一年一度的庆典。⑬

关于孔子个人对待妇女的态度,我们几乎一无所知。惟一的线索是《论语》中的一段话。他说:"唯女子与小人为难养也。近之则不孙,远之则怨。"(《论语》卷十七)[1]话讲得机智却相当刻薄。无论如何,在他的思想体系中,正如在其后学所进一步完善了的思想体系中一样,妇女的地位非常低下。儒家宣称妇女绝对要比男人低劣。她们的首要职责,就是侍候丈夫、公婆并服从他们,把家务料理好,养育健康的男孩。他们首先强调的是妇女的生物功能,其次才考虑她们的感情生活。贞节对正常的家庭生活和血统的绵延都是必不可少的。它特别强调妇女要循规蹈矩。为了守节,儒家倡导两性的严格隔离,并将此发展到荒谬绝伦的地步,比如夫妻不可将袍子挂在同一衣架上等等。理想的妇女把一切心思都用在家里的事情上,所以她也被叫作"内人"。妇女参加外界事务特别是公共事务是遭人讨厌的,并被看作是万恶之根源以及大王朝灭亡的原因。

以上是对道家和儒家的高度概括。这是两种不同的思想方法,它们共同塑造了中国人的生活方式和行为模式。由于这两种思想相互影响,除去目标不同,仍有许多共同点,所以人们常常可以而且通常也在实际上同时信奉这两种教义。大多数中国人的世界观和生活方式确实是这两种思想结合的产物。

至于男女之间的关系,也许应当说,尽管男人和女人的社会地位与他们在家庭中的位置和职责是由孔教决定的,但他们的性关系却主要是受道教观念的支配。在卧室外,妻子常常不过是一个不可缺少但在感情上

---

[1] 见《论语·阳货》。——译者

不受重视的家庭成员；而在卧室内，她又常常是伟大的指导者和性秘术的守护人。

东周时期，除了道家和儒家外还出现了许多其他思想体系。这个时代堪称是中国思想史上的黄金时代，通常叫作诸子百家时期。不过，由于他们的理论对当时和以后的性生活没有直接影响，所以这里对他们的著作也就略去不提。

中国人的基本性观念

本书第一部分可以概述中国人的基本性观念来作为结束。为了给读者提供全貌，我们不得不提前使用一些只能由周以后的资料所证实的事实，如"房中书"。虽然在周代史料中此种概念尚未得到明确表达，但我们尽可相信，它们在当时就已存在。

最初，古代中国人对女性生殖器的生理功能并没有明确概念。他们不懂受精是男子的精子和女子的卵子相结合的结果。他们分不清阴道分泌物和卵子，把卵子和所有子宫、阴道的分泌物和液体都当作阴气，即男子精液长成胚胎所必须的子宫内含物。以后"精"一词几乎专门是指男子的精子，而"气"、"血"则指卵子。[15] 进而古代中国人甚至还得出错误的结论，认为男子的精液数量有限，而女子是阴气取之不竭的容器。

人们认为：性交有双重目的。首先，性交是为了使妇女受孕生子，绵延种族。这不仅是为了合乎天地阴阳之道，而且也是履行对祖先应尽的神圣职责。因为死者来世的幸福全靠地上的后人以时奉享。其次，性交又是为了让男人采阴以壮其阳，而同时女人也可以因激发其阴气而达到强身健体。

当然，实际上，这两个目的是紧密交织在一起的。为了得到健康的男孩，男子射精之时，阴气应达到最盛，而为了使阳气充沛，男子应经常和不同的女子同居而并不射精，用女子的阴气来补充他的阳气。

可见男人应在女人最可能受孕时行房射精，或按中国人的说法，在女人的子宫阴气最盛、最易着床时行房射精。古代中国人认为月经之后的五天是最可能受孕的时间。而在其他日子里,男人应设法使女人达到性高潮而自己却并不射精。男人因这种方式从每一次性交都得到好处,因为女人的阴气在性高潮达到最盛时增强了男人的元气,而女人的阴气被激发和强化,伴随着男人达到性高潮也增加了受孕的机会。这一原理的含义是,男人必须学会尽量延长性交过程而不达到高潮。因为阴茎在里边停留的时间越长,男人吸取的阴气就越多,从而使其元气大长。[16]

因此,后来的房中书教导人们,在达到性高潮之前,男人应当克制自己。他应当用控制意念的修炼方法或用手指压迫输精管的生理学方法防止射精。然后,他的阳气因与女人的阴气相结合而增强,就会顺着脊柱上升,补脑安神。[17]如果男人能控制自己直到女子容易受孕的日子才射精,那么以前他所失去的阳气就会因获得身心健康的孩子而得到补偿。因此,这些理论并非只与夫妇的健康密切相关,而且也与后代的健康密切相关。这就是中国优生思想的基础。

由于千百年来上述理论已构成中国性关系的根本原则,所以奇怪的是,尽管两千多年来止精法在中国广泛实行,但它却没有给人口繁衍和种族健康带来明显不利的影响。

一夫多妻制的家庭制度也对这一原则经久不衰、终于保存下来起了一定作用。习惯采用止精法的男性家长能够满足妻妾的性欲而不致弄坏身体,损伤元气。

因此在中国性文献中人们一再强调下述两个基本事实。第一,男人的精液是他最宝贵的东西,不仅是他健康的源泉,而且也是他生命的源泉。每次射精都会损伤元气,除非从女人那里得到等量的阴气才能弥补。第二,男人与女人性交,每次都要使女方充分满足,但男子则只应在特定情况下使自己达到高潮。

正如古代和后世的有关著作所述,上述基本思想充分说明了古代中国人对所有性现象的态度。下面我们就来粗略地讨论一下这些现象。

手淫对男人来说是不允许的,因为这意味着会使元气尽失。只有当男人没有女人为伴的特殊情况下和当"败精"（即精液在体内生成时间过长）可能会妨害他的生理机能时，医书才对这种现象表示谅解。

人们对睡眠中的遗精很重视。认为遗精不仅会大伤元气，而且还很可能是鬼魅所为。它们想削弱男人抵御它们作祟的能力。更坏的是遗精还可能是由梦魇（绝大多数是狐狸精）造成，⑱它们想通过与男人在梦中交媾偷走他们的元气。因此如果遗精是由于梦见女人而引起，那么当他真的遇见那个女人时就要小心提防，因为她也许是个吸血鬼或狐狸精。

人们对女子手淫持宽容态度，因为女人的阴气被认为取之不竭。但医书告诫切勿过分使用人为手段，如淫具，因为它们容易损伤子宫内壁。出于同一原因，人们对女子同性恋也非常宽容。人们也意识到，当一定数量的妇女被迫长期地亲密生活在一起，女子同性恋的发生是很难避免的。

房中书没有提到男子同性恋。因为它们与婚姻关系完全无关。只要是成年人从事的同性恋，文献史料一般都采取中立态度。人们认为两个男人密切接触不会造成任何一方元气受损。只有当同性恋中的一方滥用这种感情关系去谋求非分之财或挑唆同伴干不义或违法的勾当时，这种行为才受到谴责。按照中国历史的记载，这种例子在宫廷中并不少见。如果这种同性恋关系导致了艺术成就的产生，人们还会赞扬它。还有，虽然女子同性恋广为流行，但男子同性恋在汉以前却很少见。在汉代，同性恋肯定多次流行过，特别是在六朝早期似乎极为兴盛，并在北宋时期（960—1127年）也再度兴盛过。从那时起直到明末（1644年），男子同性恋的发生并不比其他大多数正常的西方文明中更为常见。⑲

关于性交的实际过程，预备的和辅助的活动被视为必不可少，在这一方面，房中书为男人提供了详尽的指导。让女人对性交有充分准备，使女人的阴气唤起并不断加强是很有必要的。用唇和舌接吻在预备阶段起着重要作用。⑳而且书中还进一步详细描写了性交者在性交时所能采取的各种姿势。必须强调指出的是这种描述并无取悦读者之意（房中书的目的是提供严肃的指导而并非娱乐），而只是为了以各种方式防止男子失去兴趣，不尽夫妇之道。因为限制达到性高潮很容易引起这种现象。给男口交(Penilinctio)是允许的,但只是作为实际性交的预备手段和辅助手段,绝不可使男人完全射精。人们认为少量精液或分泌物的丧失可以从女人的唾液中获取阴气作为补充。基于同样的理由,给女肛门交(Introitus per anum feminae)也是允许的。给女口交(Cunnilinctio)之所以被认可,则是因为它既是女人性交前的准备,又可同时为男人引出阴气。特别是在有道家色彩的书中,这一点常常被提到。

与妓女交往被看作是单身男子和已婚男子都有权进行的户外娱乐。因为这种交往并非旨在繁育子孙。人们认为,它同男人与妻妾之间的婚内性交截然不同。因此房中书并不涉及这一方面。出于同样的原因,一切婚内性交中的禁忌在与妓女性交中皆不复存在。特别应当提到的是严禁同姓相婚的禁忌,即第一章中所说的"同姓乱伦"。男人甚至不问偶然与之交往的妓女姓什么,他们一般只知道这些妓女入籍时起的新名字。只有当客人真心打算变露水之恩为百年之好,把她娶回家中作妾时才会设法弄清她的姓。

有些作者说与妓女交往并不意味着男人会过分付出精液。因为这类女人通过和许多男人频繁地性交已产生了特别强烈和充沛的阴气,使客人得逾于失。但自从中国医学开始把某些疾病与性交联系起来之后,这种理论就遭到了摒弃。大约在公元 1500 年,人们发现梅毒后,所有严肃的医学著作都告诫说与妓女交媾会引起危险。

嫖妓被认为是男人的合法消遣,而妓女本身也不因其职业而受歧视,因为她们的职业在社会中被承认是一种合法的职业。相反,自愿放弃性交和男女独身倒深受鄙视和猜疑。每个中国人都无法理解竟有人会故意断绝嗣统,殃及祖先,回避自己的社会义务。女子独身也受到尖锐的谴责。这种女人被怀疑为吸血鬼或心怀叵测,常常遭受当局和民众的迫害。这就是佛教徒以及后来的天主教会发现很难在持这种态度的中国人中间传播其教义的原因。

最后,为了得到至关重要的后代,古老的房中书和医书都非常强调优生。它们对产前的护理包括饮食,讨论得细致入微,对妇女的产后护理也极为重视。在东周时期就已有规定,丈夫在产前产后三个月内不能接近妻子,甚至连触摸和抚弄都不允许。

上述所有观点都将在下文详加描述和阐发。此处我只想强调一点,即由于中国人认为性行为是自然秩序的一部分,而且性交是每个男人和女人的神圣职责,所以性行为从来和罪恶感及道德败坏不相干。性行为只是家庭内的私事,并且被严格限制在后世儒家的礼教规定之内,这并不是因为它是什么见不得人的丑事,而只是因为它是一种神圣的行为,所以正像其他礼仪,如祭告祖先一样,是并不在外人面前进行和谈论的。

也许正是这种几乎不存在任何压抑的精神状态,使中国古代性生活从总体上讲是一种健康的性生活,它显然没有像其他许多伟大的古老文化那样有着许多病理和心理的变态。

注释:

① 我在下文大量引用了《春秋左传》(见第一章注⑩),记事起迄为公元前722—前450年。虽然此书后来经过修改,但这些改动实际上没有影响其真实内容,总的来看还是可以信据的。所有标有 CC 的引文均指 S.Couvreur 的三卷本法文译本 *Tch'ouen Ts'iou et Tso Tchouan*（Ho-kien-fu 1916, reprinted Paris 1951）[1]。

② 参看 Eberhard 的 *LAC*, p.228。

③ 细节规定见公元前 3 世纪的《吕氏春秋》。参看 R.Wilhelm 的译本 *Frühling und Herbst des Lü Bu-we*（Jena 1928）。

④ 此古语在现在的中国口语中虽已废弃,但在日本却仍然用来称呼寡妇,作 bibōjin。

⑤ M.Granet 在 *La Civilisation chinoise*（pp.418—419）和 *Catégories matrimoniales*（p.152）中都译述过这段话和上面妇女拒绝说话的故事,用来证明在中国古代也存在着标志婚后头三个月的"婚斗"(marital jousts)。这只是 Granet 对中国古书穿凿附会,常把偶然错当一般的许多例子之一。Granet 是法国的伟大汉学家和富于创见的思想家。他的著作虽然写得痛快淋漓,并对学术有重要贡献,但却常常由于上述两种毛病而受到批评。

在这个特殊例子中,齐侯发怒显然是由于他在其他女人和臣下的面前表现出

---

[1] 译文作《左传》译本。——译者

害怕,而他的妻子又拒不服从他,使他的面子受损,即所谓"丢面子"。

⑥ 我所知道,按此种方式布卦的最早实例是朝鲜出土的公元 1 世纪的一件式盘。见原田淑人的《乐浪》(东京,1930)图版 112 所印。

⑦ R.Wilhelm 已出版过《易经》的德文全译本,并附有说明,讲后世如何用筮占断验吉凶(*I Ging, das Buch der Wandlungen*, Jena 1923)。1950 年又有了 Wilhelm 译本的英译本(*The I Ching or Book of Changes*, London, Routledge & Kegan Paul)问世,书前有 C.G.Jung 的导言。近代有关这个令人着迷的题目的研究尚在初始阶段,关键的问题,即六十四卦卦名的来历还没有最后解决。这里我所引用有关蓍草断连的说明,在没有发现更多的考古证据之前,仍不失为一种假说。

⑧ 又参看 Eberhard 在 *LAC* p.324 对巫山神女的详细讨论。

⑨ 对五行说的历史、内涵的详细说明,以及它与其他不同时期和地点的类似理论的比较,见 Needham 的 *SCC* vol. II p.232sq.。

⑩ 关于这两种动物作为宗教象征物和殷周纹饰艺术主题的历史,有大量文献记载。W.Perceval Yetts 在他的 *The Cull Chinese Bronzes* 中对我们现有的知识做了总结(London 1939, under no.28)。

⑪ 尽管这种哲学的解释是 11 世纪的,但图案本身却是来源于现存最早的中国纹饰主题,即殷代青铜器上常见的涡纹。例如 M.Loehr *Chinese Bronze Age Weapons* (University of Michigan Press, Ann Arbor 1956) p.149。这种涡纹从很早起就代表某种宇宙概念,这并非不可能。因此宋代理学家是无意之中重新赋予了它久已湮没的含义,这也是可能的。

⑫ 没有一部中国书像此书这样频繁地被翻译成西方语言;1942 年在加尔各答已故荷兰东方学家 J.van Manen 的图书馆里,我统计出 87 种不同的译本。使以往所有译本都相形见绌的最新译本和最好译本是 J.J.L.Duyvendak 的 *Tao Te Ching* (收入 *The Wisdom of the East Series*, London 1954)。

⑬ 《庄子》的最好的完整译本是 R.Wilhelm 的德译本 *Dschuang Dsi, das Wahre Buch vom Südlichen Blütenland* (Jena 1920)。

⑭ 对孔子本人及其观点做有出色批评的著作是 A.Waley 的 *The Analects of Confucius* (London 1949)。关于"官方"儒教,见 J.K.Shryock 的 *Origin and Development of the State Cult of Confucianism* (New York 1932)。

⑮ 其实 17 世纪的西方炼丹术士也有相同的观念。他们也认为卵子是血。例如 Albertus Magnus 的珍本小书 *De Secretis Mulierum* (Amsterdam 1665)。

⑯ 还可以指出的是,通过性交,由女人施惠男人而长其元气,这种概念绝非中国仅有。例如《圣经》中大卫王和亚比煞的故事(《列王记》卷 I, pp.1—4)。这种观念还被 17 世纪和 18 世纪的欧洲炼丹术士加以进一步发展。例如 Cohausen 的珍本 *Hermippus Redivivus, or the Sage's triumph over old age and the grave, wherein a method is laid down for prolonging the life and vigour of man* (3rd edition,

London 1771）。
⑰ 从纯粹的生理学角度看，这种观念是错误的，因为止而未泄的精液将进入膀胱。不过，也许会有神经系统的伴随现象以这种方式表现出来。这里我们接触到的是一个尚未充分开发的心理学和生理学领域。
⑱ 中国民间传说认为狐狸会用魔法变成美女勾引男人。见索引 foxes（狐狸）条。
⑲ 虽然本书并不涉及清代（公元 1644－1912 年）和清代以后，但我想补充的是我发现许多西方观察者的断言很难令人相信，他们说 19 世纪和 20 世纪初，男子同性恋和奸淫儿童在中国极为猖獗。我倒认为这种错误印象是因西方观察者过分强调同性恋关系而造成。因为当时的社会规矩对这些关系的公开表现（男人手拉手在街上走，戏剧表演中出现娈童等）相当宽容，反而把异性恋严格限定在私人生活的范围内。还有许多外国研究者的观点是基于他们对中国移民社会的观察。由于在这种地方中国妇女奇缺，所以才有同性恋一类变态倾向。
⑳ 由于中国人认为任何形式的接吻都是性行为，所以不能想像在卧室之外有此举动。这使得 18、19 世纪到过中国的外国人从未见过他们接吻，并使他们得出错误结论，以为中国人根本不接吻。而中国人也一样，当他们看到西方妇女当众与男人接吻，他们也错误地认为所有这些女人都是妓女，而且是最下等的妓女，因为任何等级的中国妓女都只在私下里与男人接吻。

第 二 编
成长中的帝国

秦、汉和六朝,公元前221—公元589年,
性和三大宗教:儒、道、佛。

第三章 秦和西汉

（公元前221—公元24年）

《礼记》与古老的性原则 宫廷性生活的荒淫 妓院的产生 房中书的流行

公元前3世纪，正当诸侯各国在争霸战争中耗尽自己的军事力量和经济力量时，在周王朝的西部边陲，即今陕西和甘肃境内，却有一个叫作秦的新兴国家崛起。秦国的国君是个能干而果断的人，他采用集权主义的法家原则，[①]建立起一个组织严密、效率很高的军事国家。秦废黜了周朝的最后一个软弱无能的国王——赧王，并征服了所有新老诸侯国家。公元前221年，这个重新统一并扩大了的国土上的第一位统治者自称为始皇帝。

秦始皇推行了一系列彻底的政治改革和经济改革，比如，以国家任命官吏取代了封建等级制，把土地重新分配给农民，把国土划分为各级行政单位。他想把一切能令百姓回忆起旧秩序的东西都扫除干净，因此，下令销毁医卜农桑之外的一切书籍，以免人们"以古非今"。

他所倡导的许多改革卓有成效，但变化来得过于突兀。而且，他推翻旧的豪门强宗也为那些不堪凌辱、擢身草莽的枭杰扫清了障碍。正是这些人向始皇帝的软弱继承人造反，在公元前206年打败了他。在短暂而血腥的内战之后，一位名叫刘邦的血统低贱但足智多谋的将军建立了汉朝。汉从公元前206年到公元220年，除去有过一次短暂的分裂之外，统治中国达四百余年。

从总体上看，汉朝是中国历史上最辉煌的时期之一。它处于新旧交替之际，正是在这一时期，中国作为一个国家有了确定的模式。

这是一个大规模扩张领土的时代。新帝国征服了今中国南方的全部地区，南至印度支那和缅甸，西至西藏。而在北方，帝国的军队征服了满族和朝鲜；在西北，他们深入到中亚腹地。这种扩张留下了痕迹，说明中国与包括伊朗和罗马帝国在内的外部世界之间有着活跃的文化交流。

汉代统治者在宫廷内主要尊崇道家。这是为了加强皇帝作为宇宙主宰的地位，使他具有超人的法力，并能长生不死。统治者被道教术士和巫师所包围，和他们一起寻找长生不老药和蓬莱仙境。正是在这一时期，道祠中增加了许多新的据说可以祐护帝王的特殊神祇，并设立了新的堂皇的宗教仪式。这一时期，宇宙中的男女两性因素被拟人化为传说的伏羲和女娲。这一对神像被表现为长着鱼尾而不是腿的男人和女人，如图版1所示。两尾相交显然是表示性交，但他们手中拿着的几何形器物为何却始终没有圆满解释。

由于道教是汉代统治者私人的宗教，他们还必须找到一个能给庞大帝国提供稳固意识形态的更加实用的思想体系。对秦朝兴起有过许多贡献的法家已被证明是太严酷，对统一帝国的管理来说过于简单。为了寻找一个既可保障政治稳定又可适应新的社会经济形势的思想体系，他们选择了儒家学说，而且决心按孔子设想的理想化的西周模式来塑造这个新帝国。

他们还下决心，要把被秦始皇下令禁毁的周代古书搜罗在一起。他们派学者去整理这些古书,通过编纂整理,使这些古书符合儒家理想。这些重新编写的周代古书成了儒家经典(见第一章注⑩)并且一直保存下来,直到 19 世纪。以后,继起的中国学者开始对这些著作的可靠性提出疑问,从此对这些古书的辨伪考信就成了东西方汉学家的主要任务之一。

对于那些特别是与性问题有关的古代材料,汉代的儒家学者不得不用许多特殊的处理方法以使周代史料能证实的情况符合儒家道德标准。他们对《诗经》中所描述的普通人的婚姻习俗感到震惊,因此说春节期间发生的求爱和性交都是在叫作媒氏的特殊官员的监督之下,按他的命令进行的。媒氏详细登录所有男子和女子的年龄和姓名,监督前者三十而娶,后者二十而嫁。在每年春天,媒氏将适龄的青年男女集合在他的住地,命他们选择配偶,不行婚礼而同房。那些不选择配偶的人要受惩罚。②所有这些说法显然都不大可能。称为媒氏的官员肯定是汉代学者的伪托〔1〕,他们想使普通人的性习俗至少具有某种官方色彩。不过,当儒学后来成为国家宗教后,注疏者发现即使是这种净化了的汉代说法也未免狂放,因而在上引这段话的上面再加说明,把它说成是王莽(一个合适的替罪羊)篡政时加进去的伪托之辞。③

虽然汉代统治者作为个人更倾向于道家,但他们仍庇护儒家学说。这不仅是因为儒学给帝国的意识形态打下了基础,而且也因为根除封建制度伴随着空前的领土扩张,产生了对行政管理人员的大量需求。他们保留了秦的行政区划制度,郡由郡守管辖,国用以分封子弟和功臣。郡下设县,由县令管辖。所有这些官员都有大批下属官吏。为了给这个新的复杂的官僚机器配备人员,需要大批能读会写、熟悉法令的人。儒家学者是惟一可以提供足够数量的合格人员的阶层。从此以后,"文人士大夫"一直对中国的治国用兵起着极为重要的作用。

儒家学者终于得以施行由孔门弟子发展起来的思想体系。他们重申家庭是国家之本,男人是一家之长,女人虽为不可缺少的家庭成员,地位

---

〔1〕 此说无据。——译者

却注定是卑贱低下的。婚姻制度受到赞扬,但妻子的个人价值却无足轻重。

这些原则明见于《礼记》之中。它是一部由成书时间不同、来源各异的文章汇集起来讨论礼仪的书。关于婚姻,它提到下述孔子之言:

> 天地不合,万物不生。大昏,万世之嗣也。
>
> 　　　　　　　　　　　　　　　　　　《礼记·哀公问》

这种婚姻概念使每个妇女,无论多穷、多笨、多丑,都有权成家。上流社会的每个家长都有责任帮助他所雇用的每个女子成家;在下层和农民当中,为这一阶层的每个单身女子择偶也是一种社会义务。并且正像上文提到有关媒氏之职时所论,这种义务是得到官方认可的。

由于儒家学者意识到行为放荡会对家庭稳定和嗣统绵延构成严重威胁,因此他们非常强调两性隔离的古老原则。《礼记》又云:

> 礼始于谨夫妇,为宫室,辨外内。男子居外,女子居内,深宫固门,阍寺守之。男不入,女不出。男女不同椸枷,不敢县于夫之楎椸,不敢藏于夫之箧笥,不敢共湢浴。夫不在,敛枕箧簟席,襡器而藏之。少事长,贱事贵,咸如之。夫妇之礼,唯及七十,同藏无间。
>
> 　　　　　　　　　　　　　　　　　　《礼记·内则》

> 男不言内,女不言外。非祭非丧,不相授器。其相授,则女授以篚。其无篚,则皆坐,奠之,而后取之。外内不共井,不共湢浴,不通寝席,不通乞假。男女不通衣裳。内言不出,外言不入。男子入内,不啸不指,夜行以烛,无烛则止。女子出门,必拥蔽其面,夜行以烛,无烛则止。道路,男子由右,女子由左。
>
> 　　　　　　　　　　　　　　　　　　《礼记·内则》

总的原则是夫妻之间的肉体接触应严格限制在婚床之上。由于一旦离开婚床之上他们就应避免一切直接或间接的接触,所以必须注意在互相递送东西时不可碰到对方的手,在取食物和饮料时不可共用盘盏。不过,应当补充的是,他们所用的床并不仅仅是个床,而是一种特殊的床架,俨然像个小屋。它有四根立柱,由槅格连接在一起,四周悬挂帐幔。在这个封闭的空间里面还有带镜子和梳妆用品的梳妆台和衣架等。图版4描绘的床架虽然是画于几世纪前,却可从中窥见汉代所用之床的大体面貌。但即使是在枕席间,夫妻也不可互称其名。这条规定不仅适用于他和妻子的关系,而且也适用于他和所有妃妾的关系。

不过所有这些规定都并不意味着儒家学者是像中世纪的基督教会那样,认为性行为是"罪恶",女人是罪恶之源。"憎恶肉欲"的概念与他们完全风马牛不相及。儒家对性放纵的憎恶主要是由于害怕淫乱会破坏神圣的家庭生活和崇尚象征宇宙万物生生不已的人类繁衍。按他们的看法,这种严肃的事情绝不能因这种内情不节而有所减损。因此,虽然儒家认为女比男低,正如地比天低,这是天经地义的,但这种观念绝不意味着他们像中世纪基督教教士那样憎恶女人。

而且女人自有女人的权利,其中之一就是满足其性欲的权利。虽然肉体接触严格限于床笫之间,在床上丈夫必须关心他的所有女人,但据说,只要一离开床就不得进行这类活动。《礼记》中提到男人在性问题上如果对这些女人中的任何一个有所疏忽都是大错,只有根据年龄而不是美貌,丈夫才可以不必遵守礼仪所严格规定的与妻妾性交的顺序和次数。《礼记》云:

> 故妾虽老,年未满五十,必与五日之御。将御者,斋、漱、澣、慎衣服、栉、缁、笄、总角、拂髦、衿缨、綦屦。
>
> (亦出《内则》——译者)

还有许多次要的规定,如妻不在,妾不得与夫通宵相守,必须在性交完毕后即离去。

只是在为近亲服丧期间（三个月以上），丈夫才有正当理由避免和妻妾性交。他的婚姻义务只有到七十岁时才完全停止（有的书说是六十岁）。这时两性隔离的规定才失效，夫妻之间才可以在卧室之外相互接触和把衣服放在同一个箱子里。

从儒家典籍中所记载的有关男女大防的严格规定可以得出结论，那时纲常废弛已成司空见惯，而且至少在一定程度上，是出于对汉代学者过分强调两性隔离的一种反动。这种废弛很容易解释。旧的封建忠诚已经土崩瓦解，新的中间等级正在兴起，他们既富且贵，但没有封建贵族的道德传统和道德约束。并且新的道德主张也还没有深入人心。

这种道德上的缺乏稳定在诸侯王的宫廷性生活中表现尤为突出。在帝国宫廷中，汉朝的开国皇帝以天子之威和宫廷礼仪防止了越轨行为。但在诸侯王的宫廷中，淫乱放荡却一发而不可收。周代的各国诸侯受古老传统和礼仪的约束，他们的妻子是选自于其他诸侯国的贵族家庭，和他们受同样的熏陶，知道其地位有相当保障，正如我们在第二章中所见，对她们来说，最坏也不过就是被送回娘家。而现在实际上任何一个动人的女子都有资格做诸侯王的配偶，而且她和她的亲属的地位全都是靠得到丈夫的宠爱。这正是诸侯王宫闱丑剧层出不穷的原因之一。

特别是景帝（公元前156—前140年）的亲属，尽是些堕落之徒和色情狂。他们与自己的姐妹和女性亲属发生乱伦关系，并诱奸所有他们中意的已婚妇女。他们的妻妾也往往好不了多少。《汉书》卷五三描述了诸侯王宫廷内性生活之黑暗。

胶西王端患有"阴痿"症，只要接触女人就会生病。不过他有自己宠爱的少年郎。当他发现此人与他的后宫淫乱，就亲手杀了他。

江都王建是个堕落之极的色情狂。他奸污姐妹，让人把少年郎和女子淹死在宫中的湖里，以此取乐。他还让犯有过失的后宫之女赤身裸体整天站在庭中敲击辰鼓，把她们连续多日赤身裸体放在树上，或者把她们活活饿死。还令宫女裸体趴在地上，与狗和公羊性交。

广川王去有两个宠姬,名叫王昭平和王地余。当他生病时,有个叫昭信的姬照顾他并获得宠爱。一次,他和地余游戏,从她袖中发现一把匕首。经答问,地余供认她和昭平出于嫉妒,谋欲共杀昭信。于是又去审问昭平,用铁条烙她,结果她也供认了。然后去乃会诸姬,当着她们的面亲手杀死地余,割下她的头,并让昭信杀死昭平。去立昭信为后。昭信又嫉妒一个叫陶望卿的姬,诬蔑中伤望卿曾在给她画像的画师面前赤身裸体。后来还指控她与人通奸。去令昭信笞望卿,并令诸姬用烧热的铁签共灼之。望卿逃跑,投井自杀。但昭信叫人把她拉上来,用木棍捅入她的阴道,然后割下她的鼻子、舌头和嘴唇,烹煮她的尸体。后来去又宠幸一个叫荣爱的姬,昭信又诬蔑中伤她。荣爱投井,想以此免受折磨,但昭信让人把她拉上来笞问她,直到供认确有奸情。去把她绑在柱子上,用烧热的刀灼烂她的双目,生割她的双股,把铅熔化,灌入她的口中。昭信还杀了另外十四个女人。此外去还常常狂饮,使伎乐裸舞。

去的儿子海阳比他的父亲也强不了多少,也有许多淫乱之行。他让人在四壁上画满裸体男女性交的图画,并让他的男女亲属在此狂饮。为此,后来的中国文献硬把他说成是春宫画的始作俑者。

当这些过分的举动惊动了皇帝时,皇帝往往会竭力去制止。由于上述暴行,景帝竟废黜王去,把他宠幸的昭信弃市。但皇帝本人作为个人皆相当复杂,他们的私生活与他们维护的严格的儒家教义肯定相去甚远。

汉初的三个皇帝,汉朝的开国皇帝高祖刘邦(公元前206—前195年)、惠帝(公元前194—前188年)和文帝(公元前179—前157年),据说都过着双重性生活,他们除通常与无数后宫之女同房之外,还与年轻男子有染。惠帝在位时,这些男子的穿戴俨若卿相,冠鵔鸃,贝带,敷脂粉,经常住在宫寝之中。文帝对道教的研究也助长了他热衷同性恋的癖好。有一次,他梦见一位船夫渡他上天。后来,他看见一个漂亮的年轻船夫名叫邓通,颇像梦中所见之人,便尊幸以为嬖臣,在他身上倾注了大量财富和荣誉。这位皇帝孜孜不倦地寻找长生不老药,与道士一起进行各种炼丹试验。

武帝(公元前140—前87年)从孩提时代就有一个同性恋朋友叫韩嫣,是个聪明能干的人,一直伴随武帝多年,直到遭人诋毁而被除去。武帝还有两个长期的伙伴,其中一人与后宫女子通奸之后,被另一个杀死。武帝得悉大怒,但当后者说明杀人的理由之后,武帝泣下,对他更加宠爱。武帝喜欢的另一嬖臣是艺人李延年。李延年因犯罪而受腐刑。刑残之后,他的嗓音变得很美,深得皇帝宠爱[1]。不过皇帝也深爱这位艺人的妹妹,即李夫人,当她死去时,武帝郁郁寡欢。因此他写下这首著名的诗[2]:

> 罗袂兮无声,
> 玉墀兮尘生。
> 虚房冷而寂寞,
> 落叶依于重扃。
> 望美之女兮,
> 安得感余心之未宁。④

武帝甚至让一个名叫少翁的方士为李夫人招魂,觉得曾在一瞬间看见李夫人闪现在罗幕之上。

西汉的最后一个皇帝——哀帝(公元前6—前2年)有许多嬖臣,其中最有名的是一个叫董贤的人。有一次哀帝与董贤共寝,董贤入睡后,身子压住了哀帝的袖子。当哀帝被唤起出去接见时,他宁可拔剑把衣袖砍断也不愿惊动董贤。从此"断袖"这个词就成了男子同性恋的文言表达。⑤

总的说来,人民的生活状况发生了很大变化,特别是城市生活。对外贸易使中国人熟悉了许多奢侈品,这些东西不再是显贵的专有之物,官僚

---

[1] 见《汉书·佞幸列传》。——译者
[2] 此诗名《落叶哀蝉曲》,见王嘉《拾遗记》。——译者

商人之类富足的新的中上等阶层这时也有能力购置它们。人们仍席地而坐，但房子比以前建得更好，也更宽敞。中等阶层的房屋通常为两层，房顶以雕刻的柱子支撑，粉墙上装饰着绘画。家具仍限于低矮的几案和屏风。人们用屏风代替门，把房子分隔成许多小间。没有碗橱。衣服、书籍用箱箧收藏，往往髹漆，装饰得很漂亮。⑥

同从前一样，男女衣着相同，但质地和色彩更多样化。袍的上部用做工精巧的玉、银或金的带钩束紧，腰带为长长的绸带，两端垂地。此时男子在袍内还着肥大的裤，这种风俗可能是由中亚传入（见图版2）。女人肩上披有宽大的披帛，出门时用以盖头。女人有削眉的习惯，削去的眉毛用黛墨重新描画，⑦这种习俗直到12世纪仍被沿用。画眉的式样随风尚而改变。武帝时，其式样状如中文的"八"字，和长重音符号[1]一样。但过了一个世纪，到明德皇后时（77年）画眉的式样变得长而弯曲，当时有童谣云：

城中好高髻，
四方高一尺。
城中好广袖，
四方皆半额。
城中好大眉，
四方用匹帛。

（见《玉台新咏》）

女人在脸上、脖子上和肩膀上擦粉，用胭脂在面颊上点上惹人注目的红点，在嘴两边和额上贴饰片，⑧用红色的唇膏涂抹嘴唇。用象牙、金或银的钗簪把头发盘起，钗簪带有做工精美的圆钮。她们还佩戴耳环、项链和戒指，这些东西多半是用碧玉制成。

---

〔1〕作^。——译者

皇帝、诸侯王和高官仍多蓄有成群的伎乐,武帝且于军中设女营从征,叫"营妓"。

社会经济状况的改变导致了妓院的产生。⑨一方面富足的商人阶层想寻欢作乐,但又无力蓄养伎乐,或害怕被统治阶级视之为僭越,不敢这样做。另一方面,社会的变迁破坏了许多中等阶层和农民的家庭,造成大批遭遗弃、不得不寻求雇主的妇女。这种情况促成了私营商业性妓院的产生。这种妓院叫作"倡家"或"倡楼",陈设豪华。后来人们也称之为"青楼",因为它们的木制品多像殷富人家的宅第一样漆成青色。

寻欢作乐的人可以到青楼宴饮,让姑娘为他们跳舞唱歌,随后在那里过夜。在19世纪和20世纪之前,有教养的男人仅为泄欲而涉足妓院是罕见的,即此可见中国人之情趣。当时有一首名诗是描写倡女的悲哀。讲一个倡女被一位有钱的浪荡子弟纳为姬妾旋又抛弃。这首诗之所以令人感兴趣,还因为它证明了,汉代有财力蓄养姬妾的中等阶层的男人常常从妓院买妾。这种习俗后来一直相沿不改。诗文如下:

> 青青河畔草,
> 郁郁园中柳。
> 盈盈楼上女,
> 皎皎当牕牖。
> 娥娥红粉妆,
> 纤纤出素手。
> 昔为倡家女,
> 今为荡子妇。
> 荡子行不归,
> 空床独难守。

(见《玉台新咏》)

有不少属于这一时期的情诗流传下来,但很难确定它们的具体创作时间,其中有些可能是后人拟作的古体。许多诗是咏叹别离之苦。武将常常离家一去不归,而文臣也往往随任而辗转各地。许多人无法携带妻室,通常把他们留在家乡,在夫人的监督下,只能带一两个妾前往。这种习俗一直延续了许多世纪,由此而引起的悲欢离合在唐宋及更晚的传奇和小说中屡见不鲜。⑩

虽然城市生活变化了,但乡绅和农民的生活却一如既往。《汉书》借一位乡绅(约公元前50年)自己的话描述过田园生活的乐趣。这个乡绅叫杨恽(见卷六六),本是一位朝廷命官,因官场失意而退隐乡里。杨恽说:

> 臣之得罪,已三年矣。田家作苦,岁时伏腊,亨羊炰羔,斗酒自劳。家本秦也,能为秦声。妇,赵女也,雅善鼓瑟。奴婢歌者数人,酒后耳热,仰天拊缶而呼乌乌。其诗曰:
> 田彼南山,
> 芜秽不治,
> 种一顷豆,
> 落而为萁。
> 人生行乐耳,
> 须富贵何时!
> 是日也,拂衣而喜,奋袖低卬,顿足起舞诚淫荒无度,不知其不可也。⑪

儒家鼓吹的男女授受不亲的严格规定此时尚没有影响到人民的日常生活。当时的文献表明,男女有大量的机会见面,有关性的事物亦可自由谈论和形之文字。著名诗人司马相如的经历就是当时生活状况和生活方式的典型例子。

司马相如是四川成都人,是个喜爱书籍、剑术和女人的浪漫青年。他在一个诸侯王的宫廷中当了个小官,但并不得意。于是他远游而归,住在临邛县令家里。县令带他参加一位富人举行的宴会,在宴会上他们饮酒唱歌。主人有个女儿,名叫文君,是一个年轻寡妇。她从屏风后窥见这位诗人，爱上了他，并当夜与之私奔。他们到了四川，但因没钱又回到临邛，在当地开了一家酒肆。文君招待客人，相如的穿戴有如干粗活的下作之人。相如的岳父受不了这种辱没家风的举动，所以给了他们一大笔钱，想让他们在司马相如的家乡成都成家立业。后来司马相如又被任命为朝官。

传世的司马相如的少数几篇赋中有一篇《美人赋》。他在序中说，梁王斥责他是好色之徒，过于沉迷女色。司马相如则回答说，他比儒生在性行为上更为克制，因为这些儒生拒不参加有女乐在场的聚会，只要一听见歌声和笑声就逃走。他们不能证明他们不放荡，原因很简单，因为他们躲避一切考验。相反，当他还是单身汉时，曾与一位窈窕女子比邻而居达三年，这个女子竭力勾引他，甚至登上垣头，凝视长久，但他却从来没有与她说过一句话。因此他自认比那些不近人情的儒生更能克制。[12]不过，同时他又指出，避免性交是不健康的。然后他说，有一次，冬天他路过一所宽敞美丽的房屋，屋内好像空无一人。进入房内，他看见：

> 有女独处，婉然在床。奇葩逸丽，淑质艳光。睹臣迁延，微笑而言曰：上客何国之公子，所从来无乃远乎？遂设旨酒，进鸣琴。臣遂抚弦为幽兰白雪之曲。[13]女乃歌曰：
>
> 独处室兮廊无依，
>
> 思佳人兮情伤悲。
>
> 有美人兮来何迟，
>
> 日既暮兮华色衰，
>
> 敢托身兮长自私。
>
> 玉钗挂臣冠，罗袖拂臣衣。时日西夕，元阴晦冥。流风惨冽，素雪飘零。闲房寂谧，不闻人声。于是寝具既设，服玩珍奇。金钅且熏香，黼帐低垂。裯褥重陈，角枕横施。女乃弛其上服，表其亵衣。皓体呈露，弱骨丰肌。时来亲臣，柔滑如脂。臣乃气服于内，心正于怀。

这篇赋不仅具有文学价值,而且还是最早有意描写色情题材的散文,在其他方面也很有启发性。它表明当时儒家对性关系所做的严格规定受到了嘲弄。这一点不能不引起后世儒家学者的愤怒。有一位宋代文选家曾讥评说:"长卿有消渴疾,⑬作《美人赋》欲自刺,卒以此疾死……可不戒哉!"(见《四部丛刊》影印宋本《古文苑》卷三第十二页)文章还提供有关于当时床架的宝贵资料。床上的香炉即锤,为一青铜盒,有一带镂孔的盖,下可燃炭,上部可放粉状的香料,既可熏被,又可取暖。关于角枕的确切含义,后世诸说不一。多数人都认为角枕状如半月,两角尖尖似牛角。值得注意的是,性行为竟被公开谈及,尽管是用一个相当委婉的"亲"字(ch'in)代指。由于一种奇怪的巧合,这个字(to be intimate)在英语的法律语言中也广泛使用。

不过,此赋的最后两行对本书主题至关重要。在以后的文献中常见"定脉"一词,用指性行为的益处。"定情"是一个同义语。古代中国人意识到,圆满的性行为不仅有其他好处,而且还可调节血液循环,放松神经。

正是在这一系列观念上,儒道两家发生了冲突。它把我们引向房中书与道家对待性问题的态度。

当时人们广泛使用带插图的房中书。这些书是专门为一家之主提供指导的严肃书籍,从总体上讲,根本没有什么下流含义。它们教男人怎样与女人保持和谐的性关系而长寿多福,宜其子孙。同时研究长生不老的道士也把这些书当作房中修炼的指南。

像大部分史书一样,《汉书》也有一个记载书目的部分,它按内容分类,列举当时流行的重要书籍。《汉书·艺文志》以《六艺略》为首,然后依次涉及到当时的各个学术领域。直到讲医学的部分,才碰到"房中"类,它意思是"房中的艺术"(其他术语还有"房内"、"房中术"、"房事")。这里列举了八种八十六卷。应当指出的是,当时书是写在长而平的纸幅或帛幅上。一卷通常为一篇。这八部书是:

1.《容成阴道》二十六卷。

2.《务成子阴道》三十六卷。

3.《尧舜阴道》二十三卷。

4.《汤盘庚阴道》二十卷。

5.《天老杂子阴道》二十五卷。

6.《天一阴道》二十四卷。

7.《黄帝三王养阳方》二十卷。

8.《三家内房有子方》十七卷。

其下有编者小序：

> 房中者，情性之极，至道之际，是以圣王制外乐以禁内情，而为之节文。传曰："先王之作乐，所以节百事也。"乐而有节，则和平寿考。及迷者弗顾，以生疾而陨性命。

上述书籍今已无存。不过它们的书名和作者名为它们的内容提供了线索。

首先应当注意的是，1—6条使用的"阴道"一词是指性交之法则。后来"阴"一词虽专指女性和女性生殖器，但原先却似乎既可指男性也可指女性，与我们所用的形容词 sexual（性的）是一致的。典型的例子是，如"阴痿"一词即被用来指上文提到的王端。"道"这里指"原理、规则"。因此在这些书中，"阴道"是指性生活的原理。

历史记载给我们提供了一些启发我们去了解容成子的具体材料。容成子是上列第一部书的作者。《后汉书》卷一一二下[1]提到一位叫甘始的方士和另外两个方士，他们"率能行容成御妇人术"，注释说他们三人都活到很大年纪，并且看上去总是很年轻。《后汉书》同卷还收有著名外科医生华佗的传，华佗主要活动于公元200年。《华佗传》末尾有一段说明，提到三个与华佗同时的道士。关于其中一个叫冷寿光的道士，传文说："寿光年可百五六十岁，行容成公御妇人法"，下注文引用《列仙传》[15]云：

---

[1] "卷一一二下"应作"卷八二下"。——译者

> 容成公者,能善补导之事,取精于玄牝。其要谷神不死,守生养气者也。发白复黑,齿落复生。御妇人之术,谓握固不泻,还精补脑也。[1]

正如我们在第二章中所讨论过的,这段话讲的是中国人对性行为含义的基本看法。

第二种书的作者务成子传为尧之师。正是尧及其继承者舜被题为第三种书的作者。

第四种书的作者题为两位殷王,即汤和盘庚。

第五种书的题名作者天老,据说曾为黄帝之师。

第六种书提到的"天一",在汉代文献中,是一种司阴德的星辰,既指"神秘的性能力"(参看上文第12页所论"女德"),也指死后获得的荣誉。当然这里是指第一种含义。

第七、八种书的书名本身已表明其作者。第七种的"三王"很可能是指夏、商、周的开国之君。"三家"的含义不详。

上文证明,在西汉时期曾流行过构成医学文献一个特殊分支的房中书。下面我们要进一步看看,有关这些房中书的内容和用途,在东汉时期到底有些什么材料。

注释:
① 法家学者倡导专制政体、由至高无上的君主统治的国家和极端功利主义的法规,人民的道德价值和利益都要服从于无情的政治目的。
② 参看《周礼》卷十三第43—46页[2]。这部经典包含了许多重要资料,但在使用上必须慎重,因为汉代儒家对此书的处理过于武断。此书已有E.Biot的法文译本,名为 *Le Tcheou-li ou Rites de Tcheou* (3 vls. Paris 1815, Peking reprint 1939)。
③ 王莽在位只有短短几年。见下文86页。
④ 多数西方人翻译的中文诗集都收有此诗。它给人的一般印象是,武帝是个性格简

---
[1] "谓握固不泻"二句是《后汉书》注,非《列仙传》之文。——译者
[2] 《周礼·地官·媒氏》。——译者

单率直的武夫,一心只痴情于李夫人。但上述资料却表明,武帝的性格肯定要复杂得多。翻译东方诗词,很有必要加上对作者和写作背景的介绍。但不幸的是,迄今西方译者却始终并未采纳这一原则。他们出版的中国诗选,是按西方人的口味东拼西凑而成,甚至更为糟糕的是,他们还把自己不喜欢或不懂的句子或段落删去。这种做法不仅可悲地歪曲了伟大而古老的中国诗词的艺术性,而且还使粗心的读者对中国诗词产生了完全错误的印象。因此,在西方读者当中出现了各种误解,如他们竟荒唐到认为中国人不写爱情诗。而情况正相反,这类爱情诗集却数量惊人,它们涉及这一题材的各个方面,上至高尚的精神恋爱,下至十足的色情描写。中国诗人和西方诗人对爱情的处理,区别主要在于它们侧重点有所不同:对我们来说,一个伟大诗人的作品几乎总是围绕着爱情这个主题;而对中国人来说,爱情却只是许许多多同样适于或比较更适于在诗中吟诵的主题之一。

向西方读者介绍中国诗词的最好方法,是把翻译与介绍作者的职业和环境的生平记述结合起来。A.Waley 在他的 *The Life and Times of Po Chü-i*（London 1949）、*The Poetry and Career of Li Po*（London 1950）和 *Yüan Mei, eighteen century Chinese Poet*（London 1956）中已成功地采用过这一方法。A.Hoffmann 在他的成功之作 *Die Lieder des Li Yü (937—978)*（Cologne 1950）中也这样做过。

⑤ 17 世纪出现过一篇无名氏之作,辑录了男子同性恋的有关资料。其题目是《断袖篇》,重印于《香艳丛书》第九集卷二。就我所知,这是惟一写此类题目的一篇。它收录了约五十个中国历史上臭名昭著的例子,附有评注。

⑥ 参看《乐浪彩箧冢》(平壤,1936 年,英文和日文)所印的器物。

⑦ 欲知其详,可参看 Friedrich Hirth *Chinesische Studien*（Leipzig 1890）中的 *Über Augenbrauen und Brauenschminke beiden Chinesen* Band I, pp.243—258 以及 Eberhard, *LAC* pp.219—220。

⑧ 参看 G.Schlegel 的 *Chinese mouches*（荷兰文）,收见 *Tijdschrift voor Indische Taal-, Land-en Volkenkunde*, vol. XIV (Batavia 1864), pp.569—572。普通饰片叫"花子",是用黑纸剪成的小圆片,但也有更漂亮的,是用五色彩纸剪成。这些东西在敦煌壁画中女人的脸上尚可见到。

⑨ 后起的传说一向都认为商业性妓院是从公元前 7 世纪出现,它是由著名的政治家和哲学家管夷吾(卒于公元前 64 年)所建立。他更为人们熟悉的名字是叫管仲。管仲相齐桓公(公元前 685—前 642 年),据说建有许多声名狼藉的馆舍,用以增加国家收入。不过据我所知,没有任何周代史料足以肯定此种传说。《战国策》(公元前 3 世纪)所载正好相反,它说桓公"宫中七市,女闾七百"[1]。这里的"市"肯定是指专供君主享受的宫廷集市。这些妇女无疑全是供桓公一人享用的。书中

---

[1] 见《战国策·东周策》"周文君免工师籍"章。——译者

还说齐桓公的忠臣管仲因此给自己娶了三个妻子,借以分散公众对齐桓公纵欲过度的注意。参看《四部丛刊》本卷二第十二页背。还有,哲学家韩非子说:"昔者桓公宫中二市,妇闾二百,被发而御妇人。得管仲为五百长,得竖刁而身死。"(《四部丛刊》本卷十五第八页背)大约公元 300 年,此说也见于《抱朴子》。参看《四部丛刊》本第四册卷十二第一页正。可见古书所说桓公宫中的"女市"只能用来证明桓公纵欲过度,而不能用来证明管仲建立了声名狼藉的馆舍。

⑩ 在满清帝国的后期,当中国政府尝试推行现代化,打算组建外交机构时,也出现过类似的问题。中国人也知道他们的大使和大臣在国外应有夫人陪同,但中国的达官贵人们的旧式夫人不懂外语,也根本不熟悉西方生活方式,他们的偏房和诸妾也是如此。因此当时的中国外交官不得不到港口城市选娶一位对外国粗知一二的歌女为妾,把她带到外国首都,在那里以一个妻子,而且是惟一的妻子的身份出现。可想而知,这样有时会引起麻烦。不过没过多久,他们就改变了主意,仍然携带他们的夫人出国,这些夫人虽然不懂外语,但她们那种高雅而自持的素养却在外交界留下了极好的印象。

⑪ 这首诗暗指杨恽受贪官污吏的诬陷而遭贬黜。"田彼南山,芜秽不治"指朝廷(南山)为贪官污吏(芜秽)所把持。如果正直的人(豆)反对昏庸无道和任人唯亲,他们就会陷入恶意构陷(萁)之中。

⑫ 他的这种构思是借自于 3 世纪[1]诗人宋玉的一篇名赋。当宋玉在楚王面前被诋毁为好色之徒时,宋玉说,他与一位美丽的姑娘比邻而居达三年,而没有答应她的求爱。他拿自己的行为和指控者登徒子做比较。登徒子虽然娶了一位丑陋的妻子,但却和她生了五个孩子。

⑬ 关于幽兰调的详细情况,请参看拙作 The Lore of the Chinese Lute, an Essay in Ch'in Ideology(见 Monumenta Nipponica Monographs, Tōkyō 1940, p.27)。关于白雪调的详细情况,请参看拙作 Hsi K'ang and his Poetical Essay on the Lute(见 Monumenta Nipponica Monographs, Tōkyō 1941, p.58)。

⑭ 《司马相如传》说他患有"消渴疾"。后世的文选家把它解释为纵欲过度,因此我把"疾"译作"恶习"。但显然他患的是糖尿病。

⑮ 我们现有的这个本子已经过删改,关于与女子性交的句子不见了。见 M.Kaltenmark 的 Le Lie-sien Tchouan, traduit et annoté (Publications du Centre d'Etudes sinologiques de Pékin, Peking 1953, pp. 55—56)。

---

[1] 应作"公元前 3 世纪"。——译者

第四章 东 汉

（公元 25—220 年）

房中书的内容及应用 道家的性修炼

在东汉时期的文献中我们找到三条材料，它们使我们对房中书的内容及其应用有了进一步了解。

我们要讨论的第一条材料是汉代著名诗人张衡（78—139 年）描写新婚的优美诗篇《同声歌》。诗歌是以新娘向丈夫倾诉的形式写成，全文如下：

邂逅承际会，
得充君后房。
情好新交接，
恐栗若探汤。
不才勉自竭，
贱妾职所当。
绸缪主中馈，
奉礼助蒸尝。
思为莞蒻席，

在下蔽匡床。
愿为罗衾帱,
在上卫风霜。
洒扫清枕席,
鞮芬以狄香。
重户结金扃,
高下华灯光。
衣解巾粉卸,
列图陈枕张。
素女为我师,
仪态盈万方。
众夫所希见,
天老教轩皇。
乐莫斯夜乐,
没齿焉可忘。

这里,新娘提到了《汉书·艺文志》所载的第五种房中书,说明它肯定是采用天老与他的弟子黄帝问答的形式写成。实际上大部分古医书都是采用这一形式,即由黄帝发问,而由某个大师来作答。

素女是房中秘术的守护者之一,常见于6世纪及6世纪以后的各种房中书。上文提到"素女"显然是指《素女经》。此书不见于《汉书·艺文志》著录,但下文我们将看到,在公元300年的一本书中却提到过它。关于素女,我们只知道,在汉以前,她被说成是黄帝时代的女神,擅长音乐。黄帝听她弹奏一种有五十弦的瑟,感到心旌摇动,因而断定这种乐器对男子太危险,让人把瑟一分为二,各为二十五弦。文献最早提到素女可溯至公元前1世纪大诗人王褒(卒于公元前61年)的《九怀》中,王褒称素女善歌(见《楚辞》,《四部丛刊》本第五册卷十五第七页正)。素女亦见《山海经》注。《山海经》大体为周代史料。其卷十八把谷神后稷所葬之地说成有如天堂一般,"百谷自生,冬夏播琴,鸾鸟自歌,凤鸟自舞"《四部丛刊》本第二册,八十五页正)。注曰:"盖天下之中,素女所出也。"这意味着素女与祭祀后稷祈求丰年的崇拜有关。另一种说法是把素女与祭祀川泽祈求丰年的崇拜联系在一起。这种崇拜在民间宗教,特别是在南方,占有重要地位。无名氏所作《搜神记》[1]是一部以古老的地方传说为素材讲神仙故事的书。①书中把素女说成一个叫"白水素女"的河神,其形为螺。②螺是中国最古老的多产象征之一,这样说,也许是因为它形似阴门。该书卷六[2]讲了一个故事,说的是一个叫谢端的男人。谢端为福建人,虽然贫穷但心地善良,独居白水之滨。有一次他在河边发现一只形状如斗的大螺。这使他感到很奇怪,所以他把螺带回家,放入一大坛内。后来他发现,虽然每次出门他都随手把门锁好,可屋子却打扫得干干净净,饭菜已准备停当。村中长老说他家中必定藏有神仙,谢端立刻就想到了大螺。他又出门,但悄悄返回观看。他看见从他放螺的坛中走出一位美丽的姑娘。姑娘回答他的询问,说:"我天汉中白水素女也。天帝哀卿少孤,恭慎自守,故使我权为守舍炊烹。十年之中,使卿居富得妇,自当还去。而卿无故窃相窥掩。吾形已见,不宜复留,当相委去。虽然,尔后自当少差。勤于田作,渔采治生。留此壳去,以贮米谷,常可不乏。"[3]说完就不见了。谢端用螺壳储米,发现螺壳总也不空。

以素女题名的房中书《素女经》曾见于《列仙传》。《列仙传》是一部神仙传,一向被认为出自刘向(公元前77—前6年)之手,但现在一般却认为它是公元2—3世纪的作品。其中第六十三篇传记为《女几传》。③女几是靠研习素女之书(在《列仙传》中简称《素书》)而成仙。书曰:

女几者,陈市上酤酒妇人也。作酒常美,遇仙人过其家饮酒,以《素女》五卷为质。几开视其书,乃养性交接之术。几私写其文要,更

---

[1] 此是《搜神后记》。——译者
[2] 应作"卷五",此误。——译者
[3] 原书乃译其大意,这里转引原文。——译者

设房屋纳诸年少,饮美酒与止宿,行文书之法。如此三十年,颜色更如二十时。仙人数岁复来过,笑谓几曰:"盗道无私,有翅不飞。"遂弃家追仙人去,莫知所之云。

这里还可补充一点,素女只是三女之一,房中书还提到另外两位传授房中秘术的妇女,即玄女和采女。据说玄女是黄帝之师。黄帝欲灭蚩尤,她曾为黄帝作神鼓。由于这一古老的神话,玄女被当作三部兵书的作者。它们是《玄女战经》一卷、《黄帝问玄女兵法》四卷、《玄女经要法》一卷。这一材料见于《全上古三代文》卷十六第九页背,根据这些佚文,后来还有人辑出过上述第二种兵书的佚文,看来它们的确都是兵书,而不是借用军事术语写成的房中书。正如本书下文 157 页所说,中国文献常常把性交说成是"战斗",而且在第十章中我们还会看到,后世的房中书和色情文学将性交过程讲得绘声绘色,如同战场上的军事行动一样。上述第一种和第三种书恐怕也是这一性质的书。同样的史料还说,人们或以玄女为道教女神西王母。她主宰着长满蟠桃的西方世界,在西汉时期受到广泛的崇拜。④

采女也是一个记载不详的人物。"采女"这个名称在汉代是指一种下等宫女。采字为第一百二十部字,意为"五彩"。因此,选用这个名字可能是因为它与素女正好相对。后世房中书也把她说成是黄帝时代的女神。

现在言归正传,我们还是回到张衡的《同声歌》上来。此诗证明,这些房中书都附有表现各种性交姿势的插图,人们可按这些姿势使性交圆满完成,它们显然是新娘嫁妆的一部分。而且还可补充的是,在日本,直到 19 世纪,还保存着这样一种风俗,即父母在新婚之夜要把一套这种图画送给他们的女儿,好让他们的女儿对尽夫妇之道有所准备。

张衡在他的另一篇文章《七辩》中再次提到这些画,该篇佚文被辑入《全上古三代秦汉三国六朝文》中《全后汉文》的卷五五第十页正至第十一页背。文章说有一位隐居山林的高士"无为先生",曾接受七位贤人的拜访。他们各自描述一种尘世乐趣,轮番与他辩难。第一位描述的是宫室

之丽,第二位描述的是滋味之丽,第三位描述的是音乐之丽,第四位说:

西施之徒,⑤
姿容倏媔。
弱颜回植,
妍夸闲暇。
形似削成,
腰如束素。
蝤蛴之领,⑥
阿那宜愿。
淑性窈窕,
秀色美艳。
鬒发玄髻,
光可以鉴。
靥辅巧笑,
清眸流眄。
皓齿朱唇,
的皪粲练。
于是红华曼理,
遗芳酷烈。
侍夕先生,
同兹宴瘗。
假明兰灯,
指图观列。
蝉绵宜愧,
夭绍纤折。
此女色之丽也,
子盍归而从之?

我们再次看到,这种带插图的房中书是放在床边供做爱时查阅,并且常被用来帮助害羞的行房者提高勇气。这首诗还使我们对当时女性美的标准有了充分了解。

　　有关房中书的第三条材料见于汉代学者边让的《章华赋》,他以志趣高雅而著称,卒于约公元前200年。此赋是专写与舞女交往之乐,保存在《后汉书·边让传》中,《全上古三代秦汉三国六朝文》的《全后汉文》卷八四第十一页背至十二页正亦收之。边让先对舞蹈表演作了详细的描写。然后他说,当曲终舞罢之时,随这些姑娘走进她们的房中:

　　　　归乎生风之广夏兮,脩黄轩之要道。携西子之弱腕兮,援毛嫱之素肘。[①]形便娟以婵媛兮,若流风之靡草。美仪操之姣丽兮,忽遗生而忘老。……

下注云:

　　　　黄帝轩辕氏得房中之术于玄女,握固吸气,还精补脑,可以长生。[78]

　　由上述资料,可以得出以下结论:(1)汉代曾有许多以黄帝与他的女老师问答的形式写成的房中书。(2)这些书皆附有表现各种性交姿势的插图。(3)这些书非常出名,书中的方法被夫妇双方(它们是新娘嫁妆的一部分)和与舞女交往的男人广泛实行。(4)这些书不仅教男女如何在性关系中始终做到相互满足,而且也教男人如何通过性交抑制达到强身健体,益寿延年。

　　虽然,房中书强调的主要是道家思想,但儒家也赞同它的原则。当然前提是绝对只能在寝室之中实行。儒道两家对待这一问题的不同态度仅仅在于它们的侧重点有所不同,儒家强调优生和得子,而道家强调以性修炼来延年益寿和获取长生不老药。

　　汉代儒家赞同房中书的基本原则,这点可由《白虎通》佚文来证实。该书是公元 79 年由皇帝授意在汉代京城的白虎观里举行经典讨论的记录。⑧这次讨论的结果是以问对的形式记录下来。《嫁娶》节的最后一段说：

> 男子六十闭房，何所以辅衰也？故重性命也。又曰：父子不同椸，为乱长幼之序也。《礼·内则》曰："妾虽老未满五十，必与五日之御。满五十不御，俱为助衰也。至七十大衰，食非肉不饱，寝非人不暖，故七十复开房也。"
>
> （《白虎通》，《四部丛刊》本卷九第十六页背）

最后一句话的含义，通过对房中书内容之理解已经一清二楚。上了年纪的男人需要通过性交以获取女人的阴气，补充自己衰退的阳气。

虽然，至少在当时儒家是赞同这一点的，但也仍有异议存在。在汉代文献中有时人们也把房中术说成是"邪教"，例如哲学家王充在《论衡》中说：

> 素女对黄帝陈五女之法，非徒伤父母之身，乃又贼男女之性。
>
> （见《论衡·幸偶》——译者）

文中的"五"字或系三字之讹，因为没有一处提到女老师是五个人。一般所说的三女是玄女、素女和采女。

这里，应该对上面第二章第 43 页简短提到的为达到长生不老而进行修炼做更详细的论述。

儒家追求生物学意义上的不朽，他们相信人是藉后代而绵延。所以经书说，结婚并不是在新房内欢庆的时机，三日之内不可举乐。因为它使新郎的父亲想到儿子继承他的时间不远了（参看下 304 页）〔1〕。而相反，道家追求的是肉体不朽，是个人在尘世上寿命的延长。

---

〔1〕见《礼记·曾子问》。——译者

道家相信可以通过各种修炼来达到这一目的,其中最古老和最重要的修炼包括炼气。他们力图掌握"胎息"之术。"胎息"就是胎儿在母亲子宫中的呼吸。另外他们还从事服食、日浴和导引。⑨

虽然这些旨在使肉体长存不朽的修炼要靠长期而紧张的锻炼,但道家中也有一派认为有捷径可走,就是服用长生不老丹。大部分汉代皇帝都相信这个办法。长生不老丹也就是所谓"金丹"。这个词虽指从朱砂、铅和硫磺的混合物中提炼出来的"黄金",但实际上是水银。炼丹的主要设备是"鼎",用它盛入上述混合物,放在"炉"上加热。要想炼好金丹,必须知道铅和朱砂的准确配方,并掌握好火候。

所以道家的炼丹术士,正如他们的西方同行一样,也认为他们旨在求取长生不老丹的试验与旨在达到永生不朽的性修炼并行而不悖。由于人们把这两种过程看作天地相生之道的两个特殊方面,所以这是惟一合乎逻辑的解释。炼丹术士把女人视如炼丹的鼎,把她们的赤精(即卵子)视同朱砂,把男子的白精视同铅,把性交视同朱砂、铅、硫磺等不同成分的混合,把性交技术视如火候。⑩

这种相比为我们理解中国著名的炼丹经典《参同契》提供了一把钥匙。该书凡九十卷,据说是道士魏伯阳作于公元150年前后。书中把从朱砂和铅中提取水银与性行为相提并论。这种讨论是以五行理论和《易经》卦象中所表达的天道运行为一般哲学背景。

后来由于儒家思想的箝制,房中书逐渐湮没无闻,《参同契》和同类炼丹书中的性资料已无人解释,也无人理解。例如12世纪,理学的杰出代表朱熹辑注了《参同契》,称赞此书是一部论述《易经》哲学的重要著作,却不理解或不愿理解其中包含的性内容。⑪下面我们将看到同样的注释错误也常常出现在那些借用军事术语的房中书中。这些房中书因此竟被当作真正的兵法教本。

由于在《参同契》中炼丹术的内容和性交的内容总是糅在一起,大部分段落只有用复译的方法才能译好,即用一种译法翻译炼丹术的内容,另一种译法翻译行房内容。许多段落甚至还要加上第三种译法,以便把其中包含的天道观及善于控制的概念翻译出来。

这里我们只翻译了内容清晰、不烦解释的几卷。

《参同契》卷六七是有关炼丹术、性交和控制的总论。只要遵循正确的方法，要想在这三方面取得成功并不难。但一般人却认为这种方法主要是靠掌握技巧，而没有理会其中的深义，因而不能成功。至于性交，我们将在下文看到，后来的哲学家抱朴子也做过类似的警告。

> 世人好小术，不审道术浅深，弃正入邪径，欲速阏不通，犹盲者不任杖，聋者听宫商，没水捕雉兔，登山索鱼龙，植麦欲获黍，运规以求方，竭力劳精神，终年无见功，欲知服食法，事约而不烦。

《参同契》卷六二、六三、六四在讲炼丹术的同时，也讲了交媾、受孕和生育。这里是按照它们的性含义来翻译。

> 将欲养性，延命却期。审思后末，当虑其先。人所禀躯，体本一无。元精云布，因气托初。
> 阴阳为度，魂魄所居。⑫阳神为魂，阴神为魄。魂之与魄，互为室宅。性主处内，立置鄞鄂。情主营外，筑垣城郭。城郭完全，人物乃安。于斯之时，情合乾坤。乾动而直，气布精流。坤静而翕，为道舍庐。刚施而退，柔化以滋。九还七返，八归六居。男白女赤，金火相拘。则水定火，五行之初。上善若水，清而无瑕。
> 道之形象，真一难图。变而分布，各自独居。类如鸡子，白黑相扶。纵横一寸，以为始初。四肢五脏，筋骨乃具。弥历十月，脱出其胞。骨弱可卷，肉滑若铅。

下边我们将看到，房中书极重视性交过程中男人对戳刺次数和频率的正确掌握。按照书中所授，男为奇数3、7、9，女为偶数4、6、8，至为重要。另外，还应注意的是，书中所谓在性高潮中男白女赤的说法。参看上文7页所述。"方寸"在后世的性文献中往往用来指女阴,例如著名联语:"古今岂有异,方寸乱人心?"(Is it strange that from olden times till the present, one square inch has sufficed to lead man's heart astray?)〔1〕

如果我们把这些章节当作炼丹书来读,那么阴阳和谐即相当于方剂配伍,室宅则为坩埚,情欲则为火,性交技术则为火候,男人则为铅,女人则为朱砂,胎儿则为汞,即长生不老丹。

作为第二个例子,我在这里翻译了卷七三,它强调行房和炼丹过程的符合天道和顺应自然。

物无阴阳,违天背原。牝鸡自卵,其雏不全。夫何故乎?配合未连,三五不交,⑬刚柔离分。施化之精,天地自然。犹火动而炎上,水流而润下,非有师导,使其然者。资始统政,不可复改。观夫雌雄交媾之时,刚柔相结而不可解。得其节符,⑭非有工巧以制御之。男生而伏,女偃其躯,裹乎胞胎,受气元初,非徒生时,著而见之;及其死也,亦复效之。此非父母教令其然,本在交媾,定刻始先。

男尸脸向下而女尸脸向上的说法,系指中国人认为淹死的人的尸体总是按这种方式漂浮在水面上。参看本书下文159页所引公元5世纪医师褚澄所论。

以上所译各卷也许能使读者对这部奇书的风格和论旨有所了解。从总体上看,《参同契》当是魏伯阳对自然现象细心观察,刻意把这些自然现象纳入一个综合体系之中的结果。

值得注意的是卷八和卷二七把男人和女人、铅和朱砂按下述方法,与白虎和青龙相配在一起:

―――――――――
〔1〕 出处不详,此据英文原文译其大意。——译者

白虎—铅—火—气—西—阳—男人
青龙—朱砂—水—卵—东—阴—女人

如果将此表与本书第 40 页上的表做对比，你就会注意到男女已经易位。现在女人是龙，象征东方、光明和甘霖，她是红色的朱砂，与男人的白铅相合生汞，即太极。插图 3 所印明版《性命圭旨》中的一幅画，说明了后世炼丹方士是怎样表达这一思想。男性因素和铅被画成一个骑在虎背上的青年男子，女性因素和朱砂被画成一个骑在青龙背上的姑娘，他们的气射入一青铜鼎内。上面题有："龙虎交媾图"，并有诗云：

白面郎君骑白虎，
青衣女子跨青龙。
铅汞鼎边相见后，
一时关锁在其中。

对这种男女易位的解释只能是潜在的母权制记忆在道家炼丹术中重新有所抬头。

道家认为性交对男人和女人都具有神奇的力量。虽然有些道士只是自顾自地一心榨取女方以增强自己的元气，而不顾女方的健康，甚至损害她的健康，但总的原则却是双方应当分享性修炼带来的益处。总之，道教确实更能体贴妇女，而且从来都比儒教更多地考虑妇女的生理需要和情感需要。

男女靠性交增强元气的观念造成群众性神秘主义思潮的流行。这种思潮在许多不同时期对中国人极有煽动力，以致成为许多全国范围的宗教运动和政治叛乱的根源。有些鼓吹以群交方式进行性修炼的道教派别使参加者陷入一种神秘的狂热，[15]竟然相信自己在战斗中会刀枪不入、战无不胜。以道家性修炼为基础的全国性的宗教运动，黄巾起义是最早的一例，它对推翻东汉王朝起过重要作用。

龍虎交媾圖

白面郎君騎白虎
青衣女子跨青龍
鉛汞鬧邊相見後
一時閉鎖在其中

插图 3 青龙白虎

不过，在讲这次起义之前，我们必须先大略地回顾一下东汉时期的主要历史事件。

西汉的最后一位皇帝，即第三章开头所说的哀帝软弱无能。他是西汉的最后一个皇帝，死后传位给一个很小的孩子。因此由一个精明强干但野心勃勃，名叫王莽的人出来摄政。不久，他即篡位，宣布另立新朝。王莽推行了一些彻底的改革，其中包括土地国有化、将土地分配给佃农和废除奴隶制。他尊崇儒教，但本人更喜欢道教。恰好在王莽临被推翻之前，他身边有许多从全国各地征选而来的年轻美貌的姑娘，有一位近代学者说，王莽是想按上述采补术与许多年轻女子交媾以恢复他的"气数"和政治声望，这一解释也许是对的。⑯

人们对汉室的效忠仍很强烈，而且由于土地被剥夺，一些强宗豪族也开始疏远王莽。公元20年，勤王的军队重新聚合在一起，击败王莽的军队，恢复了汉朝。东汉的最初几个皇帝也是一些强有力的人物。他们在这个被战争破坏的国家里重建秩序，扩展并巩固其疆域，尊崇儒术和提倡一般的文学艺术。不过，其后相继在位的多为幼主，遂使宫中女子的影响大增。皇后、嫔妃和宠姬常常操纵权柄，并将她们的亲戚左右封官拜爵。忠君的文官一次又一次反对这种局面。有一篇抨击妇女干政的演说保存下来。它大体上反映了儒家对妇女的态度。安帝在位期间（98—125年）他的乳母在朝中有很大影响，而乳母的女儿是个淫妇，纵情声色，帮她收买官吏。于是著名的正统儒家政治家杨震（卒于124年）上疏曰：

> 外交属托，扰乱天下，损辱清朝，尘点日月。《书》诫牝鸡牡鸣，《诗》刺哲妇丧国。夫女子小人，近之喜，远之怨（用《论语》第十七篇孔子语，见上44页引译文）……言妇人不得与政事也。
>
> 《《后汉书·杨震传》》

但这种劝谏根本没用。这两个妇人得到宫中宦官的支持，不久这群腐败之徒便实际操纵了朝廷事务。由于她们的乱政，中央权力再度衰落，王朝将衰落已初露端倪。

当时,道教已成为按等级制度组织起来的教派。它的信徒,即道士和女冠被团结在紧密结合在一起的宗教团体内。这种有组织的道教派别之所以会发展起来,恐怕是一种被迫反应。因为儒家挟有强大的政治势力,对它构成威胁;而佛教靠严格的戒律和严密的僧阶,权力也大增。大约还在纪元初,佛教教义就已为中国所知。从那时起,中亚和印度的传教僧侣在佛教传播上取得很大进展,在中国人当中拥有大批信徒。由于佛教也和道教一样鼓吹济世,并在信仰上视男女为平等,道家知道,作为对手,它比儒家还要危险,因而感到必须自强不息以对付它的竞争。

公元2世纪末,当时的道教是由一个名叫张角的天师所领导。他得到他的两个兄弟张梁和张宝的辅佐。据说张角已炼成长生不老丹,并且法力无边。

由于朝中阉党乱政,致使国家经济恶化,怨声载道。又值时疫流行,张角及其徒众能以巫术为民治病而名声大噪。当无数的人都来投奔张角时,他决定举行起义,推翻汉朝,建立新的道教帝国。一股神秘的激情抓住了广大群众,许多男女并肩战斗的强大道家军队在全国各地纷纷揭竿而起,于公元184年迅速占领了中国的大部分地区。因为他们用黄巾缠头,所以被称作黄巾军。虽然起义最终遭到血腥镇压,但它却标志着汉朝开始走向衰败和灭亡。那些镇压起义的将军势力大增,竟敢蔑视中央政权。他们先是除去了皇帝和他的宦官,然后又陷入自相残杀之中,争欲自立新朝。因此也就揭开了三国时期的帷幕。三国的得名是因为最后有三位将军各自建立了自己的王朝。这是下章所要讨论的一段历史时期的最初阶段。在这一阶段里,中国分裂成许许多多小王朝,一直延续到公元590年。

正史详细记载了平定黄巾起义的军事行动。但有关黄巾军的组织状况和信仰却资料甚少。不过,即使是在被打败之后,张角的弟子仍然继续传授其道术,而且因此引起佛教对手的注意。后来正是后者记录了一些有关黄巾军活动的资料。这些资料证实,这些教派从事群交式的性修炼。

他们把这种修炼称为"合气"。

唐释道宣编纂的佛教文集《广弘明集》中收有一篇名为《二教论》的文献,作者为唐释道安,道安生活于公元292—363年之间,上距黄巾起义仅一百年。在该书第九条中,道安引证并驳斥了道教创始人张道陵(约100年)的某些说法。关于"合气释罪"的说法[1],道安说:

> 妄造《黄书》,咒癫无端,乃开命门,抱真人,婴儿回,龙虎戏。备如《黄书》所说,三五七九,天罗地网,士女溷漫,不异禽兽,用消灾祸,其可然乎?
>
> (《四部丛刊》本卷八第十九页背)

《黄书》是黄巾军的秘书之一。另一部佛教著作也概括地讲到它的内容。这就是法琳的《辨证论》,也收入上述《广弘明集》。书中说:

> 《黄书》云:开命门,抱真人,婴儿回,龙虎戴(戏),三五七九,天罗地网。开朱门,进玉柱,阳思阴母日如玉,阴思阳父手摩足。
>
> (《四库丛刊》本卷十三第二十九页背)

虽然"天罗地网"、"阴母阳父"这些术语含义不清,但读过上述说法,其他内容就容易明白了。

另外,还有证据表明,这些性修炼也在"道观"中进行。这一证据见于《笑道论》,也是从上述《广弘明集》中发现。该文包括三十八条[2],是道士甄鸾皈依佛门后所作。此书作于公元570年。其中第三十五条云:

---

[1] 原书作"或舍气释罪"。——译者
[2] 原书共三十六条,此误。——译者

> 臣年二十之时,好道术,就观学。先教臣《黄书》合气,三五七九。男女交接之道,四目两舌正对,行道在于丹田,⑰有行者度厄延年。教夫易妇,唯色为初,父兄立前,不知羞耻,自称中气真术。今道士常行此法,以之求道,有所未谙。
>
> (《四部丛刊》本卷九第三十页背)

在后来的许多世纪中,也多次兴起过与黄巾起义方式相同的房术修炼。在相当短的时间里,成千上万的男女加入此种教派,组成秘密团体,举行集会,并顽强抵制当局的禁止取缔。直到清代这样的宗教运动仍时有发生,特别是在巫师术士的老巢,即周代齐国故地的山东省。1839年有一道上谕说在山东高密有一种男女组成的叫"滚单"的教派。只有成双成对进行修炼的男女才允许加入。"他们夜晚相聚,多集于一室,不点灯。然后在黑暗中性交。"⑱清无名氏所著《大狱记》(印于《说库》中)记述了另一起同样发生在山东省的起义。1852年有一个叫周星垣的道士,素习《参同契》和其他论述性修炼的道书,声称可以祛病延年。他聚合大批徒众,包括某些乡绅,男女双修。当官府采取镇压时,教徒们在周星垣的弟子张积中率领下,在肥城附近的山里构筑要塞。当官府强迫他们投降时,成百上千的男女自愿烧死在燃烧的山寨里。为了防止发生意外的政治后果,政府以"伤风败俗"为借口,无情地消灭了这些教派。

这种道教房术修炼是如此根深蒂固,以至至今仍时有发生。1950年底,中华人民共和国镇压了一个叫"一贯道"的神秘教派。其道徒反对政府,而政府也反对他们从事的性活动。1950年11月20日的《光明日报》说:"下流无耻的一贯道首"用女道徒"赛美"。并且在"讲道时"让道徒进行乱交,许愿他们可以长生不死,消灾除病[1]。由此看来,一家现代中国报纸又使我们想起了两千多年前的思想。

---

[1] 查《光明日报》1950年11月20日无此文,疑作者所记有误,此据英文译。——译者

注释：

① 明代著名藏书家唐富春印于 1573 年。参看 J.P.Dubosc 在其 *Exposition d'ouvrages illustrés de la Dynastie Ming* (Peking 1944, p.6)一书中对这部稀有插图本的详细描述。此书不可与公元 4 世纪的干宝《搜神记》混为一谈。

② 关于螺变妇人的其他故事见 J.J.M.de Groot 的 *Religious System of China* (vol. IV Book II, Leyden 1901, p.242)。

③ 参看 71 页注①提到的 Kaltenmark 的出色校译本。他在该书第 181 页指出"女几"是对的，而异文"女万"则是错字。

④ 参看 H.H.Dubs 的《汉书》译本 *The History of the Former Han Dynasty* vol. III (Baltimore 1955) p.8。

⑤ 西施(《古今姓氏族谱》679)是公元前 5 世纪时的一位著名美女。

⑥ 参看上文 18 页所引《诗经》中使用的同类比喻。

⑦ 毛嫱是《庄子》所说女性美的典范[1]。

⑧ 此书已由 Tjan Tjoe-som 节译。译本题目是 *Po-hut'ung, the Comprehensive Discussions in the White Tiger Hall*，(见 *Sinica Leidensia* vol.VI, Leiden 1949)。带详细注释的《嫁娶》节的完整译文见该书 vol.I, pp.244—263。

⑨ H. Maspéro 在其杰作 *Le Taoisme* (*Mélanges Posthumes sur les Religions et l'histoire de la Chine* (publ. Musée Guimet, Paris 1950)中对所有这些技术做过详尽描述。J.Needham 在 *SCC* vol.II (Cambridge 1956), p.143 sq 也从现代科学的观点描述了这些修炼。

⑩ 有关西方中世纪的同类情况见 Mircea Eliade 的杰作 *Forgerons et Alchimistes* (Paris 1956)。

⑪ 朱熹的版本题为《周易参同契考异》。我使用的是江户德川理学院出版的官版善本。

在许多世纪里，有关《参同契》的研究已经形成一种内容丰富的特殊文献。只要这类文献还没有经过筛选，并与其他早期和晚期的中国炼丹书进行比较，要想翻译这本书便徒劳而无功。Tenney L.Davis 和 Wu Lu-ch'iang 的 *An Ancient Chinese treatise on alchemy entitled Ts'an T'ung ch'i* (发表于 *Isis* 周刊 vol. XVIII, 1932, pp.210—289)是一个不成熟的试作。Davis 为该书加了一篇很好的导言和富有启发性的注释，注中引用了西方炼金术书中的许多对应资料，但正文本身，即 Wu 氏的英文译文却并不符合严肃译文的最低要求。它只不过是一种逐字对译，显然并没有借助基本的中文参考书，引文也没有注明出处(除了引自《诗经》的一条外)，道家术语不是没有解释就是翻译错误，例如第 250 页把"方诸"译为"the

---

[1] 原文作"毛嫔"，注云："毛嫔，毛嫱也"，高罗佩直接译为"毛嫱"。——译者

shelled creature"（蛤壳），实应译为"basin for collecting dew"（承露之鉴），并随意划分章节。这个英文译本不仅用处不大，而且还使译文比原书更为晦涩难懂。我对此书下过一点功夫，希望将来有一天能出版一部更有文献依据的译本。就我所知，目前最好的版本是彭晓于公元947年所作《周易参同契真义》。此书印入《道藏》，1924年并重印于《续金华丛书》。彭氏生活于中国西部的蜀国，当时理学禁欲主义还未取得统治地位。我的译文即参考该书，卷数亦同。

⑫ 见上文14页对"魂魄"的描述。

⑬ 书中"三五"无疑是"三合五行"的略语。"三合"指阴气、阳气和天，只有三者相合才会得子。参看《春秋·谷梁传》和《左传》庄公三年（公元前690年）[1]。

⑭ 中国古代的符节是由剖分为二的木片组成，定约双方各执其一，有疑则验其是否相合。

⑮ H.Maspéro 是第一位在他的著作 *Les Procédés de Nourrir le Principe Vital dans la religion Taoiste ancienne*（*Journal Asiatique*, Paris 1937）中使人们注意到道家的这类性活动的汉学家。

⑯ 参看本章注⑮引用 Maspéro 书第410页。

⑰ 丹田在人体上有三处，一在头，一在胸，一在脐下。正是后者在炼内丹的书中经常出现。

⑱ 附中文原文的上谕见 J.J.M.de Groot *Sectarianism and Religious Persecution in China*（Leiden 1902, Peking reprint 1940）vol.II, p.527。

---

[1]《左传》此年并未提到"三合"。——译者

第五章 三国和六朝
（公元221—589年）

嵇、阮之交　葛洪《抱朴子》　班昭《女诫》　房中书　佛教密宗的传入

　　继东汉之后的三国很快又分崩离析，通古斯人的后裔拓跋人侵入分裂的帝国。是为六朝之始。六朝时期，中国北方受野蛮的拓跋人或北魏统治，南方则掌握在一些短命的汉族小王朝手中。虽然后者也叫王朝，但它们绝大部分只不过是由军阀割据。这些国家都是由精明强悍的武人所建，他们在位期间虽控制着或大或小的疆域，但继位者却很快就失去国土和王位。有些小王朝的皇帝雄心勃勃，想要驱逐北方的蛮夷并统一中国，但他们充其量却只不过是阻止了敌人入侵中国的南方。

　　3世纪时，混乱的局面引起了哲学领域的活跃。许多学者感到有必要重新检讨他们对待人生及人生问题的态度。儒道之优劣引起了热烈的讨论。因而产生清谈。所谓清谈就是杰出作家和思想家圈子里进行的抽象讨论,在讨论中他们坦率地交换看法。

对于本书所要讨论的题目来说,有两个著名代表人物很重要,即伟大的音乐家、哲学家嵇康(223—262年)和其挚友诗人阮籍(210—263年)。①他们的亲密友谊成为后世诗人和艺术家当中这类男性亲密友情的典范,如唐代诗人李白(701—762年)和孟浩然(689—740年),白居易(772—846年)和元稹(779—831年)就是如此。这类友谊是否具有同性恋的性质是有争议的问题,还有待于进一步考察。

上述四位诗人无一是明显的同性恋。因为我们知道,他们中有三个人结过婚,并与歌女过从甚密。这虽不排除他们有可能是双性恋,但中国的性文献,如前面(63页)提到的《断袖篇》,就未把他们列入历史上的男子同性恋之列。也许有人会说,像李白、白居易这些以文学成就享誉甚高的人,人们恐怕不太会去记载他们品行上的瑕疵,可是就连色情小说也没有提到他们,而写这类题材的作家对发现古代名人的变态行为是很有兴趣的。还有,应当记住的是,男性友谊是经书颂扬的社会关系之一。而且,在中国,男人常常用比西方国家所习惯的更亲热的字眼来表达对朋友的倾慕之情。这种充满深情的语言并不足以证明凡是使用这种语言的人彼此都有同性恋关系。虽然对这样微妙的问题做出肯定判断不言而喻是很困难的,但我相信,除非有更过硬的反证,我们可以认为,一般说来,这些古代著名文学家的亲密友谊中并不包含同性恋关系。

不过,对嵇康和阮籍来说,却的确有过硬的反证。这是我们掌握具体资料的少数例子之一,所以这里的讨论比较详细一点。

《世说新语》是刘义庆(402—444年)所编的一部笔记和野史集。其卷十九《贤媛》中讲了下述关于嵇康、阮籍和他们的朋友山涛(205—283年)的故事。

> 山公与康、阮一面,契若金兰(出自《易经》,见下102页)。山妻韩氏觉公与二人异于常交,问公。公曰:"我当年可以为友者,唯此二生耳。"妻曰:"负羁之妻,亦亲观狐赵,意欲窥之,可乎?"他日,二人

来,妻劝公止之宿,具酒肉,夜穿牖以视之。达旦忘反,公入曰:"二人何如?"妻曰:"君才致殊不如,正当以识度相友耳。"公曰:"伊辈亦常以我度为胜。"

(见前引《四部丛刊》本卷十九第二十二页背)

"异于常交"几字已经意味着同性恋关系,但这点是由山涛夫人援引负羁之妻的例子来证实的。她讲的是一个关于晋公子重耳的古老故事。公元前 636 年,重耳及其随从狐偃和赵衰避难曹国。曹公闻其骈胁,想偷看重耳裸体来证实这一点。于是曹公和一个叫僖负羁的官员以及后者的妻子在重耳及其随从洗澡的房间的墙上开了一个洞。观后,那位官员的妻子说,这两位随从皆可以相国。②显然她是根据她所窥见的裸体男人的肉体动作而不是他们的谈话才这样讲。因此很明显。山涛夫人选用这个典故是想表明她想验证嵇康和阮籍是否确有暧昧关系。

尽管甚至在动乱时期,特别是在东晋和梁朝,文学艺术仍然继续繁荣,但动荡不安的时代打乱了科举制度,使儒学衰落。总而言之,道德松弛、生活放荡和政治谋杀已经蔚然成风,特别是在那些短命王朝的宫廷内。

在这方面前宋(420—477 年)是臭名昭著的。这里称为"前宋",是为了与后来的宋代相区别。在刘姓统治者之间的暗杀和血洗中,前宋屡兴屡亡。在这个"朝代"的 57 年历史中,践祚者不下九人,竟无一人寿终正寝。特别应当提到的是前废帝刘子业(449—465 年),这位 15 岁的小皇帝只在宋都南京乱哄哄地当了一年皇帝。他是个腐化堕落而又迷信的年轻人,在许多方面令人想起罗马小皇帝埃拉伽巴(Heliogabalus,218—221 年)。他和女人、和宦官淫乱无度,处处表现出带有神经质的残暴色情狂味道。465 年,他被自己的亲属暗杀。《宋书》提到下面一事。有一天,小皇帝淫荡的妹妹山阴公主对他说:"妾与陛下,虽男女有殊,俱托体先帝。陛下六宫万数,而妾唯驸马一人。事不均平,一何至此。"帝乃为之置面首左右三十人(见上引卷七)。

这一时期最引人注目的人物是道家哲学家葛洪，人们更熟悉的是他的号"抱朴子"，他主要活动于约公元 300 年前后。葛洪是个学识渊博、富有创见的思想家，对中国科学思想的发展做出过巨大贡献（参看《中国科学技术史》卷二第 437 页以下）。他的学说主要收录在一本长达七十卷的著作当中，书名为《抱朴子》。此书并非全部出自葛洪之手，部分内容是门弟子记言，有些段落或为后人窜入。不过，就今本而言，这部著作仍是一个宝藏，它不仅讲了道家炼丹术，而且也讲了当时流行的宗教信仰、社会习俗和生活方式。此处我们将引用与当时性关系有关的段落。

该书清楚地证明了，不仅是道家，而且普通百姓仍在实行古房中书中的传授。在《内篇》卷六中，葛洪说：

或曰："闻房中之事能尽其道者，可单行致神仙，并可以移灾解罪，转祸为福，居官高迁，商贾倍利，信乎？"抱朴子曰："此皆巫书妖妄过差之言，由于好事增加润色，至令失实。或亦奸伪造作，虚妄以欺诳世人，隐藏端绪，以求奉事，招集弟子，以规世利耳。夫阴阳之术，高可以治疾，次可以免虚耗而已。其理自有极，安能致神仙而却祸致福乎？"

（《抱朴子》，《四部丛刊》本第九十页背）

尽管葛洪也承认房中术是延年益寿和治愈小疾的方法之一，但他否认它是达到长生不老的惟一手段。接下去，他继续辩说道：

而俗人闻黄帝以千二百女升天，便谓黄帝单以此事致长生。而不知黄帝于荆山之下、鼎湖之上，③飞九丹成，乃乘龙登天也。黄帝自可有千二百女耳，而非单行之所由也。凡服药千种，三牲之养，而不知房中之术，亦无所益也。是以古人恐人轻恣情性，故美为之说，亦不可尽信也。《玄》《素》谕之水火，水火煞人而又生人，在于能用与不能耳。大都知其要法，御女多多益善。如不知其道而用之，一两人足以速死耳。彭祖之法最其要者,其他经多烦劳难行。而其为益,不必如其书,人少有能为之者。

《抱朴子》,《四部丛刊》本第十页正、背)

这两段话特别有意思,因为葛洪在此援引了他那个时代流行的有关房中术的不同观点。令人奇怪的是有些人竟相信房中术能使人升官发财。而且看来在葛洪当时还有江湖骗子靠传授此道骗钱。

在卷五当中,葛洪说:

汉丞相张苍偶得小术,吮妇人乳汁,得二百八十岁。

(《四部丛刊》本第六页正)

似乎这是第一次提到以女人的乳汁为滋补男人元气的药物。正如我们将在下283页看到的,这个观点后来发展成一种所谓"三峰"药的理论,"三峰"药即女人的唾液、乳汁和阴道分泌物。认为乳房中会有长生不老药的理论似乎是起于葛洪的时代,因为司马迁《史记》卷四二《张苍传》并未提到这一理论。

关于上面提到的彭祖所授之术,葛洪在卷十三中讲得更多:

按《彭祖经》云:其自帝喾佐尧,历夏至殷为大夫。殷王遣采女,从受房中之术,行之有效。欲杀彭祖以绝其道,彭祖觉焉而逃去,去时年七八百余。

(《四部丛刊》本卷十三第四页背)

彭祖是上古传说中的人物,西方著作常把他叫作"中国的麦修彻拉(Methusalem)[1]"。由于人们都相信他是靠精通房中术而达到高龄,

---

[1] 《圣经》中的长寿者。——译者

所以人们都把他说成是葛洪时代流行的一部房中书的作者。葛洪在其道书目录（同上引卷十九）中录有下列房中书，其中即提到此书：

《容成经》
《玄女经》
《素女经》
《彭祖经》

一至三种在前面已经讨论过。而彭祖的理论，尚有一些东周或西汉时期署名彭祖的佚文保存下来。在其中一篇里，彭祖列举了所有会给人造成伤害的强烈情感，例如过分愤怒、过分期望、"阴阳失和"。所以他又说：

人所伤者甚众，而独责房室，不亦惑哉？男女相成，犹天地相生也，所以导养神气，使人不失其和。天地得交接之道，故无终竟之限。人失交接之道，故有残折之期。能避众伤之事，得阴阳之术，则不死之道也。

（《全上古三代文》卷十六第七页背）

前面我们已经说过，儒家也赞同房中书的原理，但条件是只允许在房中行事，并以获得子嗣为目标。按照儒家的观点，丈夫把妻子当作人而感兴趣只限于在床上。因此不必奇怪，一般人们很少会让女孩和妇女受文化教育，人们认为她们只要知道如何满足丈夫的欲望、如何照顾孩子和如何操持家务就足够了。根本不用设想她们也能分享男子的高雅乐趣，她们被严格禁止干预男子在外边的活动。即便是上等人家的女子也仅限于教给她们女红，如织布、缝纫和理家，而不按常规教给她们一门读写的技能。虽然有不少女孩偶然靠自己也学会读写，但大部分体面的女人却是文盲。特别令人奇怪的是，歌女倒是把学习基本的读写技能当作她们职业训练的一部分。

东汉早期曾经有一位妇女对这种状况表示反对,她提倡女孩应与男孩受同样的基础教育。这就是班昭(卒于116年)。她是著名作家和行政官员班彪的女儿和更有名气的史学家、《汉书》的作者班固的妹妹。班昭十四岁时嫁给一个姓曹的人,但她的丈夫却年轻早夭。她从此不嫁,专心致志于文学研究,使她以文体优美、博学多识而日益出名。当她的哥哥班固死后,和帝命她续成班固未能写完的《汉书》,并且任命她为皇后的教师。她死时年龄很大,以其贞操和学识而受到人们的高度敬仰。

如果班昭没有写出中国文献中最偏执的一部书《女诫》,她是堪称为中国的第一个女权主义者的。她过于笃信儒学,故虽提倡妇女应受教育,但却坚持认为这种教育的最终目的是使女人懂得男尊女卑,反复告诫女人要绝对服从丈夫。历代都把她的《女诫》奉为女性的光辉典范。它促使后世的作家去写同类作品。这些作品和《女诫》受到历代,特别是清代,中国、朝鲜和日本的正统学者的欢迎。④

这部文献最能代表正统儒家对妇女的态度,值得在此全文译出。⑤我仅略去短序。班夫人在序中说,因为她的儿子已长大成人,仕途顺利,她惟一担心的只是自己的女儿。她希望她们出嫁后能记住她的箴诫。

《女　诫》

卑弱第一:

古者生女三日,卧之床下,弄之瓦塼,而斋告焉。

卧之床下,明其卑弱,主下人也。弄之瓦塼,明其习劳,主执勤也。斋告先君,明当主继祭祀也。

三者盖女人之常道,礼法之典教矣。

谦让恭敬,先人后己,有善莫名,有恶莫辞,忍辱含垢,常若畏惧,是谓卑弱下人也。

晚寝早作,勿惮夙夜,执务私事,不辞剧易,所作必成,手迹整理,是谓执勤也。

正色端操，以事夫主，清静自守，无好戏笑，絜齐酒食，以供祖宗，是谓继祭祀也。

三者苟备，而患名称之不闻，黜辱之在身，未之见也。三者苟失之，何名称之可闻，黜辱之可远哉！

夫妇第二：

夫妇之道，参配阴阳，通达神明，信天地之弘义，人伦之大节也。是以《礼》贵男女之际，《诗》著关雎之义。由斯言之，不可不重也。

夫不贤，则无以御妇；妇不贤，则无以事夫。夫不御妇，则威仪废缺；妇不事夫，则义理堕阙。方斯二事，其用一也。

察今之君子，徒知妻妇之不可不御，威仪之不可不整，故训其男，检以书传，殊不知夫主之不可不事，礼义之不可不存也。但教男而不教女，不亦蔽于彼此之数乎！

《礼》，八岁始教之书，十五而至于学矣。独不可依此以为则哉！

敬慎第三：

阴阳殊性，男女异行。阳以刚为德，阴以柔为用，男以强为贵，女以弱为美。故鄙谚有云："生男如狼，犹恐其尪；生女如鼠，犹恐其虎。"

然则修身莫若敬，避强莫若顺。故曰敬顺之道，妇人之大礼也。

夫敬非它，持久之谓也。夫顺非它，宽裕之谓也。持久者，知止足也。宽裕者，尚恭下也。

夫妇之好，终身不离。房室周旋，遂生媟黩。媟黩既生，语言过矣。语言既过，纵恣必作。纵恣既作，则侮夫之心生矣。此由于不知止足者也。

夫事有曲直，言有是非。直者不能不争，曲者不能不讼。讼争既施，则有忿怒之事矣。此由于不尚恭下者也。

侮夫不节，谴呵从之；忿怒不止，楚挞从之。夫为夫妇者，义以和亲，恩以好合，楚挞既行，何义之存？谴呵既宣，何恩之有？恩义俱废，夫妇离矣。

妇行第四：

女有四行，一曰妇德，二曰妇言，三曰妇容，四曰妇功。

夫云妇德，不必才明绝异也；妇言，不必辩口利辞也；妇容，不必颜色美丽也；妇功，行必工巧过人也。

清闲贞静，守节整齐，行已有耻，动静有法，是谓妇德。择辞而说，不道恶语，时然后言，不厌于人，是谓妇言。盥浣尘秽，服饰鲜絜，沐浴以时，身不垢辱，是谓妇容。专心纺绩，不好戏笑，洁齐酒食，以奉宾客，是谓妇功。

此四者，女人之大德，而不可乏之者也。然为之甚易，唯在存心耳。古人有言："仁远乎哉？我欲仁，而仁斯至矣。"⑥此之谓也。

专心第五：

《礼》，夫有再娶之义，妇无二适之文，故曰夫者天也。天固不可逃，夫固不可离也。行违神祇，天则罚之；礼义有愆，夫则薄之。故《女宪》⑦曰："得意一人，是谓永毕；失意一人，是谓永讫。"由斯言之，夫不可不求其心。

然所求者，亦非谓佞媚苟亲也，固莫若专心正色。

礼义居絜，耳无塗听，目无邪视，出无冶容，入无废饰，无聚会群辈，无看视门户，此则谓专心正色矣。

若夫动静轻脱，视听陕输，入则乱发坏形，出则窈窕作态，说所不当道，观所不当视，此谓不能专心正色矣。

曲从第六：

夫得意一人，是谓永毕；失意一人，是谓永讫。欲人定志专心之言也。舅姑之心，岂当可失哉？

物有以恩自离者，亦有以义自破者也。夫虽云爱，舅姑云非，此所谓以义自破者也。

然则姑舅之心奈何？固莫尚于曲从矣。姑云不尔而是，因宜从令；姑云尔而非，犹宜顺命。勿得违戾是非，争分曲直。此则所谓曲从矣。

故《女宪》曰:"妇如影响,焉不可赏。"

和叔妹第七:

妇人之得意于夫主,由舅姑之爱己也;舅姑之爱己,由叔妹之誉己也。由此言之,我臧否誉毁,一由叔妹,叔妹之心,复不可失也。皆莫知叔妹之不可失,而不能和之以求亲,其蔽也哉!

自非圣人,鲜能无过。故颜子贵于能改,仲尼嘉其不贰,而况妇人者也?虽以贤女之行,聪哲之性,其能备乎!是故室人和则谤掩,外内离则恶扬。此必然之埶也。《易》曰:"二人同心,其利断金。同心之言,其臭如兰。"此之谓也。

夫嫂妹者,体敌而尊,恩疏而义亲。若淑媛谦顺之人,则能依义以笃好,崇恩以结援,使徽美显章,而瑕过隐塞,舅姑矜善,而夫主嘉美,声誉耀于邑邻,休光延于父母。

若夫悫愚之人,于嫂则托名以自高,于妹则因宠以骄盈。骄盈既施,何和之有!恩义既乖,何誉之臻!是以美隐而过宣,姑忿而夫愠,毁誉布于中外,耻辱集于厥身,进增父母之羞,退益君子之累。斯乃荣辱之本,而显否之基也。可不慎哉!

然则求叔妹之心,固莫尚于谦顺矣。谦则德之柄,顺则妇之行。凡斯二者,足以和矣。《诗》云:"在彼无恶,在此无射。"其斯之谓也。

班昭《女诫》在她那个时代肯定没有付诸实践,在以后的四五个世纪里也只是偶尔被人效法。班昭给理想妻子下的定义仍然是后来许多世纪正统儒家家长的期望。这可由下述葛洪著作的引文看得很清楚。葛洪是上文所说3世纪时的哲学家。在书中他对当时男人和女人在日常生活中的行为做了生动描述。在这段描述之前,他先追怀古昔,说他们应该如何如何按经书上的标准行事。

《诗》美雎鸠,贵其有别。在《礼》,男女无行媒不相见,不杂坐,不通问,不同衣物,不得亲授,姐妹出适而反,兄弟不共席而坐,外言不入,内言不出,妇人送迎不出门,行必拥蔽其面,道路男由左,女由右。此圣人重别杜渐之明制也。且夫妇之间,可谓昵矣,而犹男子非疾病不昼居于内,将终不死妇人之手,况于他乎!

(《抱朴子》卷二五第五页正、背)

在引述了几个由于违背规定而导致悲惨后果的历史掌故之后,葛洪继续说:

而今俗妇女,休其蚕织之业,废其玄纮之务,⑩不绩其麻,市也婆娑。舍中馈之事,修周旋之好,更相从诣之适亲戚。承星举火,不已于行。多将侍从,昈晔盈路。婢使吏卒,错杂如市。寻道亵谑,可憎可恶。或宿于他们,或冒夜而反。游戏佛寺,观视渔畋。登高临水,出境庆吊。开车褰帏,周章城邑。杯觞路酌,弦歌行奏。

(同上书,第五页背、第六页正)

葛洪把这种行为叫作家败国亡的开端,警告明智的男人要相当严密地控制他们的女眷。不过,接着他也尖锐批评了当时许多男子的行为。说他们成群结伙,四处游逛,聚饮戏谑,玩弄各种恶作剧。到已婚朋友家去,定要看人家的女眷,当这些女人露面时,又交头接耳,大声喧哗,品评其美丑。如果有人拒绝让其女眷露面,他们便会嘘叫嘲笑他,直到他们的愿望得到满足。然后他们便与这些女人杂坐,和她们交杯而饮,让她们唱歌跳舞,和他们调笑。每个顺随世情的人都得附和这种放荡习俗,反对这种习俗便会被视为笨伯蠢汉。葛洪认为,这些男人的放荡正如女人的不端对家庭与国家是同样有害的。

最后,在同一卷中有一段很重要的话,似为后世所谓"闹房"或"戏妇"的最早资料之一。婚宴之后,客人们将一对新人领进洞房,在那里随便戏弄他们,玩弄各种恶作剧直到深更半夜。这种习俗也常常见于明清文献。明清时代的许多作者都反对这种时有发生的过分举动。现在这种习俗仍以程度较轻的形式存在。葛洪用下面的话来描述这一习俗：

> 俗间有戏妇之法，于稠众之中，亲戚之前，问以丑言，责以慢对，其为鄙黩，不可忍论。或蹙以楚挞，或系脚倒悬，酒客酗营，不知限齐。致使有伤于流血，踒折支体者。
>
> （《抱朴子》卷二五第八页正）

乍看你会觉得这种习俗是古老驱邪仪式的遗风。这是比较人类学中常常见到的一种信仰，它认为新郎和新娘在新婚之夜暴露身体会有妖邪伤害。不过，如第一和第二章已解释过的，古代中国人认为性交、包括新娘的破身都是天理人伦所规定的行为，它不会使做这种事的人受任何妖邪的伤害。相反，人们认为避免性行为却会陷入妖邪的包围之中，包括落入梦魇（incubi）[1]之手（见本书下152页）。但这种情况与史前时期可能有所不同。而且人们还必须估计到这种习俗有可能是起源于居住在中国大陆东南和东部的不同种族的土著居民。他们只是在公元前的最后几个世纪里才和华人融合。闹房习俗的历史和含义是与中国性生活有关的需要专门考察的问题之一。

班昭《女诫》对儒家关于家庭生活的看法做了理想化的描写，而葛洪所述他那个时代一些主要城市环境中普遍存在的实际情况却与这种理想相去甚远。中国人的家庭生活所遵循的方式一般是介于二者之间。

下面是对一般中国家庭生活的简介，目的是想为家内的性关系提供背景。由于采用一般词汇而且避免过细的描写，这一介绍也适用于以后的各个时期。由于在公元初的几个世纪里，中国家庭内部的生活已经大体定型化，所以稍加变通，竟一直保存至今。

古老传说非常强调家庭作为自我封闭的社会单位的重要性。经济因

---

[1] incubi 是 incubus 的复数形式。incubus 是一种能在梦中与女人性交的魔怪。——译者

素有助于这种单位的扩大和维持。作为一个社会单位的家庭，它的力量全靠相互依赖和相互帮助。家庭人数愈多，就愈是便于相互支持，愈是有更多的机会增进彼此的利益。如果一个新婚的儿子分家另过，便失去了在父母家生活时答应给予他的支持和保护，同时也削弱了这个家庭的力量。如果这样做，他还要冒忤逆孝道的危险，所以他和妻妾应当留在父母家侍奉父母和男性长辈。与西方不同，中国上等人家的已婚和未婚成员都想尽可能紧密地生活在一起，因而这些家庭的规模便日益增大。而那些手艺人和小商贩，特别是农民的家庭却相反，总是要分裂为许多小单位。

事实上，中上等阶层的家庭总是由许多分开的小家组成。每个小家各有各的屋子和仆人，但总起来形成一个紧密结合的共同体。

如果父亲和儿子居官，他们每天大部分时间要在官府忙公务；如果是商人，他们便从早到晚呆在店铺里，大部分店铺离家都有一段距离。因此，妇女大部分时间都是呆在家里。

每个妇女在家庭等级制度中各有其位置。女仆服从妾，妾服从偏房，偏房服从正房。而她们全体无一例外都要服从太夫人。太夫人是父亲的正房夫人，或者，如果她去世，就是长子的正房夫人。在她的势力范围内，如操办家中的大小事务、教育孩子、管理奴仆，她有几乎与丈夫一样大的权威。在家务方面每个妇女都有其指定的任务，这使她每天至少要花去一部分时间做家务。四时节庆则使她们有机会参加室内娱乐，如带哑剧和音乐的家宴，或者不那么经常地到户外远足，如逛寺庙，一年一度到郊外扫墓，并且常常进行野餐。她们也把大量时间消磨在慢条斯理地梳妆打扮上。图版3为《女史箴》画卷的局部。有著名画家顾恺之的题名。顾恺之主要活动于约公元400年。从图上我们可以看见一位宫女正在为帝妃梳头。帝妃跪在一个座垫上，前面是一个悬有圆镜的精巧梳妆台。请注意前面的地上还放着装有梳妆用品的漆奁。

女眷们也一起玩各种半凭技巧半凭运气的游戏，后来也包括各种纸牌和骨牌。她们只有在吃饭时才能和丈夫见上一面，惟一能和丈夫说悄悄话的地方是在床上。正如上文所说,这种床本身就是一间小屋子。图版 4 是顾恺之画卷的另一局部,画的是约公元 400 年时的这类床架。这是一种用木板做成的笼状物,下半部分用硬木做成,上半部分为楣格。前面的四块木板有两块像门一样朝外敞开,"笼子"立在一个约两码高的木制平台上。帐幔从顶上垂下,放下后完全看不见里面。床前置一长条窄凳,显然是用来放脱下的鞋子和衣衫的。图中,那个做丈夫的人正坐在凳上,与床架内的妻子谈话。

这种中国床架可与图版 5 所示约公元 1000 年时日本皇宫中使用的一种叫作几帐(ki-chō)的古床相比较。此图版是据《丹鹤图谱》(一部表现古代服饰器物的精美套色版画集,1847 年水野忠央印)复制。几帐包括一个凸起的漆木台子,台子上铺有厚垫。图版下半所示,为几帐四周的框架,也是漆木的。帐幔铺盖在框架上,四面下垂,有如华盖。估计这种床的样式当与六朝时期中国使用的床酷为相似。你会注意到,帐幔左右两端各压着一只青铜狮子。这些铜狮子是狻猊形的"地香炉"。狻猊是一种传说中半狮半龙的动物,据说喜欢烟。地香炉是用来散发香味,供经过香炉的人们洁净衣衫。中国古文献经常提到它。它的专门名称是"香兽",可参看 214 页李煜词译文。这里它似乎还起着防止穿堂风把帐幔吹到一边去的作用。在中国,地香炉已逐渐废弃不用,但在日本却还保留着象形的香炉,放在佛寺入口处的地板上,供朝拜者进入正堂前洁净衣衫。

在这种单调乏味的生活中,流言蜚语、钩心斗角和争吵不休成了必不可少的消遣。女人之间的争议大多是由太夫人裁夺。她可以命人鞭笞一个人或施以较轻的处罚。如果涉及重大问题,就要由丈夫来出面处理。习惯法赋予他以审判权,在重大案件中,如他的妻子与男仆通奸,他可直接处死这两个罪犯。如果他不能决断,则可将事情提交族中长者,而如果事情发生在社会地位较低的阶层,如商人和手艺人,就得求助于行会首领。

如果事情牵涉其他家庭的成员,如离婚案,人们就得设法让当事双方的家长相互协商,妥善解决;或者,在更棘手的案子中,就得靠双方家庭共同尊重的第三方从中调解。

当其他一切努力都归于无效时，最后的办法就是诉诸司法当局。法律是严苛的，诉讼程序亦如是，两者对有可能判罪的人都有威慑力。事实上，不管一个人是原告还是被告、无罪还是有罪，只要去见官，这本身就很丢脸。人们一向认为，一个体面自尊的公民是绝不会和法律打什么交道的。①

至于离婚，丈夫有权出妻，打发她回娘家。我们讨论的这一时期里，被休并不被人视为丢脸之事，当然前提是妻子没犯大的过失。被休的妻子，或者哪怕是寡妇都常常可以改嫁，见上司马相如与一年轻寡妇私奔的例子。不过在12世纪及以后，当儒家的道德标准确立之后，妇女离婚才被认为是耻辱，寡妇也不得改嫁。

妾会感到自己的处境更为艰难，因为她们大多出身于养不活多余人口的穷苦家庭。因此被休的妾常常沦入那种最古老、也是当时惟一对妇女开放的营生。不过，只要她们还属于家庭的一员，她们的地位和权利便会得到习惯法的保护，她们有充分的资格受主人保护和供养。她们的孩子也有权分得一份家产。

一个新婚妻子刚过门，难免会感到有些不自在，通常总要过一段时间才能适应新的环境。在最难适应的最初几个月里，丈夫不能事事袒护她，因为他不能站在她一边来反对自己的亲属，更不能反对父母。她也无法请娘家帮忙和出主意，因为一旦出嫁这些关系就完全断绝了。婚后第三天她照例回家看望一下父母（归宁），之后就再也不许去看他们。班昭在《女诫》中花了不少笔墨讲妻子与夫家的关系并不是凭白无故。然而，如此密切相处使每个家庭成员都多少要懂得忍耐。在所有大家庭中通常都很讲究礼让。这样用不了多久，妻子就会发现自己已经完全和这个家庭融为一体。以后当她生了孩子，特别是男孩之后，她的地位便确保无虞。

此后，她还面临着一种不断进行感情调适的任务。她必须在她对丈夫的爱与丈夫对妾的爱与责任之间找到一种双方都能接受的平衡；她还必须对家中女眷之间的各种好恶之情（常常带有同性恋色彩）拿出自己的看法。家中无疑经常会有尖锐的冲突发生，往往酿成可怕的惨剧。但是对新老文献的检验却使我们得出结论，有充分理由可以推断，中国妇女一般并不比按一夫一妻制生活的西方姐妹更为不幸。

另一方面，也没有理由认为，中国的一般家长比只有一个妻子的西方家长更幸福。我们按一般说法轻率谈论一夫多妻制的传统习惯使公众误认后宫为男人的天堂。这对原始的不开化的社会来说，在某种程度上也许是对的，因为在这种社会里男人只图肉欲的满足，视后宫女子如同笼中鸟；但对像中国这样高度发达的文明来说就不适用了。在中国，妻妾都有由成文法和习惯法确定的固定地位和法定的个人权力。家长必须尊重这些权力，并履行对女眷的各种责任，不仅要满足她们的性欲，经济合理地赡养她们，而且要在更敏感的方面，注意她们的个人感情，考虑每个人的爱好和怪癖，并理解这些女人之间的关系。如果家长未能克尽其责，就会发生争吵。而家庭失和，则会使男人名声扫地，前程断送。作为文官他会丢掉官职，因为不能治家者不堪委以重任的古训在上层统治者的头脑中已经扎了根；而作为商人他会因此失去信用，因为人们都知道一个治理无方的家是资金短缺的根源；

我认为房中书之所以如此经久不息地受到儒道两家的欢迎，其主要原因是这些做爱之书满足了真实的需求。没有这类书的指导，一个大家庭的家长很难应付众多的女眷而不精疲力竭。因此公元6世纪时知识界仍然公开提到这些书也就毫不足怪了。下边我从大诗人徐陵（507—583年）答友人周弘让（主要活动于约公元550年）书中摘引了一段：

> 仰披华翰甚慰，翘结承归来天目，得肆闲居，差有弄玉之俱仙，非无孟光之同隐。优游俯仰，极素女之经文；升降盈虚，尽轩皇之图艺。⑫虽复考槃在阿，不为独宿。讵劳金液，唯饮玉泉。
>
> （《徐孝穆集》，《四部丛刊》本卷七第一页正）

弄玉是传说中音乐家萧史之女友的名字，萧史教她吹笛子，后来双双乘鸾凤仙升。孟光是汉隐士梁鸿之妻(参看《古今姓氏族谱》1247)。这段文字再次证实房中书带有插图,并教人们如何靠行房事而达到延年益寿等等。如下文将看到的,"饮玉泉"是一种在房事中从女子获取阴气的普遍说法。

在统治南方的短命朝代的宫廷里也有许多信奉性修炼的人。这里我翻译了一首当时著名诗人鲍照(约421—465年)的诗,诗中描写了淮南王炼内丹的试验。皇帝想从他那里学到这些秘术,但他却拒绝而且逃跑了。

> 淮南王,
> 好长生,
> 服食炼气读仙经。
> 琉璃作枕牙作盘,
> 金鼎玉匕合神丹。
> 戏紫房,
> 紫房彩女弄明珰,
> 鸾歌凤舞断君肠。

《玉台新咏》

除了关于彩女的提法(这里所用的彩字也是第120部字),金鼎玉匕可能也有性内涵。

应当注意的是"紫房"一词在道家的专门术语中亦指把人体划分为"九宫"的一部分,然而同时,它也指道士从事性修炼的地方。这同样也适用于"玉房"和"洞房"。玉房常常见于房中书的标题中(如下文提到的《玉房秘诀》),而"洞房"则沿用至今,通常用来指新婚夫妇当夜完婚的房间。

这些房中书除教人以肉欲之爱以外,还教男人体贴女人的感情和理解女人在生活中所处的不同地位以及由此引起的各种问题。值得注意的是几乎所有悲叹妇女命运的诗都是出自男人之手。虽然汉代的班昭以一个女人的身份在《女诫》中强调了女子的卑贱,可是这时却有许多男人出来为之鸣不平。这里我翻译了著名文人士大夫傅玄(217—278年)作的一首诗,诗中的气氛与班昭的《女诫》完全不同。

苦相身为女,
卑陋难再陈。
儿男当门户,
堕地自生神。
雄心志四海,
万里望风尘。
女育无欣爱,
不为家所珍。
长大进深室,
藏头羞见人。
垂泪适他乡,
忽如雨绝云。
低头和颜色,
素频结朱唇。
跪拜无复数,
婢妾如严宾。
情合双云汉,
葵藿倾阳春。
心乖甚水火,
百恶集其身。
玉颜随年变,
丈夫多好新。
昔为形与影,
今为胡与秦。

胡秦时相见，

一绝逾参辰。

《玉台新咏》

三国和六朝时期的许多诗人喜欢以女子的口吻表达她们的痛苦,这里我只举出魏文帝曹丕(187—226年)。例如他写了一首著名的离别诗[1]。诗中,将军刘勋的妻子对床前的帷帐倾吐心曲。她与将军夫妻二十载,但将军却爱上了另一女人,借口她不生子将她遣送回娘家。

翩翩床前帐，

张以蔽光辉。

昔将尔同去，

今将尔同归。

缄藏箧笥里，

当复何时披。

《玉台新咏》

有知识的女子还是属于例外,一般只有艺妓才粗通文墨。这是为什么大部分描写女子感情的诗仍然出于男子之手的第二个原因。《晋书》卷九六提到一位妇女,据说是个出色的诗人。她名叫苏蕙,字若兰,约公元350年为晋代州刺史窦滔的夫人。她的丈夫喜欢她是因她美貌而博学,但他也深爱一位能歌善舞、名叫赵阳台的妾。有一次,出于嫉妒,苏蕙把这个妾痛笞了一顿,并且当丈夫调任时,她也拒不随同前往。因此,她的丈夫只好带着妾去赴任了。后来,苏蕙悔悟了,作了一首841个字的回文诗,她用很小的字把诗绣好送给丈夫。他深为这种情真意切所感动,于是与她和解。

---

[1] 此是刘勋妻王宋所作,非曹丕所作。——译者

最后，尽管这一时期佛教对中国性生活并没有真正产生很大影响，我们还是不妨在这里简单谈一下佛教。佛教于东汉初传入中国，而大行于六朝时期。北方在拓跋人或北魏的统治下成为佛教的中心，而在南方，先是道教占统治地位，而后来在北方佛教宣传不断增长的压力下，道教才不得不让位。

佛教是以大乘的形式传入中国，其中也包括诸如曼陀罗咒语（the Mantrayāna）中带有巫术性质的东西[1]。曼陀罗咒语对中国文人和老百姓都有吸引力，就好像一种改头换面、焕然一新的道教。和尚担任神媒、雨师、占卜师和除妖师，尼姑也从事这些活动。《晋书》卷九八中大将军桓温（312—373年）的传记中有一段很奇特的文字，描写了一位以占卜师面目出现的尼姑。

> 时有远方比丘尼名有道术，于别室浴，温窃窥之。尼倮身先以刀自破腹，次断两足。浴竟出，温问吉凶，尼云："公若作天子，亦当如是（即最好放弃你的篡位之计）。"

此事约发生于公元350年。但不幸的是，由于原书文字过于简略，意思并不清楚。尼姑如此自残未免矫情，但这也许是指她法力之大足以自残而丝毫不受伤害。"远方"的含义也不清楚，也许指印度。但她恐怕还是个中国尼姑。因为那一时期前后，洛阳和南京已建成最初的尼姑庵。举行仪式前要沐浴净身，然后袒露自残，似为萨满教的特点。

中国学者对大乘密宗精心构造的哲学体系也深感兴趣。这些哲学体系也包含对男女天道观的探讨。与中国的阴阳理论不无相似，它们在7、8世纪的印度发展为坦陀罗（Tantras）房中秘术[2]。鉴于这一题目在本书附录一中还要详加讨论，这里不妨先说明一下，尽管中国的佛经研究者

---

[1] 曼陀罗，为梵语思想工具之义，是印度教和佛教的咒语。——译者
[2] 即密教房中术。坦陀罗，为梵语经咒之义，是印度教、佛教和耆那教密教派别的经文。——译者

对中国的房中书很熟悉,但据我所知,他们却从未提到在印度讲房中秘术的书中发现过类似理论。在我看来,这一事实对证明密教在当时的印度还不存在是非常过硬的证据。

虽然传入中国的佛经并未提到女人具有房中秘术指导者的崇高地位,但这些书至少强调应视男女为平等。这是释迦牟尼学说与印度教最基本的不同点之一,而且正因为如此,把佛经译成中文的人才不敢掩饰它。尽管他们也知道这种理论会激怒正统儒生。由于坚持男女平等,佛教正如道教一样,也有利于妇女地位的提高。不过,应当注意的是,除了像妇女地位一类意识形态的重大分歧之外,早期译者(即截止到唐以前)尽可能不去伤害儒家的感情。例如他们掩盖了有关做爱和娼妓的梵文段落。[13]后来到了佛教鼎盛的唐代,当密教房中书从印度传入中国,并逐渐为中国人所接受后,这种顾忌也就没有必要了。因此那个时期的译文也就更能保持原文的面貌。直到南宋时期,理学大兴,大肆删改佛经才始开风气。

现在让我们回到本章所要讨论的这一时期上来。应当补充的是,佛教的影响于6世纪衰落了。当时北周(557—581年)武帝宣布了三教是以儒教为首,道教其次,佛教为最后。而公元579年当他着手重新统一中国时,他取缔了佛教,而把儒教立为国教。

武帝死后,他手下的一个将军名叫杨坚,即前面(本书第86页)所说顽固儒生杨震的后裔,推翻北周,通过一系列战争,不断扩大领土,于公元581年称帝,成为隋朝的开国皇帝。隋朝自公元589—618年统一着中国,朝代虽短,却为继之而起的盛唐奠定了基础。

注释:

① 嵇康是"竹林七贤"的中心人物。有关这伙文人的详细情况和他们的活动,可参看拙作 *Hsi K'ang and his Poetical Essay on the Lute*, *Monumenta Nipponica Monographs*, Sophia University, Tōkyō 1941.

② 这一事件见于两周史料 CC vol.I, p.344 [1]和《四部丛刊》本《国语》卷十第五页正；后者认为偷看裸体男人的主要是负羁之妻。
③ 司马迁《史记·封禅书》说黄帝在荆山(在陕西省)脚下铸一铜鼎，而有一条龙从天而降，迎黄帝上天。荆山附近有一湖名鼎湖。
④ 唐代有个陈夫人(娘家姓程)写有《女孝经》(见《说郛》)，明朝仁孝皇后写有《内训》(1405年)，蒋皇后写有《女训》(1406年)。后书卷九讲了产前护理的规则。《内训》和《女训》在日本也有很多人研究，1832年由德川书院出过官版。这类作品特别流行于清代，著名的有迂儒蓝鼎元(1680—1733年)所作《女学》，另外，这一时期还出现过为数不少的《新妇谱》。所有这些书都散发着《女诫》偏执观点的气味。

　　还有一种有关的体裁，代表作是《列女传》。《列女传》的原书是汉代学者刘向(公元前77—前6年)所作，后来几经扩充。书中包括许多带有说教意味的故事，讲的是为丈夫牺牲自己的女人，宁死不肯再嫁的节妇，和为丈夫出主意的女人，等等。大部分《左传》中简略记载和本书第二章中提到的古老故事，在此书中皆被加以扩充改写，赋予新的形式，以符合汉代的儒家理想。在此书后来的版本中，我要提到一部明善本，此书有著名画家仇英所画的大量插图，曾由大村西崖在他的丛书《图本丛刊会》(东京，约1923年)中逼真复制。此书有一个很好的英译本，是 A.R.O'Hara S.J.的 *The position of women in early China, including translation of Lieh Nü Chuan* (Hong Kong 1955)。由于《列女传》带有汉代儒学的痕迹，所以题目中的"early"(早期)如果换成"Han"(汉代)就更好了。
⑤ 我用的是《说郛》本。
⑥ 引自《论语》卷七第二十九页[2]。
⑦ 《女宪》是一部与《女诫》性质相同、但更为古老的书，现已失传。
⑧ 该文(五页正最后一栏)有"夫"字，当为"失"字之误。
⑨ 引自《论语》卷六第二页[3]。
⑩ "玄纮"引自《国语》卷五(《四部丛刊》本第十一页背)，书中说古代有德的王后总是亲织玄纮。
⑪ 关于古代中国的司法管理，可参看拙作 *T'ang-yin-pi-shih, Parallel Cases from under the Pear-tree, a 13th century manual of Jurisprudence and Detection* (Sinica Leidensia vol. X, Leyden 1956)。
⑫ "艺"，他本或读为"势"。

---

〔1〕 即《左传》僖公二十三年。——译者
〔2〕 见《论语·述而》。——译者
〔3〕 见《论语·雍也》。——译者

⑬ 参看中村元的资料性论文"The influence of Confucian ethics on the Chinese translations of Buddhist sutras"（in *Liebenthal Festschrift*，Santiniketan 1957）。还有 Chou I-liang（周一良）*Tantrism in China*（见 *Harvard Journal of Asiatic Studies* vol. VIII, 1945），该书附录 R 说明了菩萨作为妓女降生的故事是怎样变形的。

第三编
帝国的全盛时期

隋、唐和宋代,公元590—1279年,房中书及其盛衰。

第六章　隋

（公元 590—618 年）

隋朝的建立

短命的隋朝，其开国皇帝杨坚是个精明强干的统治者，他在这个重归统一的帝国中采用强有力的措施来恢复和平和秩序。他施行了一系列有效的行政改革，但对重建由读书人担任官职的文职部门却建树不大。因此，中国正史对他评价不高。

604 年继位的他的儿子炀帝，和他一样野心勃勃。但炀帝更加反复无常，挥霍无度。他想靠恢复汉代从儒生取仕的制度来巩固他的统治，在首都设立竞争性的考试，给成功的投考者授以"进士"。在以后的许多世纪里，这个令人垂涎的头衔为通往高官厚禄打开了大门。

炀帝兴办和改善了几项庞大的公共工程，如运河网和航道。但是由于这些工程主要是靠强迫征发劳役来完成，所以激起了人民的不满。另外，他还修建了不少豪华宫殿和娱乐场所，也从另一

插图 4　炀帝宠妃吴绛仙画眉图

方面消耗着这个尚未从动乱前朝的战争破坏中恢复起来的国家的经济资源。对朝鲜进行的毫无成效而耗资巨大的远征使得形势更加恶化,全国各地都爆发叛乱。炀帝退居扬州宫中,纵情声色。618年他被缢杀,不久叛乱的将军之一李渊建立了唐朝。

关于炀帝的淫荡生活流传着许多故事。据说他让人特制了仅可睡卧一人的狭窄车厢,在里面奸污处女。而且,他在和女人性交时,在卧榻四周设置了磨光的青铜镜屏。堂上挂着表现裸体男女性交的绘画。① 不过,炀帝在中国历史学家眼中本来就声名狼藉,所以他的淫荡未免会被夸大。他是不止一部明代色情小说的主人公,它们淋漓尽致地描写了他的种种风流韵事。

无论这一切究竟如何,也绝不能把腐败宫廷中盛行的纵情声色视为普通百姓的生活标准。我们没有理由认为当时的道德比前朝更为败坏。

佛教依然流行于宫廷的范围内,但是随着文职部门日益增长的重要性,儒学也开始重新发挥它的影响。道教则继续风行于民间。

房中书:《洞玄子》、《房内记》

房中书仍像前几个世纪一样流行。与《汉书·艺文志》不同,《隋书·经籍志》没有把房中术当作专门一类列出。在"医方"类之末列有几种房中书的书名。这里讲到的是以下八种:

1.《素女秘道经》,一卷。并《玄女经》。
2.《素女方》,一卷。
3.《彭祖养性》,一卷。
4.《序房内秘术》,一卷。葛氏撰。
5.《玉房秘诀》,八卷。
6.《新撰玉房秘诀》,九卷。
7.徐太山《房内秘要》,一卷。

8.《养生要集》,十卷。张湛撰[1]。

另外,卷三五"道经"类所列书中,有关于房中术的十三种三十八卷,只是这些书并未列出具体书名。

上列八种,原书在中国均已失传。②但是,由于一个幸运的机会,第1、2、5种的较长片断,第8种的一些段落及六朝、隋、唐房中书的大量引文却在日本保存下来。因此,我们今天才可能根据实际的文献对古代房中书进行讨论。

这些片断见于日本的《医心方》,它是一部长达30卷的医学概要。这部书包括唐和更早时期几百种中国书的摘要,由中国血统的著名医师丹波康赖搜集分类。其书始作于982年,而成书于984年。许多世纪中,这本书仅有钞本传世。1854年,有一位供职幕府将军后宫的日本医师名叫多纪元坚(1857年卒),他根据最好的钞本出版了一部考究的大开本雕版书。

这里我们感兴趣的是此书卷二八《房内》。该卷内容全是有关房中术的引文,它们摘自许多中国古书,其中包括房中书、古医书、相书和医方等。由于这些书大部分已无处可寻,所以此书具有无法估量的价值。

丹波康赖是个最认真的学者。他所选择的段落完全是按购自中国的原本重印,即使是明显的讹脱和重出之文也不加改动。日本后来的翻印者继承了这种对于古代文献的审慎态度(这与优秀的日本学术传统是一致的)。他们用眉注说明讹误之处,但保持原文的本来面目。因此,这一文本保存了唐代原本的所有特点。我们可以从这一文本与敦煌发现的同类文本如《大乐赋》(见下)的比较证明这一点,因为二者可以互证互释。

研究《医心方》的开山之作出自中国近代学者叶德辉(1864—1927年)之手,他用的是1854年版。叶德辉从该书卷二八中发现,有五种中国古代房中书被丹波到处引用,使他认为有可能根据这些片断复原原书的主要部分。所以1914年,叶出版了《隋书》提到的以下四种:

---

[1] 此所引与原文顺序不同。"并《玄女经》"、"葛氏撰"、"张湛撰"是原书注文。——译者

《素女经》,包括《玄女经》(上述第 1 种)

《素女方》(第 2 种)

《玉房秘诀》(第 5、6 种)

《玉房指要》(可能与第 7 种为同书)

另外,叶德辉还辑出一种叫《洞玄子》的书。这一重要著作最早见于《唐书·经籍志》[1]。马伯乐(H.Maspéro)认为"洞玄"就是学者李洞玄,他在 7 世纪中叶曾任太医之职(参看上引《亚洲杂志》[Journal Asiatique]马伯乐文 383 页)。如果此说不误,则李不过是该书编者,因为从文章风格和内容看它是出自六朝时期。

这五种房中书皆发表于叶德辉的《双梅景闇丛书》(始编于 1903 年,1914 年付梓)。他因此大大触怒了当时的旧派文人,使自己的学者名声立刻扫地以尽。他是那样不幸,甚至惨遭匪徒杀害也未能引起任何同情[2]。这种偏执态度非常引人注目,因为一般说来,中国学者对学术问题一向通情达理,令人赞赏。他们通常总是以文章的质量来评价一个人的学术水平,并不在意其道德上的缺点或政治上的错误。但惟独性这个问题是例外。只要哪个学者胆敢就这个特殊题目写东西,他立刻就会被嗤之以鼻。这些事实再好不过地证明了,清代的中国文人如何深深地被他们自己的性压抑所困扰。

对于上述令人啼笑皆非的事实,值得说明的是,叶德辉也像这些败坏他的中国文人一样守旧。他在这本辑佚书的序言中说,他发表这些材料是为了表明许多世纪以前中国人就知道现代西方著作中的一切。

除去对西方科学的蔑视,叶德辉的书证明,他是一个博学严谨的学者。这亦可从他对这五种书的处理方式得到证实。

他设想《医心方》卷二八的三十个标题的排列顺序大致表示某本古房中书的内容安排。因此,他的辑本是按这个顺序排列引文。看来几乎所

---

[1] 此书《唐书·经籍志》未著录,此误。——译者

[2] 叶是 1927 年被长沙地区的农民运动作为"反动劣绅"而处决。——译者

有的古房中书都被分为六部分，即：

（一）开首语，论阴阳天地之道及其对双方身体健康的重要性。

（二）描述性交前的爱抚动作。

（三）性交本身。性交技术，包括可以采取的各种性交姿势。

（四）性交的治疗作用。

（五）性伙伴的选择、孕期护理和优生学。

（六）各种食谱和药方。

在叶德辉的辑本中，出自同书的引文均按这一框架排列。当然我们无法说这一辑本在多大程度上可以代表完整的原本。《洞玄子》让人觉得是个足本，《素女经》和《素女方》除有少数缺文，显然也是完整的。这三种书著录皆一卷，其篇帙规模正与古书的一卷大略相当。《玉房秘诀》仅为原本的一小部分，因为按《隋书》记载，它至少不下于八卷（新撰本为九卷，《唐书》所载为十卷）。如果《玉房指要》与《隋书》所载的《房内秘要》为同书，则仅止一卷，但《医心方》中的几段引文却连一卷也不足。

尽管各书所录偶书撰者名（葛氏、张湛、徐太山等），但这些书绝非成于一人之手，所谓撰者更确切地说应是"编者"。它们是由口诀组成。这些口诀常用诗的形式书写，选自更早期的、可能属于汉代以前的作品。依我之见，假如《汉书》所载房中书得以保存下来，它们的内容肯定应与《医心方》所引内容是一致的[1]。

除叶德辉所辑五书，《医心方》还引有下述各书：

（1）《养生要集》，见《隋书》。参上 121 页第 8 种。此书或已佚失。但公元 977 年集宋代文献大成的《太平御览》的引书目中却提到了它。

（2）《千金方》，唐代医书，参下文。

（3）《抱朴子》，即上所引葛洪之书。

（4）《太清经》，即《太清神鉴》，著名古相书。

---

[1] 此说已由马王堆帛书所证实。——译者

(5)《华佗针灸经》。华佗见上 71 页。

(6)《(黄帝)虾蟆经》,讨论题目同上条。

这些书被引用得很少。

下面是《洞玄子》的译文[1]。细读此书可令读者对中国古代房中书的风格和内容有一大致了解。

《洞玄子》

一

洞玄子曰:夫天生万物,唯人最贵。人之所以上[2],莫过房欲,法天象地,规阴矩阳。悟其理者则养性延龄,慢其真者则伤神夭寿。

二

至于玄女之法,传之万古,都具陈其梗概,仍未尽其机微。余每览其条,思补其阙;综习旧仪,纂此新经。虽不穷其纯粹,抑得其糟粕。其坐卧舒卷之形,偃伏开张之势,侧背前却之法,出入深浅之规,并会二仪之理,俱合五行之数。其导者则得保寿命,其违者则陷于危亡。既有利于凡人,岂无传于万叶?

三

洞玄子云:夫天左旋而地右回,春夏谢而秋冬袭,男唱而女和,上为而下从,此物事之常理也。若男摇而女不应,女动而男不从,非直损于男子,亦乃害于女人,此由阴阳行很,上下了戾矣,以此合会,彼此不利。故必男左转而女右回,男下冲女上接,以此合会,乃谓天平地成矣。

---

[1] 下文是据高罗佩《秘戏图考》卷二《秘书十种》所收《洞玄子》。——译者

[2] 叶德辉辑本无"以"字。——译者

四

凡深浅迟速捌挶东西,理非一途,盖有万绪。若缓冲似鲫鱼之弄钩,若急甗如群鸟之遇风,进退牵引,上下随迎,左右往还,出入疎密,此乃相持成务,临事制宜,不可胶柱官商,以取当时之用。

五

凡初交会之时,男坐女左,女坐男右。乃男箕坐,抱女于怀中,于是勒纤腰,抚玉体,申燕婉,叙绸缪,同心同意,乍抱乍勒,两形相薄,两口相嗒。男含女下唇,女含男上唇,一时相吮,茹其津液。或缓啮其舌,或微咋其唇,或邀遣抱头,或逼命拈耳,抚上拍下,嗒东嗒西,千娇既申,百虑竟解。乃令女左手抱男玉茎,男以右手抚女玉门。于是男感阴气,则玉茎振动,其状也,峭然上耸,若孤峰之临迥汉。女感阳气,则丹穴津流,其状也,涓然下逝,若幽泉之吐深谷。此乃阴阳感激使然,非人力之所致也。势至于此,乃可交接。或男不感振,女无淫津,皆缘病发于内,疾形于外矣。

六

洞玄子云:凡初交接之时,先坐而后卧,女左男右。卧定后,令女正面仰卧,展足舒臂,男伏其上,跪于股内,即以玉茎竖拖于玉门之口,森森然,若偃松之当邃谷洞前。更拖磣勒,鸣口嘲舌,或上观玉面,下视金沟,抚拍肚乳之间,摩挲璿台之侧。于是男情既惑,女意当迷,即以阳锋纵横攻击,或下冲玉理,或上筑金沟,击刺于辟雍之旁,憩息于璿台之右。以上外游,未内交也。③

七

女当淫津湛于丹穴,即以阳锋投入子宫,快泄其精,津液同流,上灌于神田,下溉于幽谷。使往来拼击,进退揩磨,女必求死求生,乞性乞命。即以帛干拭之，后乃以玉茎深投丹穴，至于阳台，岩岩然，若巨石之拥深溪。乃行九浅一深之法，于是纵拄横挑，傍牵侧拔，乍缓乍急，或深或浅，经廿一息，候气出入，女得快意。

八

男即疾纵急刺，硁勒高抬，候女动摇，取其缓急，即以阳锋攻其谷实，捉入子宫，左右研磨，自不烦细细抽拔。女当津液流溢，男即须退。不可死还，必须生返。如死出大损于男，特宜慎之。

九

洞玄子云：考核交接之势，更不出于三十法，其间有屈伸俯仰，出入浅深，大大是同，小小有异，可谓括囊都尽，采撷无遗。余遂象其势而录其名，假其形而建其号。知音君子，穷其志之妙矣。

一、叙绸缪。

二、申缱绻（不离散也）[1]。

三、曝鳃鱼。

四、骐骥角（已上四势之外，游戏皆是一等也）。

五、蚕缠绵（女仰卧，两手向上抱男颈，以两脚交于男背上。男以两手抱女项，跪女股间，即内玉茎）。

六、龙宛转（女仰卧，屈两脚，男跪女股内，以左手推女两脚向前，令过于乳，右手把玉茎内玉门中）。

七、鱼比目①（男女俱卧，女以一脚置男上，面相向，呜口嗍舌，男展两脚，以手担女上脚，进玉茎）。

八、鸳同心（令女仰卧，展其两足，男骑女，伏肚上，以两手抱女颈，女两手抱男腰，以玉茎内于丹穴中）。

---

[1] 括号内之文字，《秘书十种》本作大字，与正文同，叶德辉辑本作双行夹注，下同。——译者

九、翡翠交（令女仰卧拳足，男胡跪，开著脚，坐女股中，以两手抱女腰，进玉茎于琴弦中）。

十、鸳鸯合（令女侧卧，拳两脚，安男股上，男于女背后骑女下脚之上，竖一膝置女上股，内玉茎）。

十一、翻空蝶（男仰卧，展两足，女坐男上正面，两脚据床，乃以手助为力进阳锋于玉门之中）。

十二、背飞凫（男仰卧，展两足，女背面坐于男上，女足据床，低头抱男玉茎，内于丹穴中）。

十三、偃盖松（令女交脚向上，男以两手抱女腰，女以两手抱男腰，内玉茎于玉门中）。

十四、临坛竹（男女俱相向立，唔口相抱，以阳锋深投于丹穴，没至阳台中）。

十五、鸾双舞（男女一仰一覆，仰者拳脚，覆者骑上，两阴相向，男箕坐著玉物，攻击上下）。⑤

十六、凤将雏（妇人肥大，用一小男共交接，大俊也）。

十七、海鸥翔（男临床边，擎女脚以令举[1]，男以玉茎入于子宫之中）。

十八、野马跃（令女仰卧，男擎女两脚，登左右肩上，深内玉茎于玉门之中）。

十九、骥骋足（令女仰卧，男蹲，左手捧女项，右手擎女脚，即以玉茎内入于子宫中）。

二十、马摇蹄（令女仰卧，男擎女一脚，置于肩上，一脚自攀之，深内玉茎，入于丹穴中，大兴哉）。

二十一、白虎腾（令女伏面跪膝，男跪女后，两手抱女腰，内玉茎于子宫中）。

二十二、玄蝉附（令女伏卧而展足，男居股内，屈其足，两手抱女

---

[1]《秘书十种》本"擎"字误作"击"，此据叶德辉辑本改正。——译者

项,从后内玉茎,入玉门中)。

二十三、山羊对树(男箕坐,令女背面坐男上,女自低头视内玉茎,男急抱女腰磑勒也)。

二十四、鹧鸡临场(男胡蹲床上坐,令一小女当抱玉茎,内女玉门,一女于后牵女衿裙,令其足快,大兴哉)。

二十五、丹穴凤游(令女仰卧,以两手自举其足,男跪女后,以两手据床,以内玉茎于丹穴,甚俊)。

二十六、玄溟鹏翥(令女仰卧,男取女两脚,置左右髆上,以手向下抱女腰,以内玉茎)。

二十七、吟猿抱树(男箕坐,女骑男胜上,以两手抱男,男以一手扶女尻,内玉茎,一手据床)。

二十八、猫鼠同穴(男仰卧,以展足,女伏男上,深内玉茎;又男伏女背上,以将玉茎,攻击于玉门中)。

二十九、三春驴(女两手两脚俱据床,男立其后,以两手抱女腰,即内玉茎于玉门中,甚大俊也)。

三十、秋狗⑥[1](男女相背,以两手两脚俱据床,两尻相拄,男即低头,以一手推玉物内玉门中)。

十

洞玄子云:凡玉茎或左击右击,若猛将之破阵,其状一也。或缘上蓦下,若野马之跳涧,其状二也。或出或没,若游波之群鸥,其状三也。或深筑浅挑,若啄白之鹧雀,其状四也。或深冲浅刺,若大石之投海,其状五也。或缓耸迟推,若冻蛇之入窟,其状六也。或疾纵急刺,若惊鼠之透穴,其状七也。或抬头拘足,若鸲鹰之揄狡兔,其状八也。或抬上顿下,若大帆之遇狂风,其状九也。

---

[1] 原书脱"九"字。——译者

十一

洞玄子云：凡交接，或下捺玉茎，往来锯其玉理，其势若割蚌而取明珠，其势一也。或下抬玉理，上冲金沟，其势若剖石而寻美玉，其势二也。或以阳锋冲筑璿台，其势若铁杵之投药臼，其势三也。或以玉茎出入，攻击左右辟雍，其势若五锤之锻铁，其势四也。或以阳锋来往，研磨神田、幽谷之间，其势如农夫之垦秋壤，其势五也。或以玄圃、天庭两相磨搏，⑦其势若两崩岩之相钦，其势六也。

十二

洞玄子云：凡欲泄精之时，必须候女快，与精一时同泄。男须浅拔，游于琴弦、麦齿之间。阳锋深浅，如孩儿含乳。即闭门内想，舌拄下腭，跼脊引头，张鼻歙肩，闭口吸气，精便自上，节限多少，莫不由人。十分之中，只得泄二三矣。

十三

洞玄子云：凡欲求子，候女之月经断后，则交接之。一日三日为男，四日五日为女，五日以后，徒损精力，终无益也。交接泄精之时，候女快来，须与一时同泄，泄必须尽。先令女正面仰卧，端心一意，闭目内想，受精气。故老子⑧曰：夜半得子为上寿，夜半前得子为中寿，夜半后得子为下寿。

十四

凡女怀孕之后，须行善事，勿视恶色，勿听恶语，省淫欲，勿咒诅，勿骂詈，勿惊恐，勿劳倦，勿妄语，勿忧愁，勿食生冷醋滑热食，勿乘车马，勿登高，勿临深，勿下坂，勿急行，勿服饵，勿针灸。皆须端心正念，常听经书，遂令男女如是，聪明智惠，忠真贞良，所谓教胎者也。

十五

洞玄子云：男年倍女损女，女年倍男损男。

交接所向，时日吉利，益损顺时，效此大吉。

春首向东，夏首向南，秋首向西，冬首向北。

阳日益（只日是），阴日损（双日是）。

阳时益（子时已后午前是），阴时损（午时已后子前是）。

春甲乙，夏丙丁，秋庚辛，冬壬癸。⑨

十六

秃鸡散，治男子五劳七伤，阴痿不起，为事不能。蜀郡太守吕敬大年七十服药，得生三男。长服之，夫人患多，玉门中疹，不能坐卧，即药弃庭中，雄鸡食之，即起上雌鸡，连日不下，啄其冠，冠秃，世呼为秃鸡散，亦名秃鸡丸方。

  肉纵容三分

  五味子三分

  菟丝子三分

  远志三分

  蛇床子四分

右五味物，捣筛为散，每日空腹酒下，方寸匕，日再三，无敌不可服。六十日可御四十妇。又以白蜜和丸如梧子，服五九日，再以知为度。

鹿角散，治男子五劳七伤，阴痿不起，卒就妇人，临事不成，中道痿死，精自引出，小便余沥，腰背疼冷方。

  鹿角

  柏子仁

  菟丝子

  蛇床子

车前子

　　远志

　　五味子

　　纵容（各四分）

长阴方

　　肉纵容三分

　　海藻二分

右捣筛为末，以和正月白犬肝汁，涂阴上三度，平旦新汲水洗却，即长三寸，极验。

疗妇人阴宽，冷急小交接而快方。

　　石硫黄二分

　　青木香二分

　　山菜黄二分[1]

　　蛇床子二分

右四味捣筛为末，临交接，内玉门中少许，不得过多，恐撮孔合。

又方，取石硫黄末三指撮，内一升汤中，以洗阴，急如十二三女。

　　作为上述《洞玄子》译文的补充，现在让我们考察一下《医心方》卷二八的内容。下面读者将看到此书的一些选段，它们是按卷二八所分的三十个标题排列。

　　在原书中，所有引文的前面都标有出处。它们大部分引自下列四种房中书：

《素女经》

《玉房秘诀》

《玉房指要》

《玄女经》

---

[1] 叶德辉辑本"山菜黄"作"山茱萸"。——译者

《房内记》

《医心方》第二十八卷

一、至理

《素女经》:"黄帝问素女曰:'吾气衰而不和,心内不乐,身常恐危,将如之何?'

"素女曰:'凡人之所以衰微者,皆伤于阴阳交接之道。夫女之胜男,犹水之灭火,知行之如釜鼎,能和五味以成羹臛。能知阴阳之道,悉成五乐;不知之者,身命将夭,何得欢乐,可不慎哉!'

"素女云:'有采女者,妙得道术。王使采女问彭祖延年益寿之法。彭祖曰:爱精养神,服食众药,可得长生。然不知交接之道,虽服药无益也。男女相成,犹天地相生也。天地得交会之道,故无终竟之限;人失交接之道,故有夭折之渐。能避渐伤之事,而得阴阳之术,则不死之道也。'

"采女再拜曰:'愿闻其教。'

"彭祖曰:'道甚易知,人不能信而行之耳。今君王御万机治天下,必不能修为众道也。幸多后宫,宜知交接之法。法之要者,在于多御少女,而莫数泄精,使人身轻,百病清除也。'"

下面一段是讲汉武帝。这段话并未被叶德辉收入他的辑本当中,也许是因为他认为这些文字是后人窜入。必须注意的是5、6世纪中道家学者写了不少东西,托言汉代,以显其说。这些伪托之书大多都是讲汉武帝(公元前140—前87年)。正如我们在上第四章所述,这位皇帝醉心于道家炼丹和长生不老,曾延请一批自称有却老之方和神奇之术的方士进宫。

这些伪书中最出名的是《汉武帝内传》,其书传为汉代著名学者班固(32—92年)所作,但实际作于5、6世纪间。此书是以典型的六朝绮丽文风描写武帝如何接受道家女神西王母的拜访,及西王母如何向他传授长寿之方,事在元封元年(公元前110年)。虽然此书没有直接提到房中术,但常常间接提到它,并称此类秘术在4000年里一度只是由女人传给女人。

在明朝末年(1644年)以前的许多世纪中,房中书一直把上述日期说成是性交秘术外泄、通过武帝传给男人的日子。除西王母,房中书还提到武帝群臣中一位讲授这些秘术的指导者。《医心方》所引《素女经》的这段话与《神仙传》(传为葛洪所作,但实际作于唐代)卷五《巫炎》相似。《素女经》的引文是:

《素女经》:"汉附马都尉巫子都年百卅八,孝武巡狩,见子都于渭水之上,头上有异气,忿忿高丈余。帝怪而问之东方朔,相对曰:'此君有气通理天中,施行阴阳之术。'上屏左右问子都。子都曰:'阴阳之事,公中之秘,臣子所不言,又能行之者少,是以不敢告。臣受之陵阳子,时年六十五矣,行此术来七十二年。诸求生者当求所生,贪女之容色,极力强施,百脉皆伤,百病并发也。'"

在这段讲历史的话之后,书中有段话是引自《玉房指要》。这段话与本书第95页所译葛洪关于黄帝御众女的话极为相似。

《玉房指要》:"彭祖曰:'黄帝御千二百女而登仙,俗人以一女而伐命。知与不知,岂不远耶?知其道者,御女苦不多耳,不必皆须有容色妍丽也,但欲得年少未生乳而多肌肉者耳。但能得七八人,便大有益也。'"

《素女经》:"黄帝问素女曰:'今欲长不交接,为之奈何?'素女曰:'不可。天地有开阖,阴阳有施化,人法阴阳,随四时。今欲不交接,神气不宣布,阴阳闭隔,何以自补?练气数行,去故纳新,以自助也。玉茎不动,则辟死其舍。所以常行以当导引也。能动而不施,所谓还精。还精补益,生道乃著。'"

接下去是一段本书第95页引用过的《抱朴子》之文。然后是《洞玄子》的第一、二条。

二、养性

这一题目下的引文主要是强调与许多女子性交以补益男子的元气。我只翻译一段。

《玉房秘诀》:"青牛道士曰:'数数易女,则益多,一夕易十人以上,尤佳。常御一女,精气转弱,不能大益人,亦使女瘦瘠也。'"

上引马伯乐书395页注2,认为"青牛道士"即3世纪的封衡道人。

三、养阴

这一段很奇特,主要是讲道家的房中秘术。例如它讲到女人如何通过性交,采男之阳而化为男子。我们将在本章最后另外翻译和讨论它。

四、和志

此段开头为《洞玄子》的第三、四、五条。接下去为他书引文:

《素女经》:"黄帝曰:'今欲强交接,玉茎不起,面惭意羞,汗如珠子,心情贪欲,强助以手,何以强之,愿闻其道。'素女曰:'帝之所问,众人所有,凡欲接女,固有经纪,必先和气,玉茎乃起。'"(接下去是一段关于性交前准备活动的说明,类似《洞玄子》第三节。)

《玉房指要》:"道人刘京言:'凡御女之道,务欲先徐徐嬉戏,使神和意感,良久乃可交接。弱而内之,坚强急退,进退之间,欲令疏迟,亦勿高投掷,颠倒玉藏,伤绝络脉,致生百病也。但接而勿施,能一日一夕数十交,而不失精者,诸病甚愈,年寿日益。'"

《玄女经》:"黄帝曰:'交接之时,女或不悦,其质不动,其液不出,玉茎不强,小而不势,何以尔也?'玄女曰:'阴阳者,相感而应耳。故阳不得阴则不喜,阴不得阳则不起。'"

五、临御

此节的大部分篇幅为《洞玄子》的第六、七、八条,下面是一段《素女经》的引文,这里未译。

六、五常

这是一小篇美化男性生殖器的话,引自《玉房秘诀》。未译。

七、五征

从本节开头第一段话看来,此节与第八、九节是一个整体。这三段话是讲性交过程中女性体验的外在表现。全文翻译如下。

《玉房秘诀》:"黄帝曰:'何以知女之快也?'素女曰:'有五征五欲,又有十动,以观其变,而知其故。'夫五征之候:

"一曰面赤,则徐徐合之;二曰乳坚鼻汗,则徐徐内之;三曰嗌干咽唾,则徐徐摇之;四曰阴滑,则徐徐深之;五曰尻传液,则徐徐引之。"

八、五欲

"素女曰:'五欲者以知其应:一曰意欲得之,则屏息屏气;二曰阴欲得之,则鼻口两张;三曰精欲烦者,则振掉而抱男;四曰心欲满者,则汗流湿衣裳;五曰其快欲之甚者,则身直目眠。'"

九、十动

"素女曰:'十动之效:一曰两手抱男者,欲体相薄阴相当也;二曰伸其两䏶者,切磨其上方也;三曰张腹者,欲其浅也;四曰尻动者,快喜也;五曰举两脚拘男者,欲其深也;六曰交其两股者,内痒淫淫也;七曰侧摇者,欲深切左右也;八曰举身迫男,淫乐甚也;九曰身布纵者,支体快也;十曰阴液滑者,精已泄也。见其效以知女之快也。'"

十、四至

《玄女经》："黄帝曰：'意贪交接而茎不起，可以强用不？'玄女曰：'不可矣。夫欲交接之道，注四至，乃可致女九气。'黄帝曰：'何谓四至？'玄女曰：'玉茎不怒，和气不至；怒而不大，肌气不至；大而不坚，骨气不至；坚而不热，神气不至。故怒者精之明，大者精之关，坚者精之户，热者精之门。四气至而节之以道，开机不妄开，精不泄矣。'"

十一、九气

《玄女经》："黄帝曰：'善哉！女之九气，何以知之。'玄女曰：'伺其九气以知之。女人大息而咽唾者，肺气来至；鸣而吮男者，心气来至；拘而持男者，脾气来至；阴门滑泽者，肾气来至；殷勤咋男者，骨气来至；足拘男者，筋气来至；抚弄玉茎者，血气来至；持弄男乳者，肉气来至。'"

（原注：今检诸本无一气）

十二、九法

《玄女经》："玄女曰：

'九法第一曰龙翻，令女正偃卧向上，男伏其上，股隐于床，女举其阴以受玉茎，刺其谷实，又攻其上，疏缓摇动，八浅二深，死往生返，势壮且强，女则烦悦，其乐如倡，致自闭固，百病消亡。

'第二曰虎步，令女俯俛，尻仰首伏，男跪其后，抱其腹，乃内玉茎，刺其中极，务令深密，进退相薄，行五八之数，其度自得，女阴闭张，精神外溢，毕而休息，百病不发，男益盛。

'第三曰猿搏，令女偃卧，男担其股，膝还过胸，尻背俱举，乃内玉茎，刺其臭鼠，女烦动摇，精液如雨，男深案之，极壮且怒，女快乃止，百病自愈。

'第四曰蝉附，令女伏卧，直伸其躯，男伏其后，深内玉茎，小举其尻,以扣其赤珠,行六九之数,女烦精流,阴里动急,外为开舒,女快乃止,七伤自除。

'第五曰龟腾,令女正卧,屈其两膝,男乃推之,其足至乳,深内玉茎刺婴女,深浅以度,令中其实,女则感悦,躯自摇举,精液充溢,乃深极内,女快乃止,行之勿失,精力百倍。

'第六曰凤翔,令女正卧,自举其脚,男跪其股间,两手据席,深内玉茎,刺其昆石,坚热内牵,令女动作,行三八之数,尻急相薄,女阴开舒,自吐精液,女快乃止,百病消灭。

'第七曰兔吮毫,男正反卧,直伸脚,女跨其上,膝在外边,女背头向足,据席俛头,乃内玉茎,刺其琴弦,女快,精液流出如泉,欣喜和乐,动其神形,女快乃止,百病不生。

'第八曰鱼接鳞,男正偃卧,女跨其上,两股向前,女徐内之,微入便止,才授勿深,如儿含乳,使女独摇,务令持久,女快男退,治诸结聚。

'第九曰鹤交颈,男正箕坐,女跨其股,手抱男颈,内玉茎,刺麦齿,务中其实,男抱女尻,助其摇举,女自感快,精液流溢,女快乃止,七伤自愈。'"

十三、三十法

此节全为《洞玄子》第九条。

十四、九状

此节全为《洞玄子》第十条。

十五、六势

此节全为《洞玄子》第十一条。

十六、八益

《玉房秘诀》:"素女曰:'阴阳有七损八益。

'一益曰固精。令女侧卧张股,男侧卧其中,行二九数,数卒止,令男固精,又治女子漏血,日再行,十五日愈。

　'二益曰安气。令女正卧高枕,伸张两肌,男跪其股间刺之,行三九数,数毕止,令人气和,又治女门寒,日三行,二十日愈。

　'三益曰利藏。令女人侧卧,屈其两股,男横卧却刺之,行四九数,数毕止,令人气和,又治女门寒,日四行,二十日愈。

　'四益曰强骨。令女人侧卧,屈左膝,伸其右肌,男伏刺之,行五九数,数毕止,令人关节调和,又治女闭血,日五行,十日愈。

　'五益曰调脉。令女侧卧,屈其右膝,伸其左肌,男据地刺之,行六九数,数毕止,令人脉通利,又治女门辟,日六行,二十日愈。

　'六益曰畜血。男正偃卧,令女戴尻跪其上,极内之,令女行七九数,数毕止,令人力强,又治女子月经不利,日七行,十日愈。

　'七益曰益液。令女人正伏举后,男上往,行八九数,数毕止,令人骨填。

　'八益曰导体。令女正卧,屈其肌,足迫尻下,男以肌跨刺之,以行九九数,数毕止,令人骨实,又治女阴臭,日九行,九日愈。'"

　　此段是道家数字巫术的一个极好例子。阳用奇数表示,故月经后一、三、五日怀胎为子,月经后二、四日怀胎为女。最能代表阳的数字是九,因为它是十以下最大的奇数。十一或九九相乘,往往被称为"全阳"。

　　值得注意的是,在上译这段话的中文原文中,戳刺的次数是用九的二倍、三倍,直到九的九倍或达到"全阳"来表示。另外,戳刺的次数还与每天交接的次数相应:每天两次为二九十八下,每天三次为三九二十七下等。

十七、七损

　　此节大意略同上节。这里译出其中的第六条,略示其意。

　　《玉房秘诀》:"六损谓百闭。百闭者,淫佚于女,自用不节,数交失度,竭其精气,用力强泻,精尽不出,百病并生,消渴目冥冥。治之法,令男正卧,女跨其上,前伏据席,令女内玉茎,自摇,精出止,男勿快,日九行,十日愈。"

十八、还精

《玉房秘诀》:"采女问曰:'交接以泻精为乐,今闭而不泻,将何以为乐乎?'彭祖答曰:'夫精出则身体怠倦,耳苦嘈嘈,目苦欲眠,喉咽干枯,骨节解堕,虽复暂快,终于不乐也。若乃动而不泻,气力有余,身体能便,耳目聪明,虽自抑静,意爱更重,恒若不足,何以不乐耶?'"

"又云:黄帝曰:'愿闻动而不施,其效何如?'素女曰:'一动不泻,则气力强;再动不泻,耳目聪明;三动不泻,众病消亡;四动不泻,五神咸安;五动不泻,血脉充长;六动不泻,腰背坚强;七动不泻,尻股益力;八动不泻,身体生光;九动不泻,寿命未央;十动不泻,通于神明。'"

《玉房指要》:"能一日数十交而不失精者,诸病皆愈,年寿日益,又数数易女,则益多,一夕易十人以上,尤佳。"

"又云:《仙经》曰:'还精补脑之道,交接精大动欲出者,急以左手中央两指,却抑阴囊后大孔前,壮事抑之,长吐气,并喙齿数十过,勿闭气也,便施其精,精亦不得出,但从玉茎复还上,入脑中也。此法仙人吕相授,皆饮血为盟,不得妄传,身受其殃。'"

此节以《千金方》所引膏火之喻作结,见本书第七章第195页所译。

十九、施泻

《玉房秘诀》:"黄帝问素女曰:'道要不欲失精,宜爱液者也。即欲求子,何可得泻?'素女曰:'人有强弱,年有老壮,各随其气力,不欲强快,强快即有所损。故男年十五,盛者可一日再施,瘦者可一日一施;年二十盛者,日再施,羸者可一日一施;年三十盛者,可一日一施,劣者二日一施;四十盛者,三日一施,虚者四日一施;五十盛者,可五日一施,虚者可十日一施;六十盛者,十日一施,虚者二十日一施;七十盛者,可三十日一施,虚者不泻'。"

《养生要集》:"道人刘京云:'春天三日壹施精,夏及秋当一月再施精,冬当闭精勿施。夫天道冬藏其阳,人能法之,故得长生,冬一施,当春百。'"

此节还引有下第七章所译《千金方》的一段文字和《洞玄子》第十二条。

二十、治伤

《玉房秘诀》:"冲和子曰:'夫极情逞欲,必有损伤之病,斯乃交验之著明者也。既以斯病,亦以斯愈,解酲以酒,足为喻也'。"

以下几段是讲因身体不佳进行性交引起疾病,如何按特定方式进行性交来治愈。原书讹误较甚,故译文颇多猜测。这里译出一段,略示其意。

巫子都曰:"令人目明之道,临动欲施时,仰头闭气,大呼嗔目左右视,缩腹还精气,令入百脉中也。"

到本节末,讹误较少。这里翻译了其中的倒数第二段。

《玉房秘诀》:"夫阴阳之道,精液为珍,即能爱之,性命可保。凡施写之后,当取女气以自补,复建九者内息九也,厌一者以左手煞阴下,还精复液也。取气者九浅一深也,以口当敌口,气呼以口吸,如此三反复浅之,九浅一深。九九八十一,阳数满矣。"

二十一、求子

此节以《千金方》的两段引文开始。然后是同书第十五、十六和十七条,将在下第七章讨论。这里翻译了《产经》的一段引文。

黄帝曰:"人之始生,本在于胎合阴阳也。夫合阴阳之时,必避九殃。九殃者,日中之子生则欧逆,一也;夜半之子,天地闭塞,不瘖则聋盲,二也;日蚀之子,体戚毁伤,三也;雷电之子,天怒兴威,必易服狂,四也;月蚀之子,与母俱凶,五也;虹霓之子,若作不祥,六也;冬夏日至之子生,害父母,七也;弦望之子,必为乱兵风盲,八也;醉饱之子,必为病癫疽痔有疮,九也。"

插图 5　母亲和她的两个孩子

下面两段还详细论述了气候条件和父母的身体状况如何影响胎儿的发育。接下去的引文是论述应当采用什么方式性交以受孕。

第六章 隋　147

　　《玉房秘诀》："素女曰：'求子法自有常体，清心远虑，安定其襟抱，垂虚斋戒。妇人月经后三日，夜半之后，鸡鸣之前，嬉戏令女盛动，乃往从之，适其道理，同其快乐，却身施写下精，欲得去玉门入半寸，不尔过子官，千万勿过远至麦齿，远则过子门，不入子户。若依道术，有子贤良而老寿也。'

　　"彭祖曰：求子之法，当蓄养精气，勿数施舍，以妇人月事断绝洁净三五日而交有子，则男聪明才智，老寿高贵，生女清贤配贵人。'"

此节末尾为《洞玄子》第十三、十四节。

二十二、好女

此节开头是一小段《玉房秘诀》的引文。然后是下述引文。

　　《玉房秘诀》："欲御女须取少年，未生乳，多肌肉，丝发小眼，眼睛白黑分明者。面体濡滑，言语音声和调，其四肢百节之骨皆欲令没，肉多而骨不大者，其阴及腋下不欲令有毛，有毛当令细滑也。"

接下去是古相书《大清经》的引文。

　　黄帝曰："入相女人云何谓其事？'素女曰：'入相女人，天性婉顺，气声濡行，丝发黑，弱肌细骨，不长不短，不大不小，凿孔欲高，阴上无毛，多精液者，年五五以上，三十以还，未生产者。交接之时，精液流漾，身体摇动，不能治定，汗流四遗，随人举止，男子者虽不行法，得此人由不为损。"

二十三、恶女

　　《玉房秘诀》："若恶女之相，蓬头醋面，槌项结喉，麦齿雄声，大口高鼻，目精浑浊，口及颔有毫毛似鬓发者，骨节高大，黄发少肉，阴毛大而且强,又多逆生,与之交会,皆贼损人。

"女子肌肤粗不御,身体癯瘦不御,常从高就下不御,男声气高不御,年过四十不御,心腹不调不御,逆毛不御,身体常冷不御,骨强坚不御,卷发结喉不御,腋偏臭不御,生淫水不御。"

《大清经》:"相女之法,当详察其阴及腋下毛,当令顺而濡泽,而反上逆,臂胫毛粗不滑泽者,此皆伤男,虽一合而当百也。"

接下去是此书的另一条引文。讲阴阳人。

女子阴男形,随月死生,阴雄之类,伤男尤剧,赤发齄面,癯瘦固病无气,如此之人,无益于男也。

二十四、禁忌

《玉房秘诀》:"冲和子曰:'《易》云:天垂象见吉凶,圣人象之。《礼》云:雷将发声,生子不成,必有凶突。斯圣人作诫,不可不深慎者也。若夫天变见于上,地灾作于下,人居其间,安得不畏而敬之?阴阳之合,尤是敬畏之大忌者也。'"

"彭祖云:'消息之情,不可不去,又当避之大寒大热,大风大雨,日月蚀,地动雷电,此天忌也。

'醉饱喜怒,忧悲恐惧,此人之忌也。

'山川神祇社稷井灶之处,此地忌也。

'既避三忌,犯此忌者,既致疾病,子必短寿。'"

"彭祖云:'奸淫所以使人不寿者,未必鬼神所为也。或以粉内阴中,或以象牙为男茎而用之,皆贼年命,早老速死。'"

然后是关于其他禁忌的几段引文,包括禁女人月经期间、重病后或憋尿时与之性交。书中还引用了《洞玄子》第十五条第一行。我译了以下这段奇特的话。

《素女经》曰:"五月十六日,天地牝牡日,不可行房,犯之,不出三年必死。何以知之?但取新布一尺,此夕悬东墙上,至明日视之,必有血,切忌之。"

在《洞玄子》的其他引文之后,紧接下去是《千金方》的引文。由于类似信仰亦见于其他国家,故这一引文会使人类学家发生兴趣。

凡热病新瘥,及大病之未满百日,气力未平复,西以房室者略无不死。热病房室名为阴阳易之病,皆难治多死。近者有士大夫,小得伤寒,瘥以十余日能乘马行来,自谓平复,以房室即以小腹急痛,手足拘拳而死。

治之方,取女裈衣附毛处烧,服方寸匕,日三。女人病,可取男裈如此法。

二十五、断鬼交

《玉房秘诀》:"采女云:'何以有鬼交之病?'彭祖曰:'由于阴阳不交,情欲深重,即鬼魅假象,与之交通。与之交通之道,其有胜自于人,交则迷惑。讳而隐之,不肯告以为佳,故至独死而莫之知也。

'若得此病,治之法,但令女与男交,而男勿写精,昼夜勿息,不过七日必愈。若身体疲劳,不能独御者,但深按勿动,亦善也。不治之,煞人不过数年也。

'欲验其事实,以春秋之际,入于深山大泽间,无所云为,但远望极思,唯念交会阴阳。三日三夜后,则身体翕然寒热,心烦目眩。男见女子,女见男子,但行交接之事,美胜于人,然必病入而难治'。"

二十六、用药石

此节开列了许多丸散处方,包括治愈五劳七伤、阴痿不起及其他与房事有关的病痛。由于这些处方和处方包括的药味与《洞玄子》书末所列非常相近,所以这里只翻译了其中特别有趣的一段。

这是一段出自古医书《银验方》的奇特引文。该书逐字引用了一篇与办案有关的文书,即一贵族妇人杀死其男奴的供词。书中插入这一文书,是因为它提到一种使人返老还童、精力旺盛的方子。我们还很难断定这一文书的真实用意,这个女人提到这个药方也许是为了引起办案者的好奇,因而对其案情有所宽赦。

益多散。女子臣妾再拜上书皇帝陛下,臣妾顿首顿首,死罪死罪。愚闻上善不忘君。

妾夫华浮年八十房内衰,从所知得方。

方用:

生地黄,洗薄切一廿,以清酒渍令浃。

浃乃千捣为屑十分。

桂心,一尺准二分。

甘草,五分炙。

术,二分。

干柒,五分。

凡五物,捣末下筛治合后食,以酒服方寸匕,日三。

病华浮合此药,未及服之,没。故浮有奴,字益多,年七十五,病腰屈发白,横行伛偻。妾怜之,以药与益多,服廿日腰申,白发更黑,颜色滑泽,状若卅时。妾有婢字番息、谨善二人,益多以为妻,生男女四人。益多出饮酒醉归,趣取谨善,谨善在妾傍卧,益多追得谨善,与交通,妾觉,偷益多,气力壮动,又微异于他男子。妾年五十房内更开,而懈怠不识人,不能自绝断女情,为生二人。益多与妾、番息等三人,合阴阳无极。时妾识耻与奴通,即煞益多。折胫视,中有黄髓更充满,是以知此方有验。陛下御用膏,髓随而满,君宜良方。臣妾死罪,稽首再拜以闻。

此节末尾是几个使男人阴痿之方,可使正常男人变为阉人。在这些处方中,麋脂的作用最突出,据说对男子的性能力影响极大,切不可近之。

二十七、玉茎小

此节包括《洞玄子》第十六条的处方及其他书的几条引文。

二十八、玉门大

同上而论。

二十九、少女痛

此节包括三个治疗初次性交血流不止的方子和两个治疗初次性交当时和之后疼痛不止的方子[1]。

三十、长妇伤

此节包括几个治疗妇女因性交而阴户伤痛红肿的药方。以及治疗因性交而头疼和下部出血的方子。

房中书的评价

上述材料反映了纪元初 7 个世纪里比较重要的中国古代房中书和有关文献的横断面。少数引书可能成书于 8 世纪(因为丹波康赖录其书于

---

[1] 据原书,前者应为两个方子,后者应为三个方子。——译者

日本在982年,是成书的下限),但对它们的内容恐怕没有多大影响。第十四节所引医书《千金方》应当属于唐代,下章还要进一步讨论。

这些材料证实了我在第三章末尾所做的论断,即这些房中书基本上都属于指导正常夫妻性关系的书。我说"正常",当然是指相对于中国古代社会结构来说的正常。这些材料中谈到的夫妻性关系必须以一夫多妻的家庭制度为背景来加以考虑。在这种制度中,中等阶层的男性家长有三四个妻妾,高于中等阶层的人有六至十二个妻妾,而贵族成员、大将军和王公则有三十多个妻妾。例如,书中反复建议男子应在同一夜里与若干不同女子交媾,这在一夫一妻制的社会里是鼓励人们下流放荡,但在中国古代却完全属于婚内性关系的范围。房中书如此大力提倡不断更换性伙伴的必要性,并不仅仅是从健康考虑。在一夫多妻制的家庭中,性关系的平衡极为重要,因为得宠与失宠会在闺阁中引起激烈争吵,导致家庭和谐的完全破裂。古代房中书满足了这一实际需要。它们对这个对男人及其妻妾的幸福健康至关重要的问题提出了总的说来是很明智的劝告。

这些房中书十分强调男子要理解女子的性需求和性行为。书中以水火为譬,向男性家长讲解男子和女子性高潮前后体验上的基本区别。接着,书中又把这一比喻用于性结合之前的准备活动,教男子在每次性交前应如何逐步使女子做好准备。书中反复告诫,如果双方没有达到情绪上的完全一致,男子切勿强迫自己或对方进行性行为。

在对性行为本身的描述中,读者可以看到书中总是强调在每次性交中使女子达到性高潮的重要性。同样有意义的是,书中细致入微地描述了性交中男子如何估量女子快感程度的标志,这可参看《医心方》引文第七、八、九节。确实,如上所述,一般人都相信,男子用阴茎吸取达到性高潮时的女性阴道分泌物会有益于男子的性能力;而同时,制定这些规则的人心里也确实考虑到了女子得到性满足的权利。

虽然我应照例把这些古老的中国理论留给更有资格的读者用现代医学加以检验,但在这里值得注意的是,《医心方》中关于"五征"的描述与金赛(A.C.Kinsey)《女性性行为》(*Sexual Behaviour of the Human Female*,

费城与伦敦,1953年)中的"性反应与性高潮的生理"节第603、604、607和613页在细节上完全一致。这应当归功于中国古代性学家的观察力。

当然,性交的治疗作用大多是虚构的。与其说这些信念是基于生理学的事实,倒不如说是基于巫术的考虑。但是现代医学可以同意它的总原则,即和谐一致、双方满意的性关系对于男女双方的健康幸福是非常重要的。同样,所谓一个精心安排的正常性交过程可以治愈因性挫折或纵欲造成的各类失调,这一原则似乎也含有真理的萌芽,尤其是应用于神经病方面的时候。

在房中书中,正如在整个古代中医学的领域中一样,到处都贯穿着天道观的因素。例如,读者可以注意讲优生学的部分,注意它反复劝告男子要根据季节变化调整性生活。另外,对性交吉利时辰的选择和对四季性交要采取相应方向的规定(参考《洞玄子》第十五条)都是基于这样一种信念,即男子的体能是与自然的运行紧密相联的。

《医心方》引文讲鬼交之病的第二十五节很有趣,因为在西方民间传说中有许多与这一信念相同的地方。应该注意的是,这些古代文献还未提到变人作祟的狐狸精。众所周知,这一信念在后来的几个世纪中在中国广为流传,并在中国小说中起了重要作用。这一点在第七章末尾还会再次讲到。

讲药物的部分还有待于古代中医学研究者做进一步考察。书中提到的大部分药材在今天中国和日本的药店备有的药材当中都可找到,因此可以用来进行分析。据我所知,这些古代壮阳药并不含有有害成分。选择这些成分似乎是由于它们的滋补作用,比如较高的蛋白质含量;或者仅仅由于它们的外形容易使人产生联想,如肉苁蓉(Boschniakia glabra)形如勃起的男性生殖器。同样鹿角也属于后一类。而相反,明代书中提到的有害春药,如用斑蝥(Telini fly)配的药,就会引起慢性尿道感染。

最后,我不妨再说一遍,书中没有提到性倒错(sexual aberrations)。甚至连近似后来中国文学常见的反常现象,如给男子口交(penilinctio)、给女子口交(cunnilinctio)及肛门交(introitus per anum feminae)等,在这些早期作品中也没有发现。

在《医心方》所收集的引文中,有少数孤立的片断与婚内性关系无关。它们显然出自一部道家内丹派的房中书。在这部书中,性行为主要被看作是延年益寿的一种手段。

这些材料把性结合说成是"战斗",这一观点在西方文献中也广为人知。而中国人特有的观点是,"胜利"属于在性交中顺利获得对方元气以补自己元气的一方。

在中国的文献中,性交往往被叫作"战斗"。这个比喻借自司马迁《史记》卷六五所述著名战略家孙子(公元前 6 世纪)的一则轶事。吴王命孙子用其后宫之女一百八十人示范他的战略原则。于是孙子把她们分为二部,各以王之宠姬一人为"率"。操练开始,众女子大笑,不听指挥,孙子不顾吴王的极力反对,当场将二"率"斩首。这使吴王懂得了军队必须有铁的纪律,因此欣然任命孙子为将。用指性交的谑语如"花阵"、"吴营"都是借自这个轶事。它们带有滑稽色彩,但并不意味着双方应当相互仇视或彼此伤害。虽然在有些道家著作中,可以看出对异性的某种敌意,但这与道家对女性一向采取的关心体贴的态度并不一致。

《医心方》引文的第一节首次提到道家的这类说法:

素女曰:"御敌家当视敌如瓦石,自视如金玉,若其精动,当疾去其乡。御女当如朽索御奔马,如临深坑下有刃,恐堕其中。"

还有两段《玉房秘诀》的引文,它们提到冲和子,这显然是一部炼内丹之书的作者。

《玉房秘诀》:"冲和子曰:'养阳之家,不可令女人窃窥此术,非但阳无益,乃至损病,所谓利器假人,则攘袂莫拟也。'

"又云:彭祖曰:'夫男子欲得大益者,得不知道女子为善。'"

"冲和子曰:'非徒阳可养也,阴亦宜然。西王母是养阳得道之者也,一与男交而男立损病,女颜色光泽,不着脂粉,常食乳酪,而弹五弦,⑩所以和心系意,使无他欲。又云:王母无夫,好与童男交,是以不可为世教,何必王母然哉!'

"又云:与男交,当安心定意,有如男子之未成。须气至乃小收,情志与之相应,皆勿振摇踊跃,使阴精先竭,其处空虚,以受风寒之疾。或闻男子与他人交接,嫉妒烦闷,阴气鼓动,坐起悄恚,精液独出,憔悴暴老,皆是也。将宜抑慎之。

"又云:若知养阴之道,使二气和合,则化为男子。若不为男子,转成津液,流入百脉,以阳养阴,百病消除,颜色光泽肌好,延年不老,常如少童。审得其道,常与男子交,可以绝谷,五日而不知饥也。"[1]

说到女子化为男子,我们的话题又回到《医心方》第廿三节关于阴阳人的论述。

应该注意的是,蒙古人种的妇女一般说来比其他种族的妇女阴蒂发育得要小。因此中国人讨厌大阴蒂,对这种生理现象充满疑惑。从《医心方》引文看来古代中国人认为有些女人的阴蒂随月圆而变大。因此人们认为,这时她们必与(另一)女子交合,否则会死。月渐缺时,阴蒂又恢复到原来的大小,这时,她们必与男子交合,否则不能活。因此这种人两周为女,两周为男,并且据说生性极端淫荡。⑪

政治家兼医师褚澄(主要活动于约480年)这样解释阴阳人的现象:

> 男女之合,二情交畅。阴血先至,阳精后冲。血开裹精,精入为骨,而男形成矣。阳精先入,阴血后参,精开裹血,血入居本,而女形成矣。阳气聚面,故男子面重,溺死者必伏。阴气聚背,故女子背重,溺死者必仰。走兽溺死者伏仰皆然。
>
> 阴阳均至,非男非女之身,精血散分,骈胎品胎之兆。⑫

---

[1] 以上五条,第一、二条出《养阳》,第三、四、五条出《养阴》。——译者

明代作家徐应秋有另一种理论。他在《玉芝堂谈荟》卷二中记载了不少历史上的阴阳人。他说,他认为阴阳人往往注定要生阴阳人,并说咸宁(275—279年)、太康(280—289年)年间男子同性恋盛行时,曾生出过许多阴阳人。

如上所述,中国人对这些不幸者深为疑惑,视之为"妖",认为他们会犯下邪恶之罪。明代作家张景在他的著名刑事案例集《疑狱集》续集卷八中记录了一个案例。[13]说是宋咸淳年间(1265—1274年),浙江有户人家请了一个尼姑来家教女儿绣花。有一天发现他的女儿有了身孕。她告诉父母说那尼姑实为一男子并与她同床,曾亲口对她说:"妾有二形,逢阳则女,逢阴则男。"父亲带尼姑见官,当堂告他诱奸其女。但尼姑矢口否认,法官让人验身,证明确为女子。监狱的女看守让赤身裸体的尼姑躺在地上,然后让狗去舔用盐肉水渍过的阴部。因此,尼姑的阴蒂遂涨大,大小和形状皆如阴茎。这个阴阳人才承认曾诱奸过许多别的姑娘,终于被斩首。

变态性行为

由于《医心方》的引文几乎涉及中国性关系的所有领域,所以现在我们应当暂且放下历史的线索,接着考察一下性倒错,以便为性学家提供一幅更为完整的图景。在中国古代的普通老百姓当中反常和病态的现象极为少见,因此对于一般读者来说,这种话题并不像在许多其他古代文明中那样令人反感。

男人中的虐待狂(sadism)并不多见,清代以前的文献只有少数孤证。我这里举一个例子,是出自宋代学者魏泰(主要活动于约1080年)所编名诗笺注集《临汉诗话》。他说,吕士隆知宣州,喜欢为了一点小事就鞭笞官妓。该书又说,但是后来当他爱上一位来自杭州的名妓后,在她的请求下停止了这种行为。这件事使著名诗人梅尧臣(1002—1060年)写了下述讽刺诗(正是因为这首诗,魏泰才写了上面这件事):

莫打鸭,

打鸭惊鸳鸯。

鸳鸯新向池中落,

不比孤洲老秃鹙。

秃鹙尚欲远飞去,

何况鸳鸯羽翼长。⑭

鸳鸯戏水总是成双成对,因此在中国成为美满姻缘的传统象征。诗人提醒吕士隆(秃鹙)当心不要吓跑了那位名妓(鸳鸯),因为他远不是一个标准的美男子,而她也很容易另觅新主。

吕士隆鞭笞妓女也许算不上真正的虐待狂,而仅仅是一种极端残酷。在我看来,虐待狂一词不应泛指以残暴取乐,而是专指以施痛苦于他人而获得性快感。中国史书记载着许多极端残酷的例子,但是,其中仅有少数例子是说施暴者从中得到了性满足。必须记住,东方的残酷标准与我们不同,不论是在法庭上和军队里,还是在家中,为微不足道的理由处人以酷刑是相当常见的。

性交中男子施痛苦于女子的情况在房中书中丝毫未见,在色情文学中也很少碰到。有一个例子见于晚明色情小说《金瓶梅》。书中描写一男子为提高性快感如何在性交前把三个香码儿放在女人身上,一个在两乳间,一个在肚子上,一个在阴阜上,然后点燃(参看《金瓶梅》译本卷三 103—104 页,又卷四 59 页)[1]。但在这两个例子中,女子都是自愿服从的,并且该书认为这也增加了女子的性快感。但是一般说来,即使是轻微地施痛苦于女子,像咬女子的脖颈或肩膀这类行为也是极为罕见的。下面我们还要提到一个例子,见于《赵后遗事》。在这方面,中国的性习俗比古印度的性习俗要好得多。在梵文房中书中有关于打、抓、咬的详细描写。⑮

相反,女子对女子施行性虐待的情况则经常被提到。动机大多是嫉

---

[1] 系指《金瓶梅》在国外的译本,下同。——编者

妒和对情敌的报复。我要引用的下述段落见于清代早期小说《隔帘花影》第三十二回。有位宋夫人发现她的丈夫在外暗地养了一个情妇。她带上仆人找上门,把那个姑娘带回家来。她让人剥光姑娘身上的衣服,暴露于堂上,亲自动手用马鞭把姑娘打得浑身是血并且剃光了她的头发。小说把宋夫人描写成一个颇有男子气的妇人,她喜欢着戎装外出,并且武艺高强。因此宋夫人除去对她的情敌进行报复之外,还从对她的凌辱中感到性满足,使她作为一个女人的失败感得到了补偿。我想这才是我们找到的一个虐待狂的真正实例。还有两个女子对女子施虐以补偿其性失意的类似例子见于小说《金瓶梅》。第一个例子是金莲鞭笞和抓挠迎春(参看《金瓶梅》译本卷一 110—111 页),第二个例子是金莲鞭笞丫环秋菊(《金瓶梅》译本卷二 62—64 页)。

但是这样明显的例子极为少见。大多数男子对女子及女子对女子施虐都只能用当时严酷的法律和习俗而不是性倒错来解释。

受虐狂,即从虐待和凌辱,特别是异性的虐待凌辱中获得性满足,在清代以前的中国文献中其实并不存在。我们只是从一些怕老婆的故事中略见其端倪。例如,宋代作家朱彧(约公元 1100 年)在他的《萍洲可谈》(《说库》本,七页背)中提到与著名学者和官吏沈括(1030—1094 年)有关的一个典型例子。沈娶一妇人张氏。她常常抽打他,并揪他的胡须,把他弄得满脸是血。她还虐待他的亲属,但是沈从不与她抗辩。及张氏卒,沈郁郁寡欢,想投水自尽。在赞美男子气和具有尚武精神的女主人公的清代小说当中,也可见到其他一些受虐狂的痕迹。我可以举出 19 世纪的小说《儿女英雄全传》,在这本书里,作者对女主人公的男子气派和豪爽作风津津乐道。她能用手搏剑斗打败男人,并"像男人一样站着撒尿"[1]。

在本书上文 48、62 和 92 页我们已对男子同性恋做过简短讨论。这里仍需补充的是清代学者赵翼(1724—1814 年)在他的《陔余丛考》卷四二中对男子同性恋的说明。他说北宋(960—1127 年)时期曾有过一个靠

---

[1] 见《儿女英雄全传》第九回。——译者

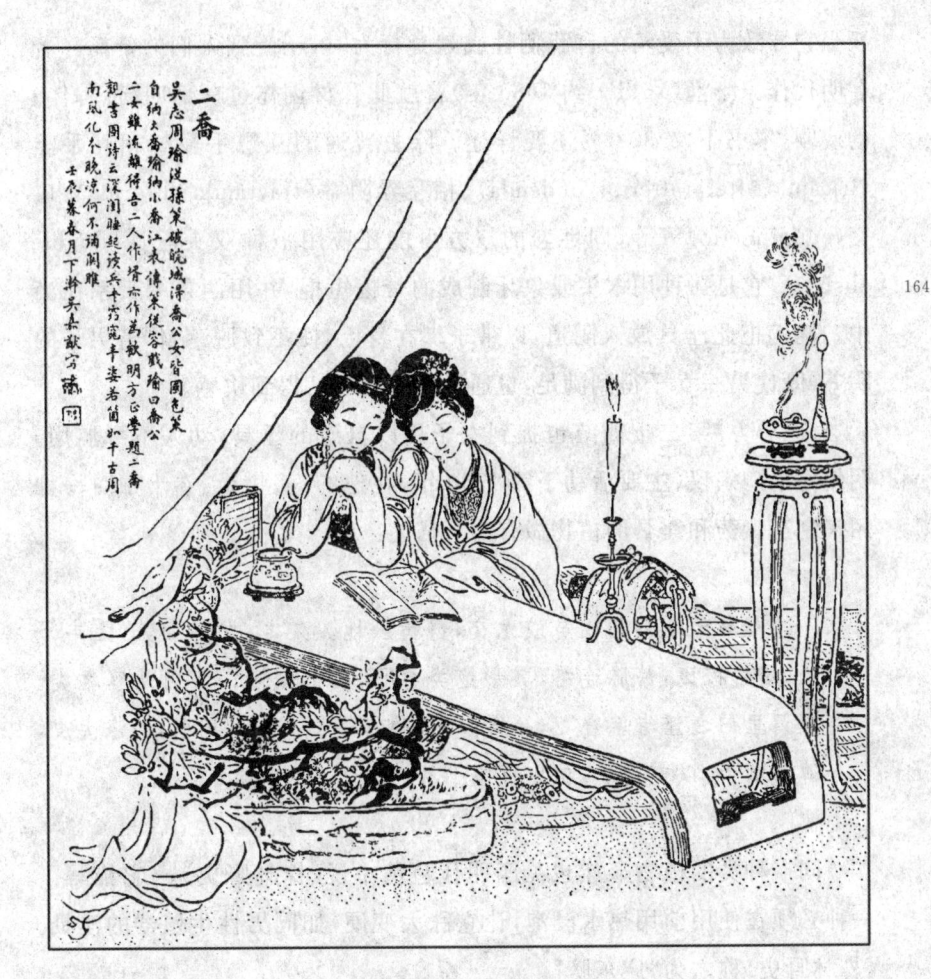

插图6 二女共读

做男妓谋生的阶层,政和年间(1111—1117年)颁布了一项法令,对这些人处笞一百并罚以重金。南宋(1127—1279年)时期,这种男妓仍在活动,他们招摇过市,打扮得像妇女一样,并且组织成行会。但赵翼补充说,这标志着同性恋的最盛时期,在其他时期,男子同性恋除在文化程度很高或成分混杂的社会集团中可以见到之外,是不大明显的。

如前所述,恰恰相反,女子同性恋相当普遍,并被人们容忍。只要不发生过头的行为,人们认为女子同性恋关系是闺阁中必然存在的习俗,甚至当它导致为了爱情的自我牺牲或献身行为时,还受到人们的赞扬。著名明代作家李渔(1611—约1680年)曾就此题材创作过一部叫《怜香伴》的戏剧,本书下文302页还要详述。除去普通的互慰手段如相互手淫(fricando altera alterius pudenda)、相互弄阴蒂(tractando clitorida)、口交(cunnilinctio)等等,同性恋的双方可能还应用一种双头淫具(double olisbos),它是一种用木头或象牙制成的带棱短棍,并用两条绸带系在当中。她们把此淫具放入阴道,以带子绑在身上,使不致脱落,俨若男子的阴茎,既使另一女子得到满足,也通过磨擦使自己得到快感。⑱

《医心方》第二十四节也提到女子用以自慰的淫具,劝人不可滥用。明代作家陶宗仪(主要活动于约1360年)在他的《辍耕录》卷十中对一种用来制造春药和淫具的植物做有如下描述:

鞑靼田地野马或与蛟龙交,遗精入地。久之,发起如笋,上丰下俭,鳞甲栉比,筋脉连络,其形绝类男阴,名曰锁阳。即肉从容之类。或谓里妇之淫者就合之,一得阳气,勃然怒长。土人掘取,洗涤去皮,薄切晒干,以充药货,功力百倍于从容也。⑲

同一种类的植物显然也见于明代色情小说《株林野史》。⑳它描写了一种必须在使用前用热水浸泡,让它涨大变硬,如同男性生殖器的淫具。《株林野史》称之为"广东膀"。

明代小说《金瓶梅》则描写了另一种女子用来手淫的东西,即"勉铃"("勉"亦作"缅"),据说"出自番兵"。这是一个空心的小银球,在性交前放入阴道。㉑清代学者赵翼在《簷曝杂记》中这样写道:

又缅地有淫鸟,其精可助房中术,有得其淋于石者,以铜裹之如铃,谓之缅铃。余归田后,有人以一铃来售,大如龙眼,四周无缝,不知其真伪,而握入手,稍得暖之,则铃自动,切切如有声,置于几案则止,亦一奇也。余无所用,乃还之。

明代学者谈迁说,男人亦用此物。他在《枣林杂俎》"勉铃"条("器用"节最后一文)下说:

> 缅铃,相传鹏精也。鹏性淫毒,一出,诸牝悉避去。遇蛮妇,辄啄而求合。土人束草人,绛衣簪花其上。鹏媾之不置,精溢其上。采之,裹以重金,大仅为豆。嵌之于势,以御妇人,得气愈劲。然夷不外售,夷取之始得。滇人伪者以作蒺藜形,裹而摇之亦跃,但彼不摇自鸣耳。

上述描写证明,"勉铃"正是日本"琳之玉"(rin-no-tama)的原型和根源。"琳之玉"是人工制造供女子用以自慰的工具,在日本被列入"张形"(hari-kata)一类东西。"琳之玉"常常见于西方著作的描写,并在18世纪应用于欧洲。②它们是用薄银片做成的小球,成对使用,其中一个装有一滴水银,另一个装有金属舌,在被摇动或碰撞时会震颤发声。把这对小球放入阴道,用薄纸团塞住,当女子移动大腿或摇动身体时,小球的摇动和声响便会造成快感。显然中国的"勉铃"与"琳之玉"在构造和用法上十分相似,所谓鹏精之说当然是穿凿附会的。看来为这种发声小球,中国人还起有自己特殊的名称。小说《金瓶梅》八十三回在谈及一系列性辅助工具时,在"勉铃"的后面,也提到"颤声娇"[1],看来这只能是指发出声响的球状物而不可能是其他东西。

读者会发现中国人乐于相信这样一种假说,即所有这些辅助工具都是来自域外。所谓"鞑靼田地"、"蛮兵"、"缅铃"、"广东膀"(这个词是一位江苏籍的作家所用,在他看来,广州并不是中国本土)之称。我们所说的"French letters"[2]和"Lettres anglaises"[3]是与此类似的现象。

与动物自愿发生性关系,而不是像本书第三章所引王建的宫女是出

---

[1] "颤声娇"是一种春药,不是这种器物。——译者
[2] 英俚语"避孕套",直译为"法国信"。——译者
[3] 法俚语"避孕套",直译为"英国信"。——译者

于强迫,这样的兽行在清以前的文献中是极其罕见的。唐代学者李隐所著《潇湘录》提到一个叫杜修己的男人,他的妻子与一大白狗性交,生一畸形儿(见前书,《说库》本3—4页)。这似乎是已知最早的一个例子,因为我在后来的文献中所看到的所有例子均与此大同小异。

在周王国和汉帝国宫廷中盛行的乱伦很快便几乎绝迹了。刑律把乱伦列入"禽兽行",犯有这种罪行的人要用一种最残酷的方法处以死刑。③

关于排粪尿狂的材料(scatological material)仅见于明代的一些色情小说,而且主要与性行为有关。我指的是作者不厌其烦、津津乐道描述精液和阴道分泌物的章节,然而这些多见于春画而不是色情小说,比如《金瓶梅》中实际上就不大有这种描写。该书仅有两段关于排粪尿狂的描写,而且写的都是同一件事,即男子排尿在女子口中。见《金瓶梅》译本卷三312页:"西门庆要下床溺尿,妇人还不放,说道:'我的亲亲,你有多少尿溺在奴口里,替你咽了吧,省得冷呵呵的,热身子你又下去冻着倒值了多的。'"还有"搂着睡到五更鸡叫时分散。老婆又替他吮咂,西门庆告她说:'你五娘怎的替我咂半夜,怕我害冷,连尿也不叫我下来溺,都替我呎了。'老婆道:'不打紧,等我也替爹吃了就是了。'这西门庆真个把泡膈尿溺在老婆口内"。除去这类材料,排粪尿狂的材料实际上是一无所有。

古代中国人对大小便的生理反应并无禁忌。男子夜间使用的夜壶(磁或青铜制,形状类似我们的医用便盆)及女子的便桶公开置于卧室,使用时也不避仆人。史书记载提到,有人一边蹲厕,一边会朋友,并且据说许多政治家和学者都有在厕上读书写作的习惯。记录这些事实的人对他们的这种工作热情非常叹服,显然认为把热情表现在这种地点是无可非议的。

对于自然本能很少抑制同样表现在直到明代仍存在于中国的一种习俗上,即当主人小便时,要由一名女仆陪伴,端着水盆和毛巾供主人便后净手。直到近年,这种习俗还存在于日本的旧式茶屋中。我从中国文献中引用两个例子,在这两个例子中,这种习俗都导致了性交的发生。

宋学者秦醇在他的《赵后遗事》(赵后即汉成帝之妻,公元前32—前7年)中记述了赵后追忆她与汉成帝初识的经过。当时她仅是一名侍女。

> 遣妾侍帝,竟承更衣之幸,下体常污御服,妾欲为帝浣去,帝曰:"留以为忆。"不数日备后宫,时帝齿痕犹在妾颈。今日思之,不觉感泣。

第二个例子是中国历史上发生在唐太子(后来的高宗,650—683年)与其父亲的妃子武则天之间的一件很有名的事。当太子的父亲生病时,太子守候在病榻旁。太子暂时离开去小便,武则天陪伴着他,双膝跪地端上一盆热水供他洗手。于是太子故意开玩笑,把水溅到武则天的脸上,吟道:"乍忆巫山梦里魂,阳台路隔岂无闻。"而武则天亦和曰:"未荐锦帐风云会,先沐金盆雨露恩。"[1]由于"雨露"包含了性联想(见本书38页),所以也就明显地表达了求欢的含义。太子是否接受了这一挑逗,是个存在争议的问题,但老皇帝死后,他却真的把武则天召入后宫,后来对她宠遇非常。她就是臭名昭著的武后,下一章我们还要详细讲到她。

虽然由一个女子陪男子上厕所极为普遍,但人们却反对由一群美女如此侍侯。《晋史》卷九八在写到王敦(四世纪,《古今姓氏族谱》2238)的传时说,以豪奢著称的大官石崇(《古今姓氏族谱》1709)总让十几个艳装美女立于厕上侍候客人"更衣"。大多数石崇的客人都反对让这些女子在旁侍立。但王敦是个暴慢之人,竟毫不迟疑地当着这些女子脱衣。而当这些女子责骂他时,他把她们赶出了后门[2]。

在道家炼丹书中,有时会偶然发现用粪尿做实验的描写,但这些描写显然带有医学或方剂学研究的性质。就我所知,仅有一个例子可以解释为排粪尿狂,即《六砚斋笔记》卷四之三记第二十五题所述道士擅长控制

---

[1] 原文似是意译《如意君传》,此据《如意君传》还原。——译者
[2] 见《晋书·王敦传》。此记述有误,原文"乃开后阁,驱诸婢妾数十人,并放之",是指另一件事。——译者

粪便的行为。该书是明代学者李日华(1565—1635年)的一本札记。

同样我也不敢肯定明代学者杨仪(主要活动于约1540年)在他的《高坡异纂》中记录的奇事是否可以算作排粪尿狂。他说学者李茂元(1521年为进士)曾游洛阳附近著名的温泉,这是唐代杨贵妃洗澡的地方。李茂元洗澡时发现池子里的石头上有红色斑点,传说这些斑点是杨贵妃的经血。他一看到这些斑点便顿时"心动"。浴罢,他乘轿回客舍,忽见一妇人之手掀帘而入,而又突然消失。当夜有一妇人见于其室,自称乃杨贵妃的亡魂,因其动心于石上红斑而来。这个鬼魂到处跟着他,直到李终于病殁(《说郛》本8页正)。这个故事可能含义颇多,我只好把它留给性学家去做恰当分析。

以上是我们对中国文献各主要分支进行广泛调查所揭示出的有关性变态的资料。读者会同意,这些材料证明,总的看来,古代中国人的性生活应当说是正常和健康的。

注释：

① 见唐无名氏撰《迷楼记》,略述炀帝的放荡生活。又唐颜师古(581—645年)《大业拾遗记》。

② 关于《素女经》和《素女方》,只有一个被删改过的、残缺不全的版本保存下来。其内容只不过是讲一系列疾病和治疗它们的药物。参看著名校勘学家孙星衍(1753—1818年)1885年《平津馆丛书》中所收1810年版。孙星衍还编过一本名为《玄女经》的书(印于1884年),内容类似择吉成婚的历书。同样的书亦见于《说郛》,名为《太乙经》。《说郛》还印了《玄女房中经》。该书只不过是一个宜于行房的日期表,录自《千金方》。《千金方》是唐代医师孙思邈(在第七章中还要讨论)的医学著作。在孙星衍编的《素女经》中,某些段落尚可视为原书佚文,但所谓与玄女有关的其他书却与古房中书《玄女经》的原本毫无共同点。

③ 1931年,与《医心方》内容相仿的一本杂钞被收入日本的《续群书类丛》中。这部杂钞题为《卫生秘要集》,由政治家藤原公衡(1264—1315年)编纂,并于1288年由医生丹波行长进呈宫廷。它有十八节提到《洞玄子》中引用的一系列性交术语,并附有注释和假名读法。这些材料证明我在《秘戏图考》中的有些考证是不正确的。"璿台"是指阴蒂(日文作"雏尖"),"玉理"是指阴户下阴唇相连处,"金沟"是指阴

④ Herbert Franke 教授在他为《秘戏图考》一书写的书评中指出,这个姿势是指神话中的动物"比目鱼",它由两条鱼组成,尾巴是共同的,但头和身体是分开的。他提到一幅绘有这种动物的画,见 E.Chavannes *Mission Archéologique dans la Chine septentrionale*, vol.I, plate 97。

⑤《卫生秘要抄》的本子更好,因此我在《秘戏图考》中的译文据它做有订正。

⑥《卫生秘要抄》中"秋狗"字前加有"九"字,这无疑是正确的,因为它使这个名称与前面所述姿势相符。其注解也稍有不同,但在意义上并不显得更好。由于我在《秘戏图考》一书中直译过来的《医心方》意义也不清楚,所以这里我拿出一个新的译法,它根据表示狗的性交姿势的名称做了部分猜测。

⑦ 神话中的两座山峰,据说为昆仑山的一部分,神人居其上。

⑧ 老子是哲学家,传说是《道德经》的作者。

⑨ 此段是指五行和历法的相配。甲乙日属"木"为春,而丙丁日为夏,属"火";庚辛日为秋,属"金";壬癸日为冬,属"水"。

⑩ 关于鼓瑟可以使人沉思的作用,参看拙作 *The Lore of Chinese Lute*,见上文 68 页注⑬所述。

⑪ 同样的看法也见于日本。日本用"两形"一词(futa-nari)表示阴阳人。

⑫ 参看褚澄《说郛》重印本《褚氏遗书》第一节〔1〕。《褚澄传》(《南齐书》卷二三和《南史》卷二八)说他曾任郡守,后任尚书,并娶皇帝的女儿为妻,详细提到其医术有神奇疗效的几个例子。他的书中有一些引人注目的医学理论,值得进一步研究。

⑬ 参看拙作 *Táng-yin-pi-shih*, pp.31—32。

⑭ 参看《临汉诗话》,收入《龙威丛书》第三集卷八第二十页背。

⑮ 参看 Vātsyāyana 的 *Kāmasūtra* Part II, ch.4,5,7 及 Richard Schmidt 的德文译本 (Berlin 1912) pp.152—189。又 Richard Schmidt 的 *Beiträge zur Indischen Erotik, das Liebesleben des Sanskritvolkes, nach den Quellen dargestellt* (Berlin 1911), pp.356—395。书中记载了一个男人杀死女人的案例。还有 Kalyānamalla 的 *Anangaranga* 及 F.F.Arbuthnot 和 R.F.Burton 的英文译本(Paris, Librairie Astra, s.d.) pp.112—123。后期的印度色情文学中也充满了性虐待狂的描写。我随便挑一段 15 世纪毗湿奴派诗人 Vidyāpati 对 Krsna 和 Rādhā 爱情故事的描写,见 Ananda Coomaraswamy 和 A.Sen 译:"我的爱人灼干了我的嘴唇/在夜的怂恿下,拉户吞下了月/他用指甲撕扯我的双乳/就像狮子撕扯一头大象。"

⑯ 小说《金瓶梅》的续篇。F.Kuhn 的德文译本,名为 *Blumenschatten hinter dem Vorhang* (Freiburg 1956)。这里引用的片段见 V.Kean 出版的英文版(London

---

〔1〕《四库总目》云:"疑宋时精医理者所著,而伪托澄以传。"——译者

1959) p.525。

⑰ 参看 F.Kuhn 所译这本乏味小说的德文译本 *Die Schwarze Reiterin*（Zürich 1954）p.297。

⑱ 双头淫具见《秘戏图考》Plate VIII 所画，其使用见同书 Plate II。看来有意义的是，阴户的一个相当常用的称呼是"鸡冠"。这很容易使人做出这样的结论，即带鸡冠样皱褶的涨大的小阴唇在中国非常普遍，以至被人们认为是正常阴户的特点。这一事实是否可以进一步证明在妇女中广泛存在着手淫，应由性解剖学的专家来判断。

⑲ 与《酉阳杂俎》和《五杂俎》中内容相同的段落见 Eberhard 的《中国古代地方文化》，p.92。

⑳ 这段和相似的段落在《秘戏图考》pp.146—148 被译出。

㉑ 参看《金瓶梅》译本 vol.I，p.222。该书中，提到"番兵"的那首诗被略去。

㉒ Richard F.Burton 在他的 *Arabian Nights* 译本所附后记中说："在北京遭劫时，后宫〔1〕中放有一些小球，样子比旧式步枪子弹稍大，用薄银片制成，内有类似 grelot 的活动的小铜丸，女子把它们放入阴唇，在床上上下运动就会感到其乐无穷。"（The Heritage Press ed., New York 1934, vol.VI, p.3770）。关于这些东西在欧洲的传播，见 Otto Stoll 的 *Das Geschlechtsleben in der Völkerspychologie*（Leipzig 1907, p.995）及 Joest Christian 的文章 *Onanisme*（收入 *Dictionnaire Encyclopé-dique des Sciences Medicales*）等。

㉓ 见拙作 *T'ang-yin-pi-shih*，p.112。

---

〔1〕 原文作 the Harims，疑为 the Harems 之讹。——译者

第七章 唐

（公元 618—907 年）

艺妓和艺妓制度

长达三个世纪之久的唐代是中国历史上最辉煌的朝代之一。无论从政治实力上看，还是从文化成就上看，中国都无疑是当时世界上最伟大的帝国。

在唐以前的动乱年代中就已进入中国的丰富多彩的中亚、印度及其他国家的外来因素，至此已被消化，融合成为统一的、兼收并蓄的中国文化。如果说中国的国家体制是在汉代定型，那么唐代则给中国文化打上了从此不可磨灭的印记。

唐首都长安（今西安）是个繁华城市，它是亚洲最大的文化中心之一，被中国其他城镇争相效仿。长安城的大小约为 30 平方英里。城市中心为包括无数院落、楼阁、佛塔、亭台、园林的宫城所占据。宫城四周，街衢纵横，各以著名的寺庙为界。来自世界各地的人都云集于此。印度佛教徒与景教徒和道士摩肩而过，撒马尔罕的商人与苏州的丝绸商接踵而行。来自全国各地志在进取的人也云集于此,年轻的学者为考取进士来参加三年一度的科举考试,浪游的武士来寻找雇主,诗人和画家来寻找有钱的赞助人,政客们来寻找有势力的靠山。为了招待各种各样寻欢作乐的人,酒肆妓院盛况空前,而道德风尚却江河日下。

正是年轻的文人为这个纵情声色的世界确定了基调。他们研习儒家经典,只是为了通过科举考试,而不是要身体力行。他们的惯例是,每一位中试的考生要在靠近皇宫东南角的妓院区平康里(也叫北里)请客。未中试的考生往往宁愿留在这种气味相投的环境里,也不愿回家去见父老乡亲的怒容。当时的文献生动地刻画了这个烟花世界,其中的人物类型也常常见于西方:屡试不中的考生、当铺老板、寄生食客、乡下的土财主、妓院的保镖、老鸨和拉客者。

北里的姑娘,从目不识丁的妓女到粗通文墨、能歌善舞的艺妓,等级不一。其中大多是从穷人家买来的,也有一些是掠来的,还有一些是自愿沦落烟花界。她们一旦身陷此地,便须入籍而住进高墙深院之中,按等级分配住所。然后她们还要接受各种严格的职业技巧训练,少不了要挨假母(俗称鸨母)的鞭笞。只有受雇去官家的宴会上招待客人,或者在固定的日子里去附近著名的保唐寺做法事,她们才可外出。每逢这些日子,名妓们乃盛装而出,在陪媪和丫环的簇拥下前往。城中的花花公子也集于寺中,艳羡这些花团锦簇的女子,想趁机结识她们。①

在这个奇妙复杂的天地之中,多才多艺外加美貌才是最高标准。一联佳句便可成其大名,一个错字便可毁其一生。由于每个艺妓和妓女都盼望被有身份的客人赎出,做妻做妾,因此都竭力迎合年轻文人心目中的这种最高标准。据说许多艺妓都擅长作诗,而且她们的诗有不少留传下来。不过,通常这些所谓的女诗人,每人名下仅有一两首诗,使人怀疑:她们的贡献充其量可能只是一偶得的佳句或一巧妙的构思,只是经过喜欢献殷勤的崇拜者加工才得以成诗。这些诗似乎只有少数是真的,尽管它们并非上乘之作,却也间接地使我们窥见到她们悲喜交集、流光溢彩的生活。下面我译了一首诗,是一个艺妓所写,她把此诗连同她的一束秀发赠给离别的恋人。

> 自从别后减容光，
> 半是思郎半恨郎。
> 欲识旧来云鬓样，
> 为奴开取缕金箱。

（《全唐诗》之二卷第五十四页正）

还有一首是平康里的著名艺妓赵鸾鸾所写：

> 扰扰香云湿未干，
> 鸭领蝉翼腻光寒。
> 侧边斜插黄金凤，
> 妆罢夫君带笑看。

（同上书，第六十页背）

偶尔也能见到佳句，如艺妓徐月英（见插图7）所写的联句：

> 枕前泪与阶前雨，
> 隔个窗儿滴到明。

（同上书，第六十一页背）

　　仅有两名艺妓留下了较有价值的诗集。一个是长安鱼玄机，另一个是成都薛涛。唐代是诗的黄金时代，著名的男诗人写下了无数诗篇，其中他们也以女子的口吻表达感情。但这些诗千篇一律，令人乏味，总是用些老套子描写一模一样的痛苦，常常令人感到虚伪做作。而在鱼玄机和薛涛的诗里，我们看到的却是两名有才华的女诗人在抒发自己的情感。在前几个世纪中也有几个女子写诗，但她们每人只留下了一两篇诗作，况且

插图 7　唐艺妓徐月英

许多学者还怀疑它们是否可靠。可是,上面所说的这两名艺妓所留下的约五十篇诗作,它们的风格和内容都带有鲜明的个性,显然是可靠的作品。由于她们的经历与诗作反映了那个时代的妇女地位和性关系,所以,我们在这里要稍微详细地讨论一下这两位艺妓。

鱼玄机(约844—871年)生于首都长安的一个穷苦人家。由于容貌美丽、擅长歌舞和追求享乐,她很快就与一伙寻欢作乐的年轻学者打得火热。和他们在一起,使她对文学大开眼界并开始作诗。她很快就出了名,以至可以靠情人供养,而不必正式入籍为娼。当她还很年轻时,有个年轻学者李亿娶她为妾,赶考之后携她返回故里。但他的妻子不喜欢丈夫的新欢,接着是令人焦躁不安的争吵、调停、别离,后来他们才重新团聚。读过她的许多诗篇(肯定写于这段时间),你会感到鱼玄机是个个性鲜明的多情女子,她绝不轻易放弃她所钟情的男子。她的诗显得生动活泼,别出心裁。她看不起当时爱情诗中惯用的陈辞滥调。这里我们翻译了一首她在一次离别中写给李亿的诗:

> 山路敧斜石磴危,
> 不愁行苦苦相思。
> 冰销远涧怜清韵,
> 雪远寒峰想玉姿。
> 莫听凡歌春病酒,
> 休招闲客夜贪棋。
> 如松匪石盟长在,
> 比翼连襟会肯迟。
> 虽恨独行冬尽日,
> 终期相见月圆时。
> 别君何物堪持赠,
> 泪落晴光一首诗。

(《全唐诗》之二卷十第七十五页背)

但是李亿厌倦了这个要求甚高的女人，两人的关系终于断绝。鱼玄机转而对道教发生兴趣，进京城的咸宜观当了道姑。当时许多尼庵和女道院都名声不好。它们不仅是虔诚少女的避难所，也是寡妇和无家可归的离婚女子的收容处，同时不愿入籍为娼而向往自由生活的放荡女子也投奔于此。这里常常有欢宴酒席。因为用酒食待客有利可图，寺院住持往往加以默认。在咸宜观中，鱼玄机遇到一位当时有名的年轻诗人温庭筠（主要活动于850年）。他的出名不仅是因为诗写得好，而且也是因为他的生活放荡。她爱上了他，一度形影不离地伴随他浪迹四方。但是她拴不住这个放荡不羁的诗人，终于被他抛弃。下面是当时她写给温庭筠的一首诗的前半段：

苦思搜诗灯下吟，
不眠长夜怕寒衾。
满庭木叶愁风起，
透幌纱窗惜月沈。

（《全唐诗》之二卷十第七十六页背）

鱼玄机在咸宜观恢复了放荡的生活，接待所有风雅的年轻文人和官僚，有许多风流韵事。但随着年老色衰，她的名气渐消，有势力的保护人纷纷离她而去。她穷愁潦倒，卷入与基层警官的纠纷之中。最后她被指控（可能是错误的指控）鞭打女仆至死，因而被判刑处死。

艺妓薛涛（768—831年）的个性和经历与鱼玄机形成鲜明对照。她出身于长安城中一个殷实的家庭，父亲为官，使她受到文学方面的教育。她九岁便能赋诗。传说有一次她父亲让她写一首关于树的诗，她写了一联："枝迎南北鸟，叶送往来风。"其父大为不快。因为他从此联中发现他的女儿天生有好色的气质。父亲带她到四川就任，竟死在那里，这使她陷入困窘之中。由于她喜欢奢华，又有姿色，便在成都入籍为娼，不久便因才貌出众而名声大噪。当时的一些著名诗人游四川，往往都要登门求见，如白居易（772—846年）及其挚友元稹（779—831年）。她与后者关系更深，分手之后很久仍有书信往还。她还为唐代大将军韦皋（745—805年）所宠爱，俨若他的夫人。韦皋在四川做了许多年节度使，他显然给她留下了大笔财产。韦皋死后，她隐居在成都附近浣花溪之别墅，专心致志于吟诗作画，并因发明一种诗笺而出名，后人称之为薛涛笺。她活了很大年纪，成为四川一带的引领风骚之人。

薛涛是一个成功者的范例（见插图8）。她显然深知如何处理自己的风流韵事，并不让激情妨碍实际利益。有一次她因醉酒而得罪元稹，便写了十首伤感的诗给他，以表达自己的后悔和难过，重新赢得他的宠爱。她的诗比鱼玄机的诗更为工巧，充满当时的各种时髦典故，但也比较浅薄，缺乏那位道姑诗中的才智和感染力。

下面我译了她谒巫山庙时写的一首诗。她把这里的景致与本书上文38页所说宋玉所作赋中的巫山相比。

乱猿啼处访高唐，
路入烟霞草木香。
山色未能忘宋玉，
水声犹是哭襄王。
朝朝夜夜阳台下，
为雨为云楚国亡。
惆怅庙前多少柳，
春来空斗画眉长。

（《全唐诗》之二卷十第六十三页背）

艺妓的存在已经成为一种社会制度，无论在长安还是在外省，都是风雅生活不可或缺的一部分。每一位在场面上走动的官吏和文人除妻妾外都携带一两名舞女作为随从，这已成为风尚。当妻妾留在家中时，男人宁愿带这些舞女到各地去，让她们唱歌跳舞，为宴会助兴，和替客人斟酒，活

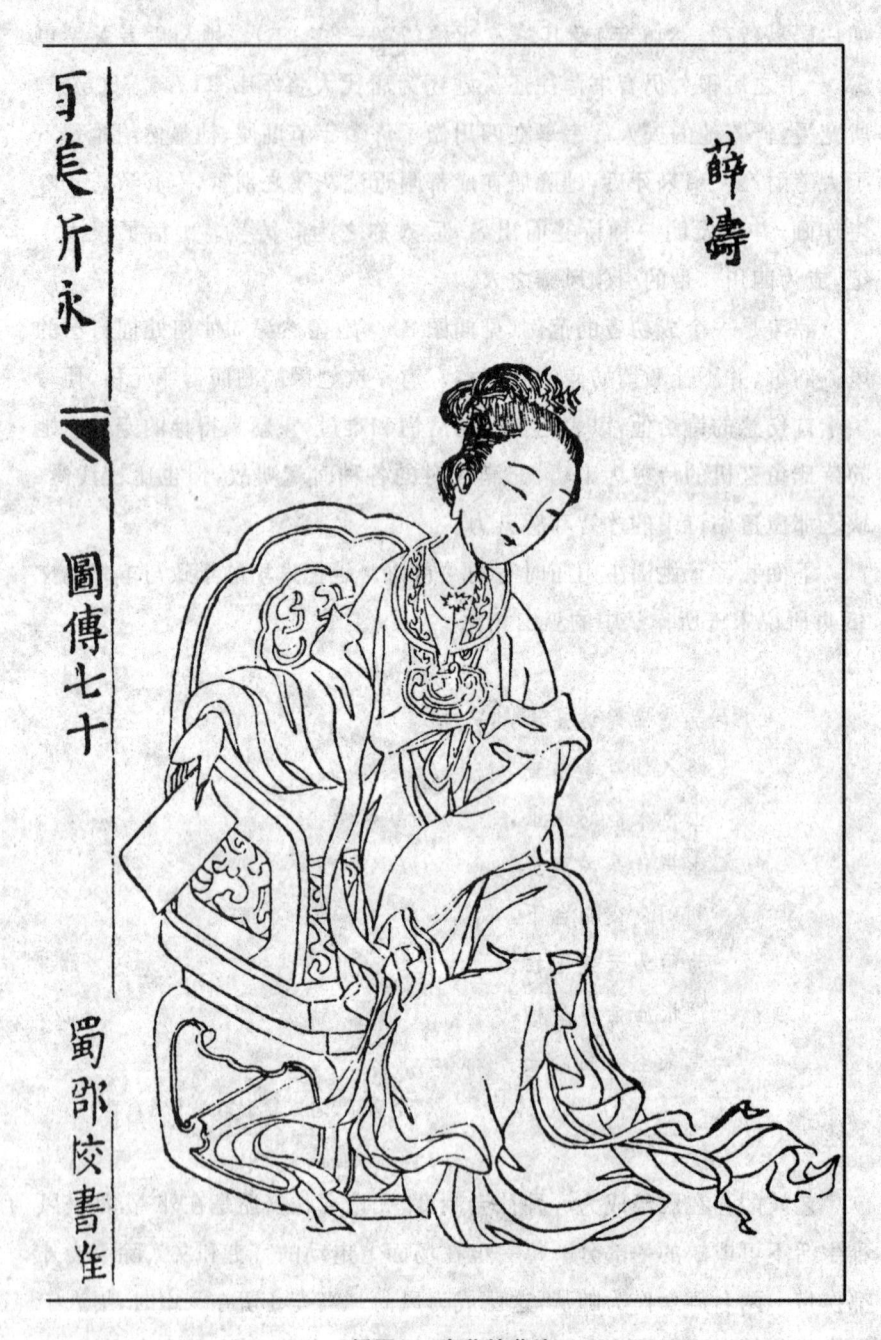

插图 8　唐艺妓薛涛

跃谈话气氛。著名诗人李太白就有两名这样的舞女,白居易前后也有好几个舞女,甚至连古板的儒家学者韩愈(768—824年)也有一名舞女形影不离。无数描写与朋友出游的诗篇都有题目如"携妓游某地而作"。

他们趣味相投的另一个原因是这些姑娘都酒量惊人。因为必须指出的是,在唐代和唐代以前,酗酒是一种尚可容忍的一般缺点。在宴会上无论男女往往都饮酒无节,甚至在宫廷和御前亦如此,街头常有醉汉争吵斗殴。就这点而言,中国的生活方式在明、清之际是完全改变了。酒精消耗量大为减少,酒醉街头被视为耻辱。19世纪来华的外国人对中国的良好印象是街头无醉鬼,甚至港口城市也是这样。而唐朝的情况却远非如此。

艺妓制度是由于社会原因所造成,正是这些原因使这种制度在以后的几个世纪中经久不衰。在第二章中,我们已经知道艺妓制度是起源于周代,当时王公畜有成群的"女乐";并且我们还了解到,拥有这种"女乐"后来已成为社会地位显赫不可缺少的标志。在第三章中,我们还知道了当经济形势的变化使畜养女乐严格限制在统治者的范围之内时,商业性的妓院却为所有掏得起钱的人提供了职业艺妓。

虽然艺妓的作用在不同时期侧重点有所不同,但可以肯定的是,人们首先看重的是其社会作用,其次才是在性方面的作用。唐代文学提到艺妓,主要把她们看作是京城和大城市(仿效大都市的社会风尚)中花花公子的相好;而同时在中上等阶层的日常生活中,艺妓也相当重要,但不那么惹人注目。官吏、文人、艺术家和商人的社会活动主要是在家外的酒楼、寺庙、妓院或风景区进行。这类聚会不仅是在同伙中消愁解闷的主要手段,也是官方和商业事务不可缺少的一部分。每个热衷于保住或晋升职位的官员总要频繁不断地宴请他的同事、上司和下属;每个阔绰的商人也要在宴会上洽谈和议定重要的买卖。唐代,妻妾是可以参加这种聚会的(虽有某些限制),②但真正无拘无束的气氛只有靠专业艺妓才能创造出来。一个官员只要能给他的上司或某个有势力的政客引见精心物色的艺妓便可确保升迁,一个商人也可用同样的手段获得急需的贷款和重要订货。显然自己的女眷是不宜为这种隐秘的目的服务的。毋庸赘述,除去某些不同之处,即使在现代西方社会也有这种情况存在。13世纪后,理学说教同蒙古占领造成的感情因素,引起实行两性隔离的趋势日益加强,在私下和公开聚会上对未经婚配的艺妓的需要便比以前更加迫切了。

高级艺妓的卖淫组织得很好。妓院老板被迫统一于行会中,向政府纳税;反过来,他们也像其他商业企业一样有资格受到政府的保护。如果一个女孩撕毁合同,就会受到政府起诉,尽管妓院老板和他们的打手完全可以由自己来应付这类事情。而另一方面,妓女们也可以告发凶残的或不公正的主人,一般她们总是通过某个有势力的崇拜者插手其间来达到目的。虽然在艺妓中也有鱼玄机这样的"业余艺妓",如前所述,她并不入籍为娼,而是自己处理自己的事务,但这是例外。业余艺妓为官方所不满,因为她们不受控制,也不纳税。假如鱼玄机是正式入籍的职业艺妓,她的官司可能不会落得如此下场。

艺妓被认为是一种正当职业,在社会中得到认可,并没有什么不光彩。与下等娼妓相反,她们不受任何社会资格问题的限制。每个城市都以它的艺妓为荣,她们经常出现在各种公开的庆祝活动中。在第八章中我们还会看到,在宋代,她们在诸如婚礼一类仪式中也有其固定的作用。当然每个艺妓的最终目标是被一个爱她的男人赎出,但那些找不到丈夫的艺妓照例也得养起来,当她们年老色衰不能接客时,便留在妓院中,靠给年轻姑娘教音乐舞蹈为生。

在注册的妓院里,姑娘们要按才能高低来分类。主要靠色相招客的通常是最下一等。她们只能合住一套房子,并受老板的严格监督。能歌善舞和具有文学天才才能成为上等妓女。她们大多有自己的卧室和客厅,虽然也必须听命于妓院老板,但享有更多的行动自由,并且可以挑选客人。走红的姑娘故意对求欢的客人拿势对老板也有好处,因为这可以提高她们的身价,使她们在出席宴会时可以索价更高。更有甚者,只要一个艺妓一旦出了名,她被富有的保护人赎出的机会也增加了,这对她本人和她的老板都有好处。

赎买名妓是一项破费不赀的买卖,但即使完全撇开感情的动机不言,对买方来说,这笔买卖也是一项划算的投资。因为聪明伶俐的姑娘在她们参加的宴会上总是注意倾听人们的谈话,并对这些谈话表现出一种恰到好处的兴趣,因而能够搜集到许多官场和商界的内部消息。如果她们喜欢赎她们出去的男人,她们就会向这个男人提出许多有价值的建议。另外,如果这个姑娘曾与某位要人有过亲密关系,买妓者常常因此得到他的特殊照顾。这个过去的保护人对现在的保护人会有一种慈父般的关心,并且乐于帮助他。特别是如果他能顺沟溜须,曲意奉承说:尽管他竭力讨她的欢心,但她总是旧情难忘……在中国的诗中,这种描写已是司空见惯。

除去社会因素外,事实上,肉欲的满足也是艺妓制度持续不衰的原因之一,但我们仍然有充分理由认为这是第二位的因素。首先,那些能够结交艺妓的人至少属于中上阶层,因此在家中也有妻妾多人。既然如前所述,他们有义务给妻妾以性满足,那就很难期望一个正常的男人竟是因性欲的驱动而与外面的女人发生性交。当然人们会有调换口味的愿望,但这只能算是偶然的胡来,并不足以说明他们与职业艺妓整天厮混的动机。浏览描写这一题材的文学作品,你会得到这样一个印象,除了必须遵守某种既定的社会习俗之外,男人常与艺妓往来,多半是为了逃避性爱,但愿能够摆脱家里的沉闷空气和出于义务的性关系。换句话说,原因其实在于他们渴望与女人建立一种无拘无束、朋友般的关系,而并不一定非得发生性关系。一个男人可以与艺妓日益亲昵,但并不一定非导致性交不可。而且如果他终于厌倦了这种关系,他可以中止它,就像开始时一样轻而易举。当然在这个"风花"世界里,也会有狂热的爱情出现。这种爱情往往会引起悲剧性的冲突。但一般说来,这种纠葛只是例外。

很多男人对艺妓的这种超然态度常常使人联想到,为什么在名妓的传记中,总是对她们的社会成就格外重视。她们的歌舞技艺和善于应对总是被首先提到,而动人的姿色总是放在第二位。甚至颇有一些著名的艺妓姿色并不出众。这也说明了,在中国诗文中,作者对他们与艺妓的关系的描写为什么总是充满伤感的情调。这部分文学作品给人的印象是,这种关系常常带有柏拉图式的味道。它还进一步说明了,为什么大多数崇拜者总是热衷于长期而复杂的求爱。显然他们的目的与其说是与意中人同床共寝(未能做到这一点,往往既不会使求爱者怨恨,也不会招人耻笑),还不如说是追求一种优雅的娱乐和在风月场中扬名。

我认为在男人与艺妓的关系中性交只占次要地位,这一观点还可从高级妓女的经济状况得到证实。一个女孩一生有两次可赚大钱。第一次是在她作为处女初入妓院掌握了接客技巧并破身之后,为她破身的客人必须付一大笔钱,并在女孩的屋里举行一次豪华的宴会。第二次是在她被赎出时。不过,妓院的日常收入却是靠在妓院内包办筵席和由艺妓在这些宴会或其他地方的宴会上待客赚来的钱。与姑娘过夜所付的费用仅占妓院总收入的一部分。当然,事实上这里也有供倾心的客人同姑娘性交的一般设备。但尽管与下等艺妓过夜比较容易,可是要染指多才多艺的一流艺妓,却是件相当复杂的事。首先需要带见面礼表示求爱,取得老板和姑娘本人的同意。然后,谨慎的求爱者无论在什么情况下都要首先弄清这个姑娘是否同什么有势力的人发生过关系。因为你若想同这样的女子睡觉,就得听凭她的摆布,你永远摸不准她是否会把这种求爱告给她当时的保护人或怎样向他讲,虽然有些保护人会认为这是讨好,但另一些人却会认为是冒犯。似乎老板和姑娘都不去特意鼓励发生性关系,因为这类收入甚至比侍宴的收入还少,相反,却会冒使姑娘生病或怀孕的危险。

关于性病,我们在第十章中将会看到,显然梅毒是16世纪才传入中国。但是这一时期的医学文献却表明,在唐代和唐代以前有一些较轻的性病存在,尤其是淋病。文中精确地描述了男女生殖器官典型部位的慢性溃疡、尿道狭窄和类似淋病的症状。虽然这些小病当时还没有被认为是由性交传染,但唐代的医生确实认识到,正是堕落的乱交助长了传染病的传播。

由于艺妓会怀孕,大多数接生婆都熟谙某些残酷的流产方法,如果有小孩生下来,老板往往会让人照料,虽然杀婴也是常见之事。所有这些因素合在一起,全都说明把客人与艺妓的性交限制在最低限度内是很有必要的。

以上我们只讲了上等艺妓。但在唐代和唐代以前可能还存在着为满足平民的性需要的下等廉价妓院。然而，由于这类去处不在文人和史学家注意的范围之内，所以在当时的文献中实际上并没有留下任何有关材料。只是在宋代和明代的文献中才偶尔提到这类机构，这点我们将在第八章中看到。

也许这种低级妓院是来源于官办妓院或与之有关。官办妓院的姑娘主要从三种女子中招来，即：(1)判为官妓的女犯人；(2)犯人的女性亲属，她们受到"籍没"的处罚，即将犯人的所有近亲都变为奴隶；(3)女战俘。这些女子因而沦为"社会贱民"，成为一个特殊的社会群体，她们的身份要由法律来确立，其成员要遵守各种资格规定，如不得嫁给其他阶层的人。因此这些妓女的地位与艺妓有根本不同，艺妓的为奴不是根据法律裁定，而是基于私人的商业交易，而且只要被赎或还清主人的债务，她们还会重获自由。可是沦为"社会贱民"的妓女却注定要为军队和各种文职部门的下层官吏服务。当然这些女子的命运是可怕的，她们要想逃脱这种悲惨的生活，只能等待政府大赦，或者被某个大官看中，带她回家。正如我们将在第八章中所看到的，宋代官员可以从政府购买或租用这类女子。

然而人们的印象是，商妓和官妓的界限并不总是可以截然划分，在不同的时间和不同的地点往往难以确定。中国妓女的历史是个很少有人了解的问题。还在18世纪，日本就已出现过若干涉猎面广而且资料翔实的日本妓女史，但清代文人过分假正经，妨碍了他们对中国妓女做同样的历史研究。他们充其量只不过是去写一些随笔短文，描写从前或后来某些名妓的生活。希望有一天会有一位现代学者对这个复杂问题做专门研究。

这种研究一方面应该包括商妓和官妓的关系，另一方面应涉及宫女的选送。古书通常只笼统地说"被送入宫"。似乎宫女是由外省、外国和蕃邦所选女子，或一心想巴结皇上的显赫家族的女儿，以及内府募选的女子所组成。内府官员总是遍访全国，搜寻姿色佳丽、多才多艺的女子，甚至对商妓和官妓也并不歧视。当他们搜罗到一大批这种女子，便由太监和保姆加以分类。最佳者选送入宫，精于艺者输于教坊，其余派作宫中杂役。不过,我要重申,这里所说只代表我从中国文献当中得来的一般印象,它们还有许多保留,有待于做进一步的专门考察。

住房、家具和服饰　武则天与杨贵妃

各种能使生活过得舒适愉快的设备发展很快。在中亚的影响下,人们开始使用一种折椅,人们也坐雕花髹漆的矮凳。在汉代和六朝时期,这类家具仅有一两英寸高,只不过像是用木制框架加高的席子(见图版3),可是现在却有了两三英尺高的真正的凳子和软椅,可用来坐或倚靠。另外,还有各种各样的矮桌和木橱。地上铺草席和地毯,人们仍然脱鞋进屋。在屋里他们穿厚底袜在地上走,这种厚底袜与日本的足袋不无相似。墙和天花板皆彩绘,活动屏风上绘有字画。

当时的绘画和葬俑使我们对唐代服装有一个大致印象。男女的外衣即长袍与以前相同,夏为单衣,冬为夹衣。衣袍里面,男女都穿长裤。

女子的长袍与日本的和服相仿(和服实际上是来源于唐装)。③但除此之外,唐代女子还穿一种类似围裙的外衣,在胸以下用一条绸带系住。这种围裙似乎并未传入日本,但在今天的朝鲜,却仍然是女子服装中不可缺少的一部分。

图版6是唐代画家周昉所作画卷中的一部分。周昉主要活动于约800年,尤以人物画著称。画中表现的是一妇人盘腿而坐,置琴其上,正在调琴。她用右手调柱,左手试弦。旁边有一女仆侍立,手擎托盘。妇人一身室内打扮,穿着刚才提到的那种围裙式的外衣,衣服显然是用粗布做成。头发盘成发髻。女仆系着一条腰带,在腰上缠绕数圈,在前面打结。这种腰带是日本带的原型。日本妇女系它是在背后打一个精巧的蝴蝶结,但是旧式的艺妓服装却仍像唐代的中国服装那样,把结打在前面。

图版7也是周昉所作画卷的一部分,表现的是一个宫女正在嬉戏。画中的宫女正在用一柄长把的麈尾逗弄小狗。她里边穿一件绣花丝绸长袍,外着淡红色丝绸围裙,胸以下用一条窄绸带系紧。外面还罩着一件宽

松的半透明的长袍,透过长袍裸露的肩膀依稀可见,肩上披一条锦缎披帛。在敦煌发现的唐晚期和宋初的绘画中,身着礼服的女人肩上常有一条长长的披帛,一直拖曳至地(见图版 11)。④这种长披帛似乎在女人礼服中已成为必不可少的一部分。头发高高盘成发髻,上面插一朵大花,前面悬挂珠串。钗很简单,只能看到伸出头发之外弯曲的一端。请注意画上毫不掩饰的袒胸露肩和用钴蓝画成的两簇眉毛。

嘴唇上涂着唇膏,脸颊上和眼睛下涂着一大片显眼的红斑。红靥和黑靥,点在额头、下巴和脸颊上。据一个唐代作家的说法,靥本来是用来遮盖烙印的,他说嫉妒的妻子出于怨恨或为了惩罚某一过失会在妾的脸上烙上烙印。⑤女人还常常用黄油膏在额上点一个月牙形的"美人痣",叫"黄星靥"或"眉间黄"。⑥这种风气一直延续到明代,明代的著名艺术家唐寅(1470—1523 年)画的女人,额上几乎都有这种黄点。但这种风气似乎在清代逐渐消失。此外作为个人的装饰,妇女还戴耳环、项链、手镯和戒指。

值得注意的是,女子的脖子是裸露的,大部分胸部也常常裸露在外。尤其是舞女更是如此。葬俑也证明她们只穿一件开胸的薄衫,在胸部下面用一条带子系紧,下为拖曳的喇叭状褶裙。袖子极长,飘甩的长袖在舞蹈中很重要,并常常见于诗文描写。插图 9 是一个胸部半裸的舞女。但其他葬俑证明,女子常常袒胸而舞。显然唐代的中国人并不反对袒露颈部和胸部。可是在宋代和宋以后,胸部和颈部都先是用衣衫的上缘遮盖起来,后是用内衣高而紧的领子遮盖起来。直到今天,高领仍是中国女装的一个显著特点。

男人在屋里穿宽松肥大的裤子,外着带长袖的袍子。右襟掩左襟,用一条绸带从腰间系紧。所以男女服装基本上是相同的。出门时,男子还要加一件长袍,比里面那件稍小,好让衣襟的上缘在颈部露出,它的袖头也露在外面,常常卷起,好像宽宽的袖口。他们把自己的长发盘起

插图 9 唐舞女俑线图

在头顶打结，用簪子别好，上面套上紧绷绷的乌纱网，在后脑勺系紧，发网系带的两端或者下垂，或者浆过像翅膀一样伸出。他们还佩戴同样材料做成的乌纱帽，形状大小各异。所有这些头饰在屋里一直戴着，即使在卧室之中狎戏亦不除去，除帽只是在上床时。有些春宫画甚至表现男子在床上行房也戴着帽子，但是这也许是故作诙谐。

男子的正式服装是在其他长袍外再罩上一件锦缎或丝绸绣花的长袍，颈部有宽而高的领子竖起，腰部的皮带以玉片或角片为饰。帽子的形状、长衫的式样和腰带的类型代表了他们的官阶，正像各种腰牌一样。高级官员的帽子绣花描金，前面正中嵌玉或宝石。⑦

图版8是日本人临摹唐画卷《地狱十王》的一部分，一位地方官骑在马上，有两个衙役相随。他头戴双翅官帽，外衫带高领，颜色较浅的内衫下摆可见。敦煌壁画所见穿官服的男子画像可以证明，浅色的内衫总是从外衫旁边的叉口露出。值得注意的是宽松的裤子一直垂到马靴上。两名衙役穿着较短、类似上衣的外衫和草鞋。前面的持棒，后面的拿着长官的剑。

地位高的男女都穿翘头的鞋靴。女子缠足的习俗这时还不存在。读者要想进一步了解唐代后期男女服装的情况，可参看本书下文236页有关宋初服装的描述。宋初服装与唐代晚期的服装大体相像。

至于当时人们理想的美男和美女，你会注意到，男人追求的是赳赳武夫式的外表。他们喜欢浓密的须髯和长髭，崇尚强健的体魄。文武官员都学习射箭、骑马、剑术和拳击，擅其术者备受赞扬。当时的绘画，如图版6、图版7中周昉的画，说明男人喜欢健壮结实的女子，脸圆而丰腴，乳房发达，腰细而臀肥。这种嗜好也见于古代日本，平安时代画卷中的女子正如唐代绘画中的女子一样丰腴。然而，这一理想后来很快就改变了。北宋时代，人们开始喜欢苗条的女子。大诗人苏轼（更为人熟知的名称是苏东坡）看到周昉的一幅女人画像时曾说：

    书生老眼省见稀，
     画图但怪周昉肥。⑧

在第十章中我们将看到,明代末年,男性美和女性美的理想标准是走了另一极端,并一直流行于其后的清代。瓜子脸、弱不禁风的女子被认为最美。而德川时代的日本人再一次附和了这一风气,这可以从后期浮世绘中的瘦弱女子看得很清楚。

唐朝的宫廷生活空前豪奢。按宫廷礼仪,各种有音乐舞蹈助兴的宴会常年不断,宴会上喝掉的酒数量惊人。宫中专门划出一个特殊场所训练这些宴会所需的舞女、乐师、戏子和杂技演员,这一场所叫作"教坊",除中国艺人之外,还有数以百计的中亚、印度、朝鲜和印度支那的歌手和舞蹈家也住在其中。

统治者一度喜欢道教,后来又喜欢佛教,宗教庆典皆盛大隆重。儒家经典被官方指定为科举的依据,儒家学者对国家事务有极大的影响力。但在宫廷和平民百姓的日常生活中,他们的教义却没有多大作用。

皇帝的性关系要服从于比以前更为繁缛的仪文规定。后宫女子数量的日益增多使精细的簿记成为必要:每次性交的日期和时辰,每个女子的行经日期及怀孕的最初征兆,都要详细记录下来。必须采取特殊的办法以防把她们弄混。张泌(主要活动于约 940 年)在《妆楼记》中说开元初(713—741 年)每个与皇帝睡过觉的女子臂上皆钤有一特殊印记"风月长新"(指男女戏嬉)。印记是用一种肉桂油调成的印泥盖上去的,难以擦掉(《龙威丛书》本,7 页正)。没有这种印记,宫中女子便无法证明曾有幸于上。同书还提到一些表示行经的美称,如"红潮"、"桃花癸水"和"入月"。宫中性关系的气氛是无拘无束的。皇帝常常与女子在宫中裸浴。

由于君王与女子嬉戏易遭暗算,所以采取了严密的安全措施。所有通向内寝的门全部上闩,并有重兵把守。为了防止女子袭击皇帝,宫中旧例,凡与君王同床的女子均被裸体裹于被中,由一太监背入。用这种方法,她便不可能随身携带任何武器到达那里。此例肯定存在于明、清时期,但也许起源还要早得多(见《清朝野史大观》,上海1921年,卷一,112 页)。

女子的卧房正像以前一样是阴谋的巢穴,每个女子都竭尽全力来讨君王的欢心。有两位女子以其美貌和个性而爬到最高地位,在中国历史上出了大名。

第一个是武曌,当她还是太宗才人时便以上文 168 页所说的方法而与太子有私。及其幸于高宗,竟杀死自己的孩子,反诬是皇后和皇帝的另一个宠妃所为。皇帝因此把这两个女子投入狱中,于 655 年立武曌为后。但他仍不能忘情于这两个被废黜的后妃,故武曌把她们拖出牢房,重笞,断去手足,沉入酒缸。皇帝一死,武后篡夺了全部权力,以铁腕统治全国。她的私生活极为淫荡。皇帝在世时,她曾劝他在卧榻四周安上许多镜子,常常在白天与他嬉戏其间。有一次,帝独坐,名将刘仁轨(601—685 年)来见。仁轨见帝坐于镜间,大恐,曰:"天无二日,土无二王。臣独见四壁有数天子,不祥莫大焉。"[1]帝乃使人去镜。但他一死,武后又开始干她的各种风流勾当,重新安放了这些镜子。她想必是个精力过人的女子,近七十岁时,她还与一个叫张昌宗的年轻人鬼混。这个年轻人给她做了八年情夫,常常涂脂抹粉出入宫中。关于这位女皇的风流韵事,杨廉夫有诗刺之,曰:

> 镜殿青春秘戏多,
> 玉肌相照影相摩。
> 六郎酣战明空笑,
> 队队鸳鸯漾绿波。[2]

"六郎"指张昌宗,"明空"表面上指镜子,而实际上是指武后。因为"明"字和"空"字相叠正好就是她自创用来表示其名字的"曌"字。[9]总的说来,她是一个非凡的女人。尽管她淫荡而残酷,却治国有方。

第二个成功的例子是杨贵妃。她名叫"玉环",本是明皇(712—755

---

[1] 见《少室山房笔丛·艺林学山》四。——译者
[2] 见《少室山房笔丛·艺林学山》四。——译者

年)之子的妃子。明皇作为艺术和文学的赞助人很有名。据说杨贵妃是个冰肌玉肤的绝色美人,但却正如当时的风尚,稍胖。不久,她被老皇帝据为己有,受到宠爱,位益尊,745年封贵妃。明皇对她百依百顺。她的三个姊妹亦入后宫而见幸,一个堂兄被任命为大臣。皇帝爱欣赏她沐浴时的玉体,为她在陕西的一个温泉胜地建造了华清宫,每年都携她前往。但当安禄山叛乱时,她的好运却不幸中断。756年,叛军近抵首都,皇帝携后宫出逃。途中,他手下的兵众非要杨贵妃的头,因为他们一致认为,这个女人乃国运衰落的祸根。皇帝只好把她交出来,她与她的姊妹一起被杀。当安禄山被勤王的军队击败后,明皇得归,但他却无法忘掉杨贵妃,遗恨终生。这个悲剧在白居易的著名诗篇《长恨歌》中有生动描写,清代戏曲家洪昇(1645—1704年)也写了一部描写此事的伟大剧作《长生殿》,至今犹流行于中国的舞台上。⑩

至于公主,她们的婚姻构成了政府内外政策的一部分。驸马选自忠于皇上的名门子孙,或政府所欲怀柔羁縻的外国统治者。不少公主远嫁外邦藩酋。她们在那里往往过得很不愉快。最典型的例子是细君公主。她在约公元100年嫁给乌孙王,到达后写了一首在中国文学中很著名的思乡诗(见《古今姓氏族谱》2346)。不过,公元641年唐文成公主与吐蕃王松赞干布的婚姻倒是一个成功的例子。这一政治联姻使汉藏之间的紧张关系得到改善。她在西藏居住的四十年间,为这个高山王国引进了许多中国文化的东西。

有时为了策略上的考虑,王子也娶外国公主为妻。著名的例子是突厥默啜汗想招唐王子入赘。廷臣认为这是一个非礼的要求,但是武后却想把她的从弟武延秀送给可汗以达成妥协。但可汗只想要出自唐朝皇胄的王子,而把可怜的武延秀囚禁了起来。

房中书:《房内补益》与《大乐赋》

唐代的作家,无论是写严肃的文学题材还是轻松的文学题材,都可以自由地讨论性问题。不仅上述各种房中书广泛流传,而且还有新的作品问世。《大乐赋》(见下)除了引用《洞玄子》和《素女经》这类著名的旧房中书之外,还引用了内容已不知其详的《交接经》。

在《新唐书·艺文志》(卷五九)中,绝大部分旧房中书皆收于医书类。其三十四页正(乾隆版)提到《彭祖养性经》一卷和张湛《养生要集》十卷(见上121页)。其三十六页正列有葛氏《房中秘书》一卷(见上121页第四种)和张鼎辑冲和子《玉房秘诀》十卷。冲和子曾见于《医心方》引文。房中术在唐代很明确是作为医学的一个分支。

因此,唐代的大部分医书都有专门讲房中术的章节。不过,有些作家在诗文中也以戏谑的口吻插入一些性描写用来逗乐。唐代文学中的这类体裁与房中书中的严肃讨论无关,但却为中国色情文学开了先河。

有位唐代医师对他所知的性问题做了广泛讨论,见于医书《千金要方》。其有关章节题为《房内补益》,似可译为"Healthy Sex Life"(健康的性生活)。

该书作者是著名道教医师孙思邈,他生活于公元601—682年。孙氏原稿分为三十卷,印于宋代(1066年),并于元代(1307年)重印。明代还出现了九十三卷本,1544年由学者兼官僚乔世宁出版,并于1604年重印。明本亦重印于日本。这段版本史表明,此书在中国国内和国外的医学界是何等风靡。

以下是关于《房内补益》节内容的大致说明,为了方便读者,兹分为18段。

一、论曰,人生四十已下,多有放恣。四十以上,即顿觉气力一时衰退。衰退既至,众病蜂起,久而不治,遂至不救。所以彭祖曰:"以人疗人,真得其真。"故年至四十,须识房中之术。

二、夫房中术者,其道甚近,而人莫能行。其法一夕御十人,闭固为谨。此房中之术毕也。

非欲务于淫佚,苟求快意。务存节欲,以广养生也。非苟欲强身,以行女色,以纵情意,在补益以遣疾也。此房中之微旨也。

接下去一段是讲年轻时要房事有节,以及不射精的重要性。第四段是描写适于与之性交的女子的特征,与旧房中书所述一脉相承。例如,它说:"凡妇人不必须有颜色妍丽,但得少年未经生乳,多肌肉,益也。"第五段指出性交准备活动的重要和仓促性交的危害。第六段是强调频繁更换性交伙伴,可翻译如下:

六、人常御一女,阴气转弱,为益亦少。阳道法火,阴家法水。水能制火,阴亦消阳。久用不止,阴气逾阳,阳则转损,所得不补所失。但能御十二女,而不复施泻者,令人不老,有美色。若御九十三女而自固者,年万岁矣。

第七段和第八段是进一步详细论述这一点。第九段是特别有趣的一段,因为它详细讨论了"回精术",其文曰:

九、凡欲施泻者,当闭口张目,闭气握固。两手左右上下,缩鼻取气,又缩下部,及吸腹,小偃脊膂,急以左手中两指,抑屏翳穴,长吐气,并琢齿千遍。则精上补脑,使人长生。若精妄出,则损神也。

《仙经》曰:令人长生不老,先与女戏,饮玉浆。玉浆,口中津也。使男女感动,以左手握持,思在丹田中有赤气,内黄外白,变为日月,徘徊丹田中,俱入泥垣,⑪两半合成一。因闭气深内,勿出入,但上下徐徐咽气。情动欲出,急退之。此非上士有智者,不能行也。

其丹田在脐下三寸,泥垣者在头中,对两目直入。内思作日月,想合径三寸许,两半放形而一,谓日月相搶者也。虽出入,仍思念所作者勿废,佳也。

上面这段话,下文还要做详细讨论。接下去我们可以发现,第十段是用寥寥数语概括上述各段。第十一段列举了控制射精的好处,然后是与《医心方》引文第十九节相仿的一个表。第十二段和第十三段讲了一个很有名的故事,这个故事在中国医书中常常被引用:

十二、凡人气力,自有盛而过人者,亦不可抑忍。久而不泄,致生痈疽。若年过六十强,有数旬不得交合,意中平平者,自可闭固也。

昔贞观初(627—629年),有一野老,年七十余,诣余云:"数日来阳气益盛,思与家妪昼寝,春事皆成,未知垂老有此。为善恶耶?"余答之曰:"是大不祥。子独不闻膏火乎?夫膏火之将竭也,必先暗而后明。明止则灭。今足下年迈桑榆,久当闭精息欲,兹忽春情猛发,岂非反常耶?窃为足下忧之,子其勉欤!"后四旬发病而死。此其不慎之效也。如斯之辈非一,且疏一人,以勗将来耳。

十三、所以善摄生者,凡觉阳事辄盛,必谨而抑之,不可纵心竭意,以自贼也。若一度制得,则一度火灭,一度增油。若不能制,纵情施泻,即是膏火将灭,更去其油。可不深自防所患?人少年时不知道,知道亦不能信行之。至老乃知道,便已晚矣,病难养也。晚而自保,犹得延年益寿。若年少壮而能行道者,神仙速矣。

十四、或曰:年未六十,当闭精守一。为可尔否?曰:不然。男不可无女,女不可无男。无女则意动,意动则神劳,神劳则损寿。若念真正无可思者,则大佳,长生也,然而万无一有。强抑郁闭之,难持易失,使人漏精尿浊,以致鬼交之病,损一而当百也。

然后第十五段列举了行房日期和地点的禁忌,与《医心方》引文的第二十四节相似。第十六段是讲优生学,第十七段列有妇女易于受孕的详细日期表。作为最后一段的第十八段是讲一些其他的禁忌。如,水银不可靠近女子的阴道,否则会造成不育;男子应避免接触生鹿肉,否则会造成阳萎。

上述引文表明,孙思邈的考察与旧房中书的内容完全相符。不过,他的文章中有三点是新的。

首先,孙氏提出,对男子来说,四十岁是一个重要关头,它是男子性生活和整个身体状况的一个转折点。这个观点是旧房中书所未见。

第二点,我们从上文已知,房中书建议在性交中用压迫尿道的办法来防止射精(《医心方》引文第十八节)。而孙氏认为压迫屏翳穴亦有同效。屏翳穴是古针灸学的术语。讲针灸术的书列举了人体表面的几百个"穴",

插图 10 "生命之流"

在穴位上用针刺或艾灸可以治病消痛。屏翳穴位于右乳上约一吋,亦称"阳中有阴"[1]。另一个被认为与男子性反应有直接关系的穴位是三阳穴,位于腿部距足跟以上八吋,灸此穴会减弱男子的性能力。⑫

第三点,孙氏说"回精术"的过程会使男女之精——即日月之象在脑中会合。这意味着若性交得法,会使男子达到一种"抱雄守雌"的精神状态,因而长生不老。这个观点也是旧房中书所未见。

另一篇唐代作品对"回精术"也有耐人寻味的描述。它见于一个叫邓云子的人为道士裴玄仁所写的传记之中,见于道书《云笈七籤》的传记部分(《四部丛刊》本第二七册,卷一〇五)。⑬由于这段文章文体艰涩,充满道教术语,我的译文是有待改进的。首先它说此法当择日而行,并应选在后半夜,是时双方均不得饮酒或食油腻,否则有害无益。其文曰:

> 当精思远念,于是男女可行长生之道。其法要秘,非贤勿传。使男女并取生气,含养精血,此非外法,专采阴益阳也。若行之如法,则气液云行,精醴凝和,不期老少之皆返童矣。凡入靖,先须忘形。忘形,然后叩齿七通而咒曰:"白元金精,五华敷生。中央黄老君,和魂摄精。皇上太真,凝液骨灵。无上太真,六气内缠。上精玄老,还神补脑。使我会合,铄胎守宝。"祝毕,男子守肾固精炼炁,从夹脊遡上泥丸,号曰"还元"。女子守心养神,炼火不动,以两乳炁下肾,夹肾上行,亦到泥丸,号曰"化真"。养之丹扃,百日通灵,若久久行之,自然成真,长生住世,不死之道也。

这段话是把性交当作延年益寿的不二法门来描述,其目的并不在于获得子嗣,而仅仅在于使男女双方同样受益。无论男人或女人,都不应达到高潮,此法是一种炼丹术,借此男精女血才能升华为气,沿着脊柱上行。它把这一过程说成是对男女双方同样有益,这是比较罕见的。正如我们

---

[1] 屏翳穴乃会阴,此误以屋翳穴当之。——译者

在上文所见，通常其他文献总是强调这一过程对男子如何有益，而对于女子，则只限于说它会激起阴气的活跃。

明代有些医书用图来表示男子身体上的脉络。这种脉络叫"黄河"，使精沿着这条路上升叫"黄河逆流"。插图10所印是明《性命圭旨》中的一幅画。"黄河"通常皆作从头顶顺脊柱而下，直至生殖器，在"倒流法"中，精却是从生殖器顺脊柱而上，直至头顶的穴位。此图标出了这一脉络中最重要的几个部位。首先精至于肾，用一个半圆表示。按中国人的看法，肾对男女性生活有重要作用。通向肾的入口叫"幽阙"，出口叫"密户"。与肾相对，在身体前面标有脐，脐下有"命门"与"生门"，即前列腺和精囊。肾以上的脊柱叫"五堂关"。再往上有三根神经通向心脏。然后"黄河"经"髓海"即后脑，至于"泥丸"穴，即头顶上元气的顶点。

同书的另一些图，画的是善于回精的道士，行法时，头顶若有日月出现。

熟悉梵文文献的人会发现，孙思邈所描述的"回精"术与密教，特别是瑜伽术中的贡荼利尼（Kundalinī-yoga）[1]极为相似。中国的房中秘术和印度的房中秘术，两个体系之间肯定存在某种历史联系。但是，现在要想追溯这种联系未免离题太远，对此有兴趣的读者可以在本书附录一中找到有关材料。

唐代流行的房中书中绘有各种性交姿势的插图。这可由诸如唐《大乐赋》中提到的插图本《素女经》得到证明。据我所知，这些插图没有一部保存下来。虽然日本常常可以为我们提供在中国早已散失或废弃的材料，但在这一问题上也帮不了忙。日本保留的最早的春宫画卷是《灌顶之卷》，也叫《小柴垣草纸》。这一画卷为十六张一套，画的是平安时代（781—1183年）一朝臣与一妇人性交的各种姿势，并附有日语注释。其最早的摹本出自13世纪的画家住吉庆思之手，但据说这一摹本是据公元900年的原本。画卷纯为日本风格，带有所有日本古代和后期春宫画的特点，画有夸张放大了的性器官。另外，画上的注释没有提到中国的房中

---

[1] 贡荼利尼是瑜伽密宗教义中的宇宙活力。——译者

书。因此,尽管在平安时代日本人往往模仿中国风格,但这个特殊问题却是一个例外。

然而,除房中书所附插图之外,唐代已有不附注释文字的单行春宫画卷。约1600年,上文所说著名唐代画家周昉所作此类画中的一幅画为晚明画家张丑得到。张丑不但是一个有创造性的艺术家,还是一个了不起的古书画收藏家。1616年他出了一本带注的自藏书画图录,叫《清河书画舫》,这本书至今仍常常被中国绘画艺术研究者所引用。由于检查制度,张丑不敢把他对周昉春宫画的描述收入《清河书画舫》中,但近代考古学家邓之诚却发现了该书注文的一个钞本,把它收入1923年出版的《骨董琐记》卷六。

张丑说,周昉的画是用彩色画在绢上,题为《春宵秘戏图》。他是从太原王氏买来。显然它画的是一个帝王与他的一位妃子正在做爱,有两个女官在帮忙,还有两个女官侍立在旁。下面是张丑对这幅画的解释。

乃周昉景元所画,鸥波亭主(即元代著名画家赵孟頫,1254—1322年,也以其春宫画著称)所藏。或云天后,或云太真妃,疑不能明也。传闻昉画画妇女多为丰肌秀骨,不作纤纤婷婷之形。今图中所貌,目波澄鲜,眉妩连卷,朱唇皓齿,修耳悬鼻,辅靥颐颔,位置均适,且肌理腻洁,筑脂刻玉,阴沟渥丹,火齐欲吐,[14]抑何态秾意远也。及考粧束服饰,男子则远游冠、丝革靴,而具帝王之相;女妇则望仙髻、绫波袜,而备后妃之容;姬侍则翠翘束带,压襂方履,而有官禁气象。种种点缀,沉著古雅,非唐世莫有矣。

夫秘戏之称,不知始于何代。自太史公撰列传,周仁以得幸景帝入卧内,于后官秘戏而仁常在旁。[15]杜子美制宫词,亦有"宫中行乐秘,料得少人知"之句,则秘戏名目其来已久,而非始于近世耳。

按前世之图秘戏也,例写男女二人相偎倚作私亵之状止矣。然有不露阴道者,如景元创立新图,以一男御一女,两小鬟扶持之,一侍姬当前,力抵御女之坐具,而又一侍姬尾其后,手推男背以就之,五女一男鬻戏不休。是诚古来图画所未有者耶。

第二段和第三段可以说明晚唐儒家对色情材料的压制和检查是何等有效。1600年前后，像张丑这样在行的鉴赏家对古房中书竟至一无所知，否则他便不会对周昉在一幅春宫画中表现一男数女表示惊讶了。而且显然他也不知道文献中还有其他许多地方也提到了"秘戏"一词。

唐以前，色情文学通常都带有说教性。无论房中书或道家丹书，都不是用来取悦读者的。而在唐代，以诙谐的口吻写性题材的色情文学也有了市场。此类中短篇小说广为流传。不过，在随后的几个世纪中，它们绝大部分都被删除或销毁了。敦煌的发现使我们对这一时期色情题材书籍的多样性有了一个大致了解。这些手稿中的一部分现存于不列颠博物馆的斯坦因(Stein)藏品中和巴黎，一部分在中国和日本的私人手中。其中有一件最重要的手稿可以从一部精美的印本中找到，这就是《大乐赋》。

此件是伯希和(P.Pelliot)发现的，现存于巴黎的敦煌藏品中。中国的巡抚端方(1861—1911年)请人把它拍摄下来，1913年著名古物收藏家罗振玉(1866—1940年)把它作为《敦煌石室遗书》的一部分在北京出版了一个珂罗版。有个自题"骑鹤散人"的学者在书后加有跋尾。

这件手稿保存不佳。显然抄写它的唐代抄手是个文化不高的人，他并不理解原文的内容。因此文中充满讹误脱衍。文末缺，但显然仅缺大约一页左右。

上文讲《医心方》时所提到的近代学者叶德辉对这个珂罗版做了仔细研究，于1914年在《双梅景闇丛书》中发表了一个加有注释的释文。他订正了许多讹误，但仍留下大量工作有待完成。我在《秘戏图考》卷二印有叶氏释文，连带我的校正，为读者方便，分为十五节。这便是下述译文所据之本。

这篇短文的全名是《天地阴阳交欢大乐赋》。上有"白行简"(卒于826年)的署名，即唐代大诗人白居易的弟弟。我看不出有什么充分的理由可以像珂罗版跋尾题写者那样怀疑白行简是否为作者。白行简名气不大，并不值得二三流作家借用他的名字以提高身价。

此文文风优美，而且还提供了许多有关唐代风俗、习惯、俚语的饶有趣味的资料。下面是个内容提要：

《大乐赋》

第一、二节先述天地阴阳交会之道。男女交接为人之大乐。官爵功名徒增伤悲。故作者打算不避烦细，尽述性交之快乐。"始自童稚之岁，卒乎人事之终，虽则猥谈，理标佳境。具人之所乐，莫乐于此，所以名《大乐赋》。至于俚俗音号，辄无隐讳焉，唯迎笑于一时。"(《秘戏图考》75页10—13行)

第三，讲男女从出生到青春期的变化。"忽皮开则头露(原注：男也)，俄肉伵而突起(原注：女也)。时迁岁改，生戢戢之乌毛(原注：男也)；日往月来，流涓涓之红水(原注：女也)。"(《秘戏图考》76页3—4行)注文为白行简自注，用小字直接书于相应段落下。

及男孩女孩发育成熟，乃择偶、交换聘礼。

第四，讲新婚之夜，"于是青春之夜，红炜之下"(《秘戏图考》76页12行)。"乃出朱雀，揽红裤，抬素足，抚玉臀。女握男茎，而女心忒忒；男含女舌，而男意昏昏。方以津液涂抹，上下揩擦。含情仰受，缝微绽而不知；用力前冲，茎突入而如割。观其童开点点，精漏汪汪。六带用拭，承筐是将，然乃成于夫妇。所谓合乎阴阳，从兹一度，永无闭固。"(《秘戏图考》76页13—14行，77页1—4行)

第五，为对性交过程更为详细的描述。"或高楼月夜，或闲窗早暮，读素女之经，看隐侧之铺。立鄣圆施，倚枕横布。美人乃脱罗裙，解绣袴。颏似花团，腰如束素。情宛转以潜舒，眼低迷而下顾。初变体而拍搦，后从头而捋揳。或掀脚而过肩，或宣裙而至肚。[16]然更呜口啃舌，碜勒高抬。玉茎振怒而头举，金沟颤慑而唇开。屹若孤峰，似嵯峨之挞坝；湛如幽谷，动赹赹之鸡台。[17]于是精液流渧，淫水洋溢。女伏枕而支腰，男据床而峻膝。玉茎乃上下来去，左右揩抂。阳峰直入,邂逅过于琴弦。阴干斜冲,参差磨于谷实。莫不上刿下刺,侧拗傍揩。臀摇似振,屋入如埋。暖滑焊焊,□□深深。或急抽,或慢排。浅插如婴儿含乳,深刺似冻蛇入窟。扇簸而和核欲吞,冲击而连根尽没。乍浅乍深,再浮再沈。舌入其口,屋刺其心。湿沓沓,鸣桫桫。或即据,或其捺,或久浸而淹留,或急抽而滑脱。方以帛子干拭,再内其中。袋阆单而乱摆,茎逼塞而深攻。纵婴婴之声,每闻气促;举摇摇之足,时觉香风。然更纵枕上之淫,用房中之术。行九浅而一深,待十候而方毕。既恣情而乍疾乍徐,亦下顾而看出看入。女乃色变声颤,钗垂鬓乱。慢眼而横波入鬓,梳低而半月临肩。男亦弥茫两目,摊垂四肢,精透子官之内,津流丹穴之池。于是玉茎以退,金沟未盖。气力分张,形神散溃。颙精尚湿,傍粘屋袋之间,膈汁犹多,流下尻门之外。侍女乃进罗帛,具香汤,洗拭阴畔,整顿裈裆。开花箱而换服,揽宝镜而重妆。方及正朱履,下银床,含娇调笑,接抚徜徉。当此时之可戏,实同穴之难忘。"(《秘戏图考》77页5行—79页1行)

这段话进一步证明房中书是为夫妻写的指南,并证明《素女经》的插图本曾被广泛应用。应当注意的是,文章中有些话是逐字逐句引自《洞玄子》和《素女经》。

第六,讲男子与姬妾性交。此节最后一行云:"回精禁液,吸气咽津。是学道之全性,图保寿以延神。"(《秘戏图考》79页12—13行)这段文字是插在男人与姬妾性交的描写中,而不是插在与妻子性交的描写中,这再次证明与前者性交主要是为了增强男子的性能力以保证他与妻子性交射精时能怀上健康的孩子。

第七,盛美夫妇四时之乐。从文学的角度看,这是此文的绝妙之处,它细腻地描写了闺阁之中的男欢女爱。

第八,专写帝王的性欢乐。有趣的是,从这一段看来,关于与君王同床之优先权的礼规并不总是被严格遵守。它写道:"然乃夜御之时,则九女一朝;月满之数,则正后两宵。此乃典修之法,在女史彤管所标。今则南内西宫,三千其数。逞容者俱来,争宠者相妒。矧夫万

人之躯,奉此一人之故。"(《秘戏图考》82页1—4行)

第九,描写鳏居的和飘泊在外的男子的性压抑。由于没有正常的性生活,他们寝食俱废,形销神散。

第十,讲放荡男子如何潜入陌生女子的闺房偷香窃玉。83页第5行用嘲谑之语描写女子对狂徒入户偷情的反应:"未嫁者失声如惊起,已嫁者佯睡而不妨。"此节末尾是描写在外面非法野合。"或有因事而遇,不施床铺。或墙畔草边,乱花深处。只恐人知,乌论礼度。或铺裙而藉草,或伏地而倚柱。心胆惊飞,精神恐惧。当匆遽之一回,胜安床之百度。"(《秘戏图考》83页8—10行)

第十一,具有贺拉斯(Horace)[1]的诗句"爱婢亦何羞"的味道。它援引几位迷恋婢女之古代名人为例,盛美与婢女交欢之乐。

第十二,旁征博引,描写丑女。

第十三,讲佛寺中的非法性交。剥夺了正常性关系的年轻尼姑只好与中国和印度的和尚私通。"口虽不言,心常暗许。或是桑间大夫,鼎族名儒,求净舍俗,髡发剃须,汉语胡貌,身长屋粗,思心不触于佛法,手持岂忘乎念珠。"(《秘戏图考》84页12—14行)

第十四,此节援引历史上的著名例子(主要为第三章开头所提到的汉代皇帝)讲男子当中的同性恋关系。原文讹误较甚。

第十五,手稿最后一节只剩不多几行。它显然是讲农民和乡间的性关系。

唐代色情传奇:《游仙窟》、《神女传》 狐狸精的描写

叶德辉所印此文的末页使我们注意到,此文所引男女做爱时所说的甜言蜜语后来仍一直沿用。例如他提到女子称男子为"哥哥",男子称女子为"姐姐"。参看《秘戏图考》86页。

---

[1] 古罗马诗人。——译者

第四节提到的破身之后用来擦拭阴部然后用篮子放起来的"六带"含义不详,若无抄误,当指世界其他许多地方也遵守的这样一种习俗,即把染有破身之血的手巾保存下来,用以证明新娘是处女。元代史料《辍耕录》卷二八有一词,调寄"如梦令",便提到这一风俗。它是写给一个男子的。此人在新婚之夜发现新娘不是处女。

> 今夜盛排筵宴,
> 准拟寻芳一遍。
> 春去已多时,
> 问甚红深红浅,
> 不见,不见,
> 还你一方白绢。

在该文末页结尾处,叶德辉提到两篇伪色情书,即托名汉代的《杂事秘辛》和托名唐代的《控鹤监记》。我同意叶氏定此二书为伪作,故本书未采入。据信前者是明代学者杨慎(1488—1559年)所作,后者是清代作家袁枚(1716—1797年)所作。

有一部可靠的唐代色情传奇《游仙窟》是张鷟(657—730年)所作。他是一个有名的风流男子。此书在中国久已失传,但被中国的藏书家和地理学家杨守敬(1839—1915年)重新发现于日本。这是一个平淡无奇的爱情故事,但长处在于文风优雅。它提到一个年轻学者曾经迷路而入一山中,在山中发现一美丽聪明的女子,便与她共度良宵。全书十分之九都是写两人诗歌互答。故事结尾处对两人的交合,描写十分简短,但其所用术语却足以证明,作者十分熟悉房中书。

另一部可靠的色情传奇是《神女传》,为唐代作家孙颀所作。这个故事讲的是汉武帝(公元前140—前87年)常常在柏梁台祭享一个仙女。当他的著名将军霍去病生病时,武帝劝他祈祷仙女,求除其病。仙女变成一个美丽的姑娘出现在将军面前,求与之合,被他愤怒拒绝。此后病乃益重,不久便去世。后来仙女向武帝说出其中奥秘,谓将军阳气亏损。她本想以自己的阴气补其阳气,无奈为之拒绝,以是致死。这个故事清楚地反映出房中书及其采阴补阳的理论影响之大。

同样的观念也见于短篇故事《志许生奇遇》。此书收入《香艳丛书》第十一集卷三。它讲的是,有一个姓许的清秀俊俏的书生,出门打猎时常在一棵大树下歇息。那树却原来是一个山精的家,山精的女儿爱上了许生,并在夜间与他相会。他们在仙宫里举行了豪华的婚礼。后来她不得不离开许生,书中写道:"女郎雅善《玄》、《素》养生之术,许体力精爽,倍于常矣。"

最后我要从上面提到的《神女传》中引一个故事,题目是《康王庙女》。它写得色而不淫,略带感伤,恰为当时盛行色情故事的风格,而且从此一直很流行。它讲的是一个年轻学者叫刘子卿,隐居名山,攻读学业。他在山上种了各种珍奇花木。然后是:

文帝元嘉三年春,临玩之际,忽见双蝶,五彩分明,来游花上。其大如燕,一日中或三四往复,子卿怪之。一夕,月朗风清,歌吟之际,忽闻扣扃,有女子语笑之音。子卿异之,乃出户,见二女各十六七,衣服霞焕,容止甚都,谓子卿曰:"君常怪花间之物,感君之爱,故来相诣。"子卿延之坐,谓二女曰:"居止僻陋,无酒叙情,有愧于此。"一女子曰:"此来之意,岂求酒耶?况山月已斜,夜将垂晓,君子岂有意乎?"子卿曰:"鄙夫惟有茅斋,愿申缱绻。"二女东向坐者笑谓西坐者曰:"今宵让姊。"因起送子卿之室,谓子卿曰:"郎闭户双栖,同衾并枕,来夜之欢,愿同今夕。"方晓,女乃去。及夕,二女又至,留妹同寝。卿问女曰:"我知卿二人非人间之有,愿知之。"女曰:"但得佳妻,何劳执问。"自此姐妹每旬更至,如是数年。后子卿遇乱归乡,二女遂绝。庐山有康王庙,去所居二十里余,子卿一日访之,见庙中泥塑二女神,并壁间画二侍者,容貌依稀,有如前遇,疑此是之。

这个时期的许多爱情故事都讲到狐狸。最常见的主题是某男在一种神秘的环境下遇见一个美丽的少女,并钟情于她。后来她现了原形。有时雌狐会给这男人以好处,有时又会加害于他,甚至杀死他。从那时以来,这个主题在中国的消遣文学中一直十分流行。

狐狸精的故事可谓源远流长。在第一章中我们已注意到早在周代人们就认为狐狸元气充沛,因为它们住在洞穴中,接近大地的繁殖力,因此人们都相信狐狸寿命很长。《诗经》中提到狐狸是狡诈的动物(第 63 首《有狐》和第 101 首《南山》),而汉代和六朝文献中也有很多资料是讲狐有超自然的神力,特别是能使人生病和引起各种灾祸。有时狐喜欢捉弄人,很像欧洲民间故事中的"瑞纳德"(Reynard)。有关文章见德·哥罗特(J. J. M. de Groot)的《中国宗教体系》(*The Religious System of China* vol. V book II, Leyden 1907)第 576 页以下。

狐狸在梦中作祟的特殊形象是后起的,而在唐初以前还没有充分发展起来。有一本志怪小说《玄中记》,作者不详,但显然作于唐初,其中有下面一段话:

> 狐五十岁能变化为妇人。百岁为美女,为神巫。或为丈夫,与女人交接。能知千里外事。善蛊魅,使人迷惑失智。千岁即与天通,称天狐。

男女之事中的狐狸传说在 4 世纪的作家干宝写的志怪书《搜神记》中有更详细的记述,但此书的真伪是可疑的。我们今天所见的这本书恐怕绝不会早于唐以前。可以当作反证的事实是,《医心方》的引文并未提到狐狸在梦中作祟,这似乎说明,狐狸传说中的性描写在唐以前并未被人们广泛接受。根据唐代史料《朝野佥载》所说,在唐代初期出现了一种与求子仪式有关的带有本土性质的狐仙崇拜。大约在同一时间,狐仙崇拜的性含义传入日本。在日本,人们把狐与稻荷(Inari)即护稻女神联系了起来。

不管情况是否如此,在唐代,人们认为狐狸会在梦中作祟和蛊惑男女的信念得到了广泛传播。它甚至一直保留到今天,特别是在中国北方。

《中国唐代散文》提到一些唐代故事,是讲狐狸如何变人(卷一112页,卷二235页、256页),尤其是变成年轻漂亮的女子诱惑男人(卷二367页),以及狐狸精如何使人生病(卷二225页)。据说雌狐专门爱住在埋有年轻姑娘的古墓里。这样它们就能进入死者的尸体,使之复活,以迷惑男人。唐代大诗人白居易就写过一首关于雌狐的有趣诗篇。不过在他看来,一个真正的女人比装人的雌狐更能够毁灭男人。诗云:

  古冢狐,妖且老,
  化为妇人颜色好。
  头变云鬟面变妆,
  大尾曳作长红裳。
  徐徐行傍荒村路,
  日欲暮时人静处。
  或歌或舞或悲啼,
  翠眉不举花颜低。
  忽然一笑千万态,
  见者十人八九迷。
  假色迷人犹若是,
  真色迷人应过此。
  彼真此假俱迷人,
  人心恶假贵重真。
  狐假女妖害犹浅,
  一朝一夕迷人眼。
  女为狐媚害即深,
  日长月增溺人心。

要想弄清为什么人们认为狐狸具有特殊的性暗示,恐怕必须把两种因素结合起来:第一,古人认为狐狸元气充沛;第二,认为狐狸天生喜欢捉弄男人。

注释:

① 有关平康里及其居民的详细描写见唐孙棨《北里志》,TPL vol.L, p.160 对此做有简短讨论。有一部研究平康里著名艺妓李娃的有趣的书是 Tai Wang-shu(戴望舒)的 Notes sur le Li-wa-tchouan,用中文出版,附法文摘要,见 Mélanges Sinologiques(French Institute of Peking, 1951),文中还有一张平康里的地图。

② 唐代已婚女子享有高度自由,可从饶有趣味的 Ballad of the Wayward Young Wife(P.Demiéville 据敦煌唐写本编成,此写本曾以 La nouvelle mariée acariâtre 为题收入 Asia Major, New Series vol.VII, London 1959, p.59sq.)一类书得到证明。这个已婚少妇不理家务,一个人在市场上闲逛,侮辱她的丈夫和公婆,稍不如意便摔盆打碗。最后经双方同意,其夫与她离婚,摆脱了她。Demiéville 指出,在敦煌发现的唐代俗文学钞本中还有许多事件与此性质相似。

③ 日本男子穿的和服也是依据中国的服装。中国服装与日本服装的基本区别在于内衣。中国男子和女子穿贴身长裤,而日本男子穿 fundoshi 或兜裆布,女子穿 ko-shimaki,即一块缠在臀部并下垂至脚的布,有些像印度尼西亚的莎笼(sarong)。有些学者把这些内衣作为日本种族中含有波利尼西亚血统的证据。

④ Aurel Stein 爵士于 1906 年在敦煌(甘肃边境上的一块绿洲)发现一古代寺庙群,墙壁中藏有约公元 1000 年时的写本和绘画。他得到其中的一部分,现藏于不列颠博物馆。次年法国汉学家 Paul Pelliot 也到这个遗址为法国的汉学研究所购买了大批文物。Aurel Stein 爵士于 1916 年再次返回又购买了一批。其余部分由中国政府接受,但有一部分却辗转成为中国和日本的私人藏品。这些东西大部分出自唐代,为比较研究提供了无比珍贵的资料。例如,我们知道,图版 7 所印周昉画的局部,即使不是原本,也至少是酷肖原本的摹本,因为画中女子的服装与敦煌画卷所见宫女的服装若合符契(参看 Y. Harada A Study of Clothing as appearing on Paintings from the Western Regions,日文见 Memoirs of the Tōyō-bunko 卷 4,东京 1925 年,图版 17 之 1)。

⑤ 参看段成式(卒于 863 年)《酉阳杂俎》,(《四部丛刊》)本卷八第四页背。

⑥ 清代学者俞正燮(1775—1840 年),当时著名的女权主义者之一,在其《癸巳存稿》卷四中详尽讨论过这个黄点的来源和历史。

⑦ "帽花"正好在两眉中间的上方,具有神秘含义。有趣的是应当指出,嵌在琵琶"凤

额"上行话叫作"琴宝"的玉片被认为是整个乐器上最关键的一点。正像乐器的各个部件的名称是指人体的各个部分一样,这个玉片也是人体的对应物(参看拙作 The Lore of the Chinese Lute, Tōkyō 1940, p.98sq.)。特别奇怪的是,通过实验,我发现,当我用技术手段放大琴的声音时,对准麦克风的最佳部位就是"琴宝"。如此看来,此点确实是一个很重要的振动关节。

⑧ 见明代学者胡应麟(1550—约 1590 年)《少室山房笔丛》中的《艺林学山》卷四论周昉之文。

⑨ 参看上引胡应麟书同卷。类似的明代引文参看《秘戏图考》169 页。

⑩ 《长恨歌》曾几度被译为英文,如 W.J.B.Fletcher 的 More Gems of Chinese Poetry (Shanghai 1933, pp.122—130)。有关评论见于 TPL vol.II p.120。戏曲《长生殿》由 Yang Hsien-i(杨宪益)和 Gladys Yang(戴乃迭)译为英文,名为 The Palace of Eternal Youth (Peking 1955)。

⑪ 这个技术术语在本书附录一中有论述。

⑫ 要想详知针灸的有关情况,可看 G.Soulié de Morant 的 L'acuponcture chinoise (Paris 1939—1941)。

⑬ 这一段是由令人怀念的法国汉学家 Henri Maspéro 所发现,他是研究道教的大权威。他在 Les procédés de nourrir le Principe Vital etc.(见 Journal Asiatique 1937, pp.386—387)中翻译过此段。Maspéro 在文中指出,虽然原书说裴玄仁是汉代人,但传记却写于唐朝。它曾作为一篇独立的作品录于《宋史·艺文志》"道家类"(乾隆版卷二〇五第十五页正),并且由于《明道藏》将提到房中术的地方悉加删汰,所以这里所译的一段也被略去。"此非不规于正"一语似为明代窜入。我的译文与 Maspéro 的译文略有不同。

⑭ 文中有"火"(属 86 部)"齐"(属 210 部),意为"火候"和"丹",但这里张丑无疑是把它看成译文中的含义〔1〕,因为他对房中书中的古老术语并不熟悉。

⑮ 《汉书》卷四六《周仁传》中说,周仁由于某种疾病而阴萎。当他因此变得像个太监时,皇帝遂把他当作同性恋的对象。

⑯ 书中有"宣裙"一词,可能指"撩开裙子"。但是因为前面几句话说女子已经褪去裙子,所以我猜想"裙"在这里是指包皮,尤其是因为它不仅指"裙",而且也指"鳖壳的边缘"。

⑰ 文中有"鸡台"一词。我认为"台"字系"舌"字之误。"鸡舌"与上文第六章注③提到的"雏尖"是一样的。"台"与"舌"在草书中很容易混淆。

⑱ 即《医心方》引文第九节描写女子反应的十征。

---

〔1〕 指阴蒂。——译者

第八章　五代和宋

（公元 908—1279 年）

五代　李煜　缠足

9世纪末,南方大规模的军队叛乱震撼着唐王朝,朝廷的威望一落千丈。由草莽英雄黄巢(《古今姓氏族谱》847)领导的起义军向北推进,于881年占领首都长安,皇帝被迫出逃。884年,起义失败,但获胜的将领却势力大增,皇帝反而失去威望,沦为傀儡。他们割据称雄,其中有一个将军并迫使唐代的最后一个皇帝于907年退位。历时三个世纪的强盛的唐朝从此灭亡。

随后是一个军阀纷争、西北蛮族入侵中国的混乱时期。不过,此时中国文化的内聚力已获得长足发展,使这一分裂不可能持续太久。仅仅经过五十年的动乱,帝国又在宋朝的统治下重建统一。

有些被宋朝将领灭掉的短命王朝和小国,曾以它们的文化成就而著称。这里必须提到的是孟昶(《古今姓氏族谱》1514)的小国。他于935年成为四川"后蜀"的第二个统治者,而于965年被迫向宋军投降。他有一个妃子徐夫人，号称"花蕊夫人"，后来成为有名的大诗人。她留下一部很长的诗集《宫词》[1]，这里翻译了其中的一首，它生动地描写出后宫女子嬉戏的一瞬间：

> 殿前宫女总纤腰，
> 初学骑乘怯又娇。
> 上得马来绊欲走，
> 几回抛鞚抱鞍桥。

（《全唐诗》之二卷十第六页正）

下面还有一首诗是写她自己的心情：

> 清晓自倾花上露，
> 冷侵宫殿玉蟾蜍。①
> 擘开五色销金纸，
> 碧锁窗前学草书。

（同上书，第八页正）

还有李煜（937—978年），即南唐的第二个统治者，他是中国最伟大的爱情诗人之一。正是他充分意识到词这种诗体具有极大潜力。中国的古典诗词通常是用文言写成，诗行长度相等，每句通常包括五字或七字。而词增加了行数和字数，只受词牌限制，句子可以长短参差，并允许口语化的表达，所以更能表达细腻的感情。

李煜是一位多愁善感的才子，他热衷于音乐、舞蹈和美女，而无心过问政治和军事。宋朝将领杀死他，并结束了他的短命王朝。他是作为宋

---

[1] 五代前蜀主王建之妃与后蜀孟昶之妃皆号"花蕊夫人"，传世《宫词》乃前一"花蕊夫人"所作。此据《全唐诗》注，不确。——译者

代开国皇帝的俘虏而死。尽管作为一个政治家,他是失败了,但作为一个诗人,他却赢得了长久的胜利:宋代及其后各个朝代中,所有中国诗人都承认他应属于最伟大的词家,他所开创的词风,直到今天仍为所有专写爱情题材和浪漫题材的诗人所争相效仿。

下面是他的四首爱情诗词。这些诗词可用以抵消上章所译那些赤裸裸的色情描述。前三首是写李煜自己的感情,第四首则是拟他的一个钟情女子。可惜的是,译文只能再现这些诗词的内容,但却无法表达这些诗词抑扬顿挫的韵律。这种韵律使李煜的诗词显得一气呵成,意味隽永。

浣 溪 沙

红日已高三丈透,
金铲次第添香兽,②
红锦地衣随步皱。

佳人舞点金钗溜,
酒恶时拈花蕊嗅,
别殿遥闻箫鼓奏。

菩 萨 蛮

铜簧韵脆锵寒竹,③
新声慢奏移纤玉。
眼色暗相钩,
秋波横欲流。

雨云深绣户,
来便谐衷素。
宴罢又成空,
梦迷春睡中。

喜 迁 莺

晓月坠，
宿云微，
无语枕频欹。
梦回芳草思依依，
天远雁声稀。

啼莺散，
余花乱，
寂寞画堂深院。
片红休埽侍从伊，
留待舞人归。

菩 萨 蛮

花明月暗笼轻雾，
今宵好自郎边去。
刬袜步香阶，
手提金缕鞋。

画堂南畔见，
一晌偎人颤。
好为出来难，
教君恣意怜。

216 　　李煜对本书论及的题目很重要，这不仅因为他是一位伟大的爱情诗人，而且还有另一个原因，就是他原原本本介绍了妇女缠足的风俗，这种风俗后来在中国的性生活中一直非常重要。

插图 11　窅娘缠足

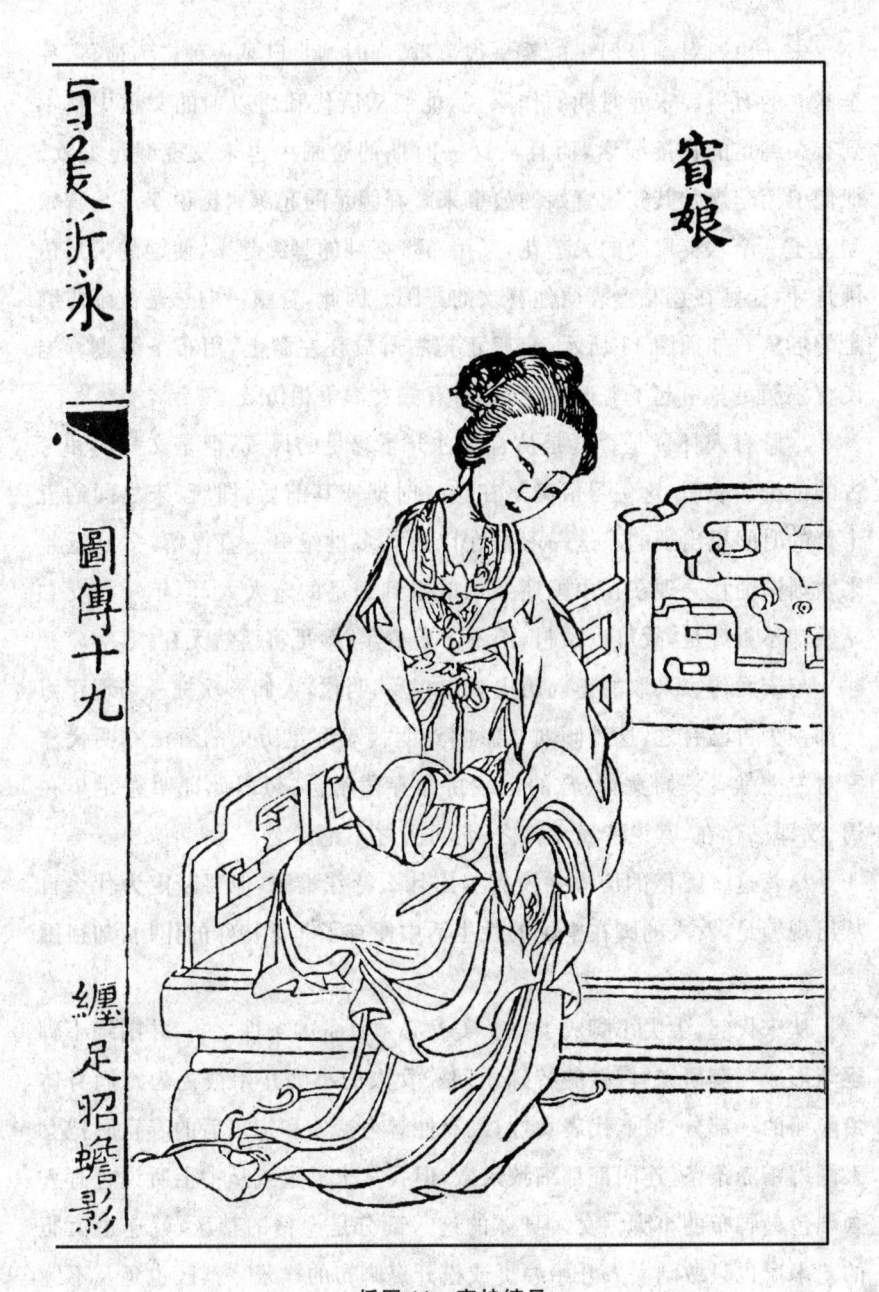

宋元史料对缠足历史的看法很慎重,当时缠足已是一种广为流传、完全确立的习俗。宋元时期的作家说,他们从唐代和唐以前的文献中找不到有关缠足的直接线索,而且从这一时期的绘画中也未发现缠足妇女。他们引用李煜及其宠妃窅娘的故事来解释缠足的起源。据说李煜为窅娘制造了一个六英尺高的大莲花,又用布带把她的脚缠起来,使她的尖足仿佛月牙,让她在莲花上表演他喜欢的舞蹈。因此,窅娘一向总是被画成缠足的形象。如插图11所示,窅娘正把右脚放在左膝上,用布条缠裹。据说窅娘缠足竟引起了普遍的羡慕,所有妇女都争相仿效。

尽管有人怀疑是否真是从窅娘才开了缠足的风气,但是文献的和考古的证据却表明,这一习俗确是在这一时期或其前后,即唐、宋之间约五十年的时间里出现的。这一习俗在以后许多世纪里一直保留,只是近年来才渐渐消亡。现在在中国还偶尔能看到缠足的老太太,但年轻妇女和姑娘却不再缠足,故可以预料,用不了多少年,缠足将荡然无存。

与宋元作家采取的正确历史观点相反,明代,人们喜欢把一切现存习俗都视为古已有之,这种倾向也影响到明代对缠足历史的看法。明代作家对古文献有关妇女脚、鞋的记载拼命穿凿附会,想以此证明缠足早在周、汉即已存在,其说皆属无稽之谈,可置之不论。①

尽管这一习俗的历史并没有提出什么特殊难题,但要断定为什么自从出现缠足,女人的脚在中国的性生活中便有了非常特殊的作用,却很困难。

从宋代起,尖尖小脚成了一个美女必须具备的条件之一,并围绕小脚逐渐形成一套研究脚、鞋的特殊学问。女人的小脚开始被视为她们身体最隐秘的一部分,最能代表女性,最有性魅力。宋和宋以后的春宫画把女人画得精赤条条,连阴部都细致入微,但我从未见过或从书上听说过有人画不包裹脚布的小脚。女人身体的这一部分是严格的禁区,就连最大胆的艺术家也只敢画女人开始缠裹或松开裹脚布的样子。禁区也延及不缠足女人的赤脚,惟一例外的是女性神像,如观音。女仆像有时也如此。

女人的脚是她的性魅力所在,一个男人触及女人的脚,依照传统观念就已是性交的第一步。几乎每部明代或明代以后的色情小说,都以同样的方式描写这一步。当一个男子终于得以与自己倾慕的女性促膝相对时,要想摸清女伴的感情,他绝不会以肉体接触来揣摸对方的情感,甚至连她的袖子都不会碰一下,尽管他不妨做某种语言上的探试。如果他发现对方对自己表示亲近的话反应良好,他就会故意把一根筷子或一块手帕掉到地上,好在弯腰捡东西的时候去摸女人的脚。这是最后的考验,如果她并不生气,那么求爱就算成功,他可以马上进行任何肉体接触,拥抱或接吻等等。男人碰女人的乳房或臀部或许还说得过去,会被当作偶然的过失,但摸女人的脚,却常常会引起最严重的麻烦,而且任何解释都无济于事。

有位中国近代作家写了一部长达五卷的书,专门研究与女人缠足和小鞋有关的学问。⑤这门学问研究用女人的小鞋划拳行令赌酒,女人小鞋的名称和式样,一系列有关缠足的文言表达,等等。他还辑录了古今许多杰出作家有关这一问题的评论,但对缠足与性的关系,或与小脚有关的严格禁忌,却根本没有做出令人满意的解释。

礼节的标准当然要遵从习俗,而习俗又受古怪的时髦风尚的影响。这可以解释,比如说,为什么唐代的中国人并不反对女人袒露脖颈和胸部,而宋代和宋以后的中国人则视这种暴露为下流,因而推广高领上衣。但是,仅由风尚的变迁并不足以解释有关小脚小鞋的禁忌。

有些作家试图把缠足与女人的阴部联系起来,他们断定缠足会引起某种特殊的阴阜和阴道反射,但这一理论已被医学专家明确否定。另一些人提出的更笼统的理论则断言儒家助长了这种习俗,因为它有助于限制妇女的行动,使她们足不出户,因此,缠足也就成为妇女端庄淑静的标志。这种理论也过于牵强,完全不能令人满意。

按照我的看法,这个问题只能从心理分析的角度来解决,恐怕要从恋鞋癖(Shoe-fetichism)入手,我把这个问题留给性学专家。

缠足的技术问题也超出了本书的研究范围,读者可参看医学观察者的有关描述。⑥这里所能指出的仅仅是,少女在很年轻的时候就把脚一道道紧紧缠住,使大脚趾向回弯,其余四个脚趾向脚低弯。越裹越紧,直到把脚挤成尖角形。从插图12 X光照片的线图中,我们可以看出这种裹法所造成的畸变。用这种方法,把脚的主要部分挤到脚踝,留在下面的那一小部分就可以伸进小鞋里去了。隆起的脚踝则用裹腿遮蔽,裹腿的式样经过许多世纪变化相当大。从插图13可窥见这类服饰之一斑,它们在中国的色情艺术和色情文学中起过重要作用。

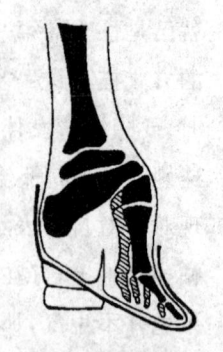

插图12 小脚透视图线描

插图13-A画的是一个扎裹腿和穿鞋的女人,她身上仅穿着这两件,其他地方是赤裸裸的。该图采自约1550年的春宫画集《胜蓬莱》(见《秘戏图考》图版X所印)。裹腿是用素绸做成的,下面镶有花边,妇女穿上袍子,花边会从下面露出来,盖住鞋面。裹腿是用一根带子系在小腿上的,带子的两端拖垂至地。正如插图18所印明代书籍的插图所示,女人折起裹腿里面的边。插图13-B所示为裹腿的另一种式样,出自1600—1650年的画集,如《花营锦阵》和《江南销夏》(见《秘戏图考》所印)。这些裹腿显然是用浆硬的布制成,用带子在略近脚踝上部的地方系紧。由于没有画出带子的两端,所以无从知道它们的系法。最后,插图13-C画的是约1900年时的款式,出自近代著作《采菲录》。插图13-D所画是当时女人的鞋子,鞋上绣有蝴蝶和西瓜,出处相同。

春宫画上的女人凡在席子上或有侍女可以看见的地方性交,总是穿着鞋子和扎着裹腿。鞋子和裹腿只有在遮有帐幔的床上才脱下,裹脚布也只在浴后才更换。

人们常常夸大缠足对妇女健康的直接不利影响。其实对中国妇女健康的总体趋势来说,由缠足而派生的影响才是最严重的问题:缠足使女人对舞蹈、击剑以及缠足时代以前女性从事的其他体育活动兴趣锐减。对故意把人体扭曲变形这一点,我们不妨把眼光放得更远一点,注意一下19世纪西方观察者的看法,他们中曾有人就缠足发表看法说:"不仅(中

第八章 五代和宋 211

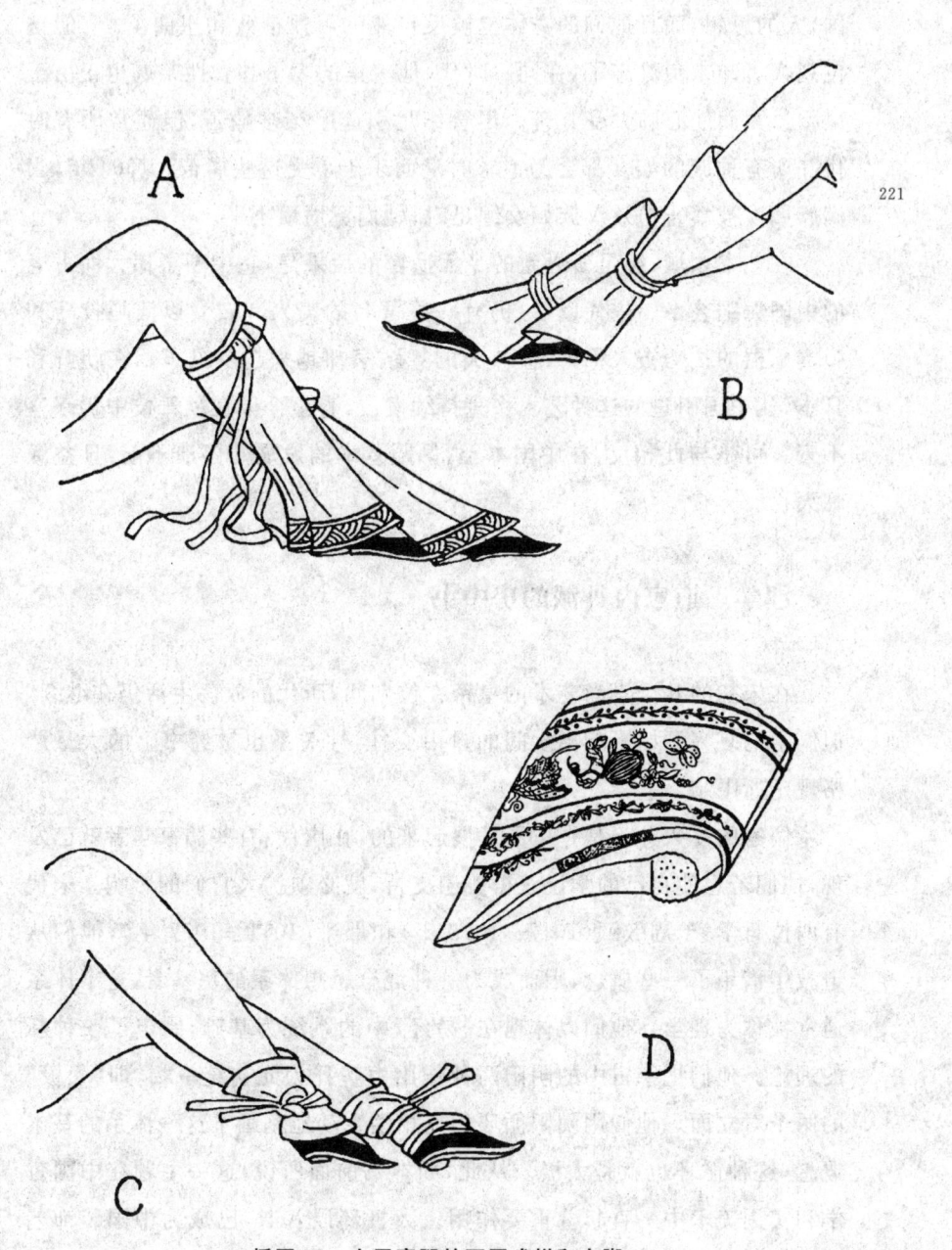

插图 13 女子裹腿的不同式样和小脚

国)人的思想,而且他们的身体也被反自然的习惯摧残和扭曲了。"⑦但这位观察者却未免健忘了,在同一时代,他家里的妻子和女性亲属也正由于束腰过紧而使心肺大受其苦。尽管缠足引起了很多痛苦,但通常所有时代和所有种族的妇女都会为追求时髦而乐于承受这些痛苦。1664年,当满族妇女被禁止仿效汉族妇女缠足时,她们竟愤愤不平。

在艺术领域,缠足所导致的令人遗憾的后果是,它中断了伟大而古老的中国舞蹈艺术。宋代以后,仍有一些著名的美人和妓女以演唱技巧和弹奏乐器的技巧被人称誉,但伟大的舞蹈家却越来越少见了。在朝鲜和日本,从中国引进的这种艺术一直持续发展,直至今天在歌舞伎中仍兴盛不衰。可是与此相反,在中国本土,舞蹈艺术的发展却停滞不前,日益濒临灭亡。

理学　道家内丹派的房中书

在宋初的几个崇尚艺术的皇帝在位期间,唐代的放荡生活仍在继续,但儒学的复兴开始影响男女间的自由交往,性关系也被经书上的大量严格规定所限制。

儒家的复兴并不是一下子发展起来的,在唐代,有些儒家学者就已发现,他们若想使自己的学说获得普遍支持,就必须扩大它们的影响。宋代有两位哲学家,周敦颐(1017—1073年)和邵雍(1011—1077年),他们从道教中借用了一些概念,因而成为一种混合思想体系的奠基者,这个体系通常被称为理学。他们以体现在《易经》中的系统为基础,制定了一种新的理论。他们把宇宙中的阴阳两种作用力解释为元初统一物,即"太极"的两个对立面。他们用阴阳循环相克相生生动地刻画了这一体系的基本概念,这种循环也就是太极。从此,如本书前面所说,这一主题在中国哲学和实用美术中一直起着重要作用。太极环以八卦,已成为中国装饰艺术最流行的主题之一。

另一些理学家进一步完善了这个体系,但集大成者,乃是宋代著名的哲学家和政治家朱熹(1130—1200年),他是真正的理学之父。

朱熹借鉴了道家炼丹术和佛教,特别是禅宗(日语读为 Zen),因而给儒学增添了它始终缺乏的神秘因素,从而吸引了更多的学者和艺术家。而同时,他对经书的注释却严守儒家教义,甚至比汉代经说走得更远。他强调女性的低下和严格的两性隔离,禁止表现婚床之外的一切异性之爱。这种固执的态度特别表现在他对《诗经》中爱情诗歌的注释上,他把这些爱情诗歌解释为政治寓言。朱熹为理学作为惟一的官方宗教奠定了基础。⑧

从那时以来,理学就成了官僚政治的教义。一方面,明确规定的意识形态为统一而有效的国家管理确立了稳固的基础,而另一方面,它又助长了政府极为严格的专制独裁,包括建立检查制度、思想控制和其他许多说不清道不明的东西。明清时代,对"不敬"的指控,为当局清洗他们的政敌和思想危及国家安全的人提供了借口。

宋代统治者自己并未实践他们正式支持的这一学派的原则。作为个人而言,正像从前的汉代皇帝,他们对道教更感兴趣。他们醉心于长生不老药,并把大量时间花在后宫嬉戏之中。当时的宫中实录还提到《秘戏图》,表明他们在炼道家的内丹。从那时起,一般色情画往往被叫作"春宫画",亦简称"春画"。

房中书上的教导仍在宫廷内外实践,但此时有些作家已提出告诫,反对这些原则。宋代作家王楙(1151—1213年)对统治者和士绅的性习惯做了长篇讨论,见《野客丛书》卷二九第一条。在描述了皇帝习惯与极多的女人性交之后,他继续写道:

> 今贵公子多畜姬媵,倚重于区区之药石,伐真气而助强阳,非徒无益,反以速祸,虽明理君子如韩退之,有所不免。情欲之不可制如此,故士大夫以粉白黛绿,丧身殒命,何可胜数。前覆后继,曾不知悟。

多产的宋代作家曾慥(号至游居士,主要活动于1150年前后)在《道枢》中收有《容成篇》一卷(参看本书70页所列第一种书)。在该书中他也痛斥了道家内丹派的房中术。他的批评是直接针对他的同代人崔希范写的《入药镜》。《入药镜》的一个彻底删节过的本子见于1444—1447年出版的《道藏》,这个本子后来重印于《道藏辑要》。该书由道士王道元、著名作家李攀龙(1514—1570年)和明代学者彭好古作注。这个糟糕的删节本只包括三卷,每卷十八行,断烂不可卒读。不过曾慥知道该书完整的原貌。曾慥的引文(删节本中已荡然无存)可以证明,《入药镜》是一部道家炼内丹的书。曾慥说:

吾尝得崔公《入药镜》之书,言御女之战,客主恍惚,同识不同意,同邪不同积,同交不同体,同体不同交,是为对镜不动者也。夫能内外神交而体不动,得性之道也。动,则神去性衰矣。不染不著,则留其元物,使气定神住,和合成形,入于中宫,煅去其阴,而存其阳焉。红雪者,血海之真物。本所以成人者也,在于子宫。其为阳气,出则为血。若龟入时,俟其运出而情动,则龟转其颈,闭气饮之,而用搐引焉。气定神合,则气入于关,以辘轳河车挽之,升于昆仑,朝于金阙,入于丹田,而复成丹矣。至游子闻而大叱曰:崔公果为是言哉?吾闻之,古先至人,未尝有也。昔张道陵黄赤之道、混气之法,盖为施化种子之一术耳,非真人之事也。然及陵之变举,则亦不复为此矣。清灵真人曰:吾见行此而死者也,未见其生者也。……

从这段文字来看,直到宋代,3世纪黄巾军所倡导的戒条在道家的圈子里仍在流行。"黄赤"这个术语在记载黄巾军教义的古老文献中并未提到,本书附录一将讨论其含义。

"龟"字的含义变化

应当注意的是,古书把男性生殖器称为"龟",这显然是因为其长颈和尖头类似这种器官。龟还会引起其他性联想,但长期以来,这些联想却无损于它作为元气和长寿之象征的地位。只是从明代起,龟的性暗示才令人不可接受,因而龟才退出观赏美术和实用美术的范围,"龟"这个词才在上流社会成为禁忌。我们之所以会对追溯龟的象征意义退化的历史感兴趣,只是因为它间接说明了儒家禁欲主义的发展。

正如我们在第一章中所看到的,龟壳早在殷代就被用于占卜,龟被视为元气之所在,十分神圣。在第二章中也提到,龟在古代曾用以表示北方,常常再现于观赏美术和实用美术当中。石龟一向被用作碑刻的趺座,印章也常常雕有龟纽,并且作为长寿的象征,人们还经常用龟来装饰花瓶、盒子和其他物件。另外,龟字还常常见于人名,例如著名唐代诗人和品茶专家陆龟蒙(卒于 881 年)、宋代作家彭龟龄(1142—1206 年)等等。龟龄这个词还被用于寿幛,祝寿时可随便张挂在墙上。不过,大约公元 1300 年前后,这种动物的地位便衰落了。

清初作家王士祯(1634—1711 年)认识到这一事实,但并不知其所以然。他在《池北偶谈》卷二二《名龟》中说:

> 麟凤龟龙,并称四灵,汉唐宋以来,取龟字命名者,不可胜纪。至明,遂以为讳,殊不可解。

清代学者赵翼(1727—1814 年)在《陔余丛考》之《讳龟》一文中(卷三八倒数第五条)也讨论到这一问题。他一上来就引用了宋代史料中浙江人避免使用"鸭"这个字的有关记载,因为据说这种禽类是靠同性交配而繁殖。接着,赵氏说,"龟"这个字在他那个时候也是忌讳,因为它往往是指男人纵妻行淫。他列举了从元代以前的史料中摘出的大量有关材料。这些材料证明,元以前人们并不避讳"龟"字,常把这个字用于名号。他还引用了上引王士祯的话,也承认并不知道为什么龟字会变成禁忌。不过他还引用了元代史料《辍耕录》。在该书中,一个破落古老家族的状况被说成是"宅眷多为撑目兔,舍人总作缩头龟"。由于按照流行的观念,兔子会因望月而怀孕,这第一句的意思是指这一家的姑娘淫乱无度。而由于乌龟缩首,是指它害怕露脸,就像我们西方说的"鸵鸟政策",第二句则意味着这家的男人对他们女人的丑事故作不知。赵氏得出的结论是,在元代,龟字就已含有作贱别人的性含义。

稍后,清代作家俞樾(1821—1906年)在他的《茶香室四钞》卷六第十一页正,除引用王士禛的论述,还引用了明代学者徐燉《徐氏笔精》中的论述。在该书中,徐氏断定龟在宋代和宋以前并不是禁忌,但他说他也不知道龟究竟是从什么时候变成禁忌的。他还说,在他的时代,仍有人取龟字为名,尽管很少。俞樾从徐氏的解释中得出结论说,在明代,龟字还没有完全成为禁忌。我还可以补充的是,有些明代的印章仍然雕刻有龟纽,而且还有一些明代的木匾也刻有"龟"或"龟龄"等字。

明代后期的长篇小说和短篇小说中都把龟当成粗俗下流的骂人话。它变成了中国骂人语汇中的一部分,用以暗示某人或其父母有违背伦常的行为。龟,特别是乌龟,被用来骂拉皮条的人。翟理斯在他的《汉英词典》中,收有"龟公"一词,意为"戴绿帽子"。这也就是说,"龟"的含义就是表示"默许妻子与人私通(或从中获利)的男人",并引申为被妻子蒙在鼓里的男人。

在论龟之文后面的另一篇笔记中,赵翼还讨论了"王八"一词,在一般说法中这个字也和龟一样是用来骂人的。赵翼指出,在较早的文献中"王八"一词就已偶然被用来指强盗和放荡的人,他还收入了一个异读的词"忘八"。他解释说,这个字的意思是说"忘礼、义、廉、耻、孝、悌、忠、信八字也"。王八在今天是用来骂那些作恶的流氓恶棍。而"王八蛋"也是下流的骂人话,它是指被骂者的父母有不正当行为。把乌龟的图形或"王八"一词画在或写在屋子的外墙上或路边,含有下流之义。翟理斯在上述词典中把这些图画和词语解释为"禁止小便",这恐怕是一种派生的解释。

总结上述材料,我倾向认为,元代以前已形成流行的看法:(1)把龟与男性生殖器联系起来;(2)假定动物可用鸡奸的方式繁衍;(3)把龟缩视为丈夫默许他的妻子与人私通。我认为这些侮辱性的含义与龟之作为"灵物"而受人尊崇一直是并存的。甚至在元代,当理学禁欲主义广为传播,任何问题全都与性禁忌拉扯在一起,进而把龟排除在一切庄重的语言和艺术之外的时候,人们也没有把龟从碑座上撤下来。人们一旦正式把龟看作下流之物,自然它也就成了一种流行的骂人话。它的性联想被强调突出,而旧有的、受人尊崇的含义则隐退了。在清代,绝没有人会希望给自己的孩子取个带龟字的名字,或在屋里摆上带龟字的书,也没有人会使用以龟做装饰的印章或其他物件[1]。不过,还应补充的是,在南方各省,中国古代的习俗要比北方和中原保存得更好。龟在南方还有象征长寿的神圣意义。例如,在厦门,人们把糕点制成龟形,在新年的第一个星期中用来祭天,同样的糕点也用于做周年。⑩日本也用这些东西:正像元代以前的中国,龟在日本也受尊崇,并且直到今天,日本仍用龟做观赏美术和实用美术的共同主题。

在这段题外话之后,我们再回过头来重新讨论宋代的性生活。

房中书　裸体

一般地说,宋代文献很少提到房中书,似乎房中书的影响开始有所衰退。但《宋史·艺文志》还是少量著录了这类书。在道家类卷二〇五我们可以看到《五牙导引元精经》一卷。此书未能保存下来,但显然与炼内丹有关(见前引十二页正)。还有邓云子为一位法术高明的道士写的传记(见前引十五页正)。其中包含了传授炼内丹的一些说法,该书尚存于《道藏》中,已经在上文199页做过翻译。还有上面提到的《入药镜》三卷(见前引十六页背)。此外还有《养生要录》三卷(见前引十九页背)。该文可能节自《汉书》已经提到的卷数较多的《养生要集》[2]。医类(见前引卷二〇七)也提到《养生要录》(见前引二十一页背)。这本书也肯定是一部房中书。这里所说的

---

[1]　此说不确。——译者
[2]　这里的《汉书》,是《隋书》之误。——译者

页码是据《宋史》乾隆版。

宋代前半期,与性有关的事尚可在较大的范围内自由谈论,房中书的原理也仍被付诸实践。这一点可由宋代学者和官吏张耒(1054—1114年)的《明道杂志》续中的两段话得到证明。

首先,张耒提到说,他曾碰见过一个在他看来是精通道术的人。这是个叫王江的云游道士,他是个大酒鬼,看起来像个疯子,身材短小肥胖,把头发梳成高髻,上面插着花。有一大官礼遇王,向他请教房中术,但他拒绝回答(见前引《说郛》版十一页背)。

接着,张耒又说,他还遇见过一位叫刘几的将军。尽管他已七十岁了,但看上去仍像个年轻人。当张氏问他靠什么办法达到这一点时,"几挈余手曰:'我有术欲授子,以是房中补导之术。'余应之曰:'方因小官,家惟一妇,何地施此?'遂不复授"(见前引《说郛》版十七页背)。

宋代前半期,儒家的道德标准在大众生活中的影响还不十分明显。清代学者俞樾在他的《茶香室四钞》(卷九第十六页背)中引用了两段早期史料,提到宋代在公共场合下表演的妇人裸相扑。这类相扑是嘉祐年间(1056—1063年)京城宣德门附近举行的节日庆典的一部分,各类杂技演员都在那里献技。皇帝和他的后宫嫔妃经常参加节日庆典,观看这些裸体女人,并以银子和绸缎奖赏获胜者。⑪据说,著名政治家和历史学家司马光是坚决反对这种下流习俗的,曾奏请废止这种体育运动。⑫

虽然男女裸体,包括同浴,因与儒家的礼仪相左而遭反对,但后来有人却发现了一些巫术思想的偶然线索,即裸体特别是暴露生殖器可以祛凶避害。17世纪早期,残暴的军阀张献忠(1605—1647年),作为当时四川省的主要军事统治者,"曾将被屠杀的裸体女尸暴露于被围攻的城外,想用它产生魔力,防止守城者的炮火"(J.B.Parsons' article "Attitudes towards the late Ming Rebellions", in *Oriens Extremus*, Vol.VI, 1959, P.180)。而且在清代男女裸体性交的图画还被广泛地用作护身符(见本书第331页注47)。不过,我还没有发现宋代也有这类信仰。也许,它们是伴随性禁忌的发展而出现。这些禁忌后来愈演愈烈,日益笼罩着人们的性生活。

三种不同等级的妓院制度　宋代婚俗

在第七章讨论唐代妓女时,我们曾指出,要想洞悉妓女的各个级别以及它们在当时社会结构中的地位是很困难的。但对宋代的情况,我们的了解则有所改善。有三篇文章,是由目击者所记述的南宋京城杭州的生活,它们为这一题目提供了合适的材料。

古物鉴赏家周密(1232—1308年)在《武林旧事》卷六中把妓院分为三个等级。他先写的是最低的一等,即为穷人和士兵服务的普通妓院,其次是带有各种设备的酒楼,最后写的是有高级艺妓招待的上等娱乐场所。

该文把低等妓院叫作"瓦子勾栏","瓦子"或"瓦舍"的含义很不清楚。大概是指用瓦盖成。"勾栏"的意思是"遮拦",汉代文献中就已经出现过这个词,是指安顿娼妓居住的房屋。显然,周密认为这些低等妓院不值得做进一步讨论,他有意不提它们的地点。为了进一步了解瓦舍的情况,我们必须转而看看另一部同时期的史料《都城纪胜》。该书是由一位号耐得翁的学者写于1235年。他说:

> 瓦者,野合易散之意也,不知起于何时。但在京师时,甚为士庶放荡不羁之所,亦为子弟流连破坏之地。

宋代学者吴自牧所编的笔记集《梦粱录》卷十九云:瓦舍,乃是临时泄欲之所,价廉如瓦,易聚易散。不过,这似乎是一种派生的解释。瓦子是杭州一个市场的名字,很可能低等妓院最初就坐落在那里。《梦粱录》还说,皇帝驻跸于杭州与绍兴之间时,军队曾在城外设立过一些瓦舍,招集妓乐,供士兵暇日娱乐。接下去,又重述了《都城纪胜》中讲到的情况,即一般士庶也逛这些妓院。后来的史料表明,宋代供军队使用的妓女是从当地妓院中招募而来,拿月份而不是固定薪水。[13] 显然,瓦舍起先是一种专供低级军官和士兵享用的特殊官办妓院,当时一般平民是不允许去商业性妓院的。但后来,一些富人家的浪荡子弟为寻求新的刺激也常来光顾这些地方。上引后面的同一材料说,宋代的官妓制度是重新组织起来的。已经定罪的男囚的眷属和战争中的女俘虏被作为妓女分配给各路府衙门,那些把眷属留在家乡或京城的当地官员,可向政府租用这些妓女。如果他们调任时想带走这些女人,加付租金后也是可以的。

也许这里应补充的是,明代的长篇小说和短篇小说中偶尔提到士兵、水手和市井无赖光顾的低等妓院。当时,这种人被称为"嫖"。这种最下等的妓女之所以被人看不起,不仅是因为她们是罪犯或罪犯的亲属,而且还因为她们缺乏高等妓女的技艺。因此,"嫖"就成了一个粗俗的骂人词汇。

周密在《武林旧事》一书中描述了瓦舍或下等妓院之后,接着写了名为"酒楼"的等级较高的妓院。

周密把这些酒楼分为两类,一类是官办的,叫"官库",另一类是私营的。第一类由户部点检所控制,最初只供应酒和下酒菜,不管正餐。周密列举了十一家这类酒楼的名字,每家皆设有少数可供点唤的官妓。姑娘们总是浓妆艳抹。节日的庆典总是在那里举行。这些地方往往为官府中的人所占据,外人是难得光顾的。

周密还列举了十八家私营的妓院,它们是真正的餐馆,同时有陪客的女人。他说:

> 每楼各分小阁十余,酒器系用银,以竞华侈,每处各有私名妓数十辈,皆时装衪服,巧笑争妍,夏月茉莉盈头,香满绮陌,凭栏招邀,谓之卖客。又有小鬟,不呼自至,歌吟强聒,以求支分,谓之插坐。

接着,周密又列举了这些地方令人惊异的各种食品。这里没有固定的菜单,一群跑堂和小贩每人手持一个装有精美食品的盘子,在桌子间穿流不息,顾客可以随意点他们喜欢吃的菜。周密很惊异于这些侍者的记忆力,他们可以记住上百种顾客点的菜而毫无差错。这种服务制度今天仍可在有些广东人开的餐馆中见到。值得注意的是,在广东,有些中原和北方已经废除的习俗仍然保存下来。周密用下面的话来概括这一段：

> 歌管欢笑之声，每夕达旦。往往与朝天车马相接，虽风雨暑雪，不少减色。

上述另一部宋代史料《都城纪胜》还进一步提供了下面这些与酒楼有关的情况：

> 庵酒店谓有倡妓在内可以就欢，而于酒阁内暗藏卧床也。门首红栀子镫上，不以晴雨，必用箬盖盖之，以为记认。其他大酒店倡妓只伴坐而已。欲买欢，则多往其居。

显然，经常光顾这些酒楼的是些中等阶层的商人和低级官吏。

论述过第二种妓院之后，周密又继续讲到了第三种也就是他称之为"歌馆"的最高一等妓院。这类妓院位于一个叫作平康里的地区。它得名于本书第 170 页所说唐代京城的著名妓院区。显然，这些歌馆也被称为茶坊。在中国，现在这个词是指卖茶的铺子，但在日本"茶屋"(cha-ya)一词却仍具有中国古代买情之所或普通妓院的含义，而完全不同于女郎屋(jorō-ya)。

这些歌馆是擅长诗词歌舞、有技艺的妓女之所居，常来光顾的都是些高官、富商以及本人有钱或受有钱人捧场的文人墨客。周密记述得很清楚，上这些地方是要花很多钱的。客人刚一进门，喝第一杯茶，就要付几千钱，叫"点花茶"。再登楼饮上一杯酒，又要付几贯钱，叫"支酒"。只有经过这些程序，姑娘才会出来让客人挑选，酒食才送上，宴会才开始。除去这些娱乐，还有其他许多额外开支。娱乐的每一道程序都有许多固定的仪节，需要加付小费。例如，如果一个客人想召另一家歌馆的姑娘来陪，姑娘就得叫一乘轿子，还要穿上合适的衣服，哪怕她住的地方就在街对面,也要这样。而另一方面,它对顾客的服务也是最上乘的,房屋极尽奢华。所有的家具都是高质量的,内陈精美古玩。一切都为客人安排得舒适周到,冬有火箱取暖,夏有冰盆消暑。周密以下述之言作结:

> 盖自酒器、首饰、被卧、衣服之属,各有赁者。故凡佳客之至,则供具为之一新,非习于游者,不察也。

这些宋代史料为我们清楚地说明了这一时期的三类妓院。尽管它们描写的只是南宋京城杭州和杭州附近地区的情况,但如果剔除某些地方特点,它们也可以代表宋王朝其他地区的情况。

正像唐代一样,高等妓院的妓女构成了社会生活的一个必要组成部分,她们也参加私人聚会和各种庆典。上述《梦粱录》卷二十对杭州的婚礼和有关习俗做了详尽叙述,从中可以看到,高级妓女在婚礼上有专门指定的位置。下面略述大意,它为研究中国婚姻习俗的历史提供了有用的史料。

由媒人安排两家先非正式地交换庚帖,看其生辰八字是否相配,如果相配,就可以正式换帖。庚帖的内容包括许多细节,如最近三代家庭中头面人物的正式名称,爵位和官衔,儿女的生辰日期,住在一起的亲属的名单,全部家产的清单。而新娘方面还要加上一份嫁妆的清单,以及出嫁时所分财产的说明。如果这些条件双方都满意,未来的新人便可以在一个安排好的宴会上见面,仔细地相看对方,这种仪式叫作"相亲"。他们相互敬酒,如果新郎对新娘满意,就把一个金发簪别在她的头上;如果不满意,新郎就送给新娘两匹绸缎。如果一切双方都满意,便可交换礼物,择吉成亲。交换过几次礼物之后(其中许多礼物具有象征意义,例如一对暗示多子的金鱼),[13]在择定的日子里,新郎便带着许多人,包括雇来的妓女和乐师,去迎娶新娘。到了新娘家,新郎必须拿带来的吃喝招待新娘全家。然后新娘上轿,在一群手执花烛的妓女簇拥下,排排场场进入新郎的家中。新娘正是由这些妓女领入洞房,而新郎则由主婚人带进,然后合卺结发。

仪式完毕,他们才被带到堂前,在堂前新娘要正式见过新郎的家人,拜过祖先牌位。

后来,这种仪式有过几次重大变化。在明代的中国,未来的新人在结婚之前见面似乎已逐渐被废止。后来,只有在新娘拜过堂后,除去盖头,新人才有可能直接面对面。但在日本,旧式婚礼却一直流传至今,称相亲为 mi-ai。

住房、家具和服饰

宋代,中国的内地发生巨大变化。唐代中等阶层的住房是由明厅构成,明厅由可移动的屏风分隔成小间,与之相反,宋代的房子则是用固定的墙来分隔。由于有更多的墙面可以利用,所以可以在显眼的地方悬挂卷轴书画作为室内装饰的一部分。地面用石板铺砌,冬天复以地毯。人们进屋用不着再脱鞋,也不必席地而坐,木雕的高桌椅已普遍使用。

此时床架比以前更像是一个隔开的小间。它是一个高度与房间相同的落地罩,用带窗格的硬木做成。落地罩后面放着垂挂帐幔的床,窗边留有足够的地方放梳妆台和茶几。落地罩前面也用帐幔遮掩。由于两种用具的引入,使睡觉的舒适感大大增加。一种用具是"竹夫人",为一三英尺长的竹笼,在盛夏酷暑之夜,可以把它放在两腿之间,减少大汗淋漓之苦。中国移民把它带到了过去的荷属东印度和东南亚的其他地区,在那里,英文叫法是"荷兰妻"(Dutch wife)。另一种用具是"汤婆子",即一种冬天用来暖床的铜热水罐。专门用来暖脚的比较小的热水罐叫"脚婆子"。按清代学者赵翼的说法,这两种朴实无华但却极为有用的物品是源自宋代,参看《陔余丛考》卷三三第十五条,该书引用了许多宋代作家的作品。

似乎北宋时期(960—1127年)的男女服装与唐代后半期的式样颇为相似。图版11画的是一个身着礼服的妇人。这是一幅很大的地藏菩萨像的局部,据题记作于公元983年,发现于敦煌。这里印出的局部表现的是一个画在右下角的女供养人。全画可从寇恩(W.Cohn)的《中国绘画》(*Chinese Painting*)(菲顿出版社,伦敦,1948年)图版31查到。妇人举起的手中捧着一个盛有圣水的小瓶。从画上我们可以注意到,宽袖,长而拖曳的袍子和肩上披着的宽幅披帛,披帛的两端一直垂到地上。头饰极为精巧,两绺叫作"鬟"或"蝉鬓"的头发自鬓角下垂,带两串小花,或念珠。这两绺头发对中国的男人有着特殊的魅力,他们常常在爱情诗中提到它,把它比之为轻云。一把弯梳插在前面的头发上,左右各有三枚钗,钗的突出的尾部有精致的圆钮。假髻上戴着用箔做成的发饰,作翘尾凤形,并有用同样材料做成的花,这些装饰在图版13中可以看得更清楚。脸上有两块很显眼的胭脂痕,正好在眼睛底下,额头正中有三个丹点。

把这幅画与图版12中一千年后日本花魁(oiran)或高级艺妓的形象比较一下是很有意思的。这是著名套色版画家英山于约1840年画的江户鹤屋(Tsuru-ya)花魁立花桔(Tachibana)。可以看出,二者有惊人的相似:它们都有拖曳的袍子,长而宽松的袖子,特别是带蝉鬓的精巧的头饰,前面插着梳子,带精致圆钮的斜突的钗。这再次确切地证明,中国古代的一些习俗,在日本仍然保存下来。

图版13画的是男女供养人,是另一幅敦煌壁画的局部,原画主要表现的是有两位侍者陪伴的观世音,是用彩色画在绢上,据题记作于公元968年,即北宋初。此画表明,当时男子的服装与唐晚期的服装是一样的。我们可以注意到官员的帽子上有浆过的帽翅,长袍紧领,腰带上镶有玉片,男人手持一带柄熏炉。

似乎整个北宋时期,男女服装的式样一直相差不大,只是随后的南宋时期(1127—1279年),才有了明显的变化。这并不令人感到意外,因为朝廷从汴梁迁到南方的杭州,意味着社会和文化环境发生了彻底的变化。不过,这些服装款式的变化,也许只能做泛泛的介绍。在现阶段,我们关于中国服装史的知识是贫乏的,这个问题过于被人们忽视。⑮传世的宋代绘画大多都是复制品,恐怕在细节上已被复制者肆意篡改。加上表现人物形象的和大致可信的宋代作品并不一定非得画出画家所在时代流行的衣服式样。事实上,大多数画家都宁愿画古装人物和古代背景。甚至今天,中国的肖像画家依然常常画着穿明代服装的现代人物。因此,我做出下述评论时是有所保留的。

南宋时期有一种宽袍大袖的趋势,无论男女,都穿后摆曳地的宽袍。由于此时服装式样已经定型,女人裸露脖子和胸部是不体面的,所以,女人开始在衣衫里面套上一件短上衣,前面扣扣,带紧身高领。唐代流行的围裙式外衣似乎已被废除,但我们发现,这一时期的女人在外面的袍子上还罩有一种罩衣,前面敞口,用两根长得过分,一直拖到地上的带子系紧,见插图4和插图8。有时,这种罩衣还做成短上衣的式样,如插图7所示。在插图8和插图11中,还能看到带精致大锁的金项圈。这种金项圈也叫长命锁,在南宋时期,似乎已逐渐风行。它是一种护身之物,表示把长存的精神和幸福牢牢锁住,不断赐福于戴着它的人。今天,人们常常把金的或银的长命锁送给新生婴儿,在阴历二月十九日,即释迦诞辰之日,给他们戴上,用一根绳子挂在脖子上。在明代,成年妇女仍戴这种项圈。显然,妇女总是经常戴着这种吉祥物,即使是在不穿衣服进行性交时也是如此。(可参见《秘戏图考》图版15)

南宋时期,女人使用胭脂比从前更为讲究。脸颊上只淡施红色,再也见不到任何像唐代和北宋时期那样,在眼睑下重施丹点的女人肖像了。作为一件怪事,我要提到约公元1000年时北方辽代妇女保存的一种习俗。清代学者俞正燮在《癸巳存稿》卷四第九页背引用了一些较早的史料,说这些女人脸上涂满黄色油膏,嘴唇涂得猩红,眉毛描黑。这种妆扮叫"佛妆",显然,这是因为它的样子如同面无表情的金身佛面。这种特殊的妆扮并不是不可能具有性暗示,它可能暗示女人为密宗的萨克蒂(Śakti)[1],即男人的女性配偶,在性行为中可以增加男人的元气。见本书附录一关于萨克蒂的讨论。

---

[1] 印度教性力派崇拜的最高女神。——译者

李清照

在宋代,雕版印刷术取得很大进步。书籍可以大量印刷,数量远远超过从前的手钞本。这一进步促进了知识的传播。

妇女读书识字也有了更多的便利。中等阶层家庭的女孩,除照例学女红之外,一般也学习读书写字。从那时以来,我们发现不少已婚妇女精通文学的例子,女诗人已不再只是见于娼妓歌女之中。很多妇女还以精通书法和绘画而见称。值得说明的是,唐代和唐以前,书法一向被认为高于绘画,是有学问地位的男人才可能从事的笔墨艺术。绘画也一向被认为是一种专门技巧,主要是匠人的工作,而不是艺术家的工作。不过在宋代,水墨画已发展起来,这是一种用寥寥数笔状其神态的印象派画法。由于这种与书法同源的绘画看来很适合由文人阶层去创作,所以它很快就成为男人和女人的时髦消遣。宋以前,人们只听说过因文学成就而著称的女子,但从宋代起,人们却会见到许多女画家的名字。

许多文人士大夫的妻子对丈夫的文学艺术活动饶有兴趣。当时正像现在一样,共同的兴趣为美满姻缘打下了坚实基础,并且从那时起,中国的历史记载还提到许多由共同的文学志趣而结成美满姻缘的例子。

有一个女子写下了自己的婚姻生活。这就是宋代女词人李清照。她号易安,主要活动于约1081—1140年。

李清照是在一个清贫但很著名的书香门第长大的。其父为著名诗人李格非,其母则是学者兼官僚王拱辰(1012—1085年)的女儿。她十九岁与一个热衷古物研究、名叫赵明诚的年轻儒生结为夫妻。他的抱负是要编成一部对所有传世的重要金石铭文进行考释的书。故他任官职之后,在他的夫人李清照的帮助下,把全部余暇都投入到这类研究中。

不幸的是,他们生活在一个政治动荡的年代。北部边境上的金国日益强大,屡犯宋土,迭败宋军。1127年,他们征服了宋的北方,占领了宋都汴梁(今开封)。皇帝被迫南迁,建新都于临安,即今杭州。这标志着南宋的开始。直到公元1279年，蒙古人占领整个中国，南宋才结束。

李清照的丈夫死于宋朝政府南迁之际，他给李清照留下了他们的藏书、古物及呕尽一生心血的《金石录》手稿三十卷。其后，她虽一直处于颠沛流离之中，但总是想方设法，尽力保存亡夫留下的珍贵藏品，时刻把丈夫的手稿带在身边。当她终于在杭州定居下来时，她便开始着手整理这些手稿并为之写了一篇后叙，备言这部书所历经的种种磨难。这篇后叙还是一篇简明扼要、感人至深的生平自传，它那朴质无华的纯情可以称得上是伟大爱情的见证。下面我从这篇后叙中摘录几段话，它们多少反映了他们婚姻生活的某些情况，以及她对丈夫和他的著作的态度：[16]

> 余建中辛巳始归赵氏，时先君作礼部员外郎，丞相时作吏部侍郎，侯年二十一，在太学作学生。赵、李族寒，素贫俭。每朔望谒告出，质衣取半千钱，步入相国寺，市碑文、果实归，相对展玩咀嚼，自谓葛天氏之民也。
>
> 后二年，出仕宦，便有饭疏衣练、穷遐方绝域、尽天下古文奇字之志。日就月将，渐益堆积。丞相居政府，亲旧或在馆阁，多有亡诗逸史、鲁壁汲冢所未见之书，遂尽力传写，浸觉有味，不能自已。后或见古今名人书画、三代奇器，亦复脱衣易市。尝记崇宁间，有人持徐熙《牡丹图》求钱二十万。当时虽贵家子弟，求二十万钱，岂易得邪？留宿间，计无所出而还之。夫妇相向惋怅者数日。

后来，赵明诚官职晋升，有能力购买更多的书籍和稿本，以至逐渐形成一小批可观的藏书。

> 竭其俸入，以事铅椠。每获一书，即同校勘，整集签题。得书画、彝鼎，亦摩玩舒卷，指摘疵病，夜尽一烛为率。故能纸札精致，字画完整，冠诸收书家。
>
> 余性偶强记，每饭罢，坐归来堂烹茶，指堆积书史，言某事在某书

某卷第几叶第几行,以中否角胜负,为饮茶先后。中即举杯大笑,至茶倾覆怀中,反不得饮而起。甘心老是乡矣,故虽处忧患困穷而志不屈。

然而战争形势不断恶化,当时,赵明诚亦被派往靠近前线的山东任职。

闻金人犯京师,四顾茫然,盈箱溢箧,且恋恋,且怅怅,知其必不为已物矣。

1127—1129年,宋朝军队败退南方,赵氏一家也随之辗转迁徙。每次搬家,他们都要丢弃或卖掉一部分他们把玩已久的书籍和古物。1129年夏,赵明诚受到偏安杭州的皇帝召见,被任命为浙江吴兴知府。由于形势日益恶化,他决定先把妻子送到安全的地方,然后只身赴任。他们乘船同行了一段路程。

六月十三日,始负担,舍舟坐岸上,葛衣岸巾,精神如虎,目光烂烂射人,望舟中告别。余意甚恶,呼曰:"如传闻城中缓急,奈何?"戟手遥应曰:"从众,必不得已,先去辎重,次衣被,次书册卷轴,次古器,独所谓宗器者,可自负抱,与身俱存亡,勿忘也。"遂驰马去。

她从此再也没有见到她的丈夫。他到达皇帝的军营后即染病而亡,留给妻妾的财产仅够维持生活。三年里,她在中间地带到处奔波,有时住在朋友家,有时住在亲戚家。也许正是在这一时期,她写下了下述《采桑子》。

窗前种得芭蕉树,
阴满庭中,
阴满庭中,

叶叶心心，

舍展有余情。

伤心枕上三更雨，

点滴霖霪，

点滴霖霪，

愁损北人，

不惯起来听。[17]

渐渐地，她变卖了所有财产，连最后仅存的一点古物也被强盗掠去。但她一直小心翼翼地保存着丈夫的手稿。1132 年，当五十二岁时，她终于在杭州定居下来，在那里编定手稿，写下后叙。在后叙结尾处，她承认命运就是如此：

然有有必有无，有聚必有散，乃理之常。

后叙写于 1234 年。当手稿付梓之后，她再度离开了杭州。她究竟死于何时何地，已不得而详。

注释：
① 指用来给砚台滴水的小容器。[1]
② 有关这种狮子型香炉的各种细节，请参看上文 107 页。A. Hoffmann 把香兽误译为"pieces of incense in the shape of animals"（一柱动物形状的香），参看他在 *Die Lieder des Li Yü* (Cologne 1950，p.31)一书中所译该诗。在中文文献中可用以说明其正确含义的引文查见《佩文韵府》"香兽"条。
③ 笙是由一个形状像半个葫芦的音箱构成，上面竖有一些细竹管，功能有如西方的

---

[1] 即砚滴。——译者

管风琴。管子里面是铜簧,当演奏者堵住管上的孔吹气时,铜簧就会振动发声。

笙是最吸引人的中国乐器之一,不幸的是它在宋代已不大流行,以致近年来只有很少的人能演奏它。不过笙在日本一直流行,现在中国也开始研究它。

④ 清代学者俞正燮(1775—1840年)在其笔记集《癸巳类稿》卷十三第十一页的注文中对中国文献中与缠足有关的材料做了综合考察。

⑤ 姚灵犀《采菲录》卷一至三,1936年出版于天津,卷四出版于1938年,卷五(续编)出版于1941年。这是一部详尽收录古今材料的书,附有大量照片和插图。它还详细介绍了清末民初的反缠足运动,以及女人小鞋的制作和装饰。卷三重印了明代画家仇英的一幅春宫画,画的是一间卧室,画面上男人正和女人开玩笑,不给她鞋,而女人则坐在床上,正用裹脚布缠足。

两人都穿戴整齐,色情因素在画面上是暗示性的。

⑥ 早期描述见"Small feet of the Chinese females: remarks on the origin of the custom of compressing the feet; the extent and effects of the practice; with an anatomical description of a small foot" (in *The Chinese Repository*, vol.III, no.12 of April, Canton 1835)。还有H.Virchow的"Das Skelett eines verkrüppelten Chinesinnen Fuszes"(见 *Zeitschrift für Ethnologie*, vol.XXXV, 1903, pp.266—316)和E.Chavannes在 *T'oung Pao*(《通报》)2nd series vol. IV(1903) p.419 的书评。Chavannes引用了中国考古学著作《金石索》作者的说法,他说早在李煜之前,缠足女人的形象就已出现在青铜镜鉴和浮雕上。但Chavannes承认这种所谓的形象并不可信。它们表现的只是女人有比男人更小的脚,而并不说明有真正缠成蹄形的足。Chavannes在其书评结尾引用Montaigne的话,说因缠足而致残的女人相当淫荡,这更是毫不沾边。

各种医学观点集中在Ploss和Bartels的 *Das Weib in der Natur und Völkerkunde*(ed. by von Reitzenstein, Berlin 1927)vol.I, pp.290—300 中。

此外还有 J.J.Matignon 的 *La Chine Hermétique, superstition, crime et misère* (Paris 1936, first published in 1902, under the title *Superstition, Crime et Misère en Chine*)中的"A propos d'un pied de chinose"一章。作者曾在北京行医多年。虽然它是用一种冷嘲热讽的态度写成,但却是以作者的实际观察为基础,包含了许多约1900年前后中国性生活的有用材料。在专门的医学出版物中,也许还有更晚的文献。

⑦ 引自上一条注释中提到的 *The Chinese Repository* 一书的第1页。

⑧ 对理学的精辟论述见Needham的 *SCC* vol.II, p.455 sq.。

⑨ 《道枢》的前七卷被重印于商务印书馆的《丛书集成》中,这是个抽出别行的本子,题目是《至游子》,作者不详。显然,这七卷正是以这种面貌流行于明代(见1566年姚如循序)。但奇怪的是《丛书集成》的编者并未弄清此即《道枢》的一部分。

⑩ 见J.J.M. de Groot, "Les Fêtes annuellenments célébrées a Emoui"(in *Annales du*

Musée Guimet, Paris 1886, ch.1)。
⑪ 引自明代学者张萱的《疑耀》。《疑耀》见《岭南遗书》之二,这一史料在本书写作时已很难找到。
⑫ 引自清代作家乔松年的《萝藦亭札记》,这一史料在写作当时也很难找到。
⑬ 这一说法是根据元代学者徐大焯《烬余录》注。我是按俞樾《茶香室四钞》卷九第九页正和近代学者邓之诚《骨董琐记》卷四第十八页正所引。后者并未引用该书原文。
⑭ 鱼在中国是非常古老的多子象征。参看 C.Hentze 的 *Le Poisson comme symbole de fécondité dans la Chine ancienne* (in *Bulletin of the Royal Museum*, Brussels 1930)。
⑮ 有关这一问题的文献很少,可以举出 Alide 和 Wolfram Eberhard 的 *Die Mode der Han-und Chin-Zeit* (Antwerp, 1946; Eberhard, *LAC* pp.223—230), J.G.Mahler 的 *The Westerners among the figurines of the T'ang Dynasty of China* (Serie Orientale Roma xx. ch.II; *A study of Chinese costume in its relationship to the figurines*) (Rome 1959)。
⑯ 本书所据后叙原文见《四部丛刊》本(附校勘)赵明诚《金石录》卷五。
⑰ 胡适《词选》(商务印书馆,上海,1928)178 页。

第 四 编
蒙古统治与明的复兴

元和明，公元1280—1644年，
文学艺术中的性表现。

第九章 元

（公元 1279—1367 年）

元代的性习俗：功过格　元曲　三姑六婆和太监等

　　成吉思汗的继承人是一些贪得无厌的征服者,当他们把注意力转向中国时,首先想到的是如何用最短的时间虏获最多的战利品。蒙古人不仅在北方强制推行严酷的军事统治,而且于1279年打败了南宋的最后一个皇帝后,蒙古人还把这种军事统治扩展到全国,并一直延续到1367年。忽必烈汗建都北京,他身边有许多蒙古和其他异族的谋臣,后者当中有著名的威尼斯旅行家马可·波罗。派往各省的军事长官也往往是异族人,例如阿拉伯人赛典赤·赡思丁(Seyyid Edjell)曾任云南行省平章政事,大大推动了伊斯兰教在中国西南的传播。

　　对中国人来说,这是一种从未有过的经历。虽然也曾有过部分国土处于异族统治之下的时候,但至少其他部分总还在中国人手中,受中国王朝统治。况且,从前的异族政权一向倾慕中国文化,很快就会接受中国的语言和习俗。但蒙古的占领似乎预示了中国和中国文化的结束。蒙古人蔑视中国的一切,他们只想用残酷的手段榨取这个国家的财富,把中国当作军事基地,去侵略满洲、朝鲜、日本和印度支那等邻国。

因此,中国人发现自己面临着一个被占领国所面临的全部问题。爱国者组织了抵抗运动,如著名的白莲会;而有些人却为了一己的私利而向蒙古人摇尾乞怜;还有些人与蒙古人合作,是因为他们认为只有合作才能缓和残暴的异族统治。为了避免在城内遭受凌辱,许多人还撤入人迹罕至的深山老林。其余的士大夫和知识分子也想方设法转移出去。

他们最担心的事情之一是如何保护他们的家眷免受征服者的纠缠。被军事当局指定安排蒙古士兵住宿的房东想方设法把他们的家眷关在自己的房间里,并且开始越来越赞赏儒家关于把妇女隔绝起来的规定。有人推测,正是在这一时期,中国人的假正经已显露苗头,他们开始竭力掩饰其性生活,使外人无法窥知。

这一时期有两部道德说教性质的作品,生动反映了当时流行开来的过分虚情矫饰,这两部作品都属于"功过格"一类,即列有善行及恶行的表格。这些表格的每一条都加有用功过分值表示的道德评价。例如"救人一命为五百功","杀人一命为千过"。一家之长可以定期查表,计算自己的德行。

此类表格在严格的儒家信徒和偏执的道教徒和佛教徒中同样流行。事实上,尽管这里讨论的功过格主要是儒家的,但它也被收入道家的《道藏辑要》中。这两种功过格的作者据说是吕岩,也就是人们熟知的吕洞宾。他是一个官员,生活在约870年前后。据说他找到长生不老药,成仙而飞升。这当然纯属虚构。当吕岩正式成为道家众神中的八仙之一后,许多怪诞的和色情的故事就被编派到他身上(见下文277页和285页)。表格的风格和内容显然是元代的,肯定不是唐代的。它们是由明代学者编成,如著名诗人陶望龄。陶氏于1589年中过进士。

第一种功过格,也是最详细的功过格是《十戒功过录》。它共分十节,

第九章 元

每节讨论出家人十戒的各种功过,如"戒杀"、"戒盗"等。这里我们要讨论的只是第三节,即"戒淫"。它的开头是一个列有一般性过失的表格,这是一个用伦理判定是非的有趣例子。我把这些内容摘列如下表：

对此表的背景做细致分析需要用很长的篇幅从社会学角度进行讨论。这里我只限于讨论其最突出之点。

罪过的性质＼犯罪对象	妇	孀妇闺女	僧尼	娼妓
"暴淫",恃财恃势,诱劫成淫,情爱实情者。	为五百过。仆妇为二百过。	为千过。婢女为五百过。	为无量过。	为五十过。夺人所爱及淫器恣肆之类。
"痴淫",情好缠绵,死生不解者。	为二百过。仆妇为百过。	为五百过。婢女为二百过。	为千过。	为五十过。
"冤业淫",本非有意,境地偶逢,彼此动情,不克自持者。	为百过。仆妇为五十过。	为二百过。婢女为百过。	为五百过。	为二十过。
"宣淫",既犯淫戒,复对人言者。	为五十过。	为百过。	为二百过。	为五过。
"妄淫",意有所求,邪缘未集,妄称有私者。	为五十过。	为二百过。	为二百过。	为十过。

纯粹出于肉欲而缺乏深厚情感是最差一等,但妓女是例外,因为社会赋予她们的职能就是满足肉欲。如果这一行为是出于纯情,罪过程度可减轻,但痴情迷恋妓女却比较严重,因为这证明其人生性放荡。至于男女前世有缘,命中注定要相见和相爱,因而导致私通,罪过更轻。

当犯罪对象为僧尼时,记过极多。这肯定为了迎合信仰佛教和道教的读者,多少带有人为色彩,并不反映普通中国人的真实好恶。与此相反,人们认为对孀妇和闺女施暴非同小可,则是事实。这是因为中国人把对死者的崇拜和每个女人为男人绵延嗣统的神圣职责看得极为重要;认为诱奸孀妇就是冒犯死者的亡灵,而诱奸闺女则使她日后难为人妻。另外，孀妇和闺女比已婚妇女受到的保护要少，所以无端中伤她们比中伤已婚妇女也更为严重。

妄称与娼妓性交（记十过），其严重性相当与人议论真实犯有这种罪过的两倍，其原因是，人们会说，前者虽然自己并没犯罪，但却怂人作恶。

接下去是一个表，用以表示儒家关于一家之长对其妻妾所施性行为的严格规定，兹翻译如下：

广置姬妾	为五十过
爱妾弃嫡	为十过
致妾失礼于嫡	为十过
谈及妇女容貌妍媸	为一过
遇美色流连顾盼	为一过
无故作淫邪想	为五过
夜起裸露小遗不避人	为一过
淫梦一次	为一过
不自刻责，反追忆模拟	为五过
习学吹弹歌唱	为二过
学成	为二十过
看传奇小说	为五过
善戏笑	为二过
非妇女前	亦为一过
若以有心调笑者	为十过
家藏春工册页一页	为十过
行立不端，倾侧取态	为五过
非妇女前	亦为一过
有心献媚者	为二十过
非亲姐妹，手相授受	为一过
有意接手，心地淫淫者	为十过

危险扶持者	非过
扶持时生一邪思	仍作五过
途遇妇人不侧避	为一过
正视之	为二过
转侧视之	为五过
起妍媸意	为十过
焚佩淫香	为一过
擅入人家内室	为一过
交一嫖赌损友	为五十过
早眠迟起（即有多淫之意）	为一过
纵妇女艳妆	为一过
看淫戏一次	为一过
倡演者	五十过
对妇女作调笑语，虽非有意	亦作五过
若有意者	为二十过
见妇女作调笑语，不以正色对之	为一过
因其调笑而起私邪之念者	十过
对妇女极口称赞其德性者	非过
极口称赞其才能者	一过
极口称赞其女工者	二过
极口称赞其智慧恩德者	五过
在妇女前传述邪淫事者	为十过
有心歆动者	为二十过
秽亵不堪者，即无心	亦为二十过
惟辞涉劝戒，言中能起人羞恶	
之心者	非过
在妇女前吟咏情诗艳语者	为五过
有心歆动者	为二十过

赞叹情深语艳者	为十过
惟语关劝戒者	非过
在妇女前谈及巧妆艳饰与时花翠裙袄者	为一过
于妇女前多作揖逊谦恭者	亦为一过

最后一条以及不可称赞女人优点的几条,是说男人不应妨碍女人得到谦恭的美德。这几条已兆示了明代十分流行但有失偏颇的名言:"女子无才便是德。"最后,这一表格还充分表达了儒家狭隘的观点,即与配偶性交只是为了履行他对家庭和国家的神圣职责,享受性交的乐趣则是下流的。

第二个功过格是"警世功过格",更短,也更严苛。兹选译如下:

违拗祖父母父母	千过
败一良家妇女节	千过
致一人死	千过
卖婢作娼	千过
溺女	千过
造淫书、艳曲、淫画(刊刻刷印者同)	千过
排挤一德行人	五十过至五百过
谑及闺阃子女	三十过
戏语谩及圣贤佛仙	三十过
谈淫亵语	十过
放火烧人房屋	五百过
用谋图娶寡妇、尼姑为妻妾	五百过
宠妾弃妻	五百过
堕胎	三百过
因邪色者	加倍

诱一人嫖	三百过
诱一人赌	三百过
致一人卖妻	三百过
妻虐婢妾不能检制	百过至三百过
至死者	千过
锢婢不嫁	二百
嫖妓及男淫一次	五十过
演淫戏一场	二十过
饮酒至醉	一过
男女混杂无别	三过
弃字纸一片	五过
以不净手翻书	三过
以书籍字扇置枕席间	三过[1]

认为与神开玩笑比对女人开玩笑罪过要轻，可能是指前者会施以报应而后者不会。奇怪的是，对造淫书、淫画等处罚竟那么重，这显然因为考虑到这些东西戕害男人之心，正像杀死他们本身一样。至于锢婢不嫁一条，由于主人对仆人俨然如同他们的家长，所以在婢女达到结婚年龄时，他就有责任为她们选择合适的丈夫。最后三条是作为一种怪癖而特别加上去的，它表明中国人对写下来的东西十分尊重。在许多中国城市中，人们可以在街上看见一些石刻容器，上有铭文："敬惜字纸"。这些石刻容器是由一些虔诚的人所设。他们按期把过往行人丢弃在其中的字纸掩埋掉。

特别值得注意的是，这两种功过格都一再警告人们不可欣赏轻浮的歌曲和戏剧表演。这一点在当时很典型，因为正是在元代，消遣性的文学才繁荣起来。现在我们要讲的是这一现象的背景。

---

[1] 高罗佩译文，顺序、行款不尽符合原文，所记过数亦间有微误。——译者

很多宋朝官员因为不愿意为没文化的蒙古人和其他异族占领者服务,所以辞官不就。中国文人本身是为做官才读书,而现在却不求官做,而1284—1313年间,蒙古人废除了科举考试,就连举子们也不得不放弃攻读。作为这种非常状态的一个后果,有一种喜欢轻松娱乐的趋势迅速发展起来,特别是在比较年轻的文人当中。戏剧,在此以前曾被当作是没有文化教养的大众的一种粗俗消遣,而现在却成了文人最热衷的娱乐活动。有才学的人把古老的爱情故事改编成剧本,而杰出的诗人则为戏剧脚本撰写华丽的色情诗句。正是在这一时期,"曲"得到了很大发展。"曲"是"词"的变种,同样适合于写爱情诗。它们在中国舞台上显得非常突出。元代是中国戏剧的伟大时代。

当时有两部著名戏剧,即《西厢记》与《琵琶记》。它们都是以爱情为主题的戏剧。《西厢记》是根据第七章中提到的唐代诗人元稹的爱情传奇而改写的。主人公是个年轻书生,他为专心攻读而在一座寺院里租了一间房子。隔壁住着一个寡妇,身边有个漂亮的女儿。当强盗威胁这两位邻居时,年轻的书生出来保护了这个寡妇。他爱上了寡妇的女儿,但一开始寡妇的女儿对他的亲近举动却毫无反应。经过一番曲折的求爱之后,她才终于答应与他相见,并且终成眷属。①

《琵琶记》是特别有意思的,因为它写的是一个同时爱着两个妻子的男人的感情冲突。主人公是汉代著名的学者蔡邕(133—192年),他在家乡娶了一个才貌出众的姑娘叫赵五娘。婚后他进京赶考,把年迈的父母留给妻子照料。他考中了状元,不得已又与一位高官的女儿成婚,这位姑娘也才貌出众,令他喜爱。他听信了别人的话,以为远方的家乡一切均好,而其实却是相当困窘,尽管他的第一个妻子想尽了一切办法,把家产变卖一空来养活公婆,他们还是死了。因此,赵五娘才决定进京寻找自己的丈夫。她历尽千辛万苦,沿途靠弹琵琶为生,最后终于到达京城。她偶然碰到蔡邕的第二个妻子,但并不知道她是谁,两人成了好朋友。有一天,赵五娘的身份被发现了。但最后却皆大欢喜。蔡邕的第二个妻子被赵五娘对公婆的孝敬深深感动,让他们俩团圆了,而皇帝则恩准蔡邕可以同时有两个夫人。

这些戏中的女角多半是由妓女充任。所以从那时起,演戏也就成了艺妓和妓女日常训练的一部分。元代有一位只知其姓黄的学者写了一篇《青楼记》。该文描述了不下七十个艺妓的经历,她们当中有许多就是因为擅长唱歌和演戏而出名的。②

从《青楼记》的这些小传可以看出,这些女子的一生是多么坎坷不平,它们反映了那个时代的动荡不安。有些歌女被富人买去做妾,然后又把她们推给另一个人的私人戏班,最后或者嫁给戏班主人,或者辗转重操旧业。另一些女子则成了道姑,在帝国的各大城市间流浪漂泊,一会儿当演员,一会儿当妓女,聊以为生,最后穷困潦倒,或被汉族官员,或被蒙族官员收为姬妾。书中也谈到男演员,他们职业低贱,收入菲薄,妻子和女儿常常不得不靠卖淫来补贴家用。

男女艺人们还专门从事于街头说唱,这种艺术形式之所以风靡一时,除去价格低廉,大概还在于它使人们可以冷嘲热讽,借题发挥,发泄他们对占领者的共同怨愤。这种下里巴人的艺术形式在中国文学中注定要发挥重要的作用。因为它促进了一种非常接近口语的文学传播媒介的发展。在此之前,所有诗文都是用陈陈相因、精雕细琢的文言写成。可是现在,由于蒙古官吏和其他异族谋臣既无时间也无愿望去掌握这种极为困难的文言,所以统治者与被统治者之间的口头交流和书面交流便用一种官话来进行,这种官话是以简单的日常口语为基础混合而成。除去剧作家,正是说书人使这种新的、充满活力的语言完善化了。而且,正是这些街头说唱的故事,为后来的中国长篇"小说"奠定了基础。直到19世纪,小说家们在他们的小说中还保存着这种街头说书的风格。每一回的结尾总是"欲知后事如何,且听下回分解",或者诸如此类的话。

这一时期反映妓女和艺妓的生活故事是饶有趣味的,中国文学的这一体裁从唐代到20世纪的头十年一直兴盛不衰,我们希望它能受到西方译者更多的关注。③这里我要讲的是《青楼记》中妓女樊事真的故事。

樊事真是京城中一个才貌出众的妓女。她深受一个姓周的汉族官员的宠爱,周非常喜欢她。当他必须离开她去南方时,她起誓说,宁可亡其一目,也绝不背弃他。可是周走后,樊事真却被迫与一个有势力的政客相好。当周回到京城再来看她时,她拔下一根簪子向左眼扎去。她的这一真诚举动深深地打动了周,使周再也没有离开过她。

马可·波罗说,在京郊住有不下两万名妓女,她们也接待外国人,见莫尔和伯希和的译本(伦敦,1938年)卷一,236页。

当时的许多文献常提到女人缠足。元代作家陶宗仪(主要活动于约1360年)在《辍耕录》卷十曾写过一条有关缠足的札记。他说,直到宋熙宁(1068—1077年)、元丰(1078—1085年)年间,缠足的习俗仍不大常见,但在他所处的时代,女人却以不缠足为耻。

在该书卷二三中,陶宗仪还提到由崇拜缠足发展而来的莲癖(shoe-fetichism)。他写到,有个富有而放荡的男人常常举办宴会,在宴会上,客人常用妓女的小鞋来喝酒。这种酒杯叫作"金莲杯"。

房中术仍很流行,不过它的原理却不再像以前那样公开和自由讨论了。陶宗仪在《辍耕录》卷十四中对房中术的使用提出警告。他说:

> 今人以邪辟不经之术,如运气、逆流、采战之类,曰房中术。

然后他又引用了《汉书·艺文志》所录房中书的注,最后解释说,把"房中"一词理解为"女人"之义是非常错误的。

在同一卷中,陶宗仪还对青春期和月经做了一些讨论。他说,姑娘到达结婚年龄举行的仪式,正如第二章中所见的"及笄",叫作"上头",但他说,这个词也被用来指年轻妓女的破身。

接着,他还告诫人们要小心九种职业的女人,如果让她们经常出入闺阁,就会给他们的家眷带来恶劣影响和数不清的麻烦。此条的题目为"三姑六婆",其文曰:

> 三姑者,尼姑、道姑、卦姑。六婆者,牙婆、媒婆、师婆、虔婆、药

婆、稳婆也。盖与三刑六害同也。人家有一于此,而不致奸盗者,几希矣。若能谨而远之,如避蛇蝎,庶乎净宅之法。

人们一般都认为尼姑和道姑会引诱家里女人学坏,并给私通的男女传递口信。这一点在第十章中还要详细讨论。

"牙婆",据上述宋代史料《梦粱录》,是替达官贵人和有钱人物色姬妾或丫环的女人(见上引同书卷十九第六条近尾处)。"媒婆"显然并不是为正经婚姻牵线搭桥所必需的正式媒人,而是帮放荡的男人安排私通的老太婆。在小说中,这类女人大多是卖梳子、脂粉和其他女人用品的老太婆,她们可以随随便便地进入女人闺阁之中。但我们并不清楚为什么稳婆(接生婆)也被列入这些令人讨厌的女人当中。

《辍耕录》卷二八还有一条也很重要,是讲太监的。其文曰:

> 世有男子虽娶妇而终身无嗣育者,谓之天阉,世俗则命之曰黄门。晋海西公尝有此疾,北齐李庶生而天阉。接《黄帝铖经》曰:"人有具伤于阴,阴气绝而不起,阴不能用,然其须不去,宦者之独去,何也?愿闻其故。"歧伯曰:"宦者去其宗筋,伤其冲脉,血写不复,皮肤内结,唇口不荣,故须不生。"黄帝曰:"其有天宦者,未尝被伤,然其须不生,其何故也?"歧伯曰:"此天之所不足,其任冲不盛,宗筋不成,有气无血,唇口不荣,故须不生。"

这段引文,正像许多古医书和古房中书一样,也是以黄帝和他的某个老师或伴侣问答的形式写成,但在这段话里,对话者是歧伯,即传说的医术发明者。

为太监所动的手术是很残酷的,手术是用锋利的刀子把阴茎和阴囊一起割掉。马提格农医生(Dr. Matignon)曾对1890年前后住在北京宫门附近的一个行家定期所做的这种手术做了详细描述。他的职业代代相传,索价甚高,这笔钱可以等被手术的人在宫中谋得职位后分期偿还。读者若想进一步了解手术后的处理,亦可参看马提格农医生的著作,从中还可看到一张术后疤痕的照片。可以有把握地说,早期使用的方法与前者所述并没有多大区别。马提格农医生还说,手术发生意外的情况较少,死亡人数为3%—6%。但是很多太监却长期受着慢性膀胱失禁和其他疾病的折磨。④

这些慢性疾病,加上生理缺陷带来的自卑感,可以部分地解释我们从中国历史和文献中看到的太监的怪癖性格,他们通常傲慢自大而生性多疑,好动肝火,喜怒无常。他们渴慕奢华的生活。尽管他们中的许多人似乎不是酒徒,但却是声名狼藉的老饕。他们的性无能得到了许多补偿,而且似乎已经彻底逆来顺受、认命知足。虽然大多数太监是在很小的时候为了进宫而被父母阉割,但也有少数成年人是主动自残的。因为一个太监肯定能在皇宫或王公府邸中找到一个轻闲而有利可图的差事。一旦立住脚,他们便讨个老婆来侍候他们,并收养儿子来继承香火。另外,太监还结为朋党,相互照应,相互提携。

太监在整个中国历史上曾起过很重要的作用,他们在宫廷内部结为朋党,常常对国家大事有重大影响。他们能够自由出入后宫,对宫中女人们的流言蜚语和阴谋诡计了如指掌,因此摸透了皇帝的情绪、弱点和嗜好。太监比执政大臣和其他高官更接近皇帝。后者通常只有在上朝或重大庆典上才能见到皇帝。因此皇帝常常委托太监去执行秘密使命,让他们看所有重要的国家文件。太监们都很懂得如何利用他们的特殊地位去谋取私利。当他们不能直接对皇帝施加影响时,就通过皇后或其他后宫嫔妃从中插手以达到目的。太监们的权力可以大到左右国家局势,往往给国家带来灾难性的后果,最后也殃及自身。这是因为他们虽然知道所有的宫廷内幕,但对各省和城外的情况却只有间接了解。在漫长的岁月中,他们在宫中形成了一种带有沙文主义和狭隘反动倾向的顽固核心。尽管有些太监作为个人,也曾促进过公共福利事业的发展,还有一些人是有才干的领导者,如1405年著名的明代南洋远征,就是由一个太监率领的。但是作为一种制度,它却是罪恶之源,对中国的政治、经济的影响是极其有害的。

管道升《我侬词》 忽思慧《饮膳正要》

　　蒙古人的强大统治貌似长久,但旋即衰落。全凭马上功夫而缺乏文化背景的政治权力经不住挫折的打击。蒙古人取得了最初的胜利,但以后却遭到许多失败。在北亚和中亚的大草原及华北平原上,蒙古人几乎战无不胜,但他们却受不了南方炎热潮湿的气候,也完全不适应海战。他们的军队一挫于印度支那,再败于对日大海战,而终负于远征印度尼西亚。这些挫折使蒙古人懂得了必须向中国人学习,他们开始采取一种比较宽宏的态度,为中国的文人士大夫提供更好的职位。于是一些能干的中国人便出来为元朝做事,其中有几个人还以文学艺术成就而知名,尽管他们丧失气节,令史学家侧目。

　　当时第一流的学者和艺术家要属赵孟頫(1254—1322年),他是一位大书法家、画家和艺术品收藏家。他的夫人管道升(1262—1319年)几乎与之齐名。由于她是家中的独女,所以她的父亲非常溺爱她,使她受到很好的文学教育。她是一个富于独创性的女诗人,并擅长画竹。她27岁时与赵孟頫结婚,那时她的丈夫已是京城中的高官。人们一向把他们的结合说成是美满姻缘,夫妻都受到蒙古朝廷的隆遇,官爵显赫。管道升的作品很少流传下来,其中出名的一首是《我侬词》,这是她因丈夫要纳妾两人发生争吵而写下的一首很诙谐的诗:

　　　　尔侬我侬,
　　　　忒杀情多。
　　　　情多处,
　　　　热似火。
　　　　把一块泥,
　　　　捻一个尔,

塑一个我。

将咱两个一齐打破，

用水调和。

再捻一个你，

再塑一个我。

我泥中有尔，

尔泥中有我。

我与你，

生同一个衾，

死同一个廓。

按照后来的传说，赵孟頫颇多艳遇，并擅长画春宫画。在下一章中，我们将从明代一部色情小说中引用一段话，这段话叙述了他所画的三十六式。

元代后半期，有些蒙古人也掌握了一点中国文化，并从事文学活动。例如，有一部讲养生术的医学小书保存下来，作者为御医忽思慧。1330年，他以此书进呈皇上。书名为《饮膳正要》，前有著名学者和官吏虞集（1272—1348年）所作的序。该书详细介绍了蔬菜和肉食的食用特点，它简捷明快的文风，使之成为一本流传甚广的参考手册。1456年，该书重印，前有明代第七个皇帝代宗所作的序。

该书开头说：

夫上古之人，其知道者，法于阴阳，和于术数，食饮有节，起居有常，不妄作劳，故能而寿。今时之人不然也，起居无常，饮食不知忌避，亦不慎节，多嗜欲，厚滋味，不能守中，不知持满，故半百衰者多矣。

夫安乐之道，在乎保养，保养之道，莫若守中，守中则无过与不及之病，春秋冬夏，四时阴阳，生病起于过与，盖不适其性而强。故养生者,既无过耗之弊,又能保守真元。

(《四部丛刊》本,卷一,十四页背)

接着,忽思慧还告诫人们,眼睛充血时(同书十六页正),特别是喝醉酒时切忌行房(同书二十五页正)。在十七页背[1],他说:"避色如避箭,避风如避雠。"

这部书还对产前护理有明确指导。总的来看,这些内容都是出自古房中书:孕妇应避免用力过度、争吵以及过分激动,坚持吃无刺激性的食物,只看使人赏心悦目的东西,等等。从下面这些简单的指导亦可看出作者的一般常识:"远唾不如近唾,近唾不如不唾"(十六页背),以及"凡清旦刷牙不如夜刷牙,齿疾不生"(十七页正)。

喇嘛教的房中术

忽必烈汗和继承他而统治中国的蒙古人都是喇嘛教的信徒。当时,北传大乘佛教中的金刚乘从印度传入西藏又传入蒙古,在蒙古十分盛行,特别是性力(Female Energy)崇拜。

忽必烈身边也有许多密教术士(Tantric adepts),并由八思巴授时轮曼荼罗(Kāla-cakra-maṇḍala),⑤按密教的嘿金刚(Hevajra-vásitā)仪式封为世界君主。在喇嘛教的画像里,大多数神像都被画成与女性配偶性交的样子,其姿式为"父母",藏语叫"雅雍"(yab-yum)[2]。据说密教术士就是靠这种双修法,通过与女性配偶性交来超度自己。这一问题在本书附录一中还要详细讨论。对于引出下文所述蒙古宫廷中的性仪式及中国人的反应,以上的简短评述恐怕已足够了。

忠君的宋代学者郑思肖(主要活动于 1290 年)在《心史》⑥中提到,北

---

[1] 十七页背是十六页背之误。——译者
[2] 藏语原意为"父母",印度、尼泊尔、西藏佛教艺术中男神与女性配偶合欢的形象。——译者

京镇国寺中有一座佛母殿。这个殿里有许多大型喇嘛神像,皆作与女性配偶拥抱性交状。郑氏生动地描述了那里令人恐怖的淫乐和用女人杀祭的血淋淋的场面。但对他的这番话,读者必须注意,郑思肖仇恨和蔑视蒙古征服者,所以很可能有所夸张。另外,他对喇嘛教也显然一无所知,故而把手中抱着裸体配偶的牛头神(Yamāntaka)和其他长着动物头的神像,都当成是在这种仪式上进行兽奸。不过他的这段话却清楚地证明,密教在蒙古人的统治下确实很兴盛。

《元史》卷二○五皇帝宠臣哈麻的传记中,描述了宫中举行的密教仪式。它证实了郑思肖的说法。

其文曰:

亦荐西蕃僧伽璘真于帝。其僧善秘密法,谓帝曰:"陛下虽尊居万乘,富有四海,不过保有见世而已。人生能几何?当受此秘密大喜乐禅定。"帝又习之,其法亦名双修法。曰演揲儿,[7]曰秘密,皆房中术也。帝乃诏以西天僧为司徒,西番僧为大元国师。其徒皆取良家女,或四人或三人奉之,谓之供养。于是帝日从事于法,广取女妇惟淫戏是乐。又选采女为十六天魔舞。八郎者,[8]帝诸弟,与其所谓倚纳者,[9]皆在帝前,相与亵狎,甚至男女裸处,号所处室曰皆即兀该,[10]华言事事无碍也。君臣宣淫,而群僧出入禁中,无所禁止。

在讨论明代之前,这里还可以提前讲一下,密教的双神(double deities)崇拜已被中国人所接受,并且在元朝灭亡后又持续了好几个世纪。明代学者田艺蘅(主要活动于 1570 年)在其《留青日札》卷二八中收有一篇《双修法》,在这篇文章中,他引述了上译《哈麻传》的大意。然后道:"自是此法遂行,今犹不绝。"(The perverted sexual disciplines nowadays practised by married couples originated from this.)[1] 这种断言当然完

---

〔1〕《留青日札》卷二八《双修法》无此句,这里是据英文原文翻译。——译者

全没有根据。从前几章我们已经知道,房中术纯属中国概念,并且我们在附录一中还尽量证明,中国的房中术不但不是仿自印度,反而正是密教房中修炼的源泉。

在《留青日札》卷二七《佛牙》一文中,田艺蘅描述了明皇宫中大善殿中的密教神像。他说,1536年学者夏言(1482—1548年)曾向皇上奏请拆毁这些神像。说:"其所为男女淫亵之像者,名曰欢喜佛,传闻欲以教太子,盖虑长于深宫之中,不知人事故也。"

看来夏言的奏疏并未引起注意,因为明末,这些神像在宫中仪典中仍然起着重要作用。这一点已由明代学者沈德符(1578—1642年)在《敝帚斋余谈》中所证明。他说:

> 余见内庭有"欢喜佛",云自外国进者。又有云故元所遗者。两佛各璎珞严妆,互相抱持,两根凑合,有机可动,凡见数处。大珰云:"帝王大婚时,必先导入此殿。礼拜毕,令抚揣隐处,默会交接之法,然后行合卺。"盖虑睿禀之纯朴也。

(收入《香艳丛书》)

由此可知,密教神像的作用完全如同房中书中的插图,即用以传授性交方法。

当蒙古皇帝在北京的皇宫里钻研密教的房中秘术的时候,中国人却已在南方揭竿而起。这种反抗是由有钱的爱国者和士兵领导,最初彼此互不相干,但蒙古人没有采取果断的措施,因而这种反抗运动在中国将领的领导下迅即蔓延。蒙古政府被内部的钩心斗角弄得四分五裂,已失去统治的信心;其士兵也被养尊处优的生活所削弱,早已失去当年的雄风。举国上下起而驱逐和杀戮他们痛恨的蒙古官吏及其他异族亲信。中国人的军队进军北方,占领了北京,最后一个蒙古皇帝逃走了。1368年,将领朱元璋定都南京,建立明朝。

注释：

① 《西厢记》已由 Henry.H.Hart 巧妙地译成英文，题目是 *The West Chamber*（Stanford University Press 1936）。《琵琶记》的译本有 M.Bazin 的法文缩写本 *Le Pi-pa-ki, ou Histoire du Luth*（Paris 1841）和 V.Hundhausen 的德文全译本 *Die Laute*（Peking 1930）。类似主题也见于清代小说《玉娇梨》，有 St.Julien 所译法文本 *Les Deux Cousines*（Paris 1864）。另外五部关于爱情和艺妓的元代戏剧有 H.Rudelsberger 的德文缩译本 *Altchinesische Liebes-Komödien*（Vienna 1923），它们是《鸳鸯被》、《玉镜台》、《谢天香》、《铁拐李》和《黄粱梦》。不过查阅这些剧作时，读者务必记住，中国戏剧要比我们的戏剧更加强调听、看，而不是阅读。但这些剧本却为研究性关系和社会关系提供了很好的材料。

② 《青楼记》曾被印入各种丛书，包括《香艳丛书》。不过，最好的版本还是上文 123 页中所说的叶德辉《双梅景闇丛书》中的本子。

③ 有些部分带有史料性质的关于唐代艺妓的记述见于 *TPL* vol.II，如关于艺妓李娃（p.154）和杨娟（p.169）。

④ 上引 Matignon 书的"Les Eunuques du Palais Impérial de Pékin"章及 G.Carter Stent 的文章 *Chinese Eunuchs*（见 *Journal of the Royal Asiatic Society*，N.China Branch no.XI, 1877）。

⑤ 关于时轮仪式。见 G.N.Roerich 的西藏编年史 *Deb-ther Snon-po*（"The Blue Annals"）（*Royal Asiatic Society of Bengal Monograph Series* no.VII, Calcutta 1949），vol.II, p.702。关于喜金刚仪式，见 P.H.Pott 的材料丰富的著作 *Yoga en Yantra*（Leyden 1946）p.74，书中提到不少有关文献。

⑥ 见《心史》"大义略叙"节（北京 1936 年重印本）129—130 页。

⑦ H.Franke 和 R.Stein 在他们对 *ECP* 的书评中已提出这些译名的蒙文读法。

⑧ 十六天魔。密教诸神中有许多以"十六"为一组的神，但这组特殊的神却从未提到过。我也未能搞清"八郎"的来龙去脉。但我推测，十六当是代表十六个密教女魔，她们与代表其男性配偶的男人性交，一对女魔共一个男人。

　　14 世纪的学者陶宗仪所著《元氏掖庭记》还增加了一些材料，说这十六个跳舞的姑娘都把头发梳成许多长辫，头戴象牙冠，身穿带金流苏的大红袍，同时手上还拿着用人头骨制成的酒杯（kapāla）。这一描述强调的是舞蹈的密教特征，但并没有什么材料是讲"八郎"。

⑨ 文中的 i-na 也许是蒙文"ainak"的译名。

⑩ 这个词或与象头神（god Ganeśa）有关。象头神在曼陀罗经咒中专门被称为 vināyaka。

第十章 明

（公元 1368—1644 年）

明代的性习俗

朱元璋作为明朝的开国皇帝而建号"洪武"。为了平定天下和使满、蒙、朝鲜四夷归附，他在位期间，费尽心力，东征西讨，一帆风顺。故及其殁，中华帝国的版图甚至比唐朝还大。

洪武皇帝还仿效汉唐，重整纲纪，恢复了蒙古占领时期一度中断的传统科举制，为帝国的庞大文职部门选募贤良。在此基础上，他建立了一个主要由儒生担任官职，简练精悍、高度集权的政府，即一种使管理有条不紊、行之有效的强大官僚体制。

不过，这种中央集权的官僚体制在很多方面不同于唐代和宋代。以前的军事占领留下了不少野蛮影响。蒙古官员的飞扬跋扈在年轻的中国文人身上打下了烙印，所以一旦掌了权，他们便起而效仿蒙古人颐指气使的作风。首先皇帝本人就是一介武夫，出身微贱，缺少文化教养，而且处理的主要是军事问题。因此,他鼓励严刑苛法,对案件快办重判,听任官吏对百姓作威作福。这在政府的各级官员中助长了一种傲慢之风,这种风尚使当时来华的外国考察者大为震惊。

尽管皇帝本人很偏爱佛教,但为国家计,他还是采用宋代的理学作官方惟一认可的教义。蒙古统治时期,佛教曾在国家的庇护下大为流行,现在许多对此愤愤不平的正统儒家学者总算扬眉吐气了。他们中有个叫吴海的人,甚至向当局呈文,名为《书祸》,建议销毁所有古代非儒家之书如杨朱和墨翟的书,以及佛家和道家的书。① 他的过激建议并未引起重视,不过统治当局确实开始对非儒家思想持怀疑态度,他们多次建立审察制度,采取措施实行思想控制。这种控制起初还比较松弛,但后来却越来越严,到明代末年,常常令人感到压抑不堪。

部分是因为逆反于蒙古统治者对中国文化的蔑视,部分是因为他们刚刚解放,民族情绪太强烈,明代产生了一种对民族遗产的过分推崇,这虽导致了所有艺术的大复兴,但也造成了一种对独立思考的压制。只要谁敢怀疑朱熹理学学派的经说,或认为儒家的习俗和道德标准未必传之于古,就会被认为没有爱国之心。一股研究古书和金石的热潮席卷了文人士大夫阶层(其中不少是出于业余爱好),谁不加入就会被斥为非我族类。这句骂人话现在比上几个世纪还要难听。

明代是中国文化空前繁荣的时期,但它也为随后在清代发展起来的闭塞和停滞播下了种子,并在很长时间里对整个中国文化的进一步发展产生了不利影响。

不过,在若干世纪里,明代文化的优点一直很突出。这是一个生活风尚追求富丽堂皇的时代。明人是杰出的建筑师,他们建有许多宏伟的宫殿、宅第和别墅,内陈漂亮的家具,这些家具不仅坚固耐用,而且设计构思也完美无缺,那种简洁明快、典雅庄重的风格是后人再也无法企及的。天才的艺术家们在书画方面创立了新的风格,他们的作品不仅装潢了富人的堂皇宅第,也美化了清贫学者的淡雅书斋。追求生活风雅已发展成一种十足的崇拜,人们写了大量的书来描写这类生活乐趣及其享受。

在官方的庇护下,儒家的信条开始渗透到人们的日常生活之中。两性的隔离和禁止妇女抛头露面也开始认真实行。

这一时期来华的西方人的观察证实了这种从当时中国文献中得出的印象。葡萄牙传教士加斯帕·达·克鲁兹(Gaspar da Cruz)于1556年访问过广州。他把这个地方称为Cantam。他对在街上见不到一个正派妇女感到震惊。他说:"她们通常深居简出,在广州全城,除某些轻佻的妓女和下层妇女外,竟看不见一个女人。而且她们即使外出,也不会被人看见,因为她们坐在遮得严严实实的(我们以前已讲过的)轿子里。任何人到家里也别想见到她们,除非是好奇,她们才偶尔从门帘后面偷窥外来的客人。"② 另一个传教士马丁·德·拉达(Martin de Rada)在中国南方考察过几年,他说:"女人都深藏闺阁,严守贞节,除干瘪的老太婆外,我们很难在城里和大地方见到女人。只有在乡村,愈是质朴淳厚的地方,反而才能经常见到女人,特别是她们在田里干活的时候。她们习惯从小缠足,把所有的脚趾都扭到大脚趾的下面,使脚完全扭曲变形。"③ 从后面这句话可以看出,缠足之风在明代后期流传得何等广泛。

听听著名传教士利玛窦(Matteo Ricci)(1552—1610年)怎样讲中国人的妻妾,是很有意思的:"聘礼的仪式和庆祝也非常之多。这些人通常很小就结婚,他们不喜欢结婚双方的年龄相差太大。婚约由双方的父母包办,虽然有时也会征求他们的意见,但不一定要征得结婚当事人的同意。上流社会的人家只有门当户对才算名正言顺。所有的男人都可以自由纳妾,但对妾的选择却不问社会地位和财产,惟一标准是她们的姿色。买妾也许要破费上百两黄金,但有时也相当便宜。在较低的社会阶层里,人们只要愿意,尽可以用银子来买卖妻子。王[1]和王子们择偶只看她们是否漂亮,而不问其血统是否高贵。贵族女子并不渴求嫁给王,因为王的嫔妃并无特殊的社会地位,且被关在深宫之中,再也见不到自己的家人。况且,从众嫔妃中选择正式配偶,是由专职的官员负责,在众多候选人中,

---

[1] 即皇帝。——高罗佩注

很少有人能够入选。"④ 当然,所谓王的嫔妃并无特殊的社会地位,只是对后宫中不为人知的下层女子而言。

女人的贞洁成了十足的崇拜,不论事出何因,寡妇再嫁都会遭人冷眼,离婚也是女人的耻辱。所以,出于双方同意而离婚实际上比前一个时期要少。丈夫可以以七条理由单方面休妻,即:(1)无子;(2)淫泆;(3)不事舅姑;(4)口舌;(5)盗窃;(6)妒忌;(7)恶疾。[1]这些理由,除第一条对统治者和王公贵族无效外,对所有阶层都是很正当的理由,另外还有三条不准休妻的理由:第一,是曾为公婆守过三年孝的;第二,是娶时丈夫贫贱而后来变富贵的;第三,是无家可归的。[2]

男人一般既对儒教感兴趣,也对道教和佛教感兴趣,而女人几乎全都偏爱佛教。佛教主张博爱、慈悲,宣扬众生平等。这些教义不仅满足了女人的精神需要,而且围绕着许多美丽的女性神祇,如大慈大悲、救苦救难的送子观音,有许多令人眼花缭乱的仪式,使她们枯燥单调的日常生活变得丰富多彩。女人当中非常流行的是净土宗。它宣扬净土是由阿弥陀佛,即无量光佛所主宰,只要虔诚地念他的名号"阿弥陀佛",任何人皆可往生净土。"阿弥陀佛"是梵文 Amitābha 的中文译音,它已成了女人表示惊讶、喜悦之情的口头禅。男人在日常生活问题上则宁愿请道士出主意。道士擅长为起基动土看风水,为婚丧嫁娶择吉日。但尼姑由于其性别的原因,可以随意出入女人的闺阁,则是女眷们最喜欢的指导者。例如,尼姑在家庭内部的仪式上主持祈祷,求使生病的孩子恢复健康和使不孕的女子怀孕生子。她们以专治妇女病的妙手郎中自居,替妇女身体上的毛病出主意,或被长期雇来,在闺阁中教女孩读书、写字和做女红。

舆论对尼姑和尼姑庵素无好感,明代小说和短篇故事过分渲染她们的所谓恶行。人们怀疑尼姑只是为了干下流勾当才信教,而尼姑庵则被说成暗地行淫之所。⑤ 人们通常以为尼姑登门,不是去给女人送春药,就

---

[1] 即"七出"。——译者
[2] 即"三不去"。——译者

是去拉皮条。在本书第 254 页我们已看到,有个元代作家就曾劝人们不可让尼姑接近他们的家。况且人们怀疑,女人上尼姑庵,恐怕并不是去祈祷还愿,也不是去参加宗教仪式,而是打扮得漂漂亮亮去勾引男人。

确实,真心渴望过虔诚生活而信教的女人毕竟较少。女孩往往是被父母不容商量就送进尼姑庵的,甚至还在她们出生以前这一切就已经决定了。为了禳除灾祸,父母常常发愿让尚未出生的女儿将来当尼姑,或者碰上女儿得了大病,为了祈求康复,他们也会这么做。尼姑庵还为许多女人提供了避难之处,她们有些是因为憎恶与未见过面的男人结婚,有些是为了逃避冷酷的丈夫和暴虐的公婆,还有些是有同性恋嗜好或生性淫荡,想找个安全地方与男人私通而不必像妓女那样入籍为娼。由于尼姑来自这样一些不同的阶层,所以不用说,尼姑庵的住持若不是生性坚强,庵里的道德约束就会江河日下。

另一方面,必须切记的是,在中国古代,舆论主要是由男人一手制造的,而且依据的是双重的道德原则。况且,女人放弃为家庭生儿育女的神圣职责,而生活在一个独立自主的团体里,再也用不着受制于她们的男性亲属,单凭这种想法,对儒家来说,就已经是大逆不道。而明代小说和故事的作者也大多是儒家文人,他们实际上对佛家的一切都充满偏见。佛家的僧尼是他们最好的攻击对象。因此,阅读这类文学作品,切忌笼而统之,要注意他们对尼姑的横加指责是掺有许多水分的。

房中书:《某氏家训》、《素女妙论》、《既济真经》、《修真演义》

在卧室里,房中书的原理虽然仍在实行,但房中书本身却不再像以前那样随便流行。人们觉得这类文献虽则有用,但不宜拿来做公开讨论。尽管正如上文所见,《宋史·艺文志》仍提到房中书,但《明史·艺文志》无论在道家类(此类收书甚少)还是医书类却一本也未著录。当然这些著录绝不能代表当时书籍流传的实际情况,但它们却可以说明哪些书是官方许可的,哪些不是。房中书,特别是具有道家性质的房中书,此时即属于后一类。

许多明代文献的有关材料证明，尽管房中书已不如从前那么流行，但它们的原理却仍然渗透在当时的性生活当中。以下我们将引用许多这类材料。首先值得注意的是一部强调房中术重要性的文献，即写于公元1550年前后的《某氏家训》的残本。

按照中国的古老习惯，家长常常在晚年把自己一辈子的心得体会记录下来，用以教训自己的子孙。虽然这些通常叫作"家训"的文献主要只是供作者自家使用，但其中有些却在中国文献中成为很有名的作品。例如，颜之推（531—591年）的《颜氏家训》，儒家学者朱用纯（1617—1689年）的《治家格言》和著名政治家和将军曾国藩（1811—1872年）的《家训》。另外，除这些正统的家训之外，家长有时还写一些秘不示人的东西，其中包括他们对家庭性生活的看法。这些东西被密锁深藏，可能只是在儿子即将结婚时才拿给他们看。幸运的是，有一本这类书的残本被偶然保存下来。

由于此书文辞不雅，可以断定，作者当是一位没有受过专门文学训练的地主或富商。不过他肯定是一位很有头脑，对妇女观察细致入微的人。保存下来的四条家训如下：

（1）[上脱四字，或作"妻妾日劳"（Wives and concubines are daily occupied with）]督米盐细务。首饰粉妆，弦素牙牌以外，所乐止有房事欢心。是以世有贤主，务达其理，每御妻妾，必候彼快……（余脱去）。

（2）街东有人，少壮魁岸，而妻妾晨夕横争不顺也。街西黄发伛偻一叟，妻妾自竭力以奉之，何也？此谙房中微旨，而彼不知也。

（3）近闻某官内妾，坚扃重门，三日不出，妻妾反目。不如节欲，姑离新近旧，每御妻妾，令新人侍立象床。五六日如此，始御新人。令婢妾侍侧，此乃闺阃和乐之大端也。

（4）人不能无过，况婢妾乎！有过必教，不改必策，而策有度有数也。俯榻解裈，笞尻五下六下，下不过胯后，上不过尾闾是也。间有责妾，每必裼躶束缚挂柱，上鞭下捶，甚至肉烂血流，是乃害彼害我，以闺门为刑房，不可不慎也。

（《秘戏图考》卷二，90页）

对这一材料，我们不妨略做评论。第一条家训强调的是，由于女人的大部分时间都是在家里度过，生活过于单调，惟一的消遣是一起在屋里玩各种流行于明代的游戏，如弹琴、下棋、玩麻将、打纸牌。因此性生活对她们来说，要远比对她们的主人更为重要。因为他在外面有各种各样的乐趣，如工作、交朋友等等。就我所知，这在当时是一种新鲜的想法。别的作家一般都认为，妇女与世隔绝、生活单调乃是理所当然。

第二条家训指出，对于大多数女人说来，男人的性交技术要比他的年轻漂亮更重要。而性无能会使女人变得喜欢争吵和难以驾驭。尽管房中书亦有类似说法，但没有此书讲得这样清楚。

第三条家训证明，作者很善于揣摸心理。男人应当防止他的妻子多疑，以为新妾有什么神奇魅力，足以夺宠。故主人应从一开始就讲清她们的地位要优于新来者。当他为新妾破身时，也叫其他女人在场，好让她们亲眼看到她并不比她们别有所长。

从最后一条家训可以看出，作者很替女人着想。他主张体罚应适度，要施之于不会造成重伤的部位，女人应只裸露部分身体。所谓痛打一丝不挂的女人，是乃害彼害我，这段话也许会被解释成担心引起男人的虐待狂。但这无疑是很牵强的。作者的意思更可能是怕男人在家里摆出刑堂拷问的样子会有损形象。不过可能他也下意识地感到唤起潜在的虐待本能是很危险的。

这一文献对研究中国明代的道德风尚很有价值。但愿有一天人们能获睹这篇家训的全文。

那时还出现过一些新的房中书。尽管在明代，它们只在一个有限的范围内流传，但到后来的清代，它们却成为严格审查制度的牺牲品。只是在日本，才有少数这类明代文献幸存下来。

这里我们所要讨论的第一部明代房中书是《素女妙论》。

它有两种版本保存下来。第一种版本是带插图的雕版,出现于文禄年间(1592—1596 年)。此本小题作《人间乐事》和《黄素妙论》。这个根据中国原本改编的日本版本,前面附有一些采自明代色情小说的小幅春宫画,欲知其详,可参见涩井清《元禄古版画聚英》卷二(东京,1928 年)。第二种版本是中国原本的手钞本,录于约 1880 年。此本凡 42 页,每页10 行,行 21 字。

此书是由《素女经》、《洞玄子》一类古房中书的片断组成,经改写而连缀成篇,很多地方加有编者自己的观点。全书是按传统的方式,即黄帝和素女问答的方式写成。它的文风纯属明代平庸之作的典型风格,拖沓而重复,但总的说来晓畅易懂,它是一部既无儒家色彩,也无道家色彩的实用书籍。尽管它也和古代房中书一样,强调保存精液和性交的治疗作用,但它并没有提到道家内丹派的房中术及其他有关的东西。就我所知,这是现存最为完整的明代房中书善本。将来应把它全文翻译出来。

1566 年序的署名为"摘红楼主人",谓此书不知何人所作,或云传自"茅山道士"。茅山在江苏省,早在汉代,就因道士云居而闻名天下。该书编者自称"洪都全天真"。书后有跋尾,日期为 1566 年阴历 11 月,题为"西园居士书于暖香阁"。此跋尾以集句的方式写成。集句是一种中国特有的文字游戏,即把文学作品中的名句集合成篇。⑥

下面让我们来看一下它的内容,但重点只是讨论那些古房中秘书所未曾见到的段落。

头五节涉及下述问题:(1)《原始篇》,讨论性行为的意义和益处;(2)《九势篇》,是《医心方》第十二节所说"九法"的推衍发挥和加工润色;(3)《浅深篇》,主要是据古房中书对此类技巧的描述,涉及女性生殖器各个部位的一系列术语;(4)《五欲五伤篇》,是据《医心方》第七、第八和第十八节引文写成;(5)《大伦篇》,也是根据古房中书的有关段落。

第六节为《大小长短篇》,提供了某些新资料,其文曰:

帝问曰:"男子宝物,有大小长短硬软之别者,何也?"素女答曰:

"赋形不同,各如人面,其大小长短硬软之别共在禀赋,故人短而物雄,人壮而物短,瘦弱而肥硬,胖大而软缩,或有专车者,有抱负者,有肉怒筋胀者,而无害交会之要也。"

帝问曰:"郎中有大小长短硬软之不同,而取交接快美之道,亦不同乎?"素女答曰:"赋形不同,大小长短异形者,外观也;取交接快美者,内情也。先以爱敬系之,以真情按之,何论大小长短哉?"

帝问曰:"硬软亦有别乎?"素女答曰:"长大而萎软,不及短小而坚硬也。坚硬而粗暴,不如软弱而温藉也。能得中庸者,可谓尽善焉矣。"

(《秘戏图考》132页)[1]

这一节又讨论了怎样用药物使短小的阳具变长。素女告诫人们不可乱用药,她说:"两情相合,气运贯通。则短小者自长大,软弱者自坚硬也。"(《秘戏图考》133页第5行)结尾一段是讲阴门的不同位置,其文如下:

帝问曰:"女子玉门有上中下之异,何也?"素女答曰:"牝户之美,非在位而在用也。上中下者各有其异,要之顺利而用之耳。中者四时均宜,百势无防,以不偏为贵是也。上者宜冬,匡床绣被,男伏其上是也。下者宜夏,竹荫石榻,隔山取火是也。斯乃御女器使也。"⑦

(《秘戏图考》卷一,124页)[2]

第七节的题目是《养生篇》。它列有不同年龄的男人每周和每月可以射精的次数。第八节即最后一节的题目是《四至九到篇》,内容与《医心方》第十和第十一节的引文酷似。至此,全书结束。与古房中书不同的是,它不附医方。

值得注意的是,此书把旨在壮阳补阴的性交与旨在受孕的性交区别

---

[1] 此系卷二页码。——译者
[2] 据《秘戏图考》卷一,此段仅见上述第一种版本,故卷二《秘书十种》未收。——译者

得很清楚。前者应靠性交本身和它的各种变化来提高兴致和相互的吸引力。而后者则相反,应以一种庄重的献身精神来完成。为说明作者如何对待性交的这两个不同方面,这里我从第二节和第五节各翻译了一段。前一段是讲九势中的第八势,后一段则是讲应用何种方式性交以获得子嗣。前者特别有趣,因为它证实了《洞玄子》第九条所说的第十五种姿势,即一男如何御二女。这类姿势偶尔也见于春宫画册。

(八)鱼唼式。令二女子一仰一俯,互搂抱以为交接之状。牝户相合,自摩擦,则其鱼口自开,犹游鱼唼萍之形。男子箕坐其侧,俟红潮喘发,先以手探两口相合处,将茎安其中间,上下乘便,插入两方交欢。大坚筋骨,倍气力,温中补五劳七伤。其法如游鱼戏藻之状,只以唼清吐浊为要。

(《秘戏图考》卷二,123页)

这段话使人觉得家庭中的女眷搞同性恋不仅是可以容忍的,而且有时甚至受到鼓励。而讲为受孕而性交的那段话则说:

帝问曰:"夫妇之道,为子孙之计。而今无子孙者何乎?"素女答曰:"三妇无子,三男无子。男子精冷滑者,多淫虚惫者,临敌畏缩者,无子也。妇人性淫,见物动情者,子藏虚寒,藏门不开者,夫妇不和,妒忌火壮者,无子也。"

帝问曰:"若人无子,取之以何术乎?"素女答曰:"求子之法,按阴合阳合之数,用黄纱黄绫黄绢之属,造衣被帐褥之类,以黄道吉日,取桃枝书年庚,放之卧内。又九月三日,取东引桃枝书姓名,插之床上。须察妇人月经已止过三四日。各沐浴炷香,祈天地鬼神,入帐中而为交合。其时子宫未合闭,故有子也。御法,进退如法,洗心涤虑,勿戏调戏弄,勿借春药,勿见春宫册。若犯之损父母,不利生子。"

(《秘戏图考》卷二,130页6—12行)

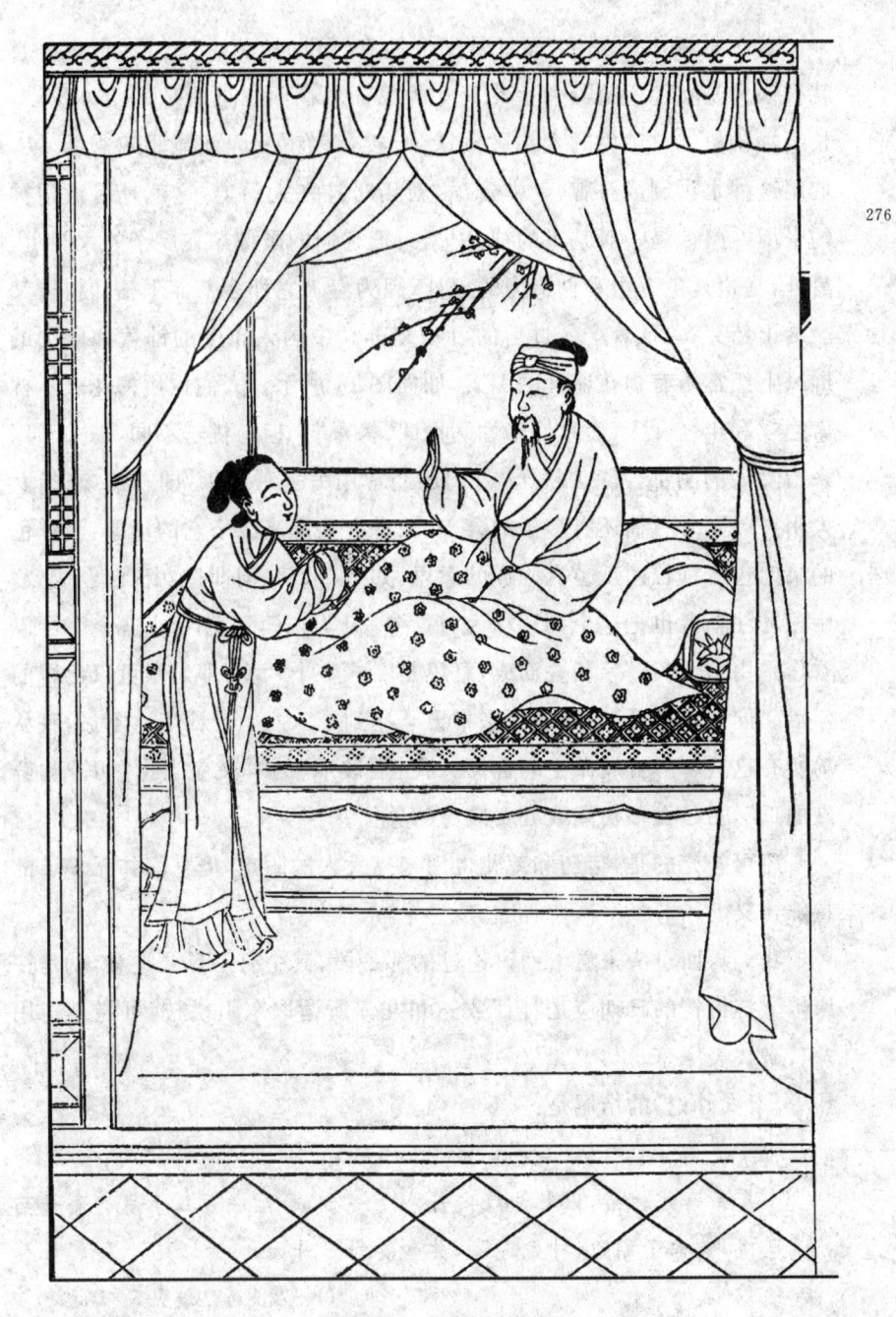

插图 14 中国的床架

黄色是沃土的颜色，而日月交会的日子也叫"黄道"。⑧桃，自古一直就被认为是女性生殖器和生儿育女的象征。在西王母所住的西方乐土，长着蟠桃树。这种树的木头被人认为与生育有关，因此能驱凶避邪。人们用这种木头制成符牌，上书吉语，新年时挂在大门上，这就是后世门神的来历。门神是一对吃鬼的神，中国人把它们的画像贴在屋子的大门上。另外，梅也是生育力和创造力的象征，因为春天它那多节而干枯的树枝又会绽出新芽，象征着严冬过后的万物复苏。中国人床上的铺盖和床围的屏风上经常绣有梅花盛开的图案，如插图14所示。人们也用梅花表示枕席之欢和年轻女人，而且后来性病也叫"梅毒"。但与桃子不同，梅并不用来指女人的阴部。除去桃子，人们还经常用另一种水果，即石榴，来指女人阴户。同时石榴还有多子的含义，两种含义都来源于它的形象：浅红色的果肉包着籽粒。瓜也有同样的意思，如"破瓜"一词即指女孩已经成熟。中国的注释者也把这个词解释为"瓜字一分为二"，因为"瓜"这个字可以看作是由两个"八"字相叠而成，意思是二八一十六岁，即姑娘可以出嫁的年龄。同理，"破瓜"一词也用来指男子达到了八八六十四岁。不过，我认为所有这些解释皆属派生的含义。我想"破瓜"的本义应当指"切开的鲜红的瓜"，乃是女孩初潮或处女破身的象征。

还可补充的是，芍药和莲花也用来指女人的阴户，但它们并无多子的特殊含义。

我们再回过头来看上面讨论过的那一段，其中有一点要注意，就是往床帷上挂桃符的日期应是"阳"数三和九。所谓取东引桃枝，可能是指用"东"来代表房东。

《素女妙论》的结尾是：

> 帝斋戒沐浴，以其法炼内丹八十一日，寿至一百二十岁。而丹药已成，铸鼎于湖边，神龙迎降，共素女白日升天。

（《秘戏图考》139页5—7行）

第二部日本所存的明代房中书是关于道家内丹派的房中术。该书全名是《纯阳演正孚祐帝君既济真经》。"纯阳"这个名字是指道家神仙吕洞宾。据传他是宋人，后来被列为八仙之一。他的样子是长髯、高冠、佩剑。"既济"，这里翻译为"Complete Union"（完全合一），是《易经》的第六十三卦，象征性交，本书第 36 页已讨论过。为节省篇幅，我们把它叫作《既济真经》。该书注文题名邓希贤，即"紫金光耀大仙"所作。

《既济真经》在日本是用雕版印刷，同一书中还印有《修真演义》，即下文还要讨论的一部类似之书。这本书的总题目是《百战必胜》。出版日期和出版者均不详，但其版式风格却表明是印于 1880 年前后。内封是一幅木刻山水画，然后是六幅略带色情味道的木版画，每幅画的对折页上都附有一首乏味的中文诗。在这些日本编者所加的诗画后 1—10 页为《既济真经》的正文和注，加有日文假名。这本书是很少见的，但偶尔还可以在日本的坊间看到，它是 1910 年由私人排印。我把该书与万历年间（1573—1619 年）的小开本中国雕版书做了比较，发现它们是一样的。

正文很短，只有九段，是用简短的、半押韵的形式写成，风格属于唐代或更早。由于它通篇使用的都是军事术语，所以很容易被误认为是讲兵法的书。可能它是由《玄女战经》（见本书 75 页）或其他古房中书的片段所组成，它们把性交说成是"战斗"（参看本书 157 页）。尽管正文颇有古老的特色，而注文则具有晚期道教房中书的显著特点，似不早于明初。

此书是某些道家内丹派房中术的典型范例。男人要做到完全固而不泻，不射精，从而在性交"战斗"中"打败""敌人"，同时又诱发女人，使她达到性高潮，发出"阴气"，供男人吸收。此类传授很容易用军事术语来表达，因为中国古代的兵学和内丹派房中术在基本原理上是相同的。第一，要利用对方的力量而节省自己的力量；第二，要先屈服于对方，而后再出其不意擒俘对方。这些原理在中国的拳术和剑术中也很重要，后来被日本人吸收，作为其著名防身术即所谓"柔道"的基础。

该书开头有一篇介绍性质的小序，在这篇小序中，注者邓希贤说，他是从仙师吕洞宾那里得到此书，吕洞宾对该书做了逐字逐句的解释，邓希贤采以人注。然后接下去的第一段是：

> 上将御敌，工挹吮吸，游心委形，瞑目丧失。
>
> ［注］ 上将，喻修真人也。御，行事也。敌者，女人也。初入房时，男以手挹女阴户，舌吮女舌，手挹女乳，鼻吸女鼻中清气，以动彼心。我宜强制而游心太清之上，委形无有之乡。瞑目勿视，自丧自失，不动其心。

（《秘戏图考》卷二，91页12行）

接下去，正文有一段话是作"龟蟠龙翕，蛇吞虎怕"（93页10—11行）。注文说，这个口诀包含了"败敌"之术的精髓，因为它指出了男人要想防止射精和做到"回精"所应采取的四种动作。

> ［注］ 瞑目闭口，缩手踡足，撮住谷道，凝定心志，龟之蟠也。逆吸真水，自尾闾上流，连络不已，直入泥丸，龙之翕也。蛇之吞物，微微呷噬，候物之困，复吞而入，必不肯放。虎之捕兽，怕先知觉，潜身默视，必持必得。

（《秘戏图考》卷二，93页14行—94页1—4行）

倒数第二段写了"战斗"的最后阶段：

> 我缓彼急，势复大起。兵亦既接，入而复退。又吮其食，挹其粒，龟虎蛇龙，蟠怕吞翕，彼必弃兵。我收风雨，是曰既济。延安一纪，收战罢兵。空悬仰息，还之武库，升上极。
>
> ［注］ 大起，兴浓也。彼兴既济，我当复入，深浅如法，间复少退。又必吮其舌，挹其乳，依行前番工夫，则彼真精尽泄，而我收翕之矣。既济者，既得真阳也。一纪，十二年也。一御既得真阳，则可延寿一纪。武库，髓海也。上极，泥丸也。战罢下马，当仰身平息，悬

腰动摇,上升泥丸,以还本元,则不生疾病,可得长生。

这里所要讨论的第三种明代房中书是《紫金光耀大仙修真演义》,为了节省篇幅,可简称为《修真演义》。全名的意思是"紫金光耀大仙对修真养性含义的解释"。因此人们认为此书是出自邓希贤,即《既济真经》的注者之手。

此书是以明版原书保存下来,用蓝色油墨印在长幅横轴上,写于1598年,为东京涩井清先生所藏。第二个本子是在上述日本重印的《百战必胜》中。第三个本子与上述《素女妙论》在同一日本钞本中。第四个本子为1910年排印,亦收有《既济真经》。

该书有署名邓希贤的序,文曰:

　　汉元封三年,巫咸进《修真语录》于武帝,帝不能用,惜哉。书传后世,微谙其术者,亦得支体强健,益寿延年,施之种子,聪明易养。然有当弃有当忌,先知弃忌,方可次第行动。余演其义,为二十章,分功定序,因序定功。序固不可紊,功亦不可阙也。修真之士,当自得之。

巫咸是一个传说人物,这里显然是与《素女经》中所说教授武帝的巫炎(参看本书137页)弄混了。

该书第一、二节讲的是序中所说的弃忌当知。它们讲了应避免与什么样的女人行房,以及什么情况下不宜行房,例如男人醉酒和感到虚弱疲倦时。第三节是解释房中术为什么既能养善悟其术者,又能杀不悟其术者。第四节是讲理想的女性配偶,这里是用特殊的道家术语"宝鼎"来称之。

后面的第五、第六和第七节列举了宜于性交的各种征兆,类似《医心方》引文的第十和十一节。

第八节讲的是激发女子性欲的各种方法及女子的性反应。这段话的开头是:

妇人之情，沈潜隐伏，何以使之动，何以知其动？欲使之动者，如嗜酒则饮以香醪，多情则恬以甜语，贪财赠以钱帛，好淫则欢以伟物。妇人之心，终无所主，能见景生情，无不动也。

(《秘戏图考》卷二，100 页 12 行)

第九节用很长的篇幅讲男人如何使自己的生殖器强壮，即他应采用一种复杂的按摩法。而这一段最后说："若行采战，先用绢带，束固茎根。"(102 页 6—7 行)此种或类似辅助工具常见于明代色情小说。例如，《金瓶梅》一书的主人公西门庆所使用的一系列性辅助工具，其中有"药煮白带子"(上引同书第 38 章)，无疑也是用于同一目的。用来煮这种白带子的药也许是某种春药。这些工具中还有"悬玉环"。有一幅这一时期的套色春宫版画(《秘戏图考》卷一图版 8)可以证明，这是一种玉环，套在勃起的阴茎根部，用一条白绸带绕过两腿，绑在腰上来固定它。这种玉环的一件实物标本见于图版 15 中。它是用象牙制成，前面饰有浮雕的双龙。龙的舌头相互盘绕，形成一个凸起的螺旋。一方面，这个螺旋代表的是二龙正在戏耍的"夜明珠"(通常被认为是太阳、生育力和魔力的象征)，但另一方面，这个螺旋当其进退移动之际，无疑又有刺激女子阴蒂的实际功用。系环的绸带是从龙尾之间的孔里穿过。

第十节是进一步讲男人在性交中应如何小心谨慎防止射精。其文曰："初下手时，务遏除欲念。先用宽丑之炉演习，庶兴不甚感，亦不至于欢浓，易制御也。"(102 页 10 行)第十一节是这一观点的进一步发挥。其文曰：

凡得真美之鼎，心必爱恋。然交合时，须强为憎恶，按定心神，以玉茎于炉中缓缓往来，或一局，或二三局。歇气定心，少顷，依法再行，俟彼欢浓，依觉难禁，更加温存，女必先泄也。其时可如法攻取，若自觉欲泄，速将玉茎擎退，行后锁闭之法，其势自息。气定调匀，依法再攻，战不厌缓，采不厌迟，谨而行之可也。

(《秘戏图考》103 页 2 行)

第十二节讲的是防止射精的手段,正如房中书中所讲的那样,它是指兼用意念控制和压迫尿道的生理手段。

奇怪的是,虽然实际上几乎所有的房中书都详尽地讨论了"回精"法,却没有提到在性交的最初几个阶段中精液的"下降"。为了弥补这一不足,这里不妨插入一段明代史料中泛论道家修炼的引文。这是一篇题为《听心斋客问说》的短文,作者为万尚父。该书于 1936 年由商务印书馆重印,收入《丛书集成》卷 0575 中。其第 30 条作:

客问元精与交感之精何以异?曰:非有二物。未交之时,身中五脏六腑之精,并无停泊处,却在元炁中,未成形质,此为元精。及男女交媾,精自泥丸顺脊而下,至膀光外肾施泄,遂成渣滓,则为交感之精矣。

说完这段题外话之后,我们继续来谈《修真演义》。第十三节特别有趣,因为从中我们可以看出各种女性分泌物的医疗效用是怎样被制定成一种特殊理论的。这一段话在明末一定广为人知,因为色情小说《怡情阵》逐字引用过这一段(参看《秘戏图考》卷一,129 页),而且色情散文和诗歌中也常常提到它。⑩兹翻译如下:

三峰大药。上曰红莲峰,药名玉泉,又曰玉液,曰醴泉,在女人舌下两窍中出,其色碧,为唾精,男子以舌舐之,其泉涌出华池,咽之咽下重楼,纳于丹田,能灌溉玉藏,左填玄关,右补丹田,生气生血也。

中曰双芛峰,药名蟠桃,又曰白雪,曰琼浆,在女人两乳中出(见上文 95 页),其色白,其味甘美,男子咂而饮之,纳于丹田,能养脾胃,益精神,吸之能令女经脉相通,身心舒畅,上透华池,下应玄关,使津气盈溢。三采之中,此为先务,若未生产女人,无乳汁者,采之更有补益。

下曰紫芝峰,号白虎洞,又曰玄关,药名黑铅,⑪又名月华,在女人阴宫,其津滑,其关常闭而不开,凡媾合会,女情姹媚,面赤声颤,其关始开,气乃泄,津乃溢,男子以玉茎擎退寸许,作交接之势,受气吸津,以益元阳,养精神。

此三峰大药也。

(《秘戏图考》104 页 12 行)

第十四节用很长的篇幅讨论了男子"回精"术的要点。该节分为五段,每段解释一个字,因此这一节被称为《五字真言》,这是典型的密教术语。

第十五节是再述性行为的各个阶段,始之以爱抚动作,而终之以采阴技巧。该节末尾云,这种技巧"在彼不甚损,在我大有益。阴阳相得,水火既济,御女之妙用也"。

剩下的各节是重复和引申上述讨论。第十六节再次解释"回精"术,这里使用了一个表示这种方法的新术语,即"黄河逆流"(109 页第 8 行)。第十七节讨论性行为的总意义。第十八节进一步论述男人从性交中可以获得的益处,它把性交与老树嫁接新枝相比,用以说明其论点,认为只要男人能做到自我控制,则每次性交都会赋予他新的生命。第十九节还是讲回精的益处。

最后,第二十节讲的是使女人怀孕的方法。正像古房中书所讲过的,性交应在月经之后的头几天进行,男女应同时达到高潮等等。

此书最后加有跋尾,同时提到《既济真经》和《修真演义》。跋云:

世宗朝,余受廪燕京。于时陶真人以术见幸,迹其所为,皆幻怪不经,独采补为有实际,故献庙之享有遐龄,皆由于此。余慕其术,赂近侍,购所藏秘诀,得纯阳子师徒经义二书,遵而行之,初若难制,久出自然。六十年间,御女百余,育儿十七,身历五朝,眼见五代,今虽告老,房中不厌。间一媾合,必敌数人。虽天逸我以年,而采补之功,亦不可掩。语云:擅巧者不祥。且人生不满百,倘一旦先朝露,不忍二书失传,爰付梓人,用广大仙之德。愿与斯世,同跻彭老之年也。如曰此荒唐无稽,是自弃其寿也。其于余也何尤?

万历甲午春王正月,越人九十五岁翁书于天台之紫芝室。

涩井清所藏明版有同样的跋,但落款是"庚戌孟夏月陵人百岁翁书于天香阁"。

除上述这两种房中书之外,《道藏》中显然本来有更多的类似著作。人们可以从中找到如《黄帝授三子玄女经》、《吕纯阳真人沁园春丹词注解》等书。这些书原先无疑是论述炼内丹的,但在 1444—1447 年间《道藏》重印时做了全面删改。由于当时佛教已在很大程度上下降为普通人的偶像崇拜,正统儒家已不再认为值得对它大加挞伐。但道家学派仍强烈吸引着许多文人,因此,儒家官僚对道家学说一直盯着不放。如果道家被控犯有从事"淫祠"的罪名,就会受到起诉和严厉惩罚。这就是为什么当《道藏》印刷时,有关炼内丹的段落会被细心删除的原因。佛经则在很早以前就摒弃了密教的内容。

色情小说:《金瓶梅》、《隔帘花影》 一个真实的爱情故事:《影梅庵忆语》 明代的人物画像与服饰

明代后半期,道家的房中秘术日益变成一种秘传性质的东西。古房中书渐渐湮没无闻,而明代早期的房中书也印数有限,故而一般学者对它们的内容只是略知一二,惟一对道家房中修炼仍有深刻了解的还是道士和有色情癖好的一伙南京文人。关于这些人,下文还要谈到。

房中书的一般原理无疑仍在实行,但其具体原理和专门术语在较大的范围里却鲜为人知。这一时期写这方面题目的学者对它的了解大多只是耳闻,其中许多人对这些方法的效果也抱怀疑态度。这里可以引用学者汪价的看法。汪价主要活动于明代末年约 1640 年前后,以博学和风雅而知名。这段话见于他的《广自序》。[12] 他说:

先祖遇一异人,授以龙虎吐纳之法,习练四十年,道成。夏月盖重衾,卧炕日中,无纤汗。冬以大桶满贮凉水,没顶而坐,竟日不知寒。余以骨顽无仙分,不之向学,然于玄牝要诀,颇熟闻之,大要以宝

神䰡精为主。世之愚伧，纵情彫伐，以致阳弱不起，乃求助于禽虫之末。蛤蚧，⑬偶虫也，采之以为媚药。山獭，淫毒之兽，取其势以壮阳道。海狗以一牡管百牝，鬻之助房中之术。何其戕真败道，贵兽而贱人也。且方士挟采阴之说，谓御女可得长生，则吾未见蛤蚧成丹，山獭尸解，海狗之白日冲举也。

值得一提的是，汪价只说他是听说过这些事，而没有说他读到过这些东西。

在明末撰写的许多一般性质的小说、短篇故事和剧本中，房中书的影响并不明显。虽或偶有色情描写，但讲性交场面也是用一般词汇，而不是用古房中书的专门术语。尽管它们对性生活的研究远不如当时的色情、淫秽小说（下面还要谈到）更为重要，但这些一般的文学作品对社会学的专门研究仍很有用处。特别值得推荐的是《今古奇观》中的一篇故事，名叫《卖油郎独占花魁女》，它有很好的法文译本。⑭故事讲的是一个穷苦的卖油郎如何爱上一位名气很大的美丽艺妓，最后怎样以自己的一片痴情，终于如愿以偿，与她结为夫妻。故事详细描述了妓院里的生活，有许多生动逼真的对话。特别是对鸨母的刻画，显然是来源于生活。虽然场景是放在宋代，但对道德风尚的描写则是作者当时，即明代末年的。

即使明代末年长篇色情小说（有别于淫秽小说）的作者，对讲房中术和道家炼内丹的书也只有很模糊的了解。只要读过中国文学中最著名的色情小说《金瓶梅》及其续集《隔帘花影》，就会得出这个结论。

《金瓶梅》淋漓尽致地揭示了一个中国大家族中人与人之间的隐秘关系，包括用散文和诗的形式对性交做最逼真的描写。但有关段落中的术语却是出自当时的俚语，而不是房中书。并且尽管《金瓶梅》的主人公与家内和家外的许多女人都有性关系，既有良家妇女，也有普通妓女，但小说在任何地方也没有暗示这些私通有壮阳却老的作用。《隔帘花影》也是这样。这部小说有一段曾用"九浅一深"这样的话（第二回近尾处）来描写性交，与房中书中的术语相似，但书中只说该技巧是出自《嫖经》。尽管这两部书的作者是谁现在尚有异议,但没有人怀疑他们都是很有学问的人,就连他们也不熟悉古房中书,这一事实有力地证实了,这类书到明代末年在士林当中已鲜为人知。

现在让我们来详细讨论一下上述两部色情小说,因为它们为研究当时中国私人生活和公众生活的道德风尚和性习俗提供了大量信息。特别是《金瓶梅》,不仅是一部具有很高文学价值的小说,而且也是一部很重要的社会学文献。幸好这部小说已经有了出色的英译本,对于想进一步专门研究明代后期中国生活的人,此书是值得极力推荐的。⑮

这部小说用生动的白话描写了富有的药店老板西门庆和他的六个配偶的生活。故事被写成是发生在宋徽宗年间(1101—1126年),即声名狼藉的奸相蔡京(《古今姓氏族谱》1971)当权之时。但书中描写的生活和习惯却是作者当时即明代的。

正如作者在第一回中所说,他写这部小说是要劝诫世人不可追逐财富和世俗虚誉,特别是不可过分纵欲。财富和权力犹如幻沫,而纵情声色的结果则是:

> 二八佳人体似酥,
> 腰间仗剑斩愚夫。
> 虽然不见人头落,
> 暗里教君骨髓枯。[1]

然后他继续解释说"懂得来时,便是阎罗殿前鬼判夜叉增恶态","罗袜一弯,金莲三寸,是砌坟时破土的锹锄"。

按照惯例,色情小说总是以这种警世之言开篇,但即使是在这种特殊的地方,作者的话恐怕也是相当认真的。在《金瓶梅》中没有当时淫秽小

---

[1] 以上引文出自明天启《原本金瓶梅》,而为明万历四十五年《金瓶梅词话》本所无。这是明清盛传的吕纯阳歌,很多明清小说都引用。——译者

说中特有的那种对淫秽描写的津津乐道，即使是在大肆渲染的段落里，也是用一种平心静气的语气来描写。在小说结尾处，放荡的主人公和助主人公败家的淫妇潘金莲都倒了霉。西门庆吃了潘金莲喂的春药，服用过量而亡，潘金莲则被被她毒死的前夫的弟弟所杀。故事情节设计精心，人物和场景的描写简洁明快而分毫不爽，对话运用得娴熟自然，全书角色无不惟妙惟肖。总而言之，这是一部可以列入世界最佳同类作品中的伟大小说。

限于篇幅，本书无法进一进讨论这部小说的内容，这里只能稍微谈一下该书对性关系的描写。

首先，人们会注意到病态现象极少。尽管西门庆被描写成一个淫欲无度的放荡之徒，他最亲昵的配偶潘金莲也与之不相上下，但虐待狂或类似的迹象却反而只是出现在其他人身上。书中有许多戏谑性质的反常举动，许多拉伯雷式(Rabelaisiān)的幽默[1]和恶作剧，但它们却主要是由于追求新异，而不是由反常的本能而引起的。这也适用于西门庆与他的家仆的同性恋关系。由于像西门庆这样一个有钱有势的男人很容易被写成肆无忌惮滥施虐待的色情狂，而不顾小说的真实性，所以书中全无病态描写才显得十分突出。但作者之所以没有想到这类题材，显然是因为在他那个时代和环境中还看不到这些事。况且他还相当敏感，能够暴露他所看到的所有其他弊端和恶劣风气。

关于这部小说中的反常行为，人们可以注意到的是，书中常常提到给男子口交(penilinctio)，即所谓"品箫"，而没有提到给女子口交(cunnilinctio)。后者似乎是专门实行于道教的圈子中。相反，男子对女子的肛门交(Introitus per anum)却反复出现。特别是有个女人(在《金瓶梅》中叫王六儿)竟喜欢肛门交(pedicatio)和手淫胜于正常性交。"原来妇人有一种毛病，但凡交媾只要教汉子干她后庭花，在下边揉着芯子才过，不然，随问怎的不得身子。"(《金瓶梅》译本卷二 149 页，类似的段落见卷二 317 页)还有"先令妇人马伏在下，那话放入庭花内，极力摧磕了二三百度，摧磕的

---

[1] 指粗俗的幽默。——译者

屁股连声响亮,妇人用手在下操着毬心子,口中叫'达达'如流水"(《金瓶梅》译本卷四 82 页,拉丁译文是据原本)。在其他色情、淫秽小说中也常常提到与女子肛门交(参看《秘戏图考》卷一索引"anal coitus"和图版 19,卷三图版 4)。女子的臀部常在色情诗文中受到赞美,往往被比为"明月"。如果在清以前的书中有某段色情描写中提到所谓"花枝"、"玉树"、探"明月",通常就是指这种性行为。这类含义在清代已被遗忘,但像"后庭花"和"翰林风"这些一般词汇却仍然被人们理解和使用。这种癖好在西方文献中有时被归结为天气炎热,因为在炎热的地方阴道反射易于松弛,所以正常性交对人缺乏吸引力。但是据我所知,这种性行为不仅在梵文文献中没有,古典希腊的文献中也没有,而只出现于古罗马的文献中。⑩这个问题可以留给性学家们去解决。

《金瓶梅》一书涉及的其他问题,如性辅助工具、女子对女子的虐待、女子同性恋等等,在前面的各章中已经提到。

还有一位作者写了《金瓶梅》的续集,叫《隔帘花影》。虽然此书成书较晚,但还是反映了明代的风俗习惯。《金瓶梅》中主要人物的活动线索仍在进展:西门庆贤惠的夫人和仆从中的积德行善之人都得到了善报,而坏人则受到了惩罚。虽然作为一部文学作品它不如《金瓶梅》,但这部小说对做进一步的专门研究还是很有用。⑰

不过,读者应该时刻记住的是,这两部小说中故事发生的环境乃是没有文化的暴发户的环境。这一阶层是在明代末年的动乱中才显露头角。西门庆的文化程度几乎只够应付账务往来,没人帮助就不能阅读公文。他和他的朋友们对艺术、文学或其他风雅之事都毫无兴趣,他们的女人也是这样。故作者在描写他们的性关系时,只能限于描写一种令人难以启齿的肉欲之爱。西门庆对他的女人倒是有一种朱庇特式的爱(jovial affection)〔1〕,但深厚感情,特别是伴以精神之爱的感情,在该书中却根本找不到。

---

〔1〕 朱庇特即宙斯,希腊神话中的主神。——译者

要想对这一时期的性关系有一个完整的了解,读者应看一下《影梅庵忆语》。这部真实可靠的生平记述,是由明代学者冒襄(1611—1693年)在他的宠妾董小宛死后写成的。它也有出色的英译本。⑩他们都生活在改朝换代的动乱时期,所以它不仅是一部感人的爱情故事,同时也是那个动乱年代如何影响到一个显赫家族由盛而衰的真实记录。

冒襄初遇小宛之时,乃是士林所仰的风流人物,才貌双绝。董小宛则是南京的秦淮艺妓,才貌亦遐迩闻名。她痴情迷恋这位才华横溢的年轻学者,可他却早已有美满婚姻。况且她还受到一个达官贵人的纠缠。所以,花了一年时间把一切料理好,董小宛才以妾的身份进入冒襄的家庭。在冒襄活动的圈子里,纳个新妾远不像在《金瓶梅》的主人公西门庆所在的环境中那么简单。西门庆若碰上一个中意的歌女,只要替她还了债,叫她卷上铺盖跟他走就行。冒襄是这样记述董小宛进入他的家庭的:

虞山宗伯送姬抵吾皋,时侍家君饮于家园,仓卒不敢告严君。又侍饮至四鼓,不得散,荆人不待余归,先为洁治别室,帏帐灯火器具饮食,无一不顷刻具。酒阑见姬,姬云:"始至,正不知何故不见君,但见婢妇簇我登岸,心窃怀疑,且深恫骇,抵斯室,见无所不备,旁询之,始感叹主母之贤,而益快经岁之矢相从不误也。"

自此姬屏别室,却管弦,洗铅华,精学女红,恒月余不启户,耽寂享恬,谓骤出万顷火云,得憩清凉界,回视五载风尘,如梦如狱。居数月,于女红无所不妍巧,锦绣工鲜,刺巾裾,如虮无痕,日可六幅。剪采织字,缕金回文,各厌其技,前无古人矣。

在别室四月,荆人携之归。入归,吾母太恭人与荆人见而爱异之,加以殊眷。幼姑长姐,尤珍重相亲,谓其德性举止,均非常人。而姬之侍左右,服劳承旨,较婢妇有加无已。烹茗剥果,必手进。开眉解意,爬背喻痒。当大寒暑,折胶铄金时,必拱立座隅。强之坐饮食,旋坐旋饮食,旋起执役,拱立如初。

余每课两儿文,不称意,加夏楚,姬必督改削成章,庄书以进,至夜不懈,越九年。

不久,她还参与了丈夫的文学创作,帮他誊写文章,整理书籍和手稿。她对诗词很有天赋,二人常常彻夜讨论著名的唐诗集,推敲疑难之处。她从古书中辑录所有关于女人服饰、歌舞的论述,以此为乐,并编了一本叫《奁艳》的小书。

但好景不长。战局的恶化使冒襄一家不得不辗转迁徙。事实证明董小宛还是个十分讲求实干和精力过人的女子,她把旅途中的一切安排得井井有条,当冒襄途中病倒时,她曾照料了他好几个星期。有一次,时值严冬,在一座被战火毁坏破败不堪的城市里,他们不得不以一所空房子为栖身之所,周围是一片战火连绵的景象。因为冒襄病得很严重,他们无法赶路。

更忆病剧时,长夜不寐,莽风飘瓦。盐官城中,日杀数十百人,夜半鬼声啾啸,来我破窗前,如蚕如箭。举室饥寒之人,皆辛苦鼩睡。余背贴姬心而坐,姬以手固握余手,倾耳静听,凄激荒惨,欷歔流涕。姬谓余曰:"我入君门整四岁,早夜见君所为,慷慨多风义,毫发几微,不邻薄恶。凡君受过之处,惟余知之亮之。敬君之心,实逾于爱君之身,鬼神赞叹畏避之身也。冥漠有知,定加默祐。但人生身当此境,奇惨异险,动静备历,苟非金石,鲜不销亡。异日幸生还,当与君散展万有,逍遥物外。慎勿忘此际此语。"噫吁嘻!余何以报姬于此生哉。

他们在一起生活了九年。小宛身体娇弱,年仅二十六岁便去世,恐怕是死于肺结核。由于她被冒襄纳为妾时,只有十七岁,而据上所自陈,她在妓院里生活了五年,可见她初入娼门当只有十二岁。通常雏妓破身是十五岁或十六岁。冒襄本人活了很久,但直到暮年,仍不能忘情于董小宛。他献给董小宛的这篇忆语,文辞优雅,堪称明代文学中的杰作之一。

董小宛多病工愁、年轻早夭的形象,预示了清代视为理想的女子典

插图 15 坐在榻上、臂枕书上的女子

第十章 明 279

型。而这种年纪轻轻而又弱不禁风的女子形象,在明晚期的文学作品中就已渐流行。

不过,当时的画家还是更喜欢画健壮的美女,即脸颊圆润、发育充分的丰满女子。例如明代画家唐寅(字伯虎,1470—1523 年)笔下的女子就是这样。他以画女人、包括裸体女人而著称。插图 15 是他的一幅画的木刻印本,很可代表当时所尚的那种成熟而果断的女子。春宫画册中的裸体女人,总是画得肌肉丰满、乳房大而结实、小腹滚圆、大腿肥厚。

稍后,才可见到日趋苗条的倾向,特别是在明代第二个以画女人著称的画家仇英(主要活动于约 1550 年)的作品中。图版 16 和图版 17 是他的两幅画,它们是用彩色画在绢上,采自一本描写风雅生活的画册,原为清宫藏品。画中的女人相当苗条,而且有着瓜子脸。

这种风格在日本也流行开来。在日本,元禄年间(1688—1703 年)的版画家,特别是春宫版画设计者笔下的女人也像中国古典绘画一样画成脸颊圆润、身材丰满。但 18 世纪,他们更喜欢浮世绘版画中那种柳条腰、瓜子脸(urisane-gao)的形象。

在图版 16 和图版 17 中还应注意的是,理想美男子的形象也在改变。现在人们不再喜欢画唐宋时期那种留胡须的中年形象,而喜欢画没有髭髯胡须的年轻男子。当时,各种体育运动仍为人们所崇尚,年轻的读书人学习拳击、击剑和射箭,骑马和打猎也是他们最喜欢的消遣活动。所以体格强健乃是一个英俊男子的公认标志。他们被画成身高肩宽的样子,并且在春宫画册中,总是把他们的裸体画成胸脯厚实、四肢肌肉发达的样子。

作为对照,我在这里补充了两幅版画,画中的形象代表着其后清代流行的美男美女的形象。它们是改琦(1774—1829 年)的作品。改琦是一位以人物和花草见长的画家。插图 16 中的年轻男子是小说《红楼梦》中的主人公宝玉。⑬他是一个文弱、削瘦的少年,总是郁郁沉思。插图 17 中的少女是《红楼梦》中无数精雕细刻的女子之一。在满族占领时期,武术被占领者所垄断,作为对此的反应,汉人,尤其是文人阶层开始认为身体

280　第四编　蒙古统治与明的复兴

插图 16　少男

插图 17 少女

锻炼是粗俗的,而体育才能只应属于"清夷"及汉族的专业拳师及杂技演员。中国人的这种态度变化无疑是人们日益回避爱情中肉欲的一面,而强调多愁善感、"才子佳人"式的爱情的原因。当时的小说讲,青年男子只要读了未曾谋面的少女写的诗便会欲火燃烧,只凭漂亮的书信往来和诗歌赠答,两人便可订立终身之约。理想的男人被描写成文弱书生,多愁善感,面色苍白,双肩窄小,大部分时间都泡在书本和花丛之中,只要稍不如意就会病倒。而他的女伴则被描写成柔弱的少女,略长而削瘦的脸上总带着一种惊讶的神色,溜肩膀,扁平胸,臀部窄小,胳膊瘦长,一双长而过分纤细的手。两者都被描写成非常亢奋,情绪变化无常,患有各种真实的或想像的疾病,往往年纪轻轻就早夭。

这种理想爱人概念的变化只能在一部讲清代性生活的著作中详加讨论。这里请读者参看上述《红楼梦》以及《玉娇梨》中的许多原始资料就足够了。⑳尽管后面这本小书不能同《红楼梦》相比,但对研究当时"才子佳人"式的爱情也能提供相当多的资料。

明代小说中的细节描述,包括当时的绘画和插图,以及将在本章末尾讨论的春宫版画,所有这些资料都会使我们对明代着装及不着装的形象有充分了解。

男人的贴身外衣是一条宽大的裤子,颇有些像今天中国人穿的裤子。冬天,他们把裤腿在脚踝处系紧,外面扎上绑腿,夏天则放开。然后穿一件袖子又长又宽的短上衣,外面罩以薄长袍,用一条绸腰带在腰上系紧。最外面还有一件长袍,往往带衬里,用皮带系紧。官员穿的是重彩的锦缎长袍,从颜色和式样可以看出其官阶,腰带上镶有玉片和珠宝。头发盘成髻,用簪子别住。他们在屋里屋外都戴纱帽,只在床上才摘掉。

女人也穿宽大的裤子,但最贴身的穿戴却似乎是"抹胸",这是一种宽大的胸罩。前面用扣子扣紧,或从后面用带子系在两边。春宫版画可以证明,如果她们不裸体性交时,这是除袜子外的惟一穿戴。插图18是仇英为《列女传》(见本书上98页)画的插图之一,画的是一伙女人脱衣的各个阶段。从图中可以看到,裤子是用细绳系在腰上,上下分别掖在抹胸和袜

插图 18　正在脱衣的女子

子下面。

　　裤子和抹胸的外面，女人还穿一件短上衣，在前面扣紧，带紧紧箍住脖子的高领。外面再套上几件长袖的袍子，件数和面料随季节和社会地位的不同而不同，腰上系带，两端拖在前面。这些衣服的外面通常还要罩一件短上衣，前面用带子打成精巧的蝴蝶结。腰带上挂着装香料的锦囊。她们把手帕和其他一些小件的梳妆用品放在内袍宽大的袖子里。

淫秽小说：《肉蒲团》

　　现在，我们必须稍微讲一下淫秽小说，这是明代末年在某些范围里极为流行的一种文学形式。

　　虽然有相当多的淫秽小说都是当时所写，后因清代有严格的审查制度，它们在中国大多散佚。然而，许多书在日本却以明代原本或钞本的形式保存下来。另外，清代有些私人藏家还密藏着一些这类书籍，故当清代末年皇室权力衰落、文禁松弛时，还有民国初年，尤其是在上海，这些书又被重印。

　　但是，有一部淫秽小说在清代就不止一次被重印，一直流传下来，相当著名，这就是《肉蒲团》。[①] 该书作者是李渔（号笠翁，1611—约1680年），他是明末最著名的作家之一，同时也是戏剧家、诗人、散文作家和品评女人、赏鉴风雅的专家。

　　李渔出身于书香门第，受过良好教育。本该走上仕宦之途，但初试以外却从未得手。他的科场蹭蹬肯定是由于他不愿趋附时尚，因为他是一个博览群书、才华出众的作家。他留下了一部二十八卷的杂著集《李氏一家言》。他还写过十个剧本和两部短篇故事集，有些剧目至今仍是中国舞台上的保留剧目。他一生风尘漂泊，1644年满清入主中国，使他绝望于功名。他决定靠笔墨为生，带着自己戏班中的一群姑娘，逛遍了大半个中国。他和他的戏班在达官贵人和有钱的捧场人家里很受欢迎，常常在那里一呆就是几个星期，他让戏班上演他写的戏，而自己参加主人的文艺活动。他的命运变化无常,有时很富有,有时又很贫穷,甚至不得不卖掉他最得意的女演员。但他总是充满创见,特别是对室内装潢和园林艺术有巨大影响。他在这一领域内的创见不仅在中国获得普遍承认,而且在日本也被普遍承认。日本的家庭建筑至今仍留有其传授的痕迹。②

他公开承认自己是一个好色之徒,一生与许多女演员、女乐师、艺妓和其他相随的女子发生过关系。他的作品证明,他真心实意地(尽管常常是短暂地)关心他所喜欢的女人,费尽心思去满足她们在心理精神和物质上的需求。他对女性特点的洞察入微也反映在他的剧本如《怜香伴》中。该剧以女子同性恋为主题。它讲的是少妇石云笺谒庙,遇见一个漂亮聪明的姑娘,名叫语花。她们彼此倾心相爱。石云笺向她许诺,要想方设法让其丈夫纳她为妾,好使她们永远在一起。经过种种波折,石云笺终于如愿以偿了。她的丈夫也十分满意。剧中有许多优美的诗和对话,特别是这两个年轻女子之间的对话写得最为精彩。

李渔在《偶寄》的第三节《声容部》中,细致地描写了理想的女人:她的魅力、装束和才艺。该书有一部分是个短文集,已由林语堂译出。(参看他的《女人的魅力》[*On Charm in Women*],见《中国批评家》[*China Critic*]卷七,1936年)艾伯华也有译本(参看他的文章["Die Volkommene Frau"],载《东亚杂志》[*Ostasiatische Zeitschrift*]1939—1940年)。这些短文是李渔的杰作,他们用行云流水、妙趣横生的笔调写来,包含许多有关当时闺阁生活的有趣细节。对我们现在的研究题目来说,特别重要的是他有关性关系的作品,见《偶寄》第六节。例如他在该书中说,一个男人千万不要伤害女人的感觉,与她初次性交更要格外小心。李渔强调说,这一点毫无例外地适用于所有女人,无论她们是处女还是寡妇,是良家妇女还是娼妓。因为初次性交的意义对女人总比对男人要大。无论他们的关系能维系多久,也无论他们同床有多么频繁,他在性交中总是应当尽量保持初夜交欢那种小心试探的态度。

然而尽管他是这样文质彬彬,却还是写了一部淫秽小说。这就是《肉蒲团》。此书于17、18和19世纪在中国和日本非常流行。它详细描写了一个年轻而多才的读书人未央生的艳史,以及六个与他相好的女人的艳史。教主人公干风流勾当的是个叫赛昆仑的窃贼。由于他干这行常常得藏在别人屋里过夜,所以各种性知识无所不晓。未央生照他所传授的去做,通过各种体验,进一步丰富了自己的性经验。故此书其实不仅涉及了所有的性习俗,而且还不厌其烦、淋漓尽致地描写它们。下面我们将看到,当时某些享乐过度、厌倦已极的文人非常热衷于下流描写,而李渔则直接或间接与此类圈子有关。幸而作为一个作家,他的伟大天才使他能把这部淫秽小说编成出色的故事,使它具有纵欲会使人觉悟的寓意。因此这部小说也叫《觉后禅》。该书微妙的寓义和优雅的文风使它在中国和日本大为流行。在这两个国家中,该书曾屡次再版。⑧

《肉蒲团》中的许多段落显示出李渔对心理现象的洞察力,并且从侧面有趣地反映出那个时代男女之间的暧昧关系和性习俗。在这里,我翻译了第三回中的一部分。

未央生娶了一个著名学者的女儿叫玉香。她的父亲使她受到很好的文化教育,但家教太严却使她不懂人事。她是个漂亮姑娘,但对两性关系却一无所知。这使费尽气力的未央生大为扫兴:

对他说一句调情的话,就满面通红,走了开去。未央生极喜日间干事,好看阴物以助淫性,有几次扯他脱裤,他就大喊起来,却像强奸他的一般,只得罢了。夜间干事,虽然承当,都是无可奈何的光景,典见行房的套数,只好行些中庸之道,不肯标新取异。要做隔山取火,就说犯了背夫之嫌;要做倒浇蜡烛,又说倒了夫纲之体;要搭他两脚上肩,也费许多气力。至于快活之时,不肯叫死叫活⑨助男子的军威,就唤他心肝命肉,竟像哑妇一般,不肯答应。

未央生见他没有一毫生动之趣,甚以为苦,我今只得用些淘养的工夫,变化他出来。明日就书画铺子中,买一幅绝巧的春官册子,是学士赵子昂的手笔,共有三十六幅,取唐诗上三十六官都是春的意思,拿回去,典与玉香小姐一同翻阅,可见男女交媾这些套数,不是我创造出来,古之人先有行之者,现有程文墨卷在此,取来证验。起初拿到之时,玉香不知里面是什么册,接到手中,揭开细看,只见开卷两页,写着"汉宫遗照"四个大字。玉香想,汉宫之中有许多贤妃淑媛,一定是些遗像,且看是怎生相貌。及至揭到第三页,只见一个男子搂着一个妇人,竟赤条条在假山石上干事,就不觉面红发起性来道:"这等不祥之物,是从哪里取来的?玷污闺阃,快叫了丫环拿去烧了。"未央生一把扯住道:"这是一件古董,价值百金,我向朋友借来看的,你若赔得百金起,只管拿去烧。若赔不起,好好放在这边,待我把玩一两日,拿去还他。"玉香道:"若是没正经的东西,看他何用?"未央生道:"若是没正经的事,那画工不去画他,那收藏的人,也不肯出重价去贾他了。只因是开天辟地以来第一件正经事,所以文人墨士拿来绘以丹青,裱以绫绢,卖于书画之肆,藏于翰墨之林,使后来的人,知所取法。不然阴阳交感之理,渐渐沦没,将来必致夫弃其妻,妻背其夫,生生之道尽绝,直弄到人无噍类而后止。我今日借来不但自己翻阅,也要使娘子知道这种道理,才好受胎怀孕,生男育女,不致为道学令尊所误,使我夫妻后来没有结果的意思。娘子怎么发起恼来?"玉香道:"我未信这件勾当是正经事,若是正经事,当初立法的古人,何不教人明明白白在日间对着人做,为何在更深夜静之时,瞒人众人,就像做贼一般,才行这件勾当?即此观之,可见不是正经事。"未央生笑道:"这等说来,怪不得娘子,都是你令尊不是,把你关在家中,没有在行的女伴,对汝说说风情,所以孤陋寡闻,不晓人事。"

又说了一会儿,玉香终于同意看画册。未央生让她坐在自己的腿上一起看。书中继续写道:

  那副册子,与别的春意不同,每一幅上,前半页是春宫,后半页是题跋,那题跋的话,前几句是解释画上的情形,后几句是赞画工的好处,未央生教他存想里面神情,将来才好摹仿。

然后书中提到五幅画的跋语。我只翻译第五幅画的跋语：

第五幅乃双龙斗倦之势。

跋云："妇人之头倚于枕侧，两手贴伏，其软如绵，男子之头又倚于妇人颈侧，浑身贴伏，亦软如绵，乃已丢之后，香魂欲去，好梦将来，动极近静之状。但妇人双足未下，尚在男子肩臂之间，犹有一线生动之意，然竟像一对已毙之人，使观者悟其妙境，有同棺共穴之思也。"

玉香看到此处，不觉骚兴大发，未央生又翻过一页，正要指与他看，玉香就把册子一推，立起身来道，什么好书，看得人不自在起来，你自己看，我要去睡了。

从此，玉香渐渐变成一个淫荡的女人。后来，未央生又开始追别的女人，最后卷入纠纷之中。他穷愁潦倒，出家当了和尚。寺院的住持向他解释说，他的一切放荡都是他达到觉悟的必经之路。他通过"肉蒲团"而得到了解脱。

江南妓女与梅毒　江南淫秽小说：《绣榻野史》、《株林野史》、《昭阳趣史》

现在我们必须讲一下明末其他淫秽小说产生的特殊圈子，它们也是套色春宫版画集产生的地方。为了解这些地方的背景，我们必须简要考察一下其历史的发展。

约公元1550年，大明王朝在维持了近两百年的强盛统治之后，开始显露出衰落的迹象。永乐年间（1403—1424年），明王朝臻于极盛。当时明朝军队直抵蒙古和中亚腹地，并征服了南方的邻国，强大的中国舰队沿爪哇和锡兰沿岸作战。到永乐末年，1421年，永乐皇帝把首都从南京迁到北京，在北京修建了宏伟的宫殿。它们至今仍巍然屹立。

然而永乐皇帝的继承者则缺乏他所具有的强烈个性和军事才能,他们越来越受朝内的朋党特别是太监的影响,后者的权力与日俱增,结果正像历史上的先例:任人唯亲和普遍的腐败。从外表看,明王朝的声威仍不减当年,因为其简练精悍的管理机制组织得相当有效,所以尽管中央权力正在削弱,也仍然能够正常运行,长期不受干扰。但是这个机器的齿轮正在松弛,要害位置不断被宫廷内的朋党所把持。经济局势恶化,边境线上亦遭受挫折,使帝国的边界被蚕食。正德皇帝(1506—1521年)曾打击过太监势力,但嘉靖(1522—1566年)、万历(1573—1619年)年间,太监却又重操大权。精明强干的大臣在一些得力下属的支持下,延缓了大灾难的发生,但腐败却蔓延开来。与此同时,朝气蓬勃的通古斯血统的民族——满族正在满洲里以沈阳为都,统一成一个军事政权。随着实力的增长,他们开始觊觎南方富饶的明帝国。

当首都迁往北京时,有些艺术家和工匠也随之前往。但大多数人还是宁愿留在南京及其周围地区,其中包括像杭州、苏州和扬州这类风景如画的城市。这个地区的传统可以追溯到宋都南迁的1127年。作家和艺术家们认为这里的环境比起尔虞我诈的北京更合口味。工匠们也留恋这个地区悠久的地方传统和有利于手工艺制作的自然资源。所以,不仅大多数大作家和大画家留在了南方,而且许多著名的印制书画的雕版工匠和制造书画用绢和毛笔的匠人也留在了南方。

在这个泛称"江南"的地区,⑥住着一批有钱的乡绅,他们的财源是食盐垄断和大运河上活跃的交通往来。大运河连接着帝国南北,是大多数官、私船只所必经。另外这里还住着不少富商,包括港口城市的富商。他们是靠发达的对日贸易而大发横财。最后,这里还住着许多从京城卸任、见过大世面的官员。他们希望在宁静的环境和宜人的气候中安度余生。所以这些有钱人都赞助作家、艺术家和手艺人。他们喜欢三日一请,五日一宴,过得轻松愉快,所以这一带的艺妓和妓女也空前发达。

南京的妓院区中最出名的是秦淮,它是因位于秦淮河畔而命名。姑娘们多数时间是住在设备豪华的水上妓院,即画舫之中。船板上有歌舞助兴的豪华宴会,而客人则可以在船上过夜。明代作家余怀(1616—1696年)留下了一篇忆旧之作,描写秦淮一带才貌双绝的姑娘,题目是《板桥杂记》。㉕他把这个地方称为"欲界之仙都,升平之乐国"。另一部讲秦淮妓女的书是潘之恒(主要活动于约1570年)的《曲里志》,与他同时代的曹大章则写了《秦淮士女表》。后者还写过一本讲北京妓院的书,叫《燕都妓品》。㉖与秦淮"画舫"齐名的是苏州"画舫",见于无名氏所作《吴门画舫录》;还有扬州的"画舫",见于清代作家李斗写的取材丰富的作品《扬州画舫录》。㉗

这些书使我们清楚地了解到这些妓院区对江南文化生活有巨大影响。所有当时的著名学者、作家和艺术家都经常光顾妓院,使艺妓的才貌水准大增。从这些环境中发展起来的几种新的唱法和乐器演奏法今天仍很流行。

当然,这种欢乐的生活并不是没有阴暗面。在以前的各个时期中,与艺妓和妓女乱交根本用不着害怕会染上致命的性病而不可医治。正如我们在第七章中所看到的,有几种淋病肯定很早就已出现。但直到明代晚期以前,这种疾病的传播却始终也没有达到令人惊恐的地步。因为中国人有讲卫生的性习惯,所以传染的机会大大降低。我们从明代的色情小说中知道,男女在性交前和性交后都要清洗阴部,用琼脂冻一类润滑物涂在生殖器的小伤口和擦伤处,防止感染。男人偶尔也用一种叫"阴甲"的东西把生殖器的头盖住,不过这主要是为了防止女方怀孕而不是出于卫生方面的考虑。然而,在16世纪初,梅毒的流行却给这种无所顾忌的生活投下了阴影。

这种可怕的性病是怎样出现和传播开来,从当时的一些医书中还可以查到。㉘医师俞辨在他的《续医说》(发表于1545年)中讨论到菝葜(sarsaparilla)的药性时说:

> 弘治末年,民间患恶疮,自广东人始,吴人不识,呼为"广疮"。又以其形似,谓之"杨梅疮"。

第十章 明 291

插图 19 明妓院

插图 20 明妓院

他精确地描述了杨梅疮及其伴随症状,并说用萆薢或水银可以减轻病人的痛苦。他的观察被当时其他医书中的说法所证实,有些医书还补充了一些特殊病例的临床病史。

梅毒病的第二次流行发生在约 1630 年,详见医书《霉疮秘录》。该书出版于 1632 年,作者是医师陈司成。所有这些材料都把这种病叫作"广疮"或"杨梅疮"。至于后面这个名字,由于中国医生清楚懂得这种传染病主要是由性交引起,所以我想,"杨梅"的叫法不仅是由于疮的形状和颜色,也与梅花引起的性联想有关,这在本书 275 页已提到过。不过"梅"亦可按同音写成"霉"。现在"梅毒"(日文作 bai-doku)在中国和日本仍是这种病的通称。

然而这些事实却主要为医生所知,普通人只是随随便便把梅毒当成天花、鼠疫等一类周期性为害全国的可怕传染病。

我们在第七章中曾说过,明代小说和短篇故事提到低级妓院和里面的同居者当时是叫"嫖"。这里有几段西方观察家对这一问题的评论。葡萄牙传教士加斯帕·达·克鲁兹(Gaspar da Cruz)讲到他于 1556 年到广州时见到的情景:"普通女人(即妓女——高罗佩注)绝对不许住在城里。而在郊区,她们也只能住在指定的、除此之外不准居住的街道上。这点与我们是完全不同的。所有普通女人都是奴隶,她们从小就是按这一目的来培养。人们把她们从她们母亲那里买来,教她们弹琴和唱歌。那些最善于弹唱的女孩,因为挣钱最多,价码自然也高。而不会弹唱的女孩,价码则较低。主人不是糟蹋她们就是把她们卖掉。一旦住进普通女人街中,就会有王朝官吏把她们登记入册,主人每年都要照例向这些官员交钱,而妓女也要每月向主人交同样多的钱。她们老了,还要涂脂抹粉,打扮成少女一般。等到她们干不了这类营生时,就可以统统得到自由,再不用对主人或任何人尽义务,而靠自己的积蓄生活。"⑧在另一处,加斯帕·达·克鲁兹还提到堕入风尘的盲女。他说:"盲女是普通女子,有人帮助穿衣服,涂脂抹粉,并靠卖淫挣钱。"⑨我在中国史料中并没有找到能证实这点的记载,可能加斯帕·达·克鲁兹是把某个特例当成了一般通例。关于他所说的妓院都在城外的情况，只适用于下等妓院。至于较高级的妓院，包括提供有女人侍酒的饭馆酒楼，则全都在城里，例如唐代京城平康里即紧靠皇宫。

有关性病和下等妓院的资料只能从中国的医书和外国观察者留下的笔记中查到。江南的高雅艺术家和文学家完全无视这种风花雪月的生活的阴暗面，一心投入对风雅生活的狂热崇拜。但不能否认，恰恰正是通过他们的努力，明代的风雅文化才在江南达到登峰造极。

然而，尽管通过这些孜孜不倦的努力，使人们对风雅生活的崇拜达到无以复加的地步，但有些学者、艺术家已越来越厌倦写雕琢堆砌的诗歌，与逢场作戏的妓女调笑显得乏味透顶，美酒佳肴也完全倒了胃口。况且，从北方断断续续传来的消息也透露出明朝气数将尽，使他们意识到这些世俗享乐全都好景不长。有些人因感于这种末世的气氛而遁迹山林，潜心佛理和道术。而另一些人则相反，他们狂热寻求新的刺激，更加放荡不羁。

后一伙人热衷于肮脏下流的东西，他们用街头巷尾粗俗下流的俚语写淫秽透顶的小说，并用艳丽的色情诗句点缀他们粗俗的文字。他们着力描写令人反感的性交细节，以致大段大段尽是淫猥描写。除去书中的诗写得很有水平，尚可宽慰的是，这些小说从不求助于性虐待和其他心理变态的过分渲染：尽管这些作者早已厌倦了这些肉欲的享乐，但他们却从未打算用鞭笞或其他施虐或受虐的行为来刺激肉欲。

这里我们将讨论这类小说，其中每一部各代表一种特殊的体裁。

纯粹的淫秽作品是《绣榻野史》。它是南京一位有才华的年轻诗人吕天成（约1580—1620年）所写。在明代的最后几十年中，这部书至少出过三个版本。著名学者李贽（1527—1602年）曾为之评点，他后来以异端邪说的罪名而被处死；同样著名的小说家冯梦龙（卒于1644年）则校订了该书。这部小说的情节极为简单。它讲的是一个名叫姚同心的秀才。姚同心有一个漂亮妻子[1]，但同时与一个叫赵大里的秀才搞同性恋。姚同心

---

[1] 原书说姚妻容貌十分丑陋，此误。——译者

的妻子死后,他又娶了一个淫荡的年轻姑娘金氏(做姑娘时姓金)。金氏很快就与他的朋友赵大里私通。赵的母亲是个年轻寡妇叫麻氏。麻氏迷上了姚同心。小说内容全是详细描写四人之间的淫乱关系,凡人所能想到的,几乎应有尽有,姚家的丫环也偶尔掺和其中。最后,金氏、麻氏和赵大里皆早夭,而姚同心也幡然悔悟,出家为僧。这部小说的惟一价值全在它的口语化风格和每回结尾的词曲;同时,它所用的许多俚词俗语,从语言学的观点看也很有趣。这部小说代表了这样一种体裁,即情节在其中只是作为一连串淫猥描写的框架。③

第二部小说《株林野史》,也显然是一部淫秽作品,但它有一个按古房中书的原理而精心安排的情节。它证明产生这些小说的特定社会集团的成员仍很熟悉古房中书。这些房中书,过去曾作为健康性生活必须遵守的规定而可随意引用,而现在却被视为禁果,因此吸引着寻求新刺激的人们。

关于《株林野史》的作者,除原书本身表明他肯定属于上述吕天成那伙人当中的一个,我们毫无所知。这部小说在清代曾两次被列入违禁书目,但民国初年在上海再度重印。我在《秘戏图考》193—198页曾选辑过一些典型的段落。

这部小说共有三十二回,故事的场景被置于遥远的古代,约为公元前600年,即所谓周代的"春秋时期"。故事讲的是郑穆公有一个美丽的女儿,名叫素娥。她正当青春妙龄,梦见一位道士向她传授房中秘术。④他对素娥说:"我姓花名月,在终南山修炼一千五百年成仙,道号'普化真人',风流生成,阳亦不泄。我还有一术,能吸精导气,与人交媾,曲尽其欢,又能采阴补阳,却老还少,名'素女采战之法'。今也当教与芳卿。"梦后,素娥开始了她的风流一生。她先勾引年轻的表弟,然后又让他与自己的丫环荷花发生关系,把道家秘术教给他。不久她的表弟就精竭而亡,而这两个姑娘却采其阳气而变得更加漂亮。后来,素娥被嫁给邻国的陈灵公之子。他宅中有一座名叫"株林"的花园,素娥和她年轻的丈夫常常在其中寻欢作乐。她给他生了个儿子之后,他亦精竭而亡,临终前把孀妻幼子托付给大臣孔宁。素娥与孔宁及孔宁的朋友大臣仪行父又发生了性关系。为了保住自己的地位,孔宁又安排素娥与她的公公陈灵公幽会。此后,这位国君也加入了株林的淫乱,荷花在其中也扮演了重要角色。二十年后,素娥和荷花看上去仍像少女一样年轻,而她们的情人却日益衰老。有一天,素娥所生已经长成赳赳武夫的儿子偷听到陈灵公和他的两个大臣在开玩笑,问他们谁是孩子的父亲。素娥之子冲进去杀了陈灵公。两个大臣亦出走避难于敌对的楚国。楚王早已打算进攻陈国,现在灵公被杀正好给了他一个借口。素娥的儿子阵亡,素娥本人亦被俘。孔宁和仪行父又想叫她勾引楚王,但他们却被素娥之子的鬼魂缠住。他们还未来得及实施自己的计划,孔宁发了疯,杀死了自己的妻子和孩子,然后自杀。仪行父亦自溺而结束了自己的生命。

楚国有一个大臣名叫巫臣,精通采阴补阳的房中术。有一次他碰见素娥,并马上看出她亦精通此类秘术。他想娶她为妻,但楚王已把她嫁给一个普通士兵,而她与她的丫环荷花也分开了。然后主要是讲各国的纵横捭阖。巫臣背叛楚王而投靠了他国君主,素娥和她的丫环也历尽风险。最后,巫臣终于成功地当上了秦国的大臣,与素娥和荷花结合在一起。这三位精通房中修炼的人都得靠年轻的伙伴来补充元气。巫臣让一位秦国的年轻贵族及其夫人也加入他们的淫乱活动。这样,株林又在秦国重建,不过这一次是两男共三女。后来有个仆人背叛了他们,并向秦君告发。秦君派兵包围了巫臣的住宅。那位秦国贵族和他的妻子被抓,而素娥、荷花和巫臣由于吸够了元气,已炼就"内丹"。他们腾云驾雾,消失在空中,成为神仙。

所以,在这部小说中,古房中书的原理已沦为一种性榨取。

这一点在我们要说的第三部小说,即《昭阳趣史》中表现得更清楚,无论《绣榻野史》还是《株林野史》都没有插图。但《昭阳趣史》却有不下48幅全页的插图,大多画的是色情场面。作者署的是笔名,但此书的内容亦表明,他与上述那个圈子也有关。此书出版于1621年。

这部小说的主要人物是一只雌狐,她住在一个山洞里,为群狐之首。

她修炼道术无数年,想得到长生不老丹,但还缺少能补足其阴的"元阳"(即纯正的男人元气)。因此她化为美丽的少女,降临人间,寻找合适的男性牺牲品。她遇见一个年轻男子。这个男子其实是只燕子,在房中修炼上也很高超,但还缺少"元阴"。他们交合时,狐狸顺利地偷取了燕子的元气。当燕子发现他的配偶原来是只狐狸时,勃然大怒,召集众燕与之大战。整个仙界都被这场狐燕大战所震动。玉皇大帝乃出面干预,把两个肇事者贬为下界凡人,作为惩罚。他们作为一对孪生姐妹降生于汉代,是一位夫人与她丈夫的李童生下的私生子。燕子精和狐狸精长大成人,都很漂亮,经过种种曲折,进入皇宫,当上汉成帝的妃子。皇上因与这两个荡妇淫乱而得病,最后并因服用飞燕(燕子精)给他喂的春药过量而丧命。故事的结尾是,她俩被再次召至玉皇大帝面前,受到严厉惩罚,以儆效尤。

这部小说有三种不同的因素交织在一起。主要情节是性榨取,这是对古代道术修炼的曲解。其次是狐狸传说的因素。正如第七章末尾所解释,这一传说盛行于唐代,并在明清时代得到进一步发展。⑧第三是以历史的形式讲汉成帝(公元前32—前7年)和赵飞燕、赵合德姐妹的爱情。赵氏姐妹原为歌女,被选入宫后很快就成了成帝的宠妃(参看《古今姓氏族谱》151)。这个爱情故事的浪漫情节在唐代传奇《赵飞燕外传》中已有详细描写。

在另一书中,我收集了所有可以证明这三部小说都是在同一背景,即南京享乐过度、厌倦已极的文人圈子中产生的证据。⑨在该书中我还说明了大型春宫画册的产生也正是基于这一背景。

在进一步讨论这些特殊的画册前,我们必须讲一下中国色情艺术的历史背景。

明代春宫画

上文我们提到过唐代和宋代的"秘戏图",以及以这种画而知名的元代画家赵孟頫。我们还知道明末小说《肉蒲团》也描写了出自这位画家的春宫画册。

我们对明代以前春宫画的了解是很不够的。我本人还从来没有见过任何比明代更早的摹本,尽管有些画自称是仿自唐宋原画,但却具有明代色情艺术的所有特点。然而文献资料,例如上文 201 页所引张丑对周昉所作画卷的描述,却使我们了解到,这些春宫画在唐代已与房中书分离开来,房中书中原来的插图在这一时期或其前后似乎已经散失。故而此后春宫画已不再仅仅是用于指导,而且也用于娱乐。

由于没有可靠的样本流传下来,所以很难对明代以前色情艺术的风格和艺术价值形成判断。有一部约 1630 年的春宫画册叫《繁华丽锦》(见下),它与古房中书仍有密切关系。集中所画裸体人像很小,画得也很粗糙。如果这些画是翻印明代以前的春宫画,那么我们只能得出结论说,这种艺术是相当原始的,而且在解剖学的细节上有错误。

因此,可供比较的史料是很少的。尽管现代史料《骨董琐记》记载说,①早在汉代的古墓中就发现过带春宫画的画像砖;并说这种画也画在贝壳上,但我却从未见过真正的实物。同书还提到明代的瓷酒杯上也饰有春宫画。中国论述瓷器的书说,这种酒杯特别流行于隆庆(1567—1572年)和万历(1573—1619 年)年间。②1936 年我在北京见到的实物是宣德(1426—1435 年)年间的。这些杯子的口径只有 6 厘米,杯子外面所画的是一对裸体男女正在性交,画技非常拙劣。

明代中期,较好的春宫画并不画裸体。当时确实有些画较大的、有色情场景的画,但画中的人物全身都穿着衣服,风格是明代晚期仇英的那种风格。图版 16 和图版 17 也许代表的仍是明代早期的风格。如果这些画家们想使他们的画带有更明显的挑逗性,便会加上几笔使其略带淫猥意味。例如有一幅画,画的是一对男女倚窗眺望园中的景色,画家就会在树叶上画上一对正在交尾的昆虫,或在草地上画上一对正在交尾的小动物。或者他们还会画一女子在刺绣,旁边坐着她的情人,或者一男子正在拿笔在砚中蘸墨,旁边坐着他的情人。由于"绣"有双重含义,一义为"(女子)性交","书"也有双重含义,一义为"(男子)性交",所以这类画就变得很有挑逗性。在清代的色情诗文中,"爱绣"一类说法或指淫妇,而"贪书"或指男人迷恋性交。

下面要谈的晚明版画中裸体画的发展可以表明,明朝末年以前,裸体画一直是很原始的。如果这种绘画以前曾有过较大的发展,那么其实物必然是在明代以前就已失传。

在表现女性裸体上达到比较熟练的只有象牙雕刻艺人。两性隔离的规定甚至使医生也不能面对面地给女患者看病。医生只能让女患者把手伸出床帐给她号脉。由于按古代的中医学,脉搏实际上可以为诊断任何疾病提供足够信息,所以这种检查也就成了一个医生所要进行的一切检查。可是为了更准确地向医生解释女患者主诉的确切位置,病人的丈夫或女性亲属可以在医生总是随身携带的牙雕裸体女像上指出这些位置。这些"医用象牙人"一般长约10厘米,作仰卧手枕头后状(见版图18),这些明代象牙人有的做工精巧,可以看出有很好的女性解剖学知识。⑬

明代的春宫画通常都装裱成横幅手卷,或作旋风装折叠册页。前者大多是男女性交的连续画面,画有他们的各种姿势。这种手卷高约10吋,长10至20呎。原纸通常不超过8吋见方。它们作24幅一套、36幅一套或其他数字,每套的幅数各有典故(见上304页),并在每幅画的后面还衬以写着艳诗的纸页或绢页。无论它们的艺术价值如何,这些手卷和册页的主人都不惜破费加以装帧。手卷用绫子镶边,古锦为护首,最后用玉或象牙雕成的别子别紧。册页以木夹板或外裱古锦的硬纸板为封。小说《金瓶梅》第十三回末尾简短描述了小说主人公西门庆的一件春宫手卷,据说这个手卷是从内府散出。书中说:

内府镶花绫裱,牙签锦带妆成。大青小绿细描金,镶嵌十分干净。女赛巫山神女,男如宋玉郎君。双双帐内惯交锋,解名二十四,春意动关情。

这些明代早期和中期的春宫手卷和册页满足不了明代晚期江南画家

和文人圈子中那些享乐过度、厌倦已极的人。在上述他们写的那些淫秽小说中,他们已经极为逼真地描写过女人的美丽,而现在他们想的是把她们画成裸体,毕现其隐秘部分的魅力。他们想画各种姿态的裸体,比当时流行的卷轴、册页画得更精确,也更大。然而,以前没有作品达到过这么高的标准。中国画进入室内绘画已有许多世纪的历史,但惟独肖像画是例外,并不取材于真人,更不用说照裸体的活人来画。照裸体的活人来画,我只知道一个例子(参看上文 61 页)。

不过,有一位江南画家对提高裸体女人画的水平起了带头作用。这就是上文已经提到的著名画家唐寅。他以嗜好醇酒妇人而声名狼藉,并且总是喜欢不断调换口味。有许多关于他如何同他看中的女子开各种玩笑,并终于得到她的风流轶事。⑩他是江南著名妓院的常客,写过一部讲狎妓的书叫《风流遁》。⑪

此书似乎没有流传下来,但我们有唐寅编的一部淫秽故事集,叫《僧尼孽海》。⑫书中有 26 篇或长或短的故事,讲的是寺庙中的淫乱之事,并有一些艳词点缀其间。作为全书开头的词是:

漫说僧家快乐,
僧家真个强梁。
披缁削发下光光,
妆出恁般模样。

上秃牵连下秃,
下光赛过上光。
秃光光秃秃光光,
才是两头和尚。

两眼偷油老鼠,
双拳叮血蚂蟥。

钻头觅缝唤娇娘,
露出佛牙本相。

净土变成欲海,
袈裟伴著霓裳。
狂言地狱狠难当,
不怕阎王算帐。⑧

词中的性含义十分明显,毋庸解释。此书的文笔极为出色。书中使用的性词汇皆出自古房中书和道家内丹派的房中书,可见在唐寅及其朋友的圈子里,这些书仍在广泛传阅。我特别要讲的是第七个故事"西天僧"。在这个故事中,唐寅讲了哈麻向元帝推荐的一位番僧的种种行事(见上文 260 页),并逐字逐句引用《素女经》中的"九法",描写他们的淫乱。"九法"已在上文 141—143 页翻译过。

无论就艺术才能还是个人嗜好来说,没有人比唐寅更适合于画春宫画。他显然说服了他的一些情人为他做模特儿,所以才能把大幅的裸体画画得惟妙惟肖,足以显示唐寅的观察力。

几年以后,著名画家仇英继而效仿,除去画全身着衣的恋人,也开始画裸体男女。

就这样,南京圈子里的人们在唐寅、仇英及其弟子的画中,找到了他们所需要的范本。但是普通的裸体画已无法满足他们苛刻的要求。他们想用最合适的手段,使这些裸体画的魅力能垂之永久,因而选中了套色印刷的方法。

套色印刷在他们以前很久就已应用。早在唐代,人们就已用刻有装饰图案的雕版印两色或三色的诗笺。纸店也用同样的方法印一些拙劣的求愿画,供四时节庆张贴在墙上。明代的出版商也使用套色印刷,他们通常用黑色印书的正文,而用红色或蓝色印眉注。直到明末,这种中文叫作"套版"的技术才得到了充分发展。明朝的最后二三十年,这种技术不仅在北京和北京周围的北方很流行,而且在南方古都南京一带的江南地区也很盛行。在北方,这种印刷工业的中心是天津附近的一个村庄叫杨柳青。它生产的主要是宗教性质的画、逢年过节赠送亲友的画和供人贴在墙上做点缀的吉祥画。这是一种毫无矫揉造作之气的大众艺术。由于有稳定的需求,从整个清代一直至民国,这种印刷业在杨柳青始终兴盛不衰。

同样流行的套版画在江南也有生产。但除去工匠的作品,江南还生产由大画家和著名文人设计的更为精美的彩色套版画。正是他们,使中国的套版画发展到登峰造极的地步。

这种前所未有的成就,主要应归功于胡正言(1582—1672年)。他是南京的一位业余篆刻家。他印过两种套版画集,今天仍被认为是绝妙佳品。一种叫《十竹斋画谱》,是一个印有花果和石头的套版画集,每幅画都附有一首诗。[A]另一种叫《十竹斋笺谱》,是一部精选的带装饰花纹的笺纸集。[B]在这两部画册中,胡正言充分利用了套版画所有的丰富表现手法,刀法清晰流畅,着色细致入微。

这正是业余春宫画的作者们梦寐以求的表现方式。由于他们当中有些人曾为胡正言的画谱题诗,所以显然这位套版画大师与他们是有联系的,而他们也无疑曾获益于他的艺术指导。他们既然有了正确的范本和正确的技巧,便可着手印制春宫画册,使这些画册质量远胜前人,达到很高的审美要求。最早的春宫画册约作于 1570 年前后,最迟的约作于 1650 年前后。也就是说,这种特殊的艺术只流行了八十年。但它所达到的水准却从未被人超过。

所有这些画册的形式基本上都是一样的,它们都是用长条的纸作旋风装折叠,每一折页的尺寸约为 10 吋见方。画册通常有一个带花纹装饰的封面,然后是序,然后才是套版画。每幅画对折的半页上都附诗一首,往往缮写精良。

画册编者所选用的印刷技术比普通套印技术要难得多。众所周知,中国印刷书籍、绘画的传统方式与西方使用的方式截然相反。他们是把雕版面朝上放,用滚子或刷子涂墨,然后把纸平铺其上,使之与涂墨的部分相合。着墨的多少,施力的大小,都是中国印刷工匠的诀窍,只有经过耐心的试验和长期的实践才能掌握。如果要印套版画,就得在同一张纸上连续用若干块雕版。每种颜色各用一块雕版。印刷工匠的主要困难是如何调整各种色块的大小,但无论怎样操作,色块的边缘也总有微误。若是普通套版画,这种微误倒也并不影响它的美观。普通套版画有一种用单色印出的"大样",足以概括所画物的主要特点。先印单色的大样,然后再印其他色块,直到把全画印出。即使这些色块与大样并不完全吻合,画面的完整也不会被破坏。

然而,春宫画册的编者想完全用线描而不是以色块来印套版画。也就是说,没有控制整个画面的大样,画面是由错综复杂的线条套印而成,每种线条各有自己的颜色。因此如果版套得不准,图样就会完全走形,使画面遭到破坏。但是在这类印版的雕刻和印刷上投入的大量劳动还是收到了充分的效果。这种独特的线描技术使画册的印制达到一种普通线描套版技术和色块套版技术从未达到的审美高度。显然,画册的编者意识到这种线描技术将使裸体画避免流于粗俗,并使画中人的曲线美更为动人。似乎在这种特殊手法形成过程的早期,就发展出一种正确的配色传统。裸体女人的面孔、头发,男人的鞋帽,以及身体的轮廓,通常都印成黑色。其次最重要的是蓝色,用来印衣服的轮廓和皱褶、家具以及画面的框线。再次是红色和绿色,红色多用来印桌椅,而衣服的图案、席子和屏风的花边以及花草等等,则红绿二色都用。最后一种是黄色,用来印什物,如茶杯、香炉、花瓶等等。

约1570—1580年印刷的早期春宫画册是用四种颜色:黑色和蓝色为主,红色和绿色用得较少,不用黄色。最好的画是印于1606年至1624年,使用了五种颜色。这些画代表了套色春宫画的全盛期,它只流行了约二十年。以后,这些五彩画册又用廉价的单色版重印,或全为黑色,或全为蓝色。晚期的画册,设计和印刷皆用单色,大多为红色或黑色。1644年清朝建立后,这种艺术完全绝迹。画的原件现已极为罕见。

现在让我们来简短介绍一下这些画册中的五种,每种代表其发展的一个阶段。

明末江南春宫画册：《胜蓬莱》、《风流绝畅》、《鸳鸯秘谱》、《繁华丽锦》、《江南销夏》

最早的画册之一是《胜蓬莱》。它收有十五幅画，用黑、蓝、红、绿四种颜色印成，印于隆庆年间（1567—1572年）。在这一画册中，人们可以注意到，它在描绘裸体人物时非常遮遮掩掩，在大多数画中，男女都还穿着一些衣服，只有臀部和生殖器露在外面。人体的比例也不正确，一般上身与腿相比太短。书法和附诗也很平庸。

此后数十年中，绘画的水平迅速提高，画册《风流绝畅》可以证明这一点。该画册收有24幅画，出版于1606年。画册中的裸体画得很精美，姿态也往往比较复杂。据序言说，这些画是唐寅的作品，他的绘画风格很容易辨认。

这里我把画册的序言翻译如下：

不佞非登徒子流，①何敢语好色事。丙午春读书万花楼中，云间友人持唐伯虎先生《竞春图卷》来，把弄无倦。时华南美荫主人至，谓不佞曰："《春意》一书，坊刊不下数十种，未有如是之精异入神者，俊丽盛满，亦曲尽矣。"因觅名绘手临之，仍广为二十四势。中原词人墨客，争相咏次于左，易其名曰《风流绝畅》，付之剞劂。中秋始落成，苦心烦思，殆非一日也。不佞强之印行于世，以公海内好事君子。至若工拙，或与寻常稍有所差别耳，惟赏鉴者自辨云。

东海病鹤居士书
新安黄一明镌

（《秘戏图考》141页〔1〕）

―――――
〔1〕 此是卷二页码。——译者

我不知道这篇序言中的号是谁,也不知后面的署名是谁。雕刻这套印版的艺术家黄一明,是安徽歙县著名木刻世家黄氏家族中的一员。

图版 19 是这部画册中的第七幅图,画中可见一个戴官帽的年轻学者夜里正在书房的窗前打盹儿。他显然已经伏在书上睡着了。他的情人站在他身后,手放在他的肩上。左边是一个大青铜烛台,桌上有一小香炉、一花瓶和一茶杯,在后面的折叠屏风上画着一幅山水画。画页反面的诗是:

《唤庄生》

花暖香销夜,
书窗睡足时。
独来应有意,
未去岂无私。
俯背情知重,
推身事亦奇。
唤醒蝴蝶梦,
山头乘彩凤。
恨杀那人儿,
魂飞身不动。

(《秘戏图考》144 页 12 行[1])

这首诗的题目和第六行诗[2],是出自周代哲学家庄子的一个著名典故。《庄子》第二篇结尾云:"昔者庄周梦为胡蝶,栩栩然胡蝶也,自喻适志与!不知周也。俄然觉,则蘧蘧然周也。不知周之梦为胡蝶与,胡蝶之

---

[1] 此是卷二页码。——译者
[2] 译文第六行,中文原文为第七行。——译者

梦为周与？"[1]第七行[2]是用音乐家萧史的典故，上文110页已提到。显然，它是指这个女人猜疑她的情人正在梦中想着另一个女人。

这一画册的第20幅图（见图版20），画的是"云散雨收"后的心境。男人和女人刚刚下床，正在穿衣。女人正在系裙带。裙子是用很淡的黄色印成，因此在图版上看不出来。男人拿着她的外衣，正准备帮她穿上。床席的图案织成卍字形，为传统式样。右面是一张桌子，上面有一古铜花瓶和一七弦琴。特别值得注意的是重彩锦缎的床帐。附诗云：

《春睡起》

云收巫峡中，
雨过香闺里。
无限娇痴若箇知，
浑宜初浴温泉渚。
漫结绣裙儿，
似嗔人唤起。
轻盈倦体不胜衣，
杏子单衫懒自提。
春山低翠悄窥郎，
朦胧犹自忆佳期。

（《秘戏图考》148页8行[3]）

关于"云雨"和"巫山"的性含义，见上文38页。第四行是指杨贵妃与皇帝在温泉洗澡，见上文191页所述。

遗憾的是，这两幅画是惟一适合发表在准备广泛流传的书籍上的。不过，它们或许已经足以使读者对这类画的艺术水准有一大概了解。

---

[1] 见《庄子·齐物论》。——译者
[2] 中文原文为第八行。——译者
[3] 此是卷二页码。——译者

这里所要讨论的第三种画册代表了套色春宫画的顶峰。它的题名是《鸳鸯秘谱》，出版于1642年。它至少收有三十幅画，用五色印成，每幅画都配有缮写精良的诗。可惜的是这些画和诗无一适合发表。不过我翻译了它的序，序中包含了许多信息：

《易》曰："男女构精，万物化生。"至哉斯言也。奈何世人不能惩欲，竟以此为欢娱之地，而使生我之门，为死我之户。噫！

赵翰林为十二钗暨六如六奇、十洲十荣等图。其亦欲挽末流之溺耶？空空子为陈欲集，溺者其几于振乎？

好事者大搜诸集，得当意者次列如左，命之曰《锦春图》，仅三十局，庶几乎不滥竽自耻也。至若态度之精研，毫发之工致，又已饶之矣。

且也悟真者披图而阅之，导欲以惩欲，生生不息，化化无穷，岂徒愉心志、悦耳目而已哉！故曰：满怀都是春，舍兹其奚辞。

天启四年岁次甲子牡丹轩主人题

关于空空子的书，我们无法知道更详细的情况。显然编者先给这个画册起名叫《锦春图》，后来才改叫《鸳鸯秘谱》。重要的是序文提到三种春宫手卷和它们的题目，以及它们是出自赵孟頫、唐寅、仇英之手。看来，"而使生我之门，为死我之户"的比喻，在当时是很流行的。在上文288页，我们从《金瓶梅》的序言中也见过这一比喻。

上述三种画册，没有一种与古房中书和道家内丹派的房中书有直接关系。不过，现在我们要讲的一种画册，却是地地道道的插图本道书，并有有趣的附诗。

这部道家春宫画册的题目是《繁华丽锦》。它由四部分组成，出版于约1630年。第一部分的题目是《修术养身》。这是道书《修真演义》的改写本。该书在本章开头已充分讨论。第二部分的题目是《风花雪月》，内有十四幅性交图，每幅画都附有两首诗，第一首是曲，第二首是七言律诗。第三部分叫《云情雨意》，画有三十六种不同姿势，与前面的部分一样，每幅画皆附有两首解释画意的诗。最后,第四部分的题目是《异风夷俗》,画有十二种姿势,亦有附诗。

正如上文泛论色情艺术时所说,这一画册的裸体画得比其他画册要小得多,画得也很拙劣。并非没有可能,此画册在许多世纪里屡经传写,是对插图本唐代内丹派房中书所做的一种相当晚出的释义。当然附诗是例外,显然为明代编者所加。虽然从艺术的观点看,此画册毫无可取,但从历史的角度看却很重要。不过,在没有掌握更多的类似资料之前,这一问题还不能最后定论。

这一画册的有些曲写得相当好。由于语言几乎是纯粹的口语,所以具有一种率真之情,使它自有一种特殊的魅力。兹译一首如下:

> 想起娇佳,
> 宽褪春衫病转加。
> 想着你腰肢似柳,
> 气味如兰,
> 颜色如花。
> 并无半点一毫差,
> 教人日夜心牵挂,
> 几时同得醉流霞?
> 醉流霞,
> 春宵一刻,
> 千金价。

(《秘戏图考》卷一,200页)

这里我们要讨论的第五个,也是最后一个画册,只有图,没有文字。它的题目是《江南销夏》,用单一的棕红色印成。这是我们所知明代套色春宫版画中最晚的标本,年代大约在1640—1650年之间。

这一画册设计水平极高,裸体画得细腻准确。画家对人物周围的环境也十分用心,特别值得注意的是其所画精美的黑檀雕花家具。不过,有几幅画显得遮遮掩掩,标志着它们是颓废艺术的作品。其他的画,除去赤裸裸的逼真写实之外,还显出一种率真,使其免于淫猥。但江南画册代表了一种旋即衰败的艺术,代表了套色春宫版画的最后阶段。也许,这种艺术在它应该结束的时候而结束,乃是最好不过。它日益被一种遮遮掩掩的淫猥气氛所主宰,这很难用它的高超艺术水平来补偿。

关于南京圈子中产生的上述画册和其他春宫画册,其详细说明和所附足以代表其各个发展阶段的样品图,读者可参看《秘戏图考》卷一第二部分。这里我只能做些泛泛的讨论。

值得注意的是,画中看不到鞭笞或其他任何虐待狂和被虐待狂的行为。同样有趣的是,它们也从未提到过男子同性恋。再者,如上所见,由于这些画册的倡导者对其淫秽小说描写排粪尿狂的细节津津乐道,所以此类因素在这些画册中的缺少就显得十分突出。他们对绘画的审美判断使他们不会把套色春宫版画与不合审美趣味的东西搅在一起。

男女的裸体都以写实的风格来画,符合正常的解剖学比例。例如,没有一幅画像较早和较晚的日本春宫画那样,把男性生殖器画得特别大。男性裸体都体格魁梧,肩宽颈粗,肌肉发达。男性生殖器总是画成包皮翻起,龟头外露,阴毛稀少,只盖住生殖器周围一小片。女性裸体是以丰满的臀部和大腿为特点,但胳膊细腿短。她们都有硕大的乳房,但并不偏爱某种样式的乳房。有些是像西方古典绘画中的那种坚挺、滚圆的乳房,有些是尖而下垂的乳房。特别典型的是,充分发育的阴阜与圆圆的小腹是分开的。阴毛稀少,只有一小片,大部分只在阴户上方。如果画出阴蒂,则画得很小。男人和女人都腋毛稀少。

至于画技,可以注意的是它把面部表情画得很好,比如表现性高潮时的情绪,就极为逼真。虽然在一般的裸体画法上稍有不同,但许多细部却证明存在着一种固定的程式。如长期沿用的画头和手的娴熟技巧,把嘴画成 V 字形,下面有一点(参看版图 19 和 20),或在侧面画成 V 字形;肚脐的形状则画成像是字母 A,等等。在套版画中,裸体是用黑色勾轮廓,只是偶尔才用红色印生殖器。

为了便于性学家做研究,我把这些画里所表现的性习惯列表如下。它是根据我所寓目的十二部当时的春宫画册,共包括约三百幅套版画。百分比为每一类的出现频率。

25%	正常体位,女双腿分开,或勾住男腰,或把脚搭在男肩上。男卧女上,或极少数跪在女大腿间。
20%	女上位,骑或蹲伏男上,脸相对或头足相对。
15%	女把腿倚在椅、凳或桌上,而男立其前。
10%	男自后插入,女跪其前。
10%	肛门交(introitus per anum),男立,女斜倚高桌上,有一幅为男坐板凳上,女坐男膝上,背对男。
5%	男女面对面侧卧。
5%	男女蹲坐合欢,或女坐男盘起的双腿上,在澡盆里或圆垫上。
5%	给女口交(cunnilinctio)。
3%	给男口交(penilinctio)。
1%	反常体位,如一男与两个或两个以上的女人性交;一般所谓的"69"式;女来回摇摆,等等。
1%	女子同性恋。

还可补充的是,仅有约一半的画是画一对男女,而另一半画画的是有一个或更多的女人在场陪伴,观察或辅助他们。

我想,性学家会同意上表是健康性习惯的良好记录。特别是如果考虑到,在春宫画上,设计者尽可充分表达其愿望和发挥其想象,就更是如此。何况此表反映的性习惯还是在中国社会和文化正经历着过度发展的阶段,这时的道德标准正处于低潮。

尽管晚明套色春宫版画数量不多,流行有限,但它们却以高超的质量对中国国内和国外的色情艺术产生了巨大影响。清代,这些套版画被当

插图 21　床架

作中国春宫画的范本。在约1700年中国南方的书籍插图中(见插图21)，以及北方天津附近套版画中心杨柳青于1700—1800年生产的版画中，其影响尤为突出。①它们的构图风格甚至从19世纪和20世纪中国港口城市出售的低劣粗俗的淫秽图画中亦可辨认出来。显然，在清代的头几十年里，明代的春宫画册曾是秘密流传，并且后来屡经复制。现在，原本的明代套色春宫画已成凤毛麟角,仅有大约二十部左右,一部分在中国,一部分在日本。

由于宁波和其他明代对日贸易的中心地处江南,所以春宫画册一经出版,很快就流传到日本这个岛国。在日本,元禄年间(1688—1703年),日本出版商热心研究和复制了这些版画。日本著名的版画大师菱川师宣甚至用单色版出版了全本《风流绝畅》的日文改写本。这一本子的第1页和图20重印于涩井清的《元禄古版画集英》的第一部分中(东京,1926年)。甚至在晚期浮世绘的版画中,在技术细节上亦可看出中国春宫画册的影响,例如手和脸的画法,特别是把嘴画成水平的V字形。

因此,这些画册本来是供一小伙享乐过度、厌倦已极的文人取乐,记录他们"风花雪月"、欢乐一时的生活。但即使在江南齐梁繁华的末世社会被满族征服扫荡之后,它们仍然长存于世。尽管这些套版画公开描写肉欲横流的东西,但却以其细腻的表达和优雅的魅力而被人们列入色情艺术的珍品之中。

中国性观念的最后标本

以上我们用较多笔墨描述了江南的色情文学和套色春宫版画,因为在随后的几个世纪里,再不曾展现过如此完整而坦露无遗的性生活画卷。况且,这幅画卷的背景乃是代表着传统中国文化处于顶峰状态的环境。

江南地区的这些材料再次强调了决定中国古代性观念的基本概念,即对人类繁衍的各个方面,从肉体结合的生理细节直到以这种肉体结合为证的最高尚的精神之爱,无不可以欣然接受。由于把人类看作天地造化的仿制品,所以性交受到人们的敬仰,从不与道德上的罪恶感拉扯在一起。天地本身就尊崇肉欲,从不视之为恶。例如,人们认为雨水撒入田地和精子在子宫着床,富饶而潮湿的土地便于播种和女人湿润的阴道便于性交,二者本没有什么区别。此外,在阴阳两极的观念中,女人注定位置次于男人,但是这个次要地位正像地次于天、月次于日一样。她的生物功能并没有什么罪恶,反之,倒使她成为生命之门。

至于那些宁愿视女人为死亡之门的江南男子,尽管他们弃天道而不顾,但他们弃绝淫欲不正暴露出他们希望未泯,还想通过"肉蒲团"上的禅悟以达到最后解脱吗?甚至在当时最拙劣的淫秽作品中,字里行间亦流露出一种渴望,竭力想保留和维持那已轻易抛弃和深恶痛绝的东西。最后,极端好色还导致了它与极端神秘主义合流,二者只靠"生死之间的一层薄纱"相隔。

上文说江南史料为现代研究者全面了解尚未受到压抑的中国性生活提供了最后一个机会。随着明帝国的崩溃,这些情男欲女的寻欢作乐便销声匿迹,欢乐的气氛也烟消云散,性已日益成为一种负担,而不是欢乐。1644年满族征服中国后,中国人退而自守,他们把自己的家庭生活和思想弄得壁垒森严,竭力想在其政治独立丧失之后,至少能维持其精神和文化的独立。他们的确成功地把异族征服者拒之于自己的私生活大门之外。但这样做的同时,他们是不是也把危险的东西关在了自己的门内,这个问题还是留给清代性生活的研究者去解决吧。

明朝的灭亡

明朝的灭亡应了中国的一句老话,即"美女倾国"。两位明朝大将本来可以联合起来共同阻止即将来临的满族征服,但他们却为了一个妾而争吵失和。

北京的腐败朝廷的营私舞弊,横征暴敛,使得哀鸿遍野,怨声载道,特别是在西北地区。1640年,民间的英雄李自成(1606—1645年)(《古今姓氏族谱》1226)在陕西揭竿而起。他是一个杰出的战略家,很快就集合起一支强大的军队,挺进北京,许多不满的军官纷纷投到他的麾下。明代最精锐的军队在著名将领吴三桂(1612—1678年)(《古今姓氏族谱》2342)统帅下,正远在北边驻守,阻止即将来临的满族军队的入侵。所以朝廷调不出足够的军队阻挡李自成的猛攻。1644年,李自成攻占北京,明朝的最后一位皇帝自杀。李自成宣告自己为新王朝的皇帝。

然而,在李自成占领北京期间,吴三桂的父亲被杀,宠妾也被李自成收入后宫。李自成拒绝把这个美女归还给吴三桂,因此吴三桂乃断然联合满族驱逐李自成。李自成被吴三桂和清人组成的军队击败,被迫逃离北京,并被杀死。

一旦进入中国,满族人很快就在这个分裂的国家中占了上风。他们没打几仗就入主中国北方,并把首都从沈阳南迁到北京,以便从这里击溃南方的顽强抵抗。当满族军队开始在南方与忠于明朝的将领作战时,满族在北京的摄政王多尔衮(1612—1650年)与吴三桂,以及中国的谋臣洪承畴(1593—1665年)、陈铭夏(1603—1654年)等,一起制定了有关占领地区满汉关系的规定。规定禁止满汉通婚。这一法令在整个清代一直行之有效,直到1905年才被慈禧太后撤销。规定还指令汉族男子要穿满族服装,剃头留辫;而汉族女子的服装和习惯则听其自便。另一方面,满族女子亦不得穿汉族服装或采用汉族缠足的习俗。由于没有这种美人的标志,满族妇女感到很懊丧,她们找到一个办法,就是穿木屐。因为木屐底部有着汉族三寸金莲小脚的形状。

中国人又一次面临长期的异族占领,因而又极为严格地把儒家的两性隔离原则重新搬了出来。由于决心至少使他们的私生活不受满族人的干预,凡与性关系有关的东西和闺阁中事都成了严格的禁忌。汉族官员劝本来很少有性禁忌的满族主人把明代和明代以前的色情书画列为禁书。没有多久,满族统治者在这方面甚至比汉族人变得还要谨小慎微。这样一来,便发展出一种惟恐泄露其性关系的变态心理。这种恐惧症在过去四百年间始终是中国人性观念的特点。

满族军队逐渐征服了中国南方,因而开始了清朝对中国的统治,这种统治一直持续到1912年[1]国民革命爆发为止。

随着清朝于1644年的建立,我们的综述也该就此收笔。

---

[1] 应作1911年,此误。——译者

中国文化的生命力

每当人们从中国的历史背景来研究中国问题时,都会对两个突出特点感到震惊:中华民族惊人的恢复力和中国文化的强大内聚力。在两千多年的历史中,人们一再看到,异族局部或全部占领下的中国或四分五裂的中国仿佛一夜之间就恢复了过来,在极短的时间内就又变成具有同一文化的、统一的独立国家。

这一现象使外国观察者颇感惊异,但却从不会使中国人惊奇,他们认为这是理所当然。中国人从不相信皇帝和他们的王朝是长存永驻的,因为它们的命数大小全得看"上天下民"对它的要求如何。但他们过去和现在都毫不动摇地相信,他们的民族和文化是永存的。千百年来对皇上的颂词"万岁"并不用于神,而是用于人,用以指某一特定时期象征其种族和文化的"万民之主"。中国人有意把尊崇皇帝看作尊崇中国本身,看作是尊崇他们的民族和文化。在他们看来,只有民族和文化才配享其名,只有文明才会万世长存。

那些把中国文明定义为静态的人,倘若只是说它的基本原则是静态的,还可接受。中国人的生活观是以在自然力的和谐之中生活这一概念为基础,这种观念在许多世纪中确实一成不变地延续了下来。但因为它的基础确实是静态的,所以一旦需要,中国人尽可以在上层建筑中剧烈地改变其自身,或者承受由外族力量造成的强烈变化。因此,这种基本上是静态的文明实际上又是一种极为动态的文明。

无论在比较古老的时期还是比较晚近的时期,中国都对异族的影响作出过让步。他们已意识到(尽管不情愿)异族的文明确实有其可以吸收借鉴的地方,而且只要他们决心去做,也完全有这种能力。因为中国人相信更新,只要它本质上是自我更新;他们也相信成长,甚至包括剪枝和嫁接,只要大树本身不受丝毫影响。他们愿意接受外来影响,如果必要,甚至可以接受暂时的异族统治,因为他们对自己血统和数量上的实力信心十足,坚信自己无论在物质领域,还是精神领域,最终总会战胜征服者。

历史的进程似乎也证实了这种极端自信。其他的伟大文明均已衰亡,而中国的文明却依然存在;其他的种族均已消失、流散或失去政治上的认同,而中国人却生存下来,不断繁衍,在种族与政治上可以认同。

历史学家必须分析这种现象,研究这种现象背后的政治、经济、社会和道德因素。可是在这样做的时候,我们却必须明白,我们并不能洞悉文明成长与衰亡的终极原因,正如我们永远不知道个人生死的终极原因一样。

然而,就中国而论,对中国性关系即其生命的主要动机进行历史考察,却使我们相信,男女之间的精心调节(这点早在纪元初就在中国受到研究)是中国种族和文化长期绵延的原因。因为看来正是这种造成勃勃生机的平衡使中华民族从远古一直延续至今,并不断更新。

注释:

① 杨朱和墨翟是著名儒家代表人物孟子(公元前371—前289年)的对立派。
② 参看 C.R.Boxer 的 *South China in the Sixteenth Century* (Hakluyt Society, 2nd series no.CVI, London 1953), pp.149—150。
③ C.R.Boxer 之上书, pp.282—283。
④ 参看 *China in the Sixteenth Century, the Journals of Matthew Ricci* (Louis J.Gallagher S.J.译自拉丁文, New York 1953) p.95。
⑤ 典型的例子是短篇小说《鸳鸯绦》[1]。它出自明代小说集《醒世恒言》,出版于1627年,为多产作家冯梦龙所作。H.Acton 和 Lee Yi-hsieh 的译文见 *Four Cautionary Tales* (London 1947)。本书还有一个特殊的插图本,书名为 *Glue and Lacquer*,尽管它的图版艺术水平很高,却使人对中国的装束、习惯和内心造成完全的误解。
⑥ 晚明春宫画册《花营锦阵》(参看《秘戏图考》卷一 209 页)的序也是用同一种方式写成,它完全是用经书里的句子写成。似乎淫秽文学的编者特别喜欢用儒经和佛经来描写淫秽的东西。值得注意的是,在日本也有同一倾向。在日本有一部晚明中篇淫秽小说叫《痴婆子传》,是 1891 年在京都用古活字版重印,保存于圆镜寺,

〔1〕 即《醒世恒言》卷十五《郝大卿遗恨鸳鸯绦》。——译者

该寺就是印佛经的地方。把淫秽与神圣结合在一起似乎是一种青春期的特点,但人们恐怕很难把中国的和日本的文明叫作青春期的文明。无疑性学家们将会对这一现象做出正确的解释。

⑦ 参看 R.T.Dickinson《人类性解剖学》(Baltimore 1933) p.42:"一般说,女性外生殖器的位置差异很大,阴门可能靠前也可能靠后,因此性交时的难易程度自然也不同。人们常常断定这些差异是不同种族的特点。阴门靠后属于近似原始种族的早期发育形式,尤其是东方人。"但这里的中文引文却证明,阴门靠后仅仅是个体的特征,而不是种族的特征。我可以补充的是,与中国文献的说法一样,日语也区分出同样的三种位置。近代东京俚语称之为 jō-hin(上品),chū-bin(中品)和 ge-bin(下品);bin 是 shina(人品)这个字的误读,shina 用来表示它的特殊色情意味。按照正常读法,jō-hin 的意思是"雅",ge-hin 的意思是"俗",chū-hin 则非雅非俗。

⑧ 我在《秘戏图考》卷一 126 页译文中没有提到这一点。

⑨ 参看 CPM vol.II, p.157。在该书中这一专有名词和"封脐膏"及"勉(缅)铃"一般叫作"一弄儿淫器"。

⑩ 《香艳丛书》第九集卷一重印了一篇奇文叫《温柔乡记》。它对"三峰"有长篇描写,作者为梁国正,写作日期不详。"温柔"是个文学用语,在清代多用于指肉欲之爱。此文是以地理学的形式研究女性身体,作者把女性身体写成他所游历的某个国度,详细描述了他所经历的种种乐趣和危险。其中用来表示女性身体的各种解剖学部位的术语是从道家讲炼内丹的书中借用,三峰在其中很重要。

⑪ 古书把男精看作白铅。参看上文 83 页。

⑫ 此书附有大量注释,重印于一部名叫《美化文学名著丛刊》中。它是一部相当出色的近代丛书,其中收有许多有关爱情和风雅生活的作品,仅一卷,朱剑芒 1936 年出版于上海。

⑬ 关于蛤蚧(phrynosoma sp.),许多文献都有记载,显然,人们相信其精力极其旺盛,是出自这样一个事实,即蛤蚧交配时,即使被人捉住,也不会松开。人们把活蛤蚧放在酒坛里,搁上一年左右,然后把这种酒当春药卖。

⑭ G.Schlegel, *Le Vendeur d'huile qui seul possède la Reine-de-Beauté, ou Splendeurs et Miseres des Courtizanes chinoises* (Leyden and Paris 1877)。其中有一篇描写 1861 年对广东花船的采访,并附有重印的中文原文。

⑮ Edgerton 的译本见本书"书名简称索引"中的 CPM 条下。

⑯ 至少我不记得在梵文文献中有这类记载,而 R.Schmidt 在 *Beiträge zur lndischen Erotik* 中也没有提到过这些。我在 H.Licht 的 *Sexual Life in Ancient Greece* (London 1956)和他论述更为详细的著作 *Sittengeschichte Griechenlands* (3 vls., Zürich 1928)中也都没有发现这类记载。尽管拉丁文献曾反复提到过它,有时把它当作新娘在初次性交时免遭疼痛的一种权宜之计(Seneca Controv.II;"新婚夫妇若想减轻初夜的痛苦,即采取此法";Martialis 的著作 XI,LXXVII;"肛门交是

新娘为了免于破身的痛苦而送给丈夫的赎礼"),有时把它作为一种淫荡的风俗(Martialis 的著作 XI, XLIV:"Parce tuis igitur dare mascula nomina rebus, teque puta cunnos uxor habere duos",同书 XI, CIV:"pedicare negas, dabat hoc Cornelia Gracccho",等),但 Kiefer 的 *Sexual Life in Ancient Rome*(London 1953)也没有提到过这种行为。在闪族人当中,这种行为也广为人知,常被人们引用的是(*Romans*)I-26,并且在较晚的阿拉伯人讲爱情的书中也常提到它。

⑰ 参看上文 162 页提到的 F.Kuhn 的德文译本。

⑱ Pan Tze-yen 的 *The Reminiscences of Tung Hsiao-wan*,商务印书馆,上海,1931 年。译本中附有中文原文。关于文人圈子中的爱情,我们还可举出其他三部作品,尽管它们写于清代,因此与此书描写的氛围不同。首先是著名风俗小说《红楼梦》,有 Wang Chi-chen 的英文节译本 *The Dream of the Red Chamber*(London & New York 1929)。Bancroft Joly 曾搞过一个更完整的译本,但未完成(2 卷,题目是 *Dream of the Red Chamber*,Hong Kong 1892)。到目前为止,节略最少的译本是 F.Kuhn 的德文本 *Der Traum der Roten Kammer*(Insel Verlag, Leipzig, 出版日期不详),它大约译出了这部长篇巨帙的三分之二,该译本的英文版有 Routledge & Kegan Paul 所译的 *The Dream of the Red Chamber*(London 1959)。其次是《浮生六记》。这是一个不大出名的清代画家和诗人沈復(1763—1820 年)的生平记述,是写他早夭的妻子陈芸等,Lin Yü-t'ang(林语堂)的译文见 *T'ien Hsia Monthly* vol.1(Hong Kong 1935)。还有《秋灯琐记》,为清代学者蒋坦对其爱妾秋芙的回忆。Lin Yü-t'ang(林语堂)在他的 *The Importance of Living*(New York 1938)ch.10"Two Chinese Ladies"中曾翻译过它的若干片断。这三部著作的中文原文及详细注释见上 286 页注[12]提到的朱剑芒所编的丛书。

⑲ 见上条。

⑳《玉娇梨》早在 1826 年就由 Abel Rémusat 以 *Les Deux Cousines* 为题译成法文。19 世纪下半叶,该书以其人物描写的"考究"和最后同时与两个情人结婚的情节而驰名于西方文学界。1864 年 Stanislas Julien 发表了一个类似的译本,随后英文、荷兰文和德文的译本也相继问世。《玉娇梨》算不上一部伟大的小说,但它是这类作品的一个很好的典型。况且,其第十四回还有心理学的意义,因为,主人公苏友白爱上了女扮男装的卢梦梨,他的一见钟情明显暴露出一种同性恋的倾向。

㉑ 在《秘戏图考》和其他地方,我把这个题目错译为 *Human Coverlets*。"蒲团"除指床罩,还指放在地板上的坐垫(日语叫"za-buton"),小说第二回,长老为未央生所诵的偈语清楚地表明,这种平平的圆垫在这里是供僧侣打坐的东西。

㉒ 参看拙作"*Chinese Pictorial Art as viewed by the connoisseur*" p.257sq 中对李渔艺术活动的详细讨论(*Serie Orientale Roma* Vol.XIX, Rome 1958)。

㉓ 最好的中文版本是无名氏于 1943 年在北京出版的本子。它是色情丛书《写春园丛书》的一部分,但插图画得很糟。1959 年,孜孜不倦的中国小说翻译家 Franz

Kuhn博士发表了这部小说的德文全译本,题目是 *Jou Pu Tuan, ein erotisch-moralischer Roman aus der Ming-Zeit*(1634)(Verlag Die Waage,Zürich)。

㉔ 日本社会学家宫武外骨发表过一篇短文,论述女人在达到性高潮时的叫喊。他证明这种叫喊几乎总是提到死,因此给自己的文章起名为《寂灭为乐考》(东京,出版日期不详)。

另外还可参看 A.A.Brill 的 *Lectures on Psychoanalytic Psychiatry*(New York 1955)p.290:"那些对自然有兴趣的人一向懂得生死的密切关系并描述它们。埃利斯(Havelock Ellis)说:'确实正如一向所说,对自然界的大部分东西来说,爱与死都只隔有一层薄纱。'在她受孕和怀孕的过程中,女性再现了或重新说出了她记忆中的女性崇拜时代的 ecphoriates 经验,那时性交乃是终结点上的开始,而当它开始了,也就是说,死亡即将来临。我经常听男人们说,性交时,特别是在达到高潮时,有些女人会大喊:'啊,我要死了'或'你杀死我了'或'杀死我吧',而她们冷静下来时却不能解释这些话。我们难道不能把这种神秘的喊叫看作是对某种确实存在于比如说古生代,或在某些生物体中仍可见到的状况的回忆吗?"

还可补充的是,在古代中国有这样的风俗,当儿子把新娘娶回他父亲的家中,三日之内不得举乐,这是因为"思嗣亲也"。参看《礼记·曾子问》卷一第二十页及上文 79 页。这种风俗亦可从生育和死亡的接近来加以解释,尽管人们也许会认为它是"杀父继承"的远古时代的追忆,在周代文献中仍留有这种痕迹。

㉕ 在唐代,江南是一个道的名字,大体辖有江苏南部、浙江、福建、江西和湖南南部。不过,此后它多半也是指这一地区。

㉖ 重印于《香艳丛书》和其他丛书中。

㉗ 这三篇东西见《说郛》续卷四四。

㉘ 除上述北京、南京和江南城市中的妓院区,广州和汕头花船上的妓院也很有名。还在唐代,广州就已是海外贸易的重镇,拥有许多亚洲侨民,特别是许多阿拉伯人曾在当地定居。到明代,广州成了东南亚的一大商业中心,因此夜生活非常繁荣。广州的妓女和艺妓属于一种特殊的少数民族,即所谓蛋家,也叫蛋户。蛋家是华南土著的后裔,被驱赶到沿海,以捕鱼,特别是采珠为生。他们受到各种身份限制,如不得与汉族通婚,不得在岸上定居。他们说一种特殊的方言,而且他们的女人从不缠足。这种女人为广州珠江上停泊的成千上万的花船提供了大量妓女。G.Schlegel 以他在广州观察到的材料为主发表过一篇论中国妓女的文章(*Histoire de la Prostitution en Chine*,Rouen 1880;这是根据用荷兰文写成的原文 *Iets over de Prostitutie in China*[Batavia 1866]译出)。尽管此文过分强调这一问题的阴暗面,历史的部分也流于空泛的议论,但它至少有个优点,就是主要根据为实际的观察。同样有名的是汕头的"花船",即"六篷船"或"绿篷船"。清代诗人和官吏俞蛟写过一篇材料丰富,论广州、汕头妓院的文章《潮嘉风月记》,见《香艳丛书》第四集卷四,附有一个引用旧参考文献的附录。他记录了当地的俚语和特殊的破身

习惯。他说广州的姑娘不如汕头的姑娘品貌出众,多才多艺,并引用著名诗人和风月老手袁枚(1716—1798年)的话来证明这一点。俞蛟还引用了清代学者赵翼的话(见上文163页)。赵翼提到一件怪事,即汕头的船除了开妓院,还在中国南方的水路中运送货物和旅客,生意兴隆。他说,有一次,一个状元刚从京都得中归来,搭了一条船,并未猜到这是一条花船。只是当大风把他的船篷吹破,有个只穿着红缎乳罩的美女进来修理时,他才发现。路上他把这女人一直留在舱里,分手后那女人遂自称为"状元妻",并且身价长了一倍。作者聪明地看出整个事情的结果可能是预谋好的。

㉙ 有关中国文献在 Keizō Dohi 博士的出色著作 Beiträge zur Geschichte der Syphilis, insbesondere über ihrer Ursprung und ihre Pathologie in Ostasien (Tōkyō 1923)中已经做过搜集和讨论。

㉚ 上引 C.R.Boxer 之同书 pp.150—151。

㉛ 上引 C.R.Boxer 之同书 p.122。

㉜ 参看我在 ECP vol.I"导言"中的详细讨论。

㉝ 有关《绣榻野史》的全部材料可从 ECP vol.I,pp.128—132 找到。

㉞ 这使人想到上述清代小说《红楼梦》的开头。书中的主人公宝玉也是在梦中获知性秘密。晚明淫秽小说对清代小说有很大影响。

㉟ 晚期,在志怪小说集《聊斋志异》中,有关于狐狸传说的大量材料。该书有 H.A. Giles 的译本,题目是 Strange Stories from a Chinese Studio (London & Shanghai 1909)。读者还可参见 M.W.de Visser 的"The Fox and badger in Japanese folklore",收入 Transactions of the Asiatic Society of Japan vol.XXXVI(Yokohama 1909)。

㊱ 见 ECP vol.I pp.128—135。

㊲ 参看《骨董琐记》(上文 201 页提到的)卷四 26 页背[1],ECP folio 169[2] 也引用一种明代史料来作同样的说明。

㊳ 参看 St.Julien Histoire et Fabrication de la Porcelaine Chinoise (Paris 1856) p.XLVIII和 p.99 的参考资料。

㊴ 有四件标本印入 Les Ivoires Religieux et Médicaux chinois, d'après la collection Lucien Lion(Paris 1939)。明代学者沈德符(1578—1642年)在《敝帚斋余谈》中说,玉雕工匠常制作春宫雕像,供不应求,并说在福建省,牙雕工匠也制作男女性交的人像,具有很高的艺术水平(text ECP folio 170/5—6)。我没有看到过这种明代制品的原件,但我过眼的清代雕像却大多质量低劣。

―――――――

〔1〕 应作 25 页背。——译者
〔2〕 此是该书卷二的页码。——译者

㊵ 有关记述见于一部讲唐寅私生活的笔记集,题目为《纪唐六如轶事》,印入《香艳丛书》二十集卷四。

㊶ 参看《太平清话》。这是明代多产作家陈继儒(1558—1639年)的一部笔记集。

㊷ 《僧尼孽海》似乎只以日文钞本的形式保存下来。我收藏的本子共有两卷,每卷42折页,抄手并不高明,但用纸却装潢精美。第一个故事的题目是《沙门昙献》,最后一个故事的题目是《王和尚》。

㊸ 夜摩天(Yama)(中文叫阎罗王)是阴间之王,他掌管记录世上(阳间)人们所犯的罪孽,以便在其死后给予相应的惩罚。

㊹ 有十六幅画用彩色印入 J. Tschichold 的 *Neue Chinesische Farbendrucke aus der Zehnbambushalle* (Basel 1943)。

㊺ 北京有一家专以经营套版画出名的商店叫荣宝斋,1952年出过这个画册的一个重印本,它是根据非常罕见的明代原画重新雕版印刷。现代中国版画史专家郑振铎为该画册写了序言。

㊻ "登徒子"见诗人宋玉的赋(参看本书68页注[12])。

㊼ 春宫画不仅是为性指导或消遣而作,而且也被用作护身符。性交代表处于顶点的给人生命的"阳"气,画有性交的图画据说可以驱走代表黑暗的"阴"气。直到近些年还有一种风俗,特别是在中国北部,即把春宫画绘在肚兜(婴儿盖肚子的三角巾)的衬里上。书商也经常在店里存放几张春宫画,用以避火消灾。因此,"避火图"一词也就成了春宫画的一种委婉的说法。在中国和日本,人们还把这种画放在衣箱里防虫。日文中表示"春宫画"的 kyōtei-bon(箧底本)一词,似乎就是指这一习俗,因为它的字面含义正是"放在箱底的书"。

为完整起见,这里我还要说说带春宫画的"双面折扇"。这种扇子初看是普通式样的折扇,正面画山水、花草,背面题诗。但每一股上都贴有一个双格的纸条,如果按习惯的方式从左向右打开,纸条便掩着。但如果从右向左打开,每张纸条的反面就可以看见,所有的格子便拼出一幅春宫画。特别是乾隆年间的这种折扇做得很好,它是根据晚明的套色春宫版画式样绘成的。

原书附录与索引

- 附录一：印度和中国的房中术
- 附录二：《秘戏图考》收藏简表（远东除外）
- 书名简称索引
- 中文索引
- 日文索引
- 总索引

附录一
印度和中国的房中术

本书第六章讨论了道家"回精术"的基本修炼方法，第七章则引用唐代医师孙思邈的著作和其他唐代古书，对这种修炼方法的技术细节做了更为详尽的描述。孙氏说，用"止精法"激发起来的精子会沿脊柱上行；并说在丹田，这种"精气"会变成赤日黄月，沿脊柱上行，至于头顶的"泥丸穴"。按这些古书的说法，日月在"泥丸穴"合一是"精气"的最后生成形态，即变为长生不老丹。引用这些古书之后，我还顺便说过，这些道术修炼与后来印度佛教和印度教房中秘术所实行的一种身心合一的修炼方法酷为相似。这种秘术，通常叫作密教（Tantrism）。[①]

在这篇附录中，我打算对两者的相似做更详细的探讨，首先是对佛教金刚乘（Vajrayāna）所倡导的修炼方法做简短描述，其次是对印度教性力派（Sāktas）的类似修炼活动做一说明。以中印资料的比较为基础，我们将制定一个关于中印房中秘术历史联系的理论。

佛教金刚乘的房中秘术

金刚乘，是真言乘（Mantrayāna）的一种晚期发展形式。正如后者的名称所示，大乘教（Mahāyānic doctrine）是以曼荼罗经咒（mantra）为中心，对印度教和佛教的东西兼收并蓄，并杂糅进土著的非雅利安的巫术崇拜而形成。大乘教的信徒在接受这一大堆混杂的信仰和仪式的同时，也为它增添了许多新东西，其中不仅包括印度本土的传说，也包括外来的新思想。他们的主要哲学观点是，终极真理在于人体，因此"人体乃是认知真理的最好媒介"（ITB 3页）。这是因为身体内含有"生命的火花"，通过入定，这种火花会燃烧起火，使修行者在宇宙即虚空之中成为法力无边的人，②非男非女，神人合一。

他们选择"金刚"（vajra，汉语：金刚，日语：kongō，藏语：rdo-rje）作为这种新教义的最高象征。"金刚"即坚不可摧的霹雳，并与空性（śūnyatā）同义，即最终的不可摧毁的空。在佛像画中，这种神秘武器被表现为一种双头杵，③两端各有一股、两股、三股或更多的刃头。一直到金刚乘兴起以前，这种武器之所以出名，只因为它是因陀罗（Indra）[1]手中的武器。故因陀罗亦称"金刚手"（Vajrapāṇi）。而金刚乘的信徒却把这种武器尊奉为其整个教义的象征。它成了印度教的阴茎柱即林伽（liṅga）的变形，吸收了后者的一切多重含义，包括直接代表男性生殖器的含义。④从那以来，"金刚"一词成了佛教密宗使用最广泛的形容词，被加在神名、书名、哲学术语和仪式用品名称前，专门用于金刚乘的教义和实践活动。

除了这一新的象征以外，金刚乘还采纳了一种新的、总领群神的至上神，即阿提佛陀（Ādi-buddha），所有其他大小诸神只不过是他的一部分。此阿提佛陀原与金刚萨埵（Vajra-sattva）相同，在他之下，有五组佛（kula），其中第一组是以毗卢遮那（Vairocana）为首。由于人们把它当作本初佛，所以毗卢遮那也就成为金刚乘众神中最大的神，称为大日如来（Mahā-vairocana）（中文：大日，日文：Dainichi），即作为光明普照的太阳和创造力的最高象征。他高居于"金刚界曼荼罗"（Vajradhātu maṇḍala）和"胎藏界曼荼罗"（Garbhadhātu maṇḍala）即表现金刚乘密宗的双重圆环的中心。⑤显然，金刚乘信徒并不想用现成的日神，如苏利耶（Sūrya）或具有某些日神特点的毗湿奴（Viṣṇu）或湿婆（Śiva）来占据众神之中的最高位置。因此，他们从许多表示太阳的梵文字眼中创造出一个全新的神

---

[1] 初为雷雨之神，后为战神。——译者

名,即毗卢遮那(来自词根 ruc[1])。它在印度教中被用作毗湿奴的名字,以及苏利耶的一个儿子的名字。毗卢遮那的含义是"属太阳的"。

金刚乘引入的第三种新因素是一种相当专门的房中秘术,它所依据的原理是:通过基于"止精法"的入定过程,可以达到神人合一和极乐。他们知道,在每一男子体内都有女性因素,正如每一女子体内都有男性因素,因此力求在修行者体内激起女性因素,实现一种神奇的交合,以克服双性(sexual duality),达到阴阳合一的理想境界。因为正如其他时代和其他地方的神秘主义者一样,他们以阴阳合一为人最接近于神的状态。杜齐(Tucci)说:"弟子通过性交而再现那创造性的时刻,但绝不能使性交导致其自然的后果,而应该用止息法(prāṇāyāma)(古瑜伽气功术——高罗佩注)使精液逆行,不是顺流而下,而是逆流而上,直至头顶,由此化为万有的本源。"(TPS 242 页)

作为这一过程的基础的金刚乘理论是,人体内的双性存在于脊髓左右的两条经络之中,它们分别叫作"女脉"(lalanā)和"男脉"(rasanā)。女脉代表女性创造力(śakti)、母、卵(rakta,"红")、元音系列(āli),与月相对应,最后升华物为空(śūnyatā)和般若(prajñā);而男脉代表男性创造力(puruṣa)、父、精(śukra)、辅音系列(kāli),与日相对应,最后升华物为悲(karuṇā)和方便(upāya)。只要人体内存在这种双性,就仍然处于轮回(saṁsāra)之中,而与神分离。

为了克服这种双性,与女性配偶做想象或真实交欢的修行者要凝心于"菩提心"(bodhicitta)。菩提心以萌芽状态位于应身轮(nirmāṇa-cakra),即脐附近的穴位。从女子获得的女性活力刺激起男子的菩提心,与他勃发未射的精液融合为一种新的、强有力的气,即所谓精滴(bindu,这里指"精气")。精滴是由五大(即地、水、火、风、空)构成,正如人之胚胎。事实上它在修行者体内形成的过程与子宫中的正常受孕过程可以相比(参看 ORC 21 页)。精液打破了女脉和男脉的分离状态,开启出一条新

---

[1] 意为光明。——译者

的、无性的脉道，专门术语叫作 avadhūtikā（清净的脉道）。精滴沿这条脉道上行至法身轮（dharma-cakra），即心区的穴位。从这里再升至喉部的穴位，即报身轮（saṁbhoga-cakra），最后到达头顶莲花（uṣṇīṣa-kamala）。在这一上升过程中，精滴把其内含的五大融合成纯一的光。在头顶莲花中，这种光使空和悲、般若和方便和谐地融为一体，使修行者终于达到与神合一、与空合一，即叫作涅槃（nirvāṇa）或极乐（mahāsukha）的境界。

这种修炼方法的关键步骤是，第一步，首先要从女性配偶获得刺激以形成精滴。有些书把她说成是由凝心定虑产生的一种形象，与她的结合是一种精神结合。但更多的书却说，她必须是个真正的女人，甚至干脆说"佛在女性生殖器中"（buddhatvam yoṣit-yoni-samāśritam），参看本达尔（C. Bendall 引《妙言集》）[the Subhāṣita-saṁgraha]，载 Muséon, 1903—1904 年)，并说子宫实际上就是般若（参看 ITB 102 页下及 SM 32 页）。有些史料说这个女人应是修行者的原配妻子，但按另一些史料的说法，他却可以任选一个他喜爱的女子，甚至他们认为选择一个出身卑贱的女子或一个贱民（pariah）即旃陀罗（caṇḍālī）或杜姆比（ḍombī）更合适。涉及这一点，必须注意的是，avadhūtikā 即中枢经络，也叫旃陀罗或杜姆比。

以上所述证明金刚乘对更为古老的佛教和印度教依赖之深。三轮即"应身轮"（nirmāṇa）、"法身轮"（dharma）和"报身轮"（saṁbhoga），当然是从佛的三身（kāya）而来，而从菩提心上升的过程则是摹仿大乘教的"十地"（daśabhūmi），即成佛所历的十个阶位，它本身就是印度教瑜伽冥想的一种变体。然而，作为达到大彻大悟的一种捷径，"止精法"的概念完全是一种新因素，其形式在前金刚乘佛教中是没有出现过的。

印度教性力派的房中秘术

由湿婆教性力派（Śaiva Śākta）实行的印度教的房中秘术是基于同样的原理。

正像金刚乘的信徒一样，性力派的大部分哲学观点也是借自于存世的古籍。他们的众神是以一对双神，即湿婆和他的配偶雪山神女(Pārvatī)为首。传为破坏和再生之神的湿婆本来是被性力派当作日神，而雪山神女则被当作月神，是他的光辉的反射。不过，她还是他的女性活力(śakti)；并且作为宇宙创造力的象征，她还靠自己本身而成为一个强有力的女神。自从她与其他女神（其中有些显然是非雅利安来源的女神）⑥合并，便很快把湿婆贬到了第二位。在许多后来的性力派经咒中，她是作为一个解答她丈夫提出的各种问题的指导者而出现，同中国古代房中书中与黄帝问答的素女颇为相似。最后，作为女性活力的最后象征，她还成为大天女(Mahādevī)，即以她的名字命名的体系的大神。

性力派把人体内含有双性的两条脉道分别叫作右脉(piṅgalā，相当于男脉)和左脉(iḍā，相当于女脉)。前者用红色表示，代表湿婆、男性活力和日。后者用浅灰色表示，代表雪山神女、女性活力(śakti)和月。通过与想象的或真实的女性配偶用止精法性交而产生刺激，因而冲破这两者的分离状态，这一过程叫作贡荼利尼瑜伽(kuṇḍalinī-yoga)。⑦这是因为行瑜伽术者体内蛰伏的女性活力被称为贡荼利尼（"盘绕者"，或蛇）。贡荼利尼被激发之后，便创造出一条新的无性的脉道，叫作中脉(suṣumnā)，而未射出的精气便沿此脉道上升至脑。在脑中神与人的最后合一(advaya)化为湿婆与雪山神女的合欢。

在性力教中，上行的路线被分为六段，比金刚乘系统的分法多出两段。⑧图版21是一幅北印度的绘画，画的是这六个阶段。贡荼利尼蛰伏其中的最下面的轮位是一朵深红色的四瓣莲花，叫脊根轮(mūlādhāra)，位于生殖器和肛门之间；贡荼利尼呆在里面，样子作一条缠绕在林伽（代表男性的阴茎柱）上的金蛇。第二个轮位是一朵黄色的六瓣莲花，叫力源轮(svādiṣṭhāna)，位于生殖器的根部。第三个轮位是一朵灰色的十瓣莲花，叫脐轮(maṇipūraka)，位于脐后。第四个轮位是一朵白色（或红色）的十二瓣莲花，叫心轮(anāhata)，位于心区。第五个轮位是一朵紫色的十六瓣莲花，叫喉轮(viśuddha)，位于咽喉之后。第六个轮位是一朵白色的两瓣莲花,叫眉心轮(ājñā),位于双目之间。阴阳合一的脑顶是一朵千瓣莲花,叫梵穴轮(sahasrāra),此即涅槃轮(nirvāṇa-cakra),即表示极乐(mahāsukha)的轮位所在,可以补充的是,每个轮各有各的主宰神、音节和冥想方式。在 SP 中对此有充分描述。它是依据孟加拉著名密教术士布罗纳难陀(Pūrṇānanda)于 16 世纪写成的一本性力派经咒《六轮形》(Ṣaṭ-cakra-nirūpaṇa)。

故在性力派的体系中,第一阶段,即通过止精法激起女性活力并使精气产生也是具有决定意义的。同样,在这里,这一神秘的诞生过程也与生理上的受孕完全一致,它被说成是白精(sita-bindu)和红卵(śoṇa-bindu)的融合,即由湿婆和雪山神女象征的两种创造力的融合(ITB 116 页)。

正像在高级的金刚乘中一样,右道(dakṣiṇācāris)性力派可以用入定的方式唤起贡荼利尼。有一篇经咒说:"我何需别的女人? 我身中自有一个女人"(SP 295 页)。掌握这种精神"止精法"的人被叫作"精液上流的人"(ūrdhvaretas)。这个术语在古梵文文献中也用来指那些完全克服了肉欲的人。"按照印度教的观念,精液是以一种稀薄状态而遍布于全身。在意志力的影响下,它会在性器官中浓缩起来。要想成为'精液上流的人',不仅要阻止已经形成的精液射出,而且还要阻止它形成浓缩状态,阻止它被全身吸取。"(SP 199 页,注①)。正像中国道教的类似修炼者一样,性力派术士也认为精液是最宝贵的财富。《诃陀瑜伽灯明》(Haṭha-yoga-pradīpika)云:"知瑜伽者当保其精。耗其精者死,存其精者生。"(SP 189 页,脚注②)"精液上流的人"用"看中的女神"(iṣṭadevatā)做精神上的配偶,他们所唤起的这种女神,其形象具有她的所有风采和特征。如果他们用真正的女人,则当为已经充分接受此仪式之精神意义的已婚女子。

然而,左道(vāmācāris)性力派却与无关的女子交合,正像在金刚乘中,人们喜欢用尽量低贱的女子来干这种事。左道瑜伽是超越好、坏之上的,乱交仅仅是他可能陷入的五种常见"罪恶",即酒(madya)、肉(māṃ-sa)、鱼(matsya)、结印(mudrā)和二根交会(maithunā)中的一种。它们被称为五事(pañca-tattva)或五魔(pañca-makāra)。

12世纪的穆斯林征服时期,金刚乘除在西藏、尼泊尔、中国和东南亚的部分地区仍然流行,在印度实际上已消失。相反,性力教在印度却一直兴盛,至今犹存,所以东方学家还可以对现存的瑜伽师实行的房中术进行研究。第一个彻底开发这一领域的研究者是伍德罗菲(John Woodroffe)爵士。[9]他在《蛇力》(The Serpent Power)一书中描写了一个瑜伽师能把空气和液体吸入尿道和排出尿道,说:"这种本事不仅有清洗膀胱的医疗效用,而且还是一种性交中采用的结印(mudrā)(此处是指肉体方面的技术——高罗佩注)。诃陀瑜伽师(Haṭhayogi)借此吸入女子的活力,而不射出他的力或物质。这种方法被证明对女子是有害的,会使女子'衰萎'。"(SP 201页注①)。请注意,这种技术与本书158—159页所述中国古代道士所用的技术很相似。还有,现今左道性力派实行的群交仪式也使人想起本书89页提到的道家"合气"仪式。在印度,这一仪式叫"轮座"(gaṇa-cakra 或 cakra-pūjā)。即男女在深夜相聚,饮酒,吃肉,念咒,然后由一裸妇人居圈中,向众人致意。于是所有在场的人都进行性交,每一男子或与看中的配偶进行,或与抽签决定的女子进行。在仍然保存有这一仪式的喜马拉雅山地区,人们用女人的胸衣来抽签,这一仪式叫"寻找胸衣"(coli-mārg)。(参看PSH 15页以下的描述,又GKY 172页,SHSH 583页)

尽管这种仪式常常沦为下流的淫乱,尽管有些诃陀瑜伽师只把女人当作达到利己目的的手段,但必须强调的是,正如道教在中国一样,总的说来,密教在印度也提高了妇女的地位。与传统的印度教相反,密教认为女人的地位应与男人平等或甚至比男人更高,密教徒是属于早期反对萨蒂(suttee,即烧死寡妇)的人(PSH 56页)。《考拉瓦利经咒》(kaulāvali-tantra)说:"应向任何一个女人鞠躬,不管她是小姑娘,妙龄女郎,或老太婆,也不管她是美是丑,是善是恶。绝不可欺骗女人,对她说不义之言,对她行不义之事,亦绝不可打她。所有这些行为都会阻止人们修成圆满(siddhi)(即修行成功——高罗佩注)。"参见阿瓦隆(A. Avalon)所印《樟颂》(Karpūrādi-stotram)。(收入《密教文献》[Tantrik Texts]卷九,伦敦,1922年,23页)[10]

中、印房中秘术的相互影响

如果我们现在重新检查一下本附录开头引用的中国医师孙思邈和其他唐代作家所说的话,就会清楚地看到,他们所描述的道家"回精术"是受印度密教的影响。

"精气"的两个组成部分被孙思邈描述为具有赤日和黄月的形状。正如上文所看到的,就我所知,这一点并不见于描述这种修炼的道家文献,却见于密教。而孙氏把最后在头顶合一的穴位叫作"泥丸"。把"泥丸"直译为"泥的丸"没有任何意义。马伯乐认为这个术语是梵文涅槃(nirvāṇa)的中文转写,[11]这无疑是正确的。并且正如我们在上文已经看到的,在密教中,这个穴位也叫涅槃轮,而且正是在这个穴位上,才能达到涅槃的极乐境界。

另外,密教把术士体内"精气"的形成与子宫中胚胎的形成相比。这使我们想起上文88页的中文引文,它提到公元2世纪道家实行的"下流修炼"中有"抱真人,婴儿迴"。由于同一时期的中国文献没有进一步解释"婴儿",因此这里不再进一步讨论。按上述密教教义,"抱真人,婴儿迴"显然是指通过止精法造成"精气"。"止精法"在中国古代也被看作与正常的受孕过程相类似。并且在上文80页我们已看到,3世纪的炼丹书《参同契》也把受孕视同炼成的丹,即铅汞在鼎中炼就的混合物。[12]

由此我们看到,一方面,晚期的印度密教文献影响了唐代的中国作家;另一方面,它们又受到2、3世纪中国文献的影响。它把我们引导到本附录所要讨论的主要问题上来,即印中房中秘术之间显然存在着这一联系的历史背景。在中国方面,我们对可靠的历史材料进行过清理,因为所有有关文献都可以相当精确地确定其写作时间。但在印度方面,却留有许多不确定的地方,许多现代学者对基本文献的断代往往可相差几个世纪。因此我们的首要任务就是要解决印度房中秘术的断代这个关键问题。

印度房中秘术的断代

哪怕只是粗略考察一下印度宗教思想的发展,也足以断定以"止精法"为基础的房中秘术在印度出现是比较晚的。古典印度教和小乘佛教(Hinayāna Buddhism)都宣扬超脱轮回是皈依者的最高目的,但为了达到这一目的,他们应当控制肉欲,当然不可性交。印度教经典以敬畏的态度看待性交,因为它象征着大千世界的生生不已,因此男性性器官(liṅga)和阴户(yoni)都是崇拜物,例如可参看《广林奥义书》(Bṛhadāraṇyaka upanishad)卷六第四节。此书和其他同类文献对性交在礼仪上的意义进行解释,并附有建议,告诉人们如何进行才能得到健康的后代。这些书是讲给家长听的,而不是讲给力求克服双性的有道之士听的。另外,梵文房中书,比如约纪元初流行、代表印度教性观念的《欲经》(Kāma-sūtra),也基本上是供家长参考的实用书籍。它们只强调做爱艺术的肉欲的一面,而丝毫没有提到性交会有神秘含义并能使人超度。③ 相反,梵文文献反复说,为了超度,压制性欲是绝对必要的。肉欲是陷入轮回的最强有力的一环,是从世俗枷锁中解放出来的最大障碍。印度文献有许多讲著名苦行者的故事,说他们苦修苦行,几乎出神入化,只因看了一眼美丽的女人便前功尽弃。同样的看法也见于早期佛教和耆那教(Jainism),后者更加强调节制欲望和极端苦行(参看 WIL 437 页以下,447—448 页等)。

这以后,虽然大乘佛教的众神中吸收了许多新的女神,但却并未把她们表现为与男神合欢的样子。真言乘则引入更多的女神,有些可能是南方来的多子女神,另一些是北方来的女魔(ḍākinī)和女巫。在真言乘的文献中,表现有些女神教授人如何修成圆满,使具腾空、唤雨、治蛇伤、蛊惑等法力,而不是教授人以密教的房中秘术。这种真言乘的文献于早期传入中国,在中国受到认真研习。但无论印度的原本还是中国的译本都未提到可以通过性交获得法力,而且中文经注也未提到这一点,尽管正如我们在第五章《抱朴子》引文中所见,这类观念在当时的中国已广泛流行。

遍游印度及其邻国的中国的朝圣者法显（317—420年）并未提到在当地发现过房中秘术。他对中国的学问造诣很深，必然熟知中国的房中书。假如他在印度发现类似的信仰，肯定会提到它与中国思想的联系，并利用它在他的同胞中传教。无论中国的朝圣者玄奘（612—664年）还是义净（635—713年）也都未提到在印度见过这类活动。他们的确提到了真言乘的巫术和魔法，这些巫术和魔法在他们到过的许多地方非常流行，但他们却根本没有提到房中秘术。

除了这些默证之外，还有更多过硬的、积极的证据可以证明金刚乘在印度出现得较晚。玄奘说，公元640年前后，他到过那烂陀寺（Nālandā），即南比哈尔（S.Bihar）的佛教学术中心，他对寺中学生的虔诚、恭敬印象至深，并特别提到寺中教师的思想高尚。义净也崇敬地谈到他于公元690年最后在那烂陀寺所见师生对戒律的恪守及他们圣洁的生活方式。然而，仅仅一百年后，在跋拉王朝（Pāla dynasty）下，那烂陀寺却变成了金刚乘的学术中心。正是从这座寺庙，热心的传教者把房中秘术传到了尼泊尔、西藏、中国和东南亚的部分地区。人们可以由此断定玄奘和义净目睹了非金刚乘佛教鼎盛时期的最后几十年。当时，金刚乘的教义正在成熟，它的传播者也正在跃跃欲试。公元658年以前，曾在印度遇见过义净的另一个中国朝圣者无行，在他写自印度的一封信中曾说：“近来兴起一种叫真言乘的新的宗教方法，受到全国尊崇。”⑬

这恰好与下述事实相吻合，即第一批印度密教传授者到中国是在8世纪的上半叶。善无畏（Śubhakarasiṁha）是于716年到达唐都，金刚智（Vajrabodhi）是于719年随不空金刚（the great Amoghavajra）到达广州。不空金刚返回印度，但又于公元750年再访中国。正如上193—200页所引道家的书籍所证实，这些传教者把一批密教书传入中国，它们被译成中文，为中国学者所传习。

根据以上资料，我们可以推断，正是从公元约600年到约700年，金刚乘在印度作为真言乘的一个新的分支发展起来。

这与可定为金刚乘密宗出现的最早日期是相符的。最重要的早期经咒之一《一切如来金刚三业最上秘密大教王经》(Guhyasamāja)与7世纪末、8世纪初的乌底衍那国(Uḍḍiyāna)之王因陀罗普提(Indrabhūti)有关(TPS 212页)。在这部经咒中,我们发现金刚乘是一个界说明确的房中秘术体系(参看 WIL 卷2,394页以下),这点可由西藏史料进一步证实。因陀罗普提也被说成是其他密教文献的作者(SM 51页),他的姐妹、名气相埒的女术士拉克希米伽拉(Lakṣmiṅkarā)自号"成就女神"(Advaya-siddhi),这个名称即含有宣扬密教术士超然于善恶之外的意思(SM 55页)。只要查一下《师承记》(guru-paramparā)——即传播《如意轮总持经》(Cakrasaṁvara)和《大悲空智金刚王经》(Hevajra)所附佛教经咒的师徒的传授记——即可确认,第一批金刚乘文献是成书于约公元650—700年前后(SM 40—44页)。

至于性力派的经咒,尽管其中很多都自称非常古老,然而经研究却至今没有一部是成书于10世纪之前,大多数比较出名的作品都是写于公元12世纪和16世纪之间。因此,看来是性力派从金刚乘信徒那里接受了"止精法"的房中秘术和对万能太阳神的崇拜。瑜伽的修炼方法和女神崇拜也为它准备了地盘。[15]而考古学的资料也指出,性力派比金刚乘的出现要更晚。位于康那拉克(Konarak)的装饰有春宫画的大日庙是建于约公元1200年(WIL 卷一,535页),位于班德拉康(Bundelkand)的具有类似装饰的迦鞠罗诃(Khajuraho)庙宇是建于约公元1000年。[16]

已知最早的钞本《成就法鬘》(Sādhana-mālā)有纪年可考为公元1165年,它提到作为传统金刚乘崇拜中心的四个圣地(即 Pīṭha)(参看 SM 38页,BI 16页)。这四个圣地是伽玛迦亚(Kāmākhyā)、希里哈塔(Sirihaṭṭa)、乌底衍那(Uḍḍiyāna)和普罗纳吉里(Pūrṇagiri)。伽玛迦亚即今卡姆拉普(Kamrup),靠近高哈蒂(Gauhati)。希里哈塔即今锡尔赫特(Sylhet),在达卡东北。也就是说,这两地皆在阿萨姆邦境内。第三个圣地乌底衍那,杜齐考为斯瓦特(Swāt),在印度西北边境上(TPR-S 注①,324页)。第四个地点尚未弄清。[17]

事实上有两个中心是地处印度的东北边境,一个中心(十分重要)地处西北边界。我认为这一事实对金刚乘的起源提出了一个言之有理的解释。由于基于止精法的房中秘术从纪元初便盛行于中国,而其时在印度却毫无迹象,所以很明显金刚乘的这一特点当是经阿萨姆邦从中国传入印度。而且与此同时,在西北边界以外还建立了许多出自伊朗人的日、火崇拜(sun-fire cults)中心。这一事实也表明,金刚乘的第二个基本原则,即围绕大日神的崇拜,也是从外传入印度的。

杜齐凭他对宗教问题的敏锐洞察力,用下面这段话勾画出房中秘术在印度兴起的整个氛围:"也许事实上,我们最好还是把坦陀罗经咒定义为印度人神秘直觉的表达。它是在历史上的兴衰际遇和贸易往来使印度与希腊、罗马、伊朗和中国的文明密切接触的某个时期里,受外来的偶然影响,而由当地的流行思潮自发催化成熟而日臻完善的。"(TPS 210 页)如果这里把"受外来的偶然影响"改为"受外来强烈影响的冲击",我想,我们就有了一个目前所知最接近于历史真实的说法。

关于中国对它的贡献,圣地伽玛迦亚和希里哈塔为中国房中秘术传入印度的可能途径提供了一条线索。这两个地点都位于阿萨姆邦境内。这个邦是个巫术盛行的地区。当地妇女的地位比在印度本土要高,并与中国来往密切。7 世纪迦摩缕波(Kāmarūpa)王婆塞羯罗伐摩(Bhāskaravarman)为真言乘术士,自称他的王朝是受封于中国,并与唐王朝经常来往(参看 LTF)。而且现已被证明,8 世纪在蒲甘(Pagan)附近的寺院中正盛行性仪式(参看杜罗伊塞尔[Duroiselle]的文章《缅甸阿里和密传佛教》[The Arī of Burma and Tantrik Buddhism],《印度考古局年报》[Arch. Service of India, Annual Report]1915—1916 年,79—93 页)。因此该地区似是最明显的衔接点。但是我们也不能忽视有经穿越中亚的北路渗入印度的可能,并且同时也许还有从南方海路而来的第三个衔接点。⑱

应当注意的是,金刚乘的传说是把中国说成为它的教义发源地。《楼陀罗问对》(Rudra-yāmala)卷十七说,梵天(Brahma)之子、睿智的极裕仙人(Vaśiṣṭha)曾苦修无数年而未能见到至高女神显现。于是他的父亲劝他求取"中国修炼法"(pure cīnācāra),因为至高女神乐于此道(śuddhacīnācāra-ratā)。于是极裕仙人在海边苦苦修行,终于得见至高女神显现。女神命他前往中国,说在中国他将学到真知。极裕仙人遂往中国,在中国见佛陀身边有无数的裸体术士,他们饮酒吃肉,与美女性交。极裕仙人睹此,心慌意乱,佛乃以性仪式及五魔之用的真义授之。另一个极有权威的坦陀罗经咒《梵天问对》(Brahma-yāmala)也讲到大体相同的故事(参看 SM 140 页;SHSH 第八章;LIF)。显然,这是一种对历史事实的寓言加工。[19]

列维对《多罗经咒》(Tārā tantra)当中涉及中国影响密教产生的段落和类似的段落做了正确解释(参看 LTF)。杜齐反对这个论点,他说:"应当记住,Mahā-cīnakrama(cīnācāra 的另一种说法——高罗佩注)主要与对女性形象之神的崇拜有关,并热衷于性的象征意义,这种对性的象征意义的崇拜使中国人非常反感,以致他们翻译密教文献时总是删改那些与他们道德观念相左的段落。"(TPR-N 103 页注③)现代中国学者周一良在谈到中国人对密教文献著作的删改时说:"性力崇拜在中国从未流行,中国的儒家禁止男人和女人之间有任何密切来往。"(TIC 327 页)我相信本书记载的事实足以证明杜齐和周一良是把 13 世纪之前还没有立足之地的性压抑和社会习俗错误地安到了唐代中国人的身上。最后,说术语至那(Cīna)和摩诃至那(Mahācina)是指阿萨姆邦及其邻近地区而不是中国本土的理论肯定也并不影响我们的论点,因为它所能说明的只不过是,按这一含义使用这两个术语的作者只是在中国思想传入印度的第二阶段,即在它们传入阿萨姆邦之后才知道它们。

中国概念终于传入印度乃是理所当然。但由于我们过于习惯把中、印的历史关系看作印度思想一帆风顺单向输入中国的过程,所以我们很容易忽略还有一种从中国输入印度的相反方向的过程。

由于中国的房中秘术从纪元初就已存在,因此就出现了一个问题:为什么这些中国秘术只是到 7 世纪才在印度立定脚跟。我相信答案应当是,在这以前,印度并不具备传播和吸收这些新教义的条件。但是,在 7 世纪,特别是公元 647 年曲女城(Kanauj)的戒日王(Harsha)死后,印度开始进入一个内部纷争接着是穆斯林入侵的时期。印度的宗教和哲学思想已经没有发展余地，人们受不了无数学派间的烦琐争论和相互攻讦，也受不了仪节规定的苛刻要求。与此同时，社会地位的差异也日益突出，许多人开始反抗种姓制度及其包含的社会歧视。正如杜齐所说："正如在历史变革的新纪元所常见的，对旧秩序的不满总是与对一切新奇怪异事物的追求相伴随。"（TPS 211 页）以反成规、反权威的道家为背景，中国的房中秘术在印度刺激了反现存秩序的密教的产生。密教蔑视一切宗教和社会传统，践踏一切被奉为神明的禁忌。它拒不承认种姓制度，公开宣扬男女平等。

尽管对于止精法是从中国传入印度已没有多大疑问，但我认为，作为金刚乘的第二个显著特征，即体现为大日如来的日神崇拜，使我们不得不转向次大陆的另一边，即西北边境，特别是克什米尔（Kashmir）地区的斯瓦特河流域（Swāt valley）。除去在吐火罗斯坦（Tocharistan），受穆斯林压迫而东逃的摩尼教徒兴建了一座军事要塞，还有几个繁荣的城市，如伯勒赫（Balkh）和撒马尔汗（Samarkand），它们是东西方来往的辐凑之地。我们从中国的朝圣者慧超那里了解到，7 世纪时，撒马尔汗是琐罗亚斯德（Zoroaster）学说的中心，而且金刚乘的传教者不空金刚也与此地有亲属关系（参看 TIC 321 页）。杜齐说："斯瓦特地区最有利的条件是，它非常适于各种思想的汇拢，地理位置正当沟通西方与东方、中亚、印度之交通要道的边缘；当时最活跃的宗教如佛教、摩尼教（Manichaeism）、景教（Nestorianism），每种教派的起源国和接受国的精神传统和知识传统都在这里相遇，不是互相排斥，而是彼此接近。"（TPR-S 282 页）因为，上述外来的教派，本质上都是对日、火的崇拜，因此我想，正是从西北进入印度的伊朗人的影响使金刚乘用一种新的、至高无上的"日神"作为其众神之首和秘传的中心。

对于中国和伊朗传入的两种思潮是以什么方式相遇和怎样在吸收既有的大乘教的背景后又创造出新的教义，我们只能做某些猜测。不过可以指出的是，印度的东北和西北边境却是巫觋方术等古老信仰盛行的地区，因而为上述新思想的成熟和获得地方色彩提供了合适的土壤。另外，应当记住的是,这两个地域的活跃的对外贸易往往是由僧侣兼商人来进行的,它促进了宗教思想的交流。

关于这一点还可补充的是,尽管在这部分论述中,我一直使用的是"金刚乘"这个名称,但佛教密宗却用许多其他名称来表示其教义。这些异名,据说往往可以指示金刚乘的年代序列并代表它的各个发展阶段。但这些名称似乎更像是指几乎同时在不同地点传播开来的不同的地方教派,它们后来才形成为统一的体系。

金刚乘在印度的消失和传入西藏

由此确立的房中秘术从此对印度后来各个时期的宗教生活一直有决定性的影响,其中包括莫卧儿人(Moghul)和英国人的统治时期,一直延续到今天。

在中世纪的孟加拉(Bengal),俱生派(Sahajīya)佛教继承了金刚乘的传统,而变成毗湿奴教俱生派(Vaiṣṇava Sahajīyā)。在这一教派中,湿婆和雪山神女被黑天和罗妲(Kṛṣṇa-Radhā)所取代,对神的极端虔诚使肉欲之爱神圣化,并为某些印度最优美的抒情诗歌注入了灵感。而神歌手(Baūl)教派,作为俱生派与穆斯林的苏菲派秘术(Sūfī-mysticism)相结合的产物,也以其动人的穆勒师德(Murshida songs)而著称。至于佛教房中秘术的其他晚期分支,达斯库普塔(S.B.Dasgupta)已做了很好的描述(参看 ORC)。

湿婆教性力派在西北的旁遮普和克什米尔继续流行。据布里格斯的杰出史料考证,其众多分支,尤其是乔罗迦陀(Goraknāth)[1]的教派,徒众遍于全印度(参看 GKY)。

所有这些后期发展都不属于本附录的讨论范围。这里我只讲一下湿婆的配偶雪山神女。在中世纪的印度,她的重要性在持续增长。在性力

---

[1] 印度教瑜伽师名。——译者

教的影响下,她把古老的时母(Kālī)和难近母(Durgā)这两位可怕的女神(人们常以人牲来祭祀她们)吸收在内,因而成为大天女,即至高女神,甚至比她的丈夫、作为毁灭之神的湿婆还要可怕。作为"大母",她成了万物所出的子宫,并且主宰了万物的生死。这个由湿婆为至尊到雪山神女为至尊的转变反映在性力派的文献中。在早期经咒中,时而是以湿婆,时而是以雪山神女作秘术传授者。而在晚期文献中,主要人物却只剩下雪山神女。早期讲止精法的译本是以湿婆为日,雪山神女为月、为日的反光,而晚期经咒却正好相反,湿婆在书中是苍白的月亮,而雪山神女则成了太阳,成了毁灭的赤火(即 kālāgni)。(参看 ORC 272 页和 ITB 156—157 页)在84 页,我们曾讲过,在中国也有类似的转变。"青龙"本为男性生育力的象征,后来却变成女性生育力的象征。

在印度,发展出一种对至高女神的特殊崇拜,她被表现为可怕的蓝鬼或红鬼,在她丈夫湿婆的身体上跳舞,湿婆除竖立的阳物外只是一具苍白的尸体(śava)(参看图版 22)。⑳

如上所述,金刚乘在 12 世纪的印度实际上已消失了。但是,其教理却传入西藏,与西藏当地的宗教信仰融为一体,因而产生出有两神交欢的画像,即著名的雅雍(yab-yum)画像的喇嘛教。喇嘛教又从西藏传入蒙古,成为忽必烈汗及其继承者,即中国历史上一个短命朝代的皇帝们的信仰。

印度房中秘术向中国的两次回传

综上所述,中国古代道教的房中秘术,曾刺激了金刚乘在印度的出现,而后来又在至少两个不同的时期,以印度化的形式回传中国。

第一次,是在它于印度形成和出现之后不久,由印度密教的传教者于唐代到达中国时传入。由于在当时的中国,房中秘术的传授仍然十分活跃,中国的学者意识到二者有共同点,因此把传入的某些印度化的东西并入自己的宗教体系当中,证据见第七章所引的唐代文献。

第二次是在蒙古统治时期(1280—1367年)。但当时道教房中秘术在喇嘛教的外衣下伪装得很好,以致中国人并未意识到它是基于中国的原理,反而认为它是外来的教义。我们在前面259页已看到,12世纪,中国学者郑思肖曾描述过蒙古宫殿中的欢喜佛塑像和那里举行的性仪式,但他丝毫没有意识到,这一切实际上仅仅是中国古代道家修炼的外来翻版。

最后,在上文261页,我们曾提到,在明朝,这些保存在皇宫中的雅雍塑像是被用来指导皇家子女的婚姻生活。由于将这些塑像派作这类用途,皇帝无意中恢复了它们在古代的纯属中国先辈的本来作用,即作为中国古房中书中描绘各种性交姿式的图画和用来指导已婚夫妇的手段。这一点使中国古代房中秘术经过复杂变形而造成的奇妙回路得以完成。

日本的有关材料

就我们的现有知识而言,我们在这篇附录里所讲的东西很多仍然纯属理论。为了进一步了解金刚乘兴起的环境及其与性力教的确切关系,我们还有待于获得更多的佛教和印度教的密教文献,并对它们进行比较研究。如果这种文献的研究能与考古研究结合起来,特别是在密教残余尚存的那些印度地区,那么对于解决上述历史难题就会更为有利。[21]

不过,由于本书正文所集中的资料使我们可以对印度的密教做重新探讨,所以在此附志数语也许会有某些用处。我并不奢望这会比制定一个初步的有效假设做得更多。

或许还可补充一点,对于进一步从中国的资料中发掘更多的有关印度密教的材料,我们现在所掌握的中国佛经只能提供有限的可能性。在明朝于14世纪按理学原理重建独裁之后,中国的密宗极少有幸存之机。我们已经看到,独裁政府惯用严苛的手段对付所有被他们怀疑图谋颠覆政府的"神秘"崇拜。官方对理学偏执观点的采纳,使"淫祠"成为首恶。作为自我保护的手段,中国的所有佛教教派都不得不尽量使他们的教义屈从于政府的偏见,并像道教徒删改道藏一样,删改佛经。所以要想完整地描述中国密宗的性仪式,就必须转而求助于日本的材料。

公元11世纪,日本的任观(Nin-kan,1057—1123年)法师创建了立川派(Tachikawa),把它当作真言宗(Shingon,即真言乘的日本译名)的新分支,以及建立日本左道金刚乘的尝试。任观法师宣扬,性交是"即身成佛"的手段,可行"五摩事"等等。由于他的门徒集体参加有性仪式的聚会,日本官方乃出面禁止这一教派。不过,这个教派的活动显然仍在秘密进行,因为直到公元1689年,仍有一位正统的日本僧人觉得有必要抵制立川派的活动。

只有很少的立川派文献可供研究,但这些很少的文献足以证明,它们根据的是印度金刚乘经咒的直接翻译过来的本子。这些译本是在中国翻译,由唐代到中国的日本僧人传入日本,当时有关房中秘术的书籍在中国仍在自由流传。这些立川派文献,部分为中文,部分为日文,充分描写了密教仪式,并带插图。我可以指出画有"性曼荼罗"亦名"大曼荼罗"(Mahāmudrā)的彩色绘画,它可以被看作上文所述"胎藏两界曼荼罗"的精义所在。它画的是一男一女,除仪式规定的头饰之外全裸,合欢于八瓣莲花之上。女仰,男伏其上,而男人的姿势与正常体位相反,转180度,头在女人两腿间,女人的头也在男人两腿间。他们四肢伸张,以与莲花的八瓣相合。男人的身体为白色(有时为黄色),女人则为深红色。他们的性器官相交处,标有密教中表示万物始终的音节 a。[②]他们身体的其他部分也都标以真言(参看《秘戏图考》卷一图版3b所印的这种曼荼罗)。

最有启示的是一幅可以叫作"生命的火花"的日本立川派图画(参看插图22的线图)。这是一个火焰围绕的圆环,环内有黄色的日月,两个梵文字母 a 彼此相对,分别为红白两色。显然,白色的 a 字为精,红色的 a 字为卵。日月表示在修行者头脑中男女两性的精神结合,两个字母 a 则表示这种结合的肉体方面。所以,这幅画充分体现了密教以"止精法"为

插图 22 "生命的火花"

基础、身心合一的修炼理论。

有些日本作家断言,立川派的文献纯出自任观法师及他的弟子伪造。但是,既然我们已研究过印度的经咒,也就知道立川派文献与梵文史料在细节上是完全一致的,任观法师肯定是利用了他在真言宗寺院中所发现的出自真本的古老中文译本。

日本佛学家很不乐意出版有关立川派的资料。真言宗的大百科全书《密教大辞典》(*Mikkyō-daijiten*,三卷,京都,1933年)"Tachikawa"条对此有简短概述,包括一幅大曼荼罗画。研究这一题目的少数专门著作之一有水原尧荣的《邪教立川派の研究》(东京,1931年)。这本书的第130页背的插图有一幅更细致的表现性曼荼罗的绘画。水原氏还著录了立川派的几百种钞本的书名,其中部分为中文,部分为日文。这些钞本少数被印入日本的佛经,但多数却仍然保存在日本许多佛寺的书架上,上面钤印或写有"禁止翻阅"(ake-bekarazu)的字样。但愿现代的日本佛教徒能以知识的进步为重,而不为其虔诚之心所囿,将这些钞本公诸于世,使之为学术界所利用。这些文献无疑会给弄清印度和中国的密教史带来很大帮助,并使许多争论不休的问题得到解决。

注释:

① 大部分东方学家都以"密教"(Tantrism)一词泛指所有印度教和佛教的方术和巫术,如果接受这种广义的理解,那么即使《阿闼婆吠陀》也可叫作"密教的"(Tantric)。另一些人想把它的意义限于指一切所谓"坦陀罗"(Tantra)文献中的学说,但这将意味着,它还涉及许多非宗教的问题,如语法和天文学。另一些西方作家还用这个词随便指印度宗教及其修行中一切不合道德和体面的东西。由于这种不加区别的使用造成了严重混淆,所以我宁可用"密教"和"密教的"等词专门指印度教和佛教中视性交为主要解脱手段的派别。在这一部分中我们将严格按这一含义来使用这个词。

② 作为一部有条不紊和出色的哲学背景提要,读者可参看 *TPS* 中的"The Religious Ideas:Vajrayāna",p.209 sq.。*ITB* 提供了许多宝贵的技术细节,它是以对未发表的金刚乘钞本的研究为依据。

③ 许多印度学家认为"金刚"是从希腊地区传入,这一观点是由 A. Grünwedel 在 *Buddhist Art in India* (London 1901) p.90 sq. 提出。不过,有人可能还认为它是受了印度教僧侣的"婆罗门杖"(brahmadaṇḍa)的影响。S. Lévi 从 7—9 世纪于库车发现的真言乘钞本引用了一些话,把这种杖说成是一种巫术中所用的真正的魔杖;在印度尼西亚的巴厘(Bali)岛上,婆罗门杖确实是一种金刚杵(参看 P. H. Pott, *Yoga en Yantra*, Leyden 1946, plate XV)。另一种值得考虑的可能是它与雷电和蘑菇的密切关系,后者是一种著名的阳物象征。正像在其他许多国家一样,在印度也认为蘑菇(śilindhra)的生长是靠雷电的作用。参看 R. Gordon Wasson 就这一题目所写的材料丰富的文章,见 *Antiquity and Survival* vol. III, no.1 (The Hague 1960)。

④ 如金刚(vajra)亦称 maṇi"(不可摧毁的)宝石"。它穿透象征阴户的莲花(padma)。一部密教书说:女根如莲花,男根如金刚(strī-ndriyaṁ ca yathā padmaṁ vajraṁ puṁsendriyaṁ tathā)(*Prajñopāya-viniścaya-siddhi*, ITB 106 页;又参看 WIL vol. II, p.388)。因此,关于人们讨论很多的喇嘛教徒祈祷时念的"宝石莲花(oṁ maṇi padme hūṁ)"是没有多大问题的。由于房中秘术是金刚乘的精髓,所以不必奇怪,这些既指用于神秘目的的性交,也指满足肉欲的性交,由于形式非常简捷,因而在西藏的密教修行中也占有这样的支配地位。

⑤ 参看拙作 *Siddham*, *an Essay on the history of Sanskrit studies in China and Japan* (Nagpur 1955) p.49 sq. 关于双曼荼罗的详细描写。

⑥ 见 PSH 第六章"Non-Aryan influences favouring Śāktism",书中强调了达罗毗荼人(Dravidian)的因素。

⑦ 很奇怪的是,这一过程的最秘密阶段的象征仍然可以在今天印度街头舞蛇人的表演中看到。正宗的舞蛇人是乾婆陀瑜伽师(Kānphaṭa yogis),即精通房中秘术者。他们在乡下游荡,靠耍把戏、看手相等来敛钱(见 GKY p.23)。吹葫芦笛(gourd-flageolet)使盘绕的眼镜蛇抬起身子,本来是研究唤起贡荼利尼的一种辅助手段。当瑜伽师发现,街上的人对此感到惊讶并愿意花钱观看时,他们便把它也列为一种新把戏。以后舞蛇被各种各样走江湖耍把戏的人所接受,但他们自然不知道它的古老渊源。参看上引 Pott 文 p.31。

⑧ ECP plate III 中所印的孟加拉佛教绘画肯定是来源于一个受性力派影响的后起金刚乘教派,因为它画有六个性力轮位。

⑨ 他以 A. Avalon 为笔名发表了许多论性力教的书和文章,包括这里引用的 SP 和 SHSH,他还编辑了 *Tantrik Texts* 丛书。该书第一次使重要的坦陀罗经咒有了可以广泛利用的梵文本,并大多附有带注释的译文。John Woodroffe 爵士深入研究了这一问题,并收集了大量珍贵资料。不过,当我们应用这些资料时,必须记住的是,来自各方面对他的激烈批评使他不得不充当密教的辩护士,因此他往往过

分强调此系统提高为哲学的方面，而掩盖它更多疑点的地方。另外，他还接受了老派印度学者的态度。他们认为，观念本身才是最值得关心的东西，而它们的历史渊源和发展却是次要的。Payne 正确地称这种对历史洞察力的忽视为 Avalon 的作品的主要弱点(PSH p.61)。另外，他的书没有一个好的索引也给实际应用带来不便。

⑩ 细读这篇佛教和性力教房中秘术的概述，使读者印象至深的是，它们与现代的精神分析理论有惊人的相似。人们确实值得从精神分析学的角度来考虑印度、中国汉地和西藏的房中秘术。除了如"利比多"(libido)与"萨克蒂"(śakti)在宇宙创造力的意义上有显著相似之外，术士唤起"蛇力"亦可解释为想跨越个别意识与集合无意识二者界限的一种企图。这样就可以澄清为什么每个被穿过的轮位就是一个曼荼罗，即由它自己的神和咒语祐护的圆圈。因为在术士通向无意识的曲折过程中，他必须有坚强的支持才能不屈从于毁坏他精神的离心倾向。看起来并不是没有可能，精通房中秘术的术士通过他们的实验朦胧地意识到无意识的恐怖，而这种意识导致了密教令人恐怖的(bhairava)神物显现，它们的样子狰狞可怕。把这些令人恐怖的样子仅仅解释为守护修行者免受"外来"邪魅的影响似乎难以令人满意。如果把它们看成未经开发的无意识领域中的不确定形状，那么也可以解释它们在 bar-do 中的作用，bar-do 即死与再生之间的中间状态，在西藏的文献中有详细描述(参看 W.Y.Evans-Wentz 的 *The Tibetan Book of the Dead*，Latest ed. London 1960)。

据我所知，这一方面的惟一尝试是 C.G.Jung 对德国汉学家 Richard Wilhelm 出版的中国古书《太乙金华宗旨》的注释(Richard Wilhelm 翻译和解释的 *The Secret of the Golden Flower*，附 C.G.Jung 用欧洲语言写的注释，London，1st ed.1931)。特别值得注意的是，Jung 说临床经验表明：类似曼荼罗的画有助于精神病患者克服神经紧张。不幸的是他们译注的这部中国古书完全不适合做如此详细的分析。事实上它只是《性命圭旨》的一种摘编。《性命圭旨》是一部 1622 年编成的带精美插图的大型雕版哲学杂著(参看本书插图 2、插图 3)。虽然作为一种把道教炼丹术与佛教的和理学的宗旨相结合的尝试，这本原著是有趣的，但即使这本书也并没有为从精神分析学角度考察中国房中秘术提供必要的基本资料。为此目的，我们必须转向基本的著作，即古房中书及魏伯阳的《参同契》一类著作。

⑪ 参看 H.Maspéro 的 *Le Taoisme*(Musée Guimet，Paris 1950)p.93。

⑫ 上文提到的《性命圭旨》确实把"精气"画成修炼者丹田中的一个小孩，而把"元真"画成同样的一个小孩，飘浮在他头顶的上方。

⑬ 在 ECP vol.I，p.101，我提出一个问题，即这些印度房中书为什么不提房中秘术。在本附录中我的进一步研究提供了简单的答案：当时房中秘术在印度还不存在。

⑭ 参看 TPS p.225 引林藜光论 Puṇyodaya 的文章，见 *Journal Asiatique* (1935)。译文的中文原文是"近者新有真言教法，举国崇仰"(参看索引中的中文字)。把"新"

字加在"教法"前,这种先置的修饰在中文中通常是用来使句子平衡。
⑮ 参看 SM p.XLXVII.WIL p.401 反对这一观点,主要是因为有大量湿婆派的神、名称和术语见于佛教坦陀罗经咒,但这似乎不足为证,因为佛教和性力派密宗都是出自同一来源,比如前湿婆教性力派。
⑯ 这些庙宇中的春宫画颇引人深思。见 Hermann Goetz 的出色文章"The historical background of the great temples of khajuraho",(见 Arts Asiatiques,vol.V,1958)。
⑰ 或说即浦那(Poona),但我赞同 SM p.XXXVII 所说,这是靠不住的。我们倒不妨认为它是克什米尔的某个地点。
⑱ 承 P.Demiéville 教授提醒,使我注意到 J.Filliozat 的文章 Taoisme et Yoga(发表于 Bulletin Dan Viet Nam,June 1949,Saigon)。文中指出泰米尔文献提到一种南印度讲印度贤人去中国旅行的古老传说,并说在马德拉斯(Madras)和本地治里(Pondicherry)的泰米尔人地区也流行一种传说,称这些贤人回到印度后传授他们在中国所学到的东西。Filliozat 还使我们注意到,有些论炼金术的泰米尔文献提出的理论酷似中国道家的玄学理论,而不像经典的印度学说;比如,他们把矿物分为雄、雌,这使人想起中国的阴阳分类法。

我们还必须考虑这样一种传说,即龙树(Nāgārjuna)在南印度"铁塔"(iron stūpa)从大日如来受金刚乘(ORC p.17)。虽然有些日本材料说这里的"铁塔"是指人身而不是地望(参看 TIC p.281,note 47),但是有许多显然与南印度有关的特点,却使人觉得需要对包括锡兰在内的这一地区的密教进行一次专门调查。
⑲ 在这个问题上,文殊师利菩萨(Mañjuśrī)从印度传入中国,又从中国传回尼泊尔的传说(WIL vol.II,p.401,note 1)还有待进一步研究,还有下文所说关于中国思想进入印度引起的"回流"也一样。
⑳ 还可参看 H. Zimmer 的 Myths and Symbols in Indian Art and Civilization(Washington 1946),其第五章和 PL.66-69。
㉑ 在这种地点进行这种联合考察所能达到的出色成果可由 G.Tucci 教授的 TPS 和更近一些的 TPR-S 得到证明。
㉒ 详见 Hōbōgirin, Dictionnaire Encyclopédique du Bouddhisme d'aprés les sources chinoises et japonaises(lst fascicule [Paris 1934])"A"条的解释。

附录二
《秘戏图考》收藏简表(远东除外)

澳大利亚　乔治王医院(悉尼大学)。

比 利 时　勒芬大学图书馆。

法　　国　基美博物馆、国家图书馆、索邦学院。

德　　国　波恩大学、汉堡大学和慕尼黑大学。

英　　国　不列颠博物馆、剑桥大学图书馆和牛津大学图书馆、伦敦大学东方和非洲研究学院图书馆。

荷　　兰　皇家图书馆(海牙)、民族博物馆图书馆(莱顿)、阿姆斯特丹大学图书馆、莱顿大学图书馆、乌得勒克大学图书馆。

印　　度　国际印度文化学院(新德里)、中央考古图书馆(新德里)、巴罗达国家博物馆(巴罗达)。

意 大 利　意大利中远东研究院(罗马)。

瑞　　典　远东古物博物馆(斯德哥尔摩)。

瑞　　士　人类学研究所(弗里堡)。

美　　国　国会图书馆、弗利尔美术馆(华盛顿)、纽约大都会博物馆、波士顿美术馆、精神分析研究所(芝加哥)、性研究所(印第安纳大学)、芝加哥大学图书馆、哥伦比亚大学图书馆(纽约)、加利福尼亚大学图书馆、密歇根大学图书馆、哈佛大学图书馆、耶鲁大学图书馆、华盛顿大学图书馆(西雅图)、斯坦福大学图书馆。

书名简称索引

——[1]

BD	翟理斯（H.A.Giles）《古今姓氏族谱》（*A Chinese Biographical Dictionary*），伦敦和上海 1898 年；再版，北京 1939 年。此书虽有若干错误，但对研究清以前的传记，仍不失为最好的英文参考书。
CC	库弗勒尔（S.Couvreur）《春秋左传》译本（*Tch'ouen Ts'iou et Tso Tchouan*），中文原文和法文译本，三卷，巴黎 1951 年。
CPM	埃杰顿（Clement Edgerton）《金瓶梅》译本（*The Golden Lotus*），据《金瓶梅》中文原文翻译。四卷，乔治·路特莱奇父子（George Routledge & Sons），伦敦 1939 年。
CSK	严可均编《全上古三代秦汉三国六朝文》，唐以前散文汇编，1930 年石印本。
ECP	高罗佩（R.H.van Gulik）《秘戏图考》（*Erotic Colour Prints of the Ming Period, with an Essay on Chinese Sex Life from the Han to the Ch'ing Dynasty, B.C.206－A.D.1644*）。卷一英文，卷二中文，卷三《花营锦阵》画集。东京 1951 年。
Folio	《秘戏图考》的页数和栏数。
HYTS	《香艳丛书》。古今与妇女有关的作品汇集，内容涉及妇女的事业、情趣、文学艺术活动、服装、首饰和性关系等。其中收有许多清代禁书。1909—1911 年书刊检查放松，国学扶轮社印于上海，共二十集八十卷。排印本，间有微误。
LAC	艾伯华（W.Eberhard）《中国古代地方文化》（*Lokalkulturen im alten China*）卷一（见《通报》[*T'oung Pao*]卷 37 补卷），莱顿 1942 年。

---

[1] 正文中出现的书名简称。——译者

书名简称索引　349

SCC	李约瑟(Joseph Needham)《中国科学技术史》(Science and Civilization in China)。卷一《导论》,剑桥大学出版社 1954 年;卷二《科学思想的发展》,同上 1956 年;卷三《数学、天文学和地学》,同上 1959 年。全书完成预计为七卷。
SF	陶宗仪(约 1360 年)所编丛书《说郛》。据明本而非 1927 年排印本。
SPTK	商务印书馆编《四部丛刊》,大型古书影印本丛书,上海 1920－1922 年。
TPL	爱德华兹(E. D. Edwards)《中国唐代古文》(Miscellaneous Literature)。卷一《杂著》,见普罗布斯塞恩(Probsthain)的《东方学丛书》(Oriental Series),伦敦 1937 年;卷二《小说》,同上 1938 年。

二〔1〕

BI	巴达切利耶(B. Bhattacharyya)《印度佛教图解,主要根据〈成就法鬘〉及同语族的密教仪典》(The Indian Buddhist Iconography, Mainly Based on the Sādhana-mālā and Cognate Tāntric Texts of Ritual),加尔各答 1958 年第二版。
GKY	布里格斯(G. W. Briggs)《乔罗迦陀和乾婆陀瑜伽师》(Goraknāth and the Kānphata Yogis)收入《印度的宗教生活》(The Religious Life of India),加尔各答 1938 年。
ITB	库普塔(S. B. Gupta)《密宗佛教导论》(An Introduction to Tantric Buddhism),加尔各答 1958 年。
LTF	列维教授(Prof. Sylvain Lévi)《库车出土密教残卷》(On a Tantrik Fragment from Kucha),载《印度史学季刊》(The Indian Historical Quarterly)卷七(1936 年)。
ORC	库普塔《孟加拉文献的晦涩宗教的崇拜背景》(Obscure Religious Cults as Background of Bengali Literature),加尔各答 1946 年。
PSH	佩恩(E. A. Payne)《性力派引论及比较研究》(The Śāktas, An Introductory and Comparative Study),收入《印度的宗教生活》,加尔各答 1933 年。
SHSH	阿瓦隆(A. Avalon)《女性活力与男性活力》(Shakti and Shākta),有关性力派经咒的杂文和演讲,修订第三版,马德拉斯和伦敦 1929 年。
SM	巴达切利耶《成就法鬘》(Sādhanamālā),梵文原书,收入《盖克瓦德东方学丛书》(Gaekwad's Oriental Series)卷二,巴罗达 1928 年。

―――――――
〔1〕 附录中出现的书名简称。——译者

SP	阿瓦隆《蛇力》(The Serpent Power)，译自两部论拉耶瑜伽(Laya-yoga)的梵文书《六轮形》(Shaṭ-chakra-nirūpaṇa)和《帕杜卡五章经》(Pāduka-panchakā)，附导言和注释。第四版，马德拉斯和伦敦 1950 年。
TIC	周一良(Chou Yi-liang)《中国密教》(Tantrism in China)，载《哈佛东亚学报》(Harvard Journal of Asiatic Studies)卷八，1944—1945 年。
TPR-N	杜齐教授(Prof. Giuseppe Tucci)《尼泊尔两次科学考察的简报》(Preliminary Report on Two Scientific Expeditions in Nepal)，收入《罗马东方学丛书》(Serie Orientale Roma)卷十，罗马 1956 年。
TPR-S	杜齐教授《斯瓦特考古调查的简报》(Preliminary Report on an Archaeological Survey in Swat)，收入《东方和西方》(East and West)新刊卷九，罗马 1958 年。
TPS	杜齐《西藏画卷》(Tibetan Painted Scrolls)卷一，罗马 1949 年。
WIL	温特尼茨(M. Winternitz)《印度文献史》(A History of Indian Literature)两卷，加尔各答 1927 年。

中文索引

此索引主要包括人名、书名、词语及简短的引文。为简明起见,帝王年号、小说故事中的人名及地名未收在内。索引中的页码均为原书页码,页码后的"n."代表该页注。

凡此所见各条,一般不再重见于总索引。

AI-CH'AN
爱绣　318
庵酒楼　233
安禄山　191
茶坊　233
《茶香室续钞》　299
《茶香室四钞》　277,231n.
摘红楼主人　271
《战国策》　28,65
颤声娇　166
瞻卬　29
《产经》　147
蝉鬓　236
缠头　182
CHANG-CHÊNG
张湛　121,124,193
张昌宗　190,191
张积中　90
张景　160
张丑　201,202,317
张角　87,88
张衡　73,75—76

张献忠　230
张萱　230n.
张耒　229
张梁　86
张宝　86
张泌　189
张道陵　88,225
张鼎　193
张苍　95,96
张鷟　208
《章华赋》　77
倡(娼)家　65
《长恨歌》　191,192n.
长命锁　237
《长生殿》　192
常从高就下　150
《赵飞燕外传》　317
《赵后遗事》　161,168
赵翼　163,165,226,227,236,308n.
赵鸾鸾　172
赵明诚　239—242
赵孟頫　201,257,304,317,327

赵衰　93
赵五娘　251
《昭阳趣史》　316,317
《潮嘉风月记》　308n.
《朝野佥载》　211
车前子　134
震　35
《铖灸经》　125
甄鸾　89
陈继儒　320n.
陈铭夏　334
陈司成　312
陈圆圆　334
陈芸　291n.
郑振铎　322n.
郑思肖　259—260
CHI-CH'IH
及笄　16
既济　36,277,279
《既济真经》　277—280
集句　271
骑鹤散人　203
鸡冠　163n.
季芈　32
籍没　183
鸡舌（台）　205n.
《纪唐六如轶事》　320
急子　30
气　12,40,46,71,81,83,96,199,225,
　　253,255
郤犨　32
《七编》　76
岐伯　255
家训　268
假母　171
江南　307

《江南销夏》　220,328—329
蒋坦　291n.
将仲子　24
姜子牙　7
江有汜　20
《交接经》　192
教坊　184,189
削眉　64
乔世宁　193
乔松年　230n.
皆即无该　260
乾　35,82
《千金（要）方》　122n.,124,145—147,
　　151,155,193
芝　12
《治家格言》　268
支酒　233
《志许生奇遇》　208
至游居士　224
《至游子》　224n.
赤　7
《池北偶谈》　226
《痴婆子传》　271n.
痴淫　247
CHIN-CH'IU
近者新有真言教法举国崇仰　350
金刚　340
金沟　127n.
《今古奇观》　287
金莲杯　253
《金瓶梅》　161,162,165,167,281,
　　287—290,292,319,327
《金石录》　239,240
金石索　219n.
金丹　79
《烬余录》　231n.

亲　69
琴　185
秦醇　168
《秦淮士女表》　308
琴宝　188n.
精　45,199
《警世功过格》　249－250
经水　16
《清朝野史大观》　190
《清河书画舫》　201
庆克(齐)　30
青楼　65
《青楼集》　252,253
青龙　41
青木香　134
青牛道士　138
清谈　91
九浅一深　287
《九怀》　74
酒楼　232
秋芙　291n.
《秋灯琐忆》　291n.
仇英　98n.,218n.,294,299,318,321,
　　　327
CHO－CH'UNG
《辍耕录》　163,207,227,253,254
周昉　185,188,189,201,202,317
周星垣　90
周弘让　110
周仁　202
《周易参同契考异》　80n.
《周易参同契通真义》　81n.
《周礼》　15n.,57n.
周密　230－234
周敦颐　223
朱剑芒　286n.,291n.

竹夫人　235
朱熹　80,223,264
《株林野史》　165,314－316
朱鸟　41
朱彧　162
朱元璋　262
出其东门　22
雏尖　205n.,127n.
《褚氏遗书》　159n.
褚澄　159
《楚辞》　74
《妆楼记》　189
壮元　308n.
《春秋左传》　15n.,28－35,83
春宵秘戏图　201
春画　224
春宫画　224
《纯阳演正孚祐帝君既济真经》　277
钟建　32
《中国古代雕塑集》　Plate IX,X
重耳　12,93
冲和子　146,150,158,193
CHÜ－FU
曲　251,328
《曲里(中)志》　308
《全上古三代秦汉三国六朝文》XVIII,
　　　76,et passim
《全唐诗》　172 et passim
角枕　69
《觉后禅》　303
脚婆子　226
郡　57
《二教论》　88
《儿女英雄全传》　163
法家　55n.
法显　349

法琳　88
《繁华丽锦》　318,327—328
番兵　165n.
樊事真　253
翻云覆雨　40
方诸　80n.
房中　70
《房中秘术》　193
房中术　70,254
房内　70,122
《房内记》　135—154
《房内秘要》　121,124
《房内补益》　193
房事　70
封脐膏　281n.
封衡　138
风花雪月　328
《风流绝畅》　324—326,332
《风流遁》　320
冯梦龙　267n.,314
封禅　95n.
佛妆　238
《佛说十王经》　Plate VIII
佛母殿　259
佛牙　261
《浮生六记》　291n.
夫,失　102n.
伏羲　10,36,56
夫人　17
傅玄　111
妇人裸体相扑　229
驸马　192
甫田　24
HA—HU
哈麻　260
海藻　134

韩非子　65n.
翰林风　290
《汉武帝内传》　136
韩嫣　62
韩愈　178,224
合气　88,89,346
合气释罪　88
霍去病　208
后　17
后稷　74
后庭花　290
觋　13
携妓　178
喜迁莺　215
细君　192
戏妇　104,105
僖负羁　93
《西厢记》　251
嵇康　91,93
西施　76,77
西天僧　321
系辞　36
西王母　76,136,137,158,275
《蝦蟆经》　125
夏言　261
相亲　234
香兽　107,214n.
《香艳丛书》XVIII,63n.,et passim
《潇湘录》　167
小星　18
消渴疾　69
箫史　110,326
小说　252
《笑道论》　89
邪教　79
《写春园丛书》　303n.

中文索引　355

谢端　74
县　57
咸宜观　175－176
献公(晋)　30
贤媛　92
《新妇谱》　98n.
《心史》　259
心动　169
刑臣　30
《性命圭旨》　38,84,200,347n.,348n.
《醒世恒言》　267n.
《修真演义》　277,280－285,328
修术养身　328
《绣榻野史》　313－314
《续金华丛书》　81n.
《序房内秘术》　121
徐熙　240
《徐孝穆集》　110
徐雪英　172
徐陵　110
徐燉　227
《徐氏笔精》　227
徐大焯　231n.
徐太山　121,124
徐应秋　159
宣裙　204n.
宣公(卫)　30
玄女　75 et passim
《玄女战经》　75,278
《玄女经》　96,121,122n.,123,135,
　　　139,140,141,321
《玄女经要法》　75
《玄女房中经》　121n.
玄纮　103n.
玄奘　349－350
玄武　41

宣淫　247
悬玉环　281
穴　197
血　46,199
薛涛　172,175－176
胡正言　322
胡适　242n.
忽思慧　258
狐偃　93
胡应麟　189n.,191n.
HUA－HUO
花阵　157
化真　199
画舫　308
华父督　30
花蕊夫人(徐氏)　212
华佗　71,125
花子　65n.
《花营锦阵》　XI,220,271n.
怀女德　12
浣溪沙　214
桓公　65n.
桓文　113
还元　199
黄巢　212
黄赤　225
黄河逆流　200,284
黄星靥　186
黄一明　325
《黄梁梦》　251n.
黄龙　41
黄门　254
黄书　88－89
黄道　275
黄帝　10 et passim
《黄帝铖经》　225

《黄帝问玄女兵法》 75
《黄帝三王养阳方》 70
《黄帝授三子玄女经》 285
婚 21
魂 14,82
混气 225
红潮 189
洪承畴 334
《红楼梦》 291n.,296
《红楼梦图咏》 fig.16,17
洪昇 192
红事 7
洪都全天真 271
火齐 201n.
火候 80
I-KUO
艺,势 110n.
义净 349
《易经》 15n.,36—37,102,223,327
《怡情阵》 283
异风夷俗 328
《医心方》 122—160,195,196,203,
　　205n.,210,272,273,281
一贯道 90
艺林学山 189n.
医说 311
益多散 153
《疑狱集》 160
疑耀 230n.
《肉蒲团》 301—306,317
肉纵容 133,134,156,165
入籍 171
入梦令 207
《入药镜》 224,225,229
入月 190
璿台 127n.

容成 70,71,96,224
《容成经》 96
《容成篇》 224
《容成阴道》 70
《陔余丛考》 163,226,236
改琦 294
甘柴 153
干宝 74n.,210
甘始 71
甘草 153
坎 35—37,38
《高坡异纂》 169
《高唐赋》 38
艮 35
蛤蚧 286
葛洪 94—96,103—105,124,137
歌馆 233
《隔帘花影》 162,287,290
隔山取火 303
葛氏 121,124,193
顾恺之 106
《骨董琐记》 201,231n.,318n.
《古文苑》 69
冠 16
观 89
官妓 28,231,232
管夷吾(仲) 65n.
官库 232
管道昇 257
观音 75,266
广疮 311
《广弘明集》 88,89
广东膀 165
《广自序》 286
龟 225—228
龟公 227

龟饰 228
归宁 108
《癸巳类稿》 210n.
《癸巳存稿》 186n.,238
桂心 153
坤 35,82
昆仑 131,225
滚单 89
《功过格》 246
宫词 202,212
供养 260
孔父 30
《控鹤监记》 208
空空 327
国 57
《国语》 93n.,103n.

LAN-LÜAN

蓝鼎元 98n.
冷寿光 71
《礼记》 15n.,58—60
李贽 313
李清照(易安) 239—242
李亿 174
李日华 169
李格非 239
李茂元 169
李攀龙 225
李(太)白 91,92,178
《李氏一家言》 301
李斗 308
李洞玄 123
李自成 334
李娃 171,253n.
李延年 61
李隐 167
李渔(笠翁) 163,301—306

李煜 107,213—216,219n.
梁鸿 110
梁国正 283n.
《聊斋志异》 317n.
《列仙传》 71,75
《列女传》 98n.,299
《怜香伴》 163,302
炼火不动 199
《奁艳》 293
《临汉诗话》 160
灵 199,226
令 57
灵公(陈) 31
灵公(齐) 29
灵公(卫) 31
《岭南遗书》 230n.
刘京 139,146
《留青日札》 261
《六合内外琐言》 fig.21
刘向 75,98n.
刘勋 112
刘义庆 92
刘仁轨 190
六蓬船 308n.
六缁 207
《六砚斋笔记》 169
罗振玉 203
《萝藦亭札记》 230n.
炉 79
陆龟蒙 226
《论衡》 7,79
《论语》 44,100n.,102n.
《龙威(城)丛书》 189,161n.,168
龙阳君 28
《吕氏春秋》 27n.
吕士隆 160,161

吕天成　313,314
《吕纯阳真人沁园春丹词注解》　285
吕岩（洞宾）　246,277,278,284,285
娈童　28
MAI-OU
《卖油郎独占花魁》　287
冒襄　291-293
毛嫱　77
眉间黄　186
《霉疮秘录》　312
《美化文学名著丛刊》　286n.
《美人赋》　68
媒婆　254
媒氏　57,58
梅（霉）毒　275,312
梅尧臣　160
氓　23
孟尝　212
孟浩然　91
孟僖子　31
孟光　110
《梦粱录》　231,234,254
密户　200
密宗　357
《迷楼记》　119n.
勉（缅）铃　165-166,281
命门　200
《明道杂志》229
明月　290
默啜　192
帓（袜,抹）胸　299
穆子　31
耐得翁　231
男白女赤　7,82,358
南山　210
南子　31

闹房　104-105
《内训》　98n.
泥丸（垣）　195,199,200,225,279,
　　282,339,347
弄玉　110
女几　75
《女诫》　97-103
《女孝经》　98n.
《女宪》　101
《女训》　98n.
《女学》　98n.
女娲　56
女史　17-18
女士箴　106
女德　12,13,72
女德无极妇怨无终　13
女子无才便是德　249
女乐　27-28,178
《偶集》　302
PA-PO
八仙　277
八卦　35,36
八郎　260
败精　47
姘　16
班昭　97-105,108,111
班固　97-136
斑蝥　157
班彪　97
《板桥杂记》　308
潘之恒　308
鲍照　110
鸨母　171
《抱朴子》　65n.,81,94-96,103-
　　104,124,138,349
褒姒　29

中文索引

宝鼎　280
暴淫　247
被选入宫　183
《北里志》　171n.
裴玄仁　197
奔　21
彭好古　225
彭晓　80n.
彭龟龄　226
彭祖　95,96,121,135－137,145,151,152,158,193,285
《彭祖经》　96
《彭祖养性(经)》　121,193
嬖　28
《敝帚斋余谈》　261,319n.
秘戏图　224,317
避火图　332n.
比目鱼　128n.
辟雍　127n.
《琵琶记》　251
嫖　232,312
《嫖经》　288
《辨正论》　88
边让　77
鬓　236
嫔　17
《平津馆丛书》　121n.
《萍洲可谈》　162
屏翳　194,195,197
平康里　170,171,233
《百战必胜》　277
白居易　91,92,176,178,203,211
白行简　203,204
白雪　68
白虎　41
《白虎通》　78

柏梁台　208
白莲会　245
《百美新咏》　fig.2,7,8,11
白事　7
柏子仁　134
白水素女　74
魄　14,82
破瓜　275－276
不经　223
菩萨蛮　214,215
SAN-SOU
《三家内房有子方》　70
三教　114
三合五行　83n.
三姑六婆　254
三从　28
三阳穴　197
《僧尼孽海》　320,321
《山海经》　74
山涛　92,93
山菜黄　134
商君　8
上头　254
《少室山房笔丛》　189n.
少翁　63
邵雍　223
蛇床子　133,134
沈复　291n.
沈括　162
《神仙传》　137
神农　10
《神女传》　208,209
沈德符　261,319n.
生门　200
《胜蓬莱》　220,324
《声容部》　302

生地黄 153
士 26,27
市 65n.
《诗经》 15n.,16,18,20－25,29,57,
　　77n.,87,98,103
《十戒功过格》 246
《十竹斋笺谱》 322
《十竹斋画谱》 322
石崇 168
世妇 17
施孝叔 32
硕人 18
石硫黄 134
十六天魔 260
士农工商 27
世叔齐 33
《世说新语》 92
术 153
《书经》 15n.,87
《书祸》 264
《双梅景闇丛书》 123,252n.
双修法 261
舜 10,70,72
《说郛》 XVIII,98n.,et passim
《说库》 90,et passim
锁阳 165
《搜神记》 74,210
SU－SZŬ
俗 14,19
苏蕙（若兰） 112
素女 74,75,et passim
《素女经》 74,75,96,121－124,135,
　　137,138,192,200,204,206,271,
　　280
《素女方》 121,123,124
《素女妙论》 270－277

《素女秘道经》 121
苏轼（东坡） 188
《素书》 75
狻猊 107
髓海 200
巽 35
孙荣 171n.
孙星衍 121n.
孙思邈 122n.,193,197,200,339,347
孙子 157
孙颀 208
宋玉 38,68n.,176,320,324n.
司马迁 12,95,96,157
司马相如 67,69,108
司马光 230
《四部丛刊》 XVIII,65,et passim
TA－TOU
大日 341
《大乐赋》 122,192,200,203－207
大善殿 261
《大业拾遗记》 119n.
《大狱记》 90
太极 223
太清经（太清神鉴） 125,149,150
胎息 79
《太乙经》 121n.
太乙金华宗旨 347n.
丹 199
蜑家（户） 308n.
丹田 89n.
谈迁 165
贪书 318
唐富春 74n.
《唐六如画谱》 fig.15
《汤盘庚阴道》 70
汤婆子 236

唐寅　186,294,320－321,324,325,327
道　12
道安　88
倒浇蜡烛　303
道宣　88
道男,女　87
《道枢》　224
《道藏辑要》　225,246
桃花癸水　189
套版　322
陶宗仪　163,253,254,260n.
陶望龄　246
德　12－17
邓之诚　201,231n.
邓希贤　277,278,280
登高　40
登徒子　68n.,324
邓通　62
邓云子　197,229
《铁拐李》　251n.
点花茶　233
天阉　253
天狐　210
田艺蘅　260,261
《天一阴道》　70
天癸　16
《天老杂子阴道》　70,74
天子　9
鼎　79
定情　69
定脉　69
《听心斋客问》　282
窦滔　112
TSA-TZ'Ǔ
锤　69

《杂事秘辛》　208
《采菲录》　218n.,222
采(綵)女　75, et passim
采桑子　241
蔡邕　251
《参同契》　80－84,90,347n.,348
《枣林杂俎》　165
曹丕　112
曹大章　308
曾国藩　268
曾慥　224,225
遵大路　23
崔希范　224,225
纵妻行淫　226
《丛书集成》　224n.,282
《都城纪胜》　231,233
杜甫　202
杜修己　167
肚兜　332n.
彖　36
菟丝子　133,134
段成式　186n.
端方　203
《断袖篇》　63n.,92
兑　35
《敦煌石室遗书》　203
东方之日　23
东方朔　137
董小宛　291－293
董贤　63
洞房　111
《洞玄子》　123,124,125－134,138,139,143,146,149,151,153,154,156,192,206,271,274
童谣　64
彤管　17

《同声歌》 73
肜史 17
子晳 32
子南 32
子元 33
《紫金光耀大仙修真演义》 280
紫房 111
词 213,241,251,320
《词选》 242n.

WA-WU
瓦舍 230,231
瓦子勾栏 230
外法 199
万尚父 282
王 9
汪价 286
王充 7,79
王拱辰 239
王楙 224
王(忘)八 227,228
王褒 74
王士禛 226,227
王道渊 225
王敦 168
妄淫 247
韦皋 176
魏伯阳 80,347n.
魏泰 160
未亡人 30
(卓)文君 67-68
文成 192
《文选》 38
《温柔乡记》 283n.
温庭筠 175
我侬词 257
巫 13

武照(曌) 168,190-191,192,201
《务成子阴道》 70
吴海 263
巫咸 280
无行 350
五行 40
乌龟 227
《武林旧事》 230,232
《吴门画舫录》 308
吴三桂 334
巫山 39,176,320
五堂关 200
《五杂俎》 165n.
梧桐 133
五字真言 284
吴自牧 231
巫子都 137,146,280
无为 76
五味子 133,134
《五牙导引元精经》 228
巫阳 38,40
巫炎 137,146,280
武延秀 192
吴营 157
《吴友如画谱》 fig.5,6

YA-YUNG
牙婆 254
阳 12,et passim
杨娼 253n.
杨震 86
《扬州画舫录》 308
阳中有阴 197
《养性要录》 229
杨仪 169
杨贵妃 169,191-192,201,326
杨廉夫 191

杨柳青　322,332
杨梅疮　311
杨慎　208
《养生要集》　121,124,193,229
《养生要录》　229
杨守敬　208
阳台　40
杨恽　67
尧　10,70,72,96
妖　160
药煮白带子　281
姚如循　224n.
《尧舜阴道》　70
姚灵犀　218n.
窅娘　216
夜壶　176
《野客丛书》　224
夜明珠　281
叶德辉　122－123,136,203,208,252n.
颜之推　268
《簪曝杂记》　165
《颜氏家训》　268
颜师古　119
演撲儿　260
《燕都妓品》　308
阴　12
阴甲　311
殷人尚白周人尚赤　7n.
《饮膳正要》　258
淫祠　285,358
阴道　71
阴德　72
阴痿　61,71
《银验方》　153
营妓　65

婴儿　348
《影梅庵忆语》　291
幽阙　200
《游仙窟》　208
有狐　201
幽兰　68
游贩　30,31
游士　43
《酉阳杂俎》　165n.,186
荣宝斋　322

YÜ－YÜN

禹　10
俞正燮　186n.,216n.,238
虞集　258
御妻　17
俞蛟　208n.
《玉娇梨》　251,296
《玉芝堂谈荟》　159
《玉镜台》　251n.
玉泉　110
玉房　111
《玉房指要》　123,135,137,139,158
《玉房秘诀》　111,121,123,124,135,138,139,143－147,149,150,152,193
鱼玄机　172－175
余怀　308
玉环　191
玉理　127n.
俞辨　311
《玉台新咏》　64,66,111,112
俞樾　227,229,231n.
远志　133,134
元真　348n.
元稹　91,176,251
阮籍　91

远方　113
袁枚　208, 308n.
《元氏掖庭记》　260
《鸳鸯被》　251n.
《鸳鸯秘谱》　326—327
冤业淫　247

月经　16
月客　16
月事　16
《云笈七籤》　197
云情雨意　328
云雨　38

日 文 索 引

Eisei-hiyōshō　　　　　　　　卫生秘要抄　127n., 129n., 130n.
Fujihara Kinhira　　　　　　　藤原公衡　127n.
Futa-nari　　　　　　　　　　两形　159n.
Genroku-kohanga-shūei　　　　元禄古版画集英　271, 332
Hari-kata　　　　　　　　　　张形　166
Hina-saki　　　　　　　　　　雏尖　127n.
Hishikawa Moronobu　　　　　 菱川师宣　332
Jakyō-tachikawaryù no kenkyū　邪教立川派の研究　359
Jakumetsu-iraku-kō　　　　　 寂灭为乐考　304n.
Kampan　　　　　　　　　　　官版　80, 98n.
Kanjō-no-maki　　　　　　　　灌顶之卷　200
Ki-chō　　　　　　　　　　　 几帐　107
Koshibagaki-zōshi　　　　　　小柴垣草纸　200
Kōso-myōron　　　　　　　　　黄素妙论　270
Kyōtei-bon　　　　　　　　　 箧底本　332n.
Mikkyō-daijiten　　　　　　　密教大辞典　359
Miyatake Gaikotsu　　　　　　宫武外骨　304n.
Mizuhara Gyōei　　　　　　　 水原尧荣　359
Mizuno Tadanaka　　　　　　　水野忠央　107
Ningen-rakuji　　　　　　　　人间乐事　270

Nin-kan	任观	358
Ōmura Seigai	大村西崖	98n.
Rin-no-tama	琳之玉	166
Shibui Kiyoshi	涩井清	271,280,285,332
Sokushin-jōbutsu	即身成佛	358
Sumiyoshi Kei-on	住吉庆恩	201
Taki Genkin	多纪元坚	122
Tamba Yasuyori	丹波康赖	122,154
Tamba Yukinaga	丹波行长	127n.
Tankaku-zufu	丹鹤图谱	107
Ukiyo-e	浮世绘	189,294,332
Urizane-gao	瓜核颜	294
Zuhon-sōkankai	图本丛刊会	98n.
Zoku-gunsho-ruijū	续群书类丛	127n.

总索引[1]

abortion 流产 作者序注 5,182
abstention from sexual congress 避免性交
  during mourning 服丧期间～ 60
  after reaching certain age 达一定年龄后～ 78
  advised against 建议～ 105,137,138,195,196
acrobats, naked female 杂技演员,裸体妇人 229
Acton, H. （人名） 267n.
actors and actresses 男女艺人
  Yüan period 元代的～ 252
acupuncture 针灸 125,197,225
Ādi-buddha 阿提佛陀 341
adornment, personal 个人装饰品 见 dress
adultery, punishable by instant death 通奸,可处死 107
Advaya-siddhi 成就女神 351
aids, sexual 性辅助工具
  for inducing and prolonging erection 引起勃起及延长勃起的～ 281

ājñā 眉心轮 344
Albertus Magnus （人名） 46n.
āli series 元音系列 342
Amitābha 阿弥陀佛 266
Amoghavajra 不空金刚 350,354
anāhata 心轮 344
Analects of Confucius《论语》 见 Lun-yü
Anaṅgaraṅga （书名） 162n.
ancestor cult 祖先崇拜 13—14
Anderson, J.G. （人名） 4n.
animals credited with excess potency 壮阳的动物
  beaver 山獭 286
  deer 鹿 134
  fox 狐 9,156
  lizard 蛤蚧 286
  seal 海狗 286
  mythical bird 鹏 166
aphrodisiacs 媚药
  recipes ～处方 133,134,153,154,286
  general remarks on ～概述 156—

---

[1] 索引中的页码均为原书页码,页码后的"n."代表该页注。——译者

157,165
warned against 不可乱用～ 272,275
Arbuthnot,F.F. 162n.
Ars Amatoria 《洞玄子》 见 *Tung-hsüan-tzŭ*
Assam,sexual mysticism in— 阿萨姆邦,其性秘术 351—352
avadhūtikā 清净的脉道 342
Avalokiteśvara 观世音 236
Avalon,A. 阿瓦隆 345n.,346

Bali,island of 巴厘岛 340n.
bathing 沐浴
  mixed—forbidden by Confucianism 儒学禁止男女同浴 230
  —in the Palace 王宫中的～ 作者序注 4,190
  Empress admired bathing 皇帝欣赏贵妃～ 191,326
Baūl sect 神歌手教派 355
Bazin,M. 251n.
bed and bedstead 床和床架
  Han period 汉代的～ 59
  5th century A.D. 公元5世纪的～ 107
  Sung period 宋代的～ 235
  plum-blossom used in decoration of— 梅花图案装饰的～ 275
Bendall,C. 本达尔 342
bestiality 兽行
  general ～的概述 167
  at Han Court 汉宫中的～ 61
bhairava deities 令人恐怖的神物 347n.
Bhāskaravarman 巴斯卡拉跋摩 352

bindu 精滴 342
Biot,E. (人名) 57n.
bodhi-citta 菩提心 342
Boxer,C.R. (人名) 265n.,312n.
brahma-daṇḍa 婆罗门杖 340n.
Brahma-yāmala 《梵天问对》 353
brassière 胸衣 299,308n.
breasts,female 乳房
  therapeutic properties of— ～的医疗效用 95,283
  importance of undeveloped— 未生育好～的重要性 149,194
  —on erotic pictures 春画上的～ 329
Bṛhadāraṇyaka upanishad 《广林奥义书》 348
Briggs,G.W. 布里格斯 355
Brill,A.A. (人名) 304n.
brothels 妓院
  origin of public— 公共～的起源 65
  low-class— 低等～ 183
  Yüan period 元代的～ 253
  Ming period 明代的～ 308
Buddhism 佛教 87,113—115,121
  favourable to women 妇女偏爱～ 266—267
  nuns and nunneries 尼姑和尼姑庵 113,254,266—267
  sexual offences against nuns 对僧尼的亵渎 247
  illicit intercourse in Buddhist monasteries 佛寺中的非法性活动 207
  book denouncing sexual habits of nuns and monks 写寺庙中淫乱的书 320—321

总索引　369

Burton,R.F. （人名） 162n.,166n.
cakra-pūjā 轮座 346
Cakra-saṁvara tantra 《如意轮总持经》 351
camp followers 营妓 65
caṇḍāli 旃陀罗 342
Carter,G.（人名） 255n.
castration 阉割 见 eunuchs
Changes,Book of— 《易经》 见 I-ching
Chavannes,E. （人名） 128n.,219n.
Chi-chi-chên-ching 《既济真经》 277—280
Chin-P'ing-mei 《金瓶梅》 162n.,165,167,281,287—290,292,319,327
Chou I-liang(Chou Yi-liang) 周一良 114n.,353
Chou-li 《周礼》 15n.,57n.
Chou Mi 周密 230—234
Chou Tun-i 周敦颐 223
Christian,Joest （人名） 166n.
Chu Hsi 朱熹 80,223—224,264
Chuang-tzū 《庄子》 43,177n.,326
Ch'un-ch'iu(including Tso-chuan) 《春秋》（包括《左传》） 15n.,28—35,83,93
circumcision, not practised (except by Chinese Moslims) 割包皮,不实行（除中国穆斯林） 16
Classical Books,the Chinese— 经书 15n.
climax, exclamations during— 高潮,高潮时的叫喊 304n.
clitoris: terms for— 阴蒂:有关术语 127n.,201n.,205n.
　large—considered repulsive 讨厌大～ 150,159 又见 hermaphrodites
　small—on erotic pictures 春画上的小～ 329
　contrivance for stimulating— 刺激～的器物 281
clitoridectomy, not practised 割阴蒂,不实行 16
clouds, symbolizing the ova and vaginal secretions 云,象征卵和阴道分泌物 17,38—40
Cohausen,Dr 46n.
coitus: basic meaning of— 性交:基本含义 37—39,46—47
　not connected with feelings of sin or guilt ～无罪恶感 50—51,59,333
　viewed as "battle" ～被视为"战斗" 76,157,278—280,320
various postures of—(figurae veneris) 各种性交姿势
　set of 30 described 三十法 128—130
　set of 9 described 九法 141—143,272
　sets of 14 and 36 mentioned 十四种、三十六种姿势 328
　description quoted from Ming novel 明小说中对性交姿势的描写 306
　postures of therapeutic value 有治疗效用的姿势 143—144
　with two women 与二女子性交的姿势 274
　frequency of postures in erotic albums 春宫画册中不同姿势的出现次数 330
　frequency of emissions during— 施泻

次数　146
times and places taboo for— 行房避忌的时间和地点　151—152
therapeutic value of— 性交的治疗作用　141—144,146—147,199
anal— 肛门交　49,157,289—290
　　in erotic representations 春画上的肛门交　330
compared with alchemistic opus 性交与炼丹相比　80sq.
　　—reservatus 止精法　47
　　advantages and technique of— 止精法的益处和技巧　145—147,193—199,278—280,282—284
coli-mārg "寻找胸衣"仪式　346
concubines:Chou period 妾:周代　18,20
　　sexual rights of— ～的性权利　60
　　purchased 买～　66
　　position in the household of— ～在家庭中的地位　108—109
　　correct method of introducing—into the household 始御新人之法　269
Confucianism:basic ideas of— 儒学:基本观念　43—44
　　Confucianist view of women ～对妇女的看法　97
　　Confucianist view of housewife's duties ～对主妇职责的看法　97—103 见 Neo-Confucianiam
Confucius, teachings of—summarized 孔子,其教导小结　43—44
　　his attitude to women ～对妇女的态度　44
Coomaraswamy,A. (人名)　162n.

corporal punishment within the household 家庭中的肉刑　107,161,269—270
costume 服装　见 dress
Court, Imperial:sexual relations at— 皇宫:皇宫中的性关系
　　Chou period 周代～　17
　　Han 汉代～　61—62
　　Sui 隋代～　119—121
　　T'ang 唐代～　189—192,206
　　Sung 宋代～　224
　　Mongol court 蒙古宫廷　260—261
　　Ming period 明代～　265
　　selection of women for seraglio 选女子入宫　183—184
courtezans:recruiting and training of— 艺妓:招收和训练
　　T'ang period 唐代的～　171
　　poems by— ～的诗作　172—176
　　taken on travels 携妓周游　178
　　capacity for wine of— ～的酒量　178
　　social importance of— ～的社会作用　178—179
　　redeeming of— 赎买～　180,311—312
　　venereal diseases of— ～的性病　182,311—312
　　abodes of—in Sung period 宋代～的住所　233,234
　　role of—at wedding ceremonies ～在婚礼上的作用　235
　　offenses committed against— 对～的侵犯　247
　　Yüan period— 元代的～　253
　　—as actresses ～作为艺人　252

Ming— 明代～ 308
couvade, attested only for non-Chinese tribes 仅见于非汉族的产翁制 作者序注 4
Couvreur, S. （人名） 15n., 19n., 26n.
Creel, H.G. （人名） 4n.
Cruz, Gaspar da 加斯帕·达·克鲁兹 265, 312
cunnilinctio 给女子口交 49, 157
    in erotic albums 春宫画册中～ 330

ḍākinī 女魔 349
dakṣināçāris 右道 344, 345
dancing girls 女乐 27—28, 65, 66, 77, 78
    costume of— ～的服装 186
    decay of the art of— 女乐的衰落 222
"Dark Girl" (Hsüan-nü) 玄女 75—76 见 Elected Girl, Plain Girl
daśabhūmi 十地 343
Dasgupta, S.B. 达斯库普塔 355
Davis, Tenney L. （人名） 80n.
Deb-ther-snoṅ-po "The Blue Annals" 《蓝史》（藏族） 259n.
décolletage: popular in T'ang period 露颈、肩的装束 流行于唐代 185—186
    deemed unseemly in Sung period and after 宋和宋以及其后认为不宜 237
defloration: not associated with magic danger 破身：与神奇的危险无关 12n.
    medicines curing after-effects of— 医治～后疼痛或流血的药物 154
    cloth with marks of—kept 保留染有～之血的手巾 207—208
Demiéville, P. （人名） 179n., 352n.
dharma-cakra 法身轮 342, 343
Dickinson, R.T. （人名） 273n.
divination 占卜 3—4, 13, 35sq.
divorce: mostly amicably settled 离婚：大多和平解决 108
    seven legal grounds for— 休妻七条理由 266
Documents, Book of—Dohi, Keizō 《书经》见 Shu-ching 311n.
ḍombī 杜姆比 342, 343
dress 服装
    early period 早期的～ 11, 27
    Han 汉代的～ 64—65
    T'ang 唐代的～ 184—188
    Sung 宋代的～ 236—238
    Ming 明代的～ 296—299
    Comparison of Chinese and Japanese— 中日～比较 184, 236
Dubosc, J.P. （人名） 74n.
Dubs, H.H. （人名） 76n.
Durgā 难近母 355
Duroiselle, Ch. 杜罗伊塞尔 352
Duyvendak, J.J.L. （人名） 42n.

Eberhard, W. 艾伯华 作者序, 11n., 27n., 39n., 64n., 165n., 237n., 302
"Elected Girl" (Ts'ai nü) 采女 76 见 Dark Girl, Plain Girl
Eliade, Mircea （人名） 13n., 80n.
Ellis, Havelock （人名） 304n.
Epithalamium by Chang Hêng, translated 张衡《同声歌》 73

Erotic painters　春宫画家
　Chao Mêng-fu(Yüan)　赵孟頫（元）201,257,304,317,327
　　Ch'iu Ying(Ming)　仇英（明）218n.,294,318,321,327
　　Chou Fang(T'ang)　周昉（唐）185,188,189,201,202,317
　　T'ang Yin(Ming)　唐寅（明）186,294,320,321,325,327
Erotic pictures:general　春宫画:概述 317—320
　magic properties of—　～的魔力 332n.
　—on walls　墙上的～　62,119
　—on wine cups　酒杯上的～　318
　Ming erotic pictures albums (including printing technique)　明代的～册（及印刷技术）321—324
albums described:　画册:
　　Shêng-p'êng-lai　《胜蓬莱》　324
　　Fêng-liu-chüeh-ch'ang　《风流绝畅》324—326
　　Yüan-yang-pi-pu　《鸳鸯秘谱》326—327
　　Fan-hua-li-chin　《繁华丽锦》327—328
　　Chiang-nan-hsiao-hsia　《江南销夏》329
eugenics　优生学　147—148,150—151,274—275
eunuchs　太监
　Chou period　周代的～　29,30
　Han　汉代的～　62
　maladministration of—　～乱政　87
　general description　～概述　254—256

Evans-Wentz,W.Y.（人名）　347n.
family-life,general description　家庭生活,概述　105—110
"Family Instructions"　《家训》268—270
Fang-nei-chi　《房内记》　135—154
Feng Han-chi　冯汉骥　20n.
figurae veneris　性交姿势　见 coitus, postures of
Filliozat,J.（人名）　352n.
fish as fertility symbol　鱼作为多子的象征　235
Five Elements:Chinese　五行:中国 40,80,82,133n.
　Indian　印度的～　342
Fletcher,W.J.B.（人名）　192n.
foot-binding　缠足
　origin and general features　～的起源和特征　216—222
　Yüan period　元代的～　253
　Ming period　明代的～　265
foxes　狐
　credited with excess vitality　据说～元气充沛　9,156
　T'ang foxlore　有关～的唐代传说 210—211
　Ming novel about—　有关～的明代小说　316—317
Franke,Herbert　（人名）　作者序注2,128n.,260n.
Fu Hsi　伏羲　10,56
Fujihara Kinhira　藤原公衡　127

gaṇa-cakra　轮座　346
Gallagher,L.J.（人名）　266n.
Gaṇeśa　象头神　260n.

garbha-dhātu maṇḍala　胎藏界曼荼罗　341

Giles,H.A.　翟理斯　227,228,317n.

go-between, indispensable for arranging a marriage　婚姻安排必须媒人　19—20

Goetz,H.　（人名）　351n.

Goodrich,L.Carrington　（人名）　4n.

goose, in ancient marriage ritual　古代婚姻仪式上的雁　20

Goraknāth　乔罗迦陀　355

Granet,M.　葛兰言　作者序,4n.,9,15n.,18n.,20n.

Groot,J.J.M.de　哥罗特　74n.,90n.,210,228n.

Grünwedel,A.　（人名）　340n.

Guhyasamāja tantra　《一切如来金刚三业最上秘密大教王经》　350

hair: pubic and axillary—of women　妇女的阴毛与腋毛　149—150

　　magic properties of pubic—　阴毛的魔力　152

　　reddish—of women　妇女赤发　150

　　pubic—of men and women on erotic pictures　春宫画上男女的阴毛　329

Handbooks of Sex　房中书　78,123—124

　　general characteristics　一般特点　155—157　见 Chi-chi-chên-ching, Fang-nei-chi, Hsiu-chên-yen-i, Su-nü-miao-lun, Tung-hsüan-tzu

Harada,Yoshihito　原田淑人　36n.,185n.

Harsha,King　戒日王　354

Hart,Henry H.　（人名）　251n.

Haṭhayoga-pradīpika　《诃陀瑜珈灯明》　345

Heliogabalus　埃拉伽巴　93

Hentze,C.　（人名）　235n.

hermaphrodites: women with large clitoris　阴阳人：有大阴蒂的女子　150,159,160

　　mystic ideal of—　阴阳合一的理想境界　341sq

Hevajra　嘿金刚　259

Hevajra-tantra　《大悲空智金刚王经》　351

Himes,Norman E.　（人名）　作者序注5

Hirth,F.　（人名）　64n.

Hoffmann,A.　（人名）　63n.,214n.

homosexuality(of men)　男子同性恋

　　early times　早期的～　28,48

　　at Han Court　汉宫中的～　62—63

　　3rd century A.D. and friendships among men in general　3世纪的～及一般男子的友谊　91—93,163,206

　　with eunuchs　与太监的～　62,93,202

　　with servant　与仆人的～　289

　　special treatise on—　论述～的文章　63n.

　　—of women　女子同性恋　见 sapphism

housewife, Confucianist view of duties of—　主妇，儒学对其职责的看法　98—103

　　contrasted with actual situation　与实际情况对照　103—104,179n.

housing　住房

early period 早期的～ 11
  Han 汉代的～ 64
  T'ang 唐代的～ 184
  Sung 宋代的～ 235
  Ming 明代的～ 264
Hsi K'ang 嵇康 39,91
Hsi-wang-mu 西王母 76,136,137,158,275
Hsiu-chên-yen-i 《修真演义》 280—285
Hsüeh T'ao, amours and poetry of 薛涛,艳史与诗 175—177
Hua-ying-chin-chên 《花营锦阵》 作者序,220,271n.
Huang-ti 黄帝 见 Yellow Emperor
Hundhausen, V. (人名) 251n.
Hung-lou-mêng 《红楼梦》 291n.,296

I-ching 《易经》 15n.,36—37,102,223,327
iḍā 左脉 343
ideal of masculine and feminine beauty 理想的美男和美女
  early period 早期的～ 18
  in T'ang period martial men and portly women preferred; this ideal continued till second half of Ming period 唐代喜爱勇武的男子和健壮的女子,流行到明代前半期 294
  Late-Ming and early-Ch'ing the ideal changes to effeminate men and fragile-looking, emaciated women 晚明和前清喜爱女人气的男子和文弱的女子 294—296
incest 乱伦
  Chou period 周代的～ 31
  at Han court 汉代宫中的～ 61—62
  thereafter rare 此后罕见～ 167
  "name incest" "同性～" 19,49
incubi 梦魇,鬼交之病 151,152,156 又见 foxes
Indrabhūti 因陀罗普提 350
infanticide 杀婴 182
infabulation of prepuce, not practised and hence not mentioned 割包皮不实行,因此本书中未提
impotence 阳痿 61,134,274
  cured by harmonizing the mood 和志以治～ 138
  drugs curing— 治疗～的药物 133,134,153
  —caused by deer-fat 生鹿肉造成的～ 196
iṣṭadevatā 看中的女神 345
ius primae noctis, unknown 初夜权,不为人知 12
Iwai, Hirasato 岩井大惠 12n.

Jainism 耆那教 349
Joly, Bancroft (人名) 291n.
Julien, Stanislas (人名) 251n.,296n.,318n.
Jung, C.G. (人名) 37n.,347n.
Jung-ch'êng, Master 容成子 70,71,96,224

kālacakra maṇḍala 时轮曼荼罗 259
kālāgni 赤火 356
Kāli series 辅音系列 342
Kālī 时母 355
Kaltenmark, M. (人名) 71n.,75n.

Kalyāṇamalla （人名） 162n.
Kāmākhyā 伽玛迦亚 351,352
Kāmarūpa 迦摩缕波 351,352
Kāmasūtra 欲经 161n.,349
Kānphaṭa yogis 乾婆陀 343n.
Karlgren,B. （人名） 5n.,7n.,15n.
Karpūrādi-stotram 《樟颂》 346
karuṇā 悲 342
Kaulāvalī-tantra 《考拉瓦利经咒》 346
kāya 佛身 343
Kean,V. （人名） 162n.
Khajuraho 迦鞠罗诃 351
Khubilai Khan 忽必烈汗 254,259
Kiefer,O. （人名） 290n.
Kinsey,A.C. 金赛 156
kissing 接吻 49n.,126
Kleiweg de Zwaan,J.P. （人名） 作者序注5
Konarak,Sun Temple of 康那拉克的大日庙 351
Kṛṣṇa 黑天 162n.,355
Kṣitigarbha 地藏菩萨 236
Kuan-yin 观音 75,266
Kuhn,F. （人名） 162n.,163n.,290n.,291n.303n.
kuṇḍalinī yoga 贡荼利尼瑜伽 200,343,344

Lakṣmīṅkarā（female Tantric adept） 拉克希米伽拉（女术士） 351
lalanā 女经 342
Lamaism 喇嘛教 259—261,356,357
Lao-tzû 老子 132n.
Latourette,K.S. （人名） 4n.
Lee Yee-hsieh （人名） 267n.

Legalist school 法家 55
leggings:men's— 裹腿:男子的 11
 women's— 女子的～ 220—222
Lévi,Sylvain （人名） 340n.,353
Li-chi 《礼记》 15n.,58—60
Li Ch'ing-chao,life and works 李清照,生平和作品 239—242
Li T'ai-po 李太白 91,92,178
Li Yü,personality and poetry of— 李煜,性格和诗作 213—216
Li Yü,life and works discussed 李渔,生平和作品 301—306
Licht,H.（人名） 290n.
Liṅga 林伽 阴茎柱 340,348
Lin Li-Kouang （人名） 350n.
Lin Yü-t'ang 林语堂 291n.,302
Loehr,M. （人名） 41n.
love-poetry, general remarks on Chinese— 爱情诗,中国爱情诗概评 65n.
Lun-yü 《论语》 44,100n.,102n.

mahā-devī 大天女 343,356
mahā-mudrā 大曼荼罗 358
mahā-sukha 极乐 342,344
Mahler,J.G. （人名） 237n.
maṇḍala;in analytic psychology 曼荼罗与精神分析学 346n.
 sexual— 性曼荼罗 358
 the double— 双曼荼罗 341,358
mana,magical power,"virtue" 德 12,13
 —of women 女德 12,13,72
Manen,J.van （人名） 42n.
manhood ceremony 成丁礼 16
maṇipūraka 脐轮 344

Mañjuśri 文殊师利 353n.
mantra 经咒 284,340
Mantrayāna 真言乘 113,260,339
Mao Hsiang 冒襄 291—293
marriage 婚姻
 basic meaning of— ～的基本含义 58
 —in early period, of ruling clans 早期统治阶级成员的～ 19—20
 of the common people 平民的～ 21
 Han Confucianists shocked by early —ceremonies 汉代儒生对早期的平民的～仪式感到震惊 57
 4th century marriage customs ("ragging the bride") 4世纪的～习俗（"戏妇"） 104—105
  in Sung period 宋代～ 234—235
  in Ming period 明代～ 265
Martialis （人名） 290n.
masochism 受虐狂 162
Maspero, H. (in text inadvertently misspelled Maspéro) 马伯乐（正文中误拼作 Maspéro) 4n.,79n.,84n.,123,138,197n.,347n.
masturbation 手淫
 forbidden for men 禁止男子～ 47
 tolerated for women 女子～受到宽忍 48,163
 artificial means for— 人为～手段 48,151,163—165 见 olisbos
 practised together with anal coitus ～与肛门交同时 289
Matignon, J.J. （人名） 219n.,255n.
medicinal ivories 医用牙雕 319
mediums, male and female 巫师,男觋和女巫 13
Mêng Hao-jan 孟浩然 91
menstruation 月经
 general terms for— ～的一般名称 16
 flowery terms ～的美称 189
 menstruating women taboo 经期妇女禁忌 16,151
 magic properties of menstrual blood 经血的魔力 169
 first few days after —give optimum chance for conception 行经后几天最宜受孕 132,149,284
 ruler kept informed of—periods of seraglio women 王了解后宫女子的经期 18
Miyatake Gaikotsu 304n.
mons veneris 阴阜
 theory about connection with footbinding ～与缠足的关系 219
 well-developed—on erotic pictures 春宫画上充分发育的～ 329
 burning incense placed on—to increase pleasure 燃香于～上以增加快感 161
Moule, A.C. （人名） 作者序注4,253
moxabustion 艾灸术 197
mūladhāra 脊根轮 344
Murshida songs 穆勒师德 355

Nāgārjuna 龙树 352n.
Nakamura, Hajime 中村元 114n.
Nālandā 那烂陀寺 350
Needham, J. 李约瑟 作者序,13n.,40n.,79n.,223n.
Neo-Confucianism 理学 42n.,81n.

tenets described ～信条 223
— in Ming period 明代的～ 263—264
casuistry of— ～决疑术 246—250
nirmāṇa-cakra 应身轮 342,343
nirvāṇa(＝Chinese "ni-huan") 涅槃 (＝中文"泥垣") 347
　　ni-huan 泥垣,泥丸 195,199,200,225,279,282,339,347
nirvāṇa-cakra 涅槃轮 344
novels: romans-de-moeurs 小说: 言情小说
　　Chin-ku-ch'i-kuan 《今古奇观》 287
　　Chin-p'ing-mei 《金瓶梅》 288
　　Erh-nü-ying-hsiung-ch'üan-chuan 《儿女英雄全传》 163
　　Hung-lou-mêng 《红楼梦》 291n.
　　Ko-lien-hua-ying 《隔帘花影》 290
　　Yü-chiao-li 《玉娇梨》 296
　　pornographic— 淫秽小说
　　　　Ch'ih-p'o-tzǔ-chuan 《痴婆子传》 271n.
　　　　Chu-lin-yeh-shih 《株林野史》 314—316
　　　　Hsiu-t'a-yeh-shih 《绣榻野史》 313—314
　　　　Jou pu-t'uan 《肉蒲团》 302—306
Other erotic texts 其他色情作品
　　K'ung-ho-Chien-chi 《控鹤监记》 208
　　Ta-lo-fu 《大乐赋》 203—207
　　Tsa-shih-pi-hsin 《杂事秘辛》 208
　　Sêng-ni-nieh-hai 《僧尼孽海》 320—321
　　Yu-hsien-k'u 《游仙窟》 208
nudity 裸体

objected to by Confucianists 儒生反对～ 229—230
magic implications of— ～的魔力 113,230,332n.
painters using nude models 画家用～模特 61,320
mixed bathing in the nude at Court 宫中～同浴 作者序注4,190
naked musicians performing at dinner 伎乐裸舞侍宴 62
nudity of women exposed as punishment 使妇女～作为惩罚 61
number-magic 数字魔术 17,144—147

Odes, Book of 《诗经》 见 Shih-ching
O'Hara, A.R. (人名) 98n.
olisbos 淫具 28,151
　　double— 双头～ 163,165
oṁ maṇi padme hūṁ, meaning of— 宝石莲花,其含义 340n.
Ōmura Seigai 大村西崖 98n.

Pan Chao 班昭 97—105,108,111
Pan Tze-yen 291n.
pañca-tattva 五事 345,353
pañca-makāra 五魔 345,353
Pao-p'u-tzǔ 抱朴子 65n.,81,94—96,103—104,124,138,349
Parsons, J.B. (人名)帕森 230
Pārvati 雪山神女 343,344,355,356
pathologia sexualis, data on— 变态性行为,数据 160—169
Payne, E.A. (人名) 345n.
Pelliot, P. 伯希和 作者序注4,185n.,203,253

P'êng-tsu 彭祖 95,96,121,135—137,145,151,152,158,193,285
penilinctio 给男子口交 49,157,289
  in the erotic albums 春宫画册中的~ 330
penis：阴茎
  various sizes of ~的大小长短 272
  drugs for enlarging small— 治玉茎小之药 134,154,272
'Phags-pa 八思巴 259
piṅgalā 右脉 343
"Plain Girl" 素女 74—75 见 Dark Girl, Elected Girl
Ploss & Bartels （人名） 219n.
Po Chü-i 白居易 91,92,176,178,203,211
Polo, Marco 马可·波罗 作者序,245,253
pornography 色情文学 见 novels
Pott, P. H. （人名） 259n.,340n.,344n.
prajñā 般若 342
Prajñopaya-viniścaya-siddhi （书名） 340n.
preliminary play, importance of— stressed 性交前准备活动,强调其重要性 139,155,194
prenatal care 产前护理 132,147,258
prostitution 妓女
  origins of— ~的起源 65
  T'ang 唐代的— 171—184
  Sung 宋代的~ 230—234
  Yüan 元代的~ 252—253
  high-class prostitution 上等~ 见 courtezans, dancing girls
Puṇyodaya 350n.

Pūrṇagiri 普罗纳吉里 351
Pūrṇānanda 布罗纳难陀 344
puruṣa 男性创造力 342

Rada, Martin de 马丁·德·拉达 265
Rādhā 罗妲 162n.,355
rain：indicating the shedding of semen 雨：指射精 17,38—40
"rain and clouds" most common literary term for sexual congress "云雨"常用文学用语指性交 39
rasanā 男经 342
Read, B.E. （人名） 作者序注5
Rémusat, A. （人名） 296n.
repudiation, in early times 出妻,早期 33
Ricci, Matteo 利马窦 265,266n.
Rites, Book of 《礼记》见 Li-chi
Roerich, G.N. （人名） 259n.
Rudelsberger, H. （人名） 251n.
Rudra-yāmala 楼陀罗问对 353

Sādhana-mālā 《成就法鬘》 351
sadism 虐待狂
  at Han Court 汉宫中的~ 61,62
  in men 男子~ 160—161
  in women 女子~ 161,190
śakti 女性活力 238,342,343,346n.
śāktism 惟一教 343—346
sahasrāra 梵穴轮 344
Sahajiyā sects 俱生派 355
saṁbhoga-cakra 报身轮 342,349
saṁsāra 轮回 342,349
Sapphism 女子同性恋
  tolerant attitude to— 对~的宽容态

度 48
　　in the household 家庭中的～ 109
　　methods employed ～手段 163
　　encouraged ～受到鼓励 274
　　theatrical play on— 戏剧中的～ 163,302
Saṭ-cakra-nirūpaṇa 《六轮形》 344
scatological material 排粪尿狂的材料 167—169
　　—in scriptions on walls(tortoise) 墙上刻画的字(龟) 228
Schlegel,G. （人名） 65n.,287n.,308n.
Schmidt,R. （人名） 161n.,290n.
shoe-fetichism 恋鞋癖,莲癖 219,253
Seneca （人名） 290n.
Sen,A. （人名） 162n.
separation of the sexes 两性隔离
　　not strict in early period 早期～不严格 14,21,31
　　stressed by Confucius 孔子强调～ 45,58,59
　　in T'ang period not yet generally practised 唐代未普遍实行～ 179
　　re-affirmed by Neo-confucianism 理学再次肯定～ 223
　　strengthened during Mongol rule 蒙古统治时期强化～ 245—246
　　and in Ming period 明代强化～ 264—265
　　applied with all consequences during Manchu dynasty 满族统治时期严格实行～ 334—335
sexual alchemy (Taoist) 内丹派的房中术(道家) 80—84,88—90,95—96,157—159,277—280,283,328
sexual hospitality, no evidence for Chinese—,but noted among border tribes 用女子待客,没有证据认为中国人这样做,但在边境土著中可见 作者序注4
Seyyid Edjell 245
shell,as fertility symbol 螺,作为多产象征 74
Shên Nung 神农 10
Shibui,K. 涩井清 271,280,285,332
Shih-ching 《诗经》 15n.,18,20—25,29,57,77n.,87,98,103
Shryock,J.K. （人名） 44n.
Shu-ching 《书经》 15n.,87
Shun 舜 10,70,72
siddhi 修成圆满 349
śilindhra(mushroon, in connection with "vajra") （蘑菇,与 vajra 有关） 340n.
sita-bindu 白精 344
Śiva 湿婆 341,343,344,355,356
śoṇa-bindu 红卵 344
Soulié de Morant,G. （人名） 197n.
spitting 唾
　　condemned 认为～不好 258
　　"dragon—", meaning emission of semen 龙吐,意为射精 286
spring festivals, sexual license at— 春节,不限制性活动 21
Sroṅ-btsan-sgam-po 松赞干布 192
Stein, Sir Aurel （人名） 185n.
Stein,R.A. （人名） 作者序注2,9n.
Stoll,O. （人名） 166n.
śubhakarasiṁha 善无畏 350

Sūfi mysticism 苏菲派秘术 355
śukra 精 342
Sumiyoshi Kei-on 住吉庆思 201
Su-nü-miao-lun 《素女妙论》 270—277
śūnyatā 空 342
Sùrya 苏利耶 341
suṣumnā 中经 344
svādiṣṭhāna 力源轮 344
swallow lore 燕子的传说 316,317
syphilis 梅毒 311—312

taboo, exogamic 禁忌，外婚制 19,34,49
Tai Wang-shu 戴望舒 171n.
Taki Genkin 多纪元坚 122
Tamba Yasuyori 丹波康赖 122,145
Tamba Yukinaga 丹波行长 127n.
T'ang-yin-pi-shih 《棠阴比事》 108n.,160n.,167n.
Tantrism: meaning of term defined 密教：本书所用含义 339n.,114,200,238,260—261,284
Tao-tê-ching 《道德经》 42,43,82,132n.
Taoism 道教
　　basic ideas of— 基本观念 42—43
　　mother-image in— 母亲的形象 8—9
　　attitude to woman ～对妇女的态度 43,84
　　illicit intercourse in Taoist monasteries 道院中的非法性活动 175 见 sexual alchemy
Tārā-tantra 《多罗经咒》 353
Tchichold, J. （人名） 322n.

Tjan Tjoe-som （人名） 78n.
Tokugawa Academy 德川学院 80n.,98n.
tortoise 龟
　　used in divination ～用于占卜 3
　　credited with excess vitality 认为～元气充沛 9
　　development of taboo of— ～禁忌的发展 225—228
totemism 图腾崇拜：有些古老部落神话把某种动物作为祖先，可以用图腾来解释，此书未提到
Tung-hsüan-tzŭ 《洞玄子》 125—134
Tucci, Giuseppe 杜齐 341,352,345,357n.
Tun-huang, discoveries at— 敦煌及其发现 185n.
Tung Hsiao-wan, amours of 董小宛：艳史 291—294

Uḍḍiyāna 乌底衍那 350,351
ukiyo-e, Chinese influence on— 浮世绘，中国对它的影响 189,294,332
upāya 方便 342
ūrdhva-retas 精液上流的人 345
uṣṇīṣa-kamala 头顶莲花 342

Vairocana 毗卢遮那 341,352
vajra, meaning and origin of— 金刚，含义和来源 340
Vajrabodhi 金刚智 350
vajra-dhātu 金刚界 341
Vajra-sattva 金刚萨捶 341
Vajrayāna 金刚乘 259
vāmācāris 左道 345
Vaśiṣṭha 极裕仙人 353

Vātsyāyana （人名） 161n.
venereal diseases 性病
　　in early times evidence of gonorrhea and gonoarthritis 早期淋病的证据 182
　　syphilis since 16th century 16 世纪以来的梅毒 311—312
Vidyāpati （人名） 162n.
vināyaka(epithet of Ganeśa) 象头神 260n.
Virchow, H. （人名） 219n.
virginity; conditio sine qua non for being accepted as primary wife 贞操：被接受为妻子的必要条件 14—15
　　—tests ～检查 作者序注 4
Viṣṇu 毗湿奴 341
Visser, M.W.de （人名） 317n.
viśuddha 喉轮 344
vulva 阴门
　　varying location of— ～的不同位置 273
　　drugs for shrinking large— 治玉门大 134, 154
　　described as gate of life and death — 被称为生死之门 288, 327, 333

Waley, A. （人名） 15n., 44n., 63n.
Wang Mang 王莽 57, 86
Wasson, R.Gordon （人名） 340n.
Wilhelm, R. （人名） 27n., 37n., 43n., 347n.
wine drinking 饮酒 178
"Women's Precepts" 《女诫》 98—103
Wong, K. （人名） 作者序注 5
Woodroffe, Sir John 伍德罗菲爵士 345
Wu Chao 武曌 168
　　amours and cruelty of— 其风流与残酷 190—191
Wu Lu-ch'iang （人名） 80n.
Wu-shan, goddess of— 巫山，巫山神女 38—40

yab-yum 雅雍 259—261, 356, 357
Yama 阎王 321
Yamāntaka 牛头神 259
Yang Hsien-i 杨宪益 192n.
Yang Kuei-fei 杨贵妃 169
　　career ～的生平 191—192
Yao 尧 10, 70, 72, 96
Yellow Emperor 黄帝 10
Yellow Turbans, revolt of— 黄巾军，黄巾起义 42
　　sexual orgies of— ～的性仪式 88—90, 225
Yetts, W.Perceval （人名） 41n.
yin and yang, basic meaning 阴阳，基本含义 36—27
yoni 阴户 348
Yü 禹 10
Yüan Chên 元稹 91, 176, 251
Yüan Chi 阮籍 91
Yüan Mei 袁枚 208, 308n.

Zimmer, H. （人名） 356n.

中译本附录

- ●附录一：高罗佩的生平和著作
- ●附录二：《秘戏图考》中文自序
- ●附录三：1990年中文版译者前言
- ●附录四：1990年中文版译者后记
- ●附录五：高罗佩与马王堆房中书
- ●附录六：闭门造车——房中术
- ●附录七：昙无谶传密教房中术考

附录一
高罗佩的生平和著作
（1910—1967年）

（一）生平

1910—1922年　1—12岁（童年和小学时代）。

1910年8月9日，高氏生于荷兰聚特芬（Zutphen）市。父亲是荷属东印度群岛的一名军医。其童年的大部分时间（3—12岁）是在爪哇岛上的苏腊巴亚（Surabaya，又名泗水）和巴达维亚（Batavia,今雅加达）度过。

1922—1929年　12（或13）—19岁（中学时代）。

1922年（或1923年），高氏随家返回荷兰，入奈梅亨（Nijmegen）古典中学。学习期间，得识国际语言学大师乌伦贝克（C.C.Uhlenbeck）。当时，乌伦贝克是阿姆斯特丹大学的梵文教授。他对高氏的语言学天赋非常欣赏，教他学习梵文，并请他协助，合编《英语—黑脚人语词典》一书（著作1、3）。此外，他还跟一位农业学院的中国学生学过中文。1926年，他写过回忆童年生活的诗文。这是他的第一部作品（著作20）。此外，他还发表过讨论《诗经》和《古诗源》的论文（著作21、22）。

1929—1935年　19—25岁（大学时代）。

1929—1932年，入莱顿大学学政治、法律，以及中文、日文，学士论文是讨论如何改良荷属东印度有关华侨的法律。1934—1935年，入乌得勒支大学，学中文、日文、藏文、梵文，博士论文是讨论中国、日本、印度和西藏的马祭（著作4）。高氏在学生时代就已打下坚实的语言学基础（他精通15种语言），并且知识渊博，具有广阔的学术视野。大学时代的他已经是高产作家，出版专书4种（著作1—4）、论文18篇（著作23—40）。

1935—1942年　25—32岁（第一次出使日本）。

　　1935年，高氏赴东京，在荷兰驻日本使馆工作，开始其外交生涯。1941年底，美英对日宣战，德意对美宣战。次年，随同盟国驻外使馆疏散，离开东京。出版专书4种（著作5—8）、论文11篇（著作41—51）。

1942—1947年　32—37岁（出使中国）。

　　1942年，赴重庆，任荷兰驻中国使馆一秘。在渝期间，从古琴名家叶诗梦学古琴，与于右任、冯玉祥等结天风琴社。1945年，与在荷兰使馆工作的水世芳结婚。出版专书1种（著作9）。

1947—1949年　37—39岁（返国）。

　　1947年，回海牙，在荷兰外交部工作。1948年，开始创作《狄公案》系列小说的第一部：《铜钟案》（著作59，写于1948—1951年，出版于1955年）。1948到1967年，高氏共写过17种25部小说（著作57—73）。

1949年　39岁（出使美国）。

　　赴华盛顿，任荷兰驻美国使馆参赞。

1949—1953年　39—43岁（第二次出使日本）。

　　1949年，赴东京，任荷兰驻日本使馆参赞。在此期间，出版专书3种（著作10—12）、论文2种（著作52、53）、小说1种（著作57），包括《秘戏图考》（1951年）和《迷宫案》（1950年）。《秘戏图考》是十年后出版的《中国古代房内考》（1961年）的前身。《迷宫案》是高氏最早发表的小说。这些著作都是在东京出版。

1953 年　　　　43 岁（出使印度）。

赴新德里，任荷兰驻印度使馆参赞。

1954—1956 年　44—46 岁（出使黎巴嫩）。

1954 年，赴贝鲁特，任荷兰驻黎巴嫩使馆公使。在战乱中笔耕不辍，出版专书 3 种（著作 13—15）、论文 3 种（著作 54—56）。

1956—1962 年　46—52 岁（出使马来亚）。

1956 年，赴吉隆坡，任荷兰驻马来亚（今马来西亚，当时叫马来亚）使馆公使。1959 年，升任大使。出版专书 3 种（著作 16—18）、小说 3 种（著作 59—61），包括高氏的名山之作《中国古代房内考》（1961 年）。高氏开始饲养和研究长臂猿。

1962—1965 年　52—55 岁（返国）。

1962 年，回海牙，在荷兰外交部工作。出版小说 6 种（著作 63—68）。

1965—1967 年　55—57 岁（第三次出使日本）。

1965 年，赴东京，任荷兰驻日本大使，继续饲养和研究长臂猿。1967 年 9 月 24 日，因癌症病逝于海牙的一所医院，享年 57 岁。去世前后，出版专书 1 种（著作 19）、小说 4 种（著作 69—73），最后著作为《中国长臂猿》（1967 年）和小说《黑狐狸》（1968 年）。

（二）著作

（甲）专书

1. 1930 年版的《英语—黑脚人语词典》（与乌伦贝克合编）：Uhlenbeck, C.C. and R. H. van Gulik, *An English-Blackfoot vocabulary based on material from the Southern Peigans.* Verhandelingen der Kon. Akad-

emie van Wetenschappen te Amsterdam, Afd. Letterkunde, N. R. deel XXIX, no.4(Amsterdam, 1930),263pp.

2.《优哩婆湿——迦梨陀娑的梦》(译自梵文)：*Urvaci, een oud-Indisch tooneelstuk van Kalidasa, uit den oorspronkeliken tekst vertaald, en van een inleiding voorzien* [Urvaci, an ancient Indian play by Kalidasa, translated from the original, with an introduction]. (The Hague: Adi Poestaka, 1932),84pp., with vignettes by the author.

3. 1934年版的《英语—黑脚人语词典》(与乌伦贝克合编)：Uhlenbeck, C.C. and R. H. van Gulik, *A Blackfoot-English vocabulary based on material from the Southern Peigans*. Verhandelingen der Kon. Akademie van Wetenschappen te Amsterdam, afd. Letterkunde, N. R., deel XXXIII, no.2(Amsterdam, 1934), xii+380pp.

4.《马头明王诸说源流考——中国、日本马祭的真言乘说》，附绪论：《印度、西藏的马祭》：*Hayagriva, the Mantrayānic Aspect of Horse-cult in China and Japan*, with an introduction on horse-cult in India and Tibet (Leiden, Brill, 1935), x+105pp., ills. in-4°.[案：此为高氏的博士论文]

5. 米芾《砚史》英译本：*Mi Fu on Inkstones*; translated from the Chinese with an introduction and notes (Peking: Henri Vetch, 1938), xii+72pp., ills. and map.

6.《中国琴道》：*The Lore of the Chinese Lute*; an essay in Ch'in ideology, Monumenta Nipponica Monograghs, vol.3 (Tokyo: Sophia University, 1940), xvi+239pp., ills.

7.《嵇康及其〈琴赋〉》：*Hsi K'ang and his Poetical Essay on Lute*, Monumenta Nipponica Monograghs, vol.4 (Tokyo: Sophia University, 1941), x+91pp., ills.

8.《首魁编——乾隆年间长崎中国工厂生活纪实》：*Shukai-hen, a description of life in the Chinese Factory in Nagasaki during the*

Ch'ien-lung period, translated from the original Chinese into Japanese, with Japanese introduction and notes, in Toa ronso（东京：文求堂，1941）.

9.《明末义僧东皋禅师集刊》：（重庆：商务印书馆，1944），2+1+11+2+1+3+131 pp.(in Chinese)+3 pp. (in English).

10.《狄公案》英译本：*Dee Goong An*, Three Murder Cases solved by Judge Dee. An old Chinese detective novel translated from the original Chinese with an introduction and notes (Printed for the author by Toppan Priting Co., Tokyo, 1949), iv+iv+237 pp.

11.《春梦琐言——据日藏汉籍出版的明代色情故事》：*Ch'un-meng-so-yen*, *Trifling Tale of a Spring Dream*. A ming erotic story, published on the basis of a manuscript preserved in Japan. (Tokyo, privatetely printed, 1950), 6(English)+19(Chinese) pp.

12.《秘戏图考——明代套色春画，附论汉代到清代的中国性生活》：*Pi-his-t'u-kao*, *Erotic Colour Prints of the Ming Period*, with an Essay on Chinese Sex Life from Han to Ch'ing Dynasty, B.C. 206—A.D. 1644 (Privately published in fifty copies, Tokyo, 1951),—3 Chin. Vols. I：xvi+242 pp., 22 ills.; II：《秘书十种》，2+210 pp.; III：《花营锦阵》，4+24 pp., 24 pl.

13.《明刻本插图》：*De boekillustraties in het Ming tijdperk* [Book illustrations in the Ming period] (The Hague：Nederlandse Vereniging voor druken boekkunst, 1955), 10 pp., 11 pp., of ills.

14.《悉昙——中日梵学史》：*Siddham*; an essay on the history of Sanskrit studies in China and Japan. Sarasvati Vihara Series vol. 36 (Nagpur：International Academy of Indian Culture, 1956), 234 pp. in-4°.

15.《棠阴比事》英译本：*T'ang-yin-pi-shih*, 'Parallel Cases from under the Pear-tree'; a 13th century, manual of Jurisprudence and

Detection; Sinica Leidensia vol. X (Leyden: Brill, 1956), xi+198 pp.

16.《中国绘画鉴赏》: *Chinese Pictorial Art as viewed by the Connoisseur. Notes on the means and methods of traditional Chinese connoisseurship of pictorial art, based upon a study of the art of mounting scrolls in China and Japan.* Serie Orientale 19 (Rome: Istituto Italiano per il Medio ed Estremo Oriente, 1958), 537 pp.

17.《书画说铃》英译本: Lu Shih-hua 陆时化, *Scrapbook for Chinese Collectors, A Chinese Treatise on Scrolls and Forgers,* Shu-hua shuo-ling 书画说铃, *translated with an introduction and notes* (Beirut: Imprimerie catholique, 1958), 84 pp.+16 pp. Chinese text.

18.《中国古代房内考》: *Sexual life in ancient China; a preliminary survey of Chinese sex and society from ca. 1500 B.C. till 1644 A.D.* (Leiden, Brill, 1961), xvii+392 pp., ills.

19.《中国长臂猿》: *The Gibbon in China,* an essay in Chinese animal lore. (Leiden: Brill, 1967), iv+123 pp., ills. and map.

(乙) 论文

20. 高氏回忆其童年时期在爪哇岛生活的诗文: Contributions to the school paper *Rostra*, including verse (some in French) and an essay "Van het schoone eiland" [from the beautiful isle], being reminiscences of the author's childhood on Java, 1926. [案：这是高氏的处女作，题目已佚，包括一篇题作《来自美丽岛》的短文和若干诗作]

21.《论〈诗经〉》: "Eenige opmerkingen omtrent de Shih Ching, het Klassieke Boek der Oden" [Some remarks concerning the *Shih-ching*, the classical Book of Odes], in *China* III (1928), pp. 133—147.

22.《古诗源》: "'Ku Shih Yuan'—De Bron der Oude Verzen" [*Ku-shih yuan*, the source of ancient verse], in *China* III (1928), pp. 243—269.

23.《抒情诗的全盛时期》:"De Bloeitijd der Lyriek"[The heyday of lyrical poetry], in *China* Ⅳ (1929), pp.129—143,253—275; *China* Ⅴ (1930), pp.115—119.

24.《中国古代的算学概念》:"De mathematische conceptie bij de oude Chineezen"[The concept of mathematics among the ancient Chinese], in *Euclides*, *Nederlandsch Tijidschrift voor Wiskunde* (1929).

25.《中国的志怪故事》:"Chineesche wonderverhalen"[Chinese tales of the supernatural], in *Tijdschrift voor Parapsychologie* Ⅰ (1929), p.158 sq.and p.280 sq.; Ⅱ (1930), p.111 sq.

26.《中国书体的不似之似》:"De verwerkelijking van het onwerkelijke in het Chineesche schift"[The realization of the unreal in the Chinese script], in *Elsevier's Geillustreerd Maandblad* LXXVII (1929), pp.238—252, 318—333.

27.《赤壁赋》:"Tsj'e Pei Foe, 'Het gedicht van den Rooden muur'"[*Ch'in-pi fu*, the poem of the Red Wall], in *China* Ⅴ (1930), pp.203—206.

28.《东方的阴影》:"Oostersche schimmen"[Oriental shadows], in *Elsevier's Geillustreerd Maandschrift* LXXVI (1931), pp.94—110, 153—163; LXXXII (1932), pp.230—247, 306—318, 382—389.

29.《杨朱》:"De Wijsgeer Jang Tsjoe"[The philosopher Yang Chu], in *China* Ⅵ (1931), pp.165—177; VII (1932), pp.93—102.

30.《评法译汉诗的新作》:G. Soulie de Morarant, *Anthologie de l'amour chinoi*:"Een nieuwe Fransche vertaling van Chineesche gedlichten"[A new French translation of Chinese poetry, a critical review of G. Soulie de Morarant, *Anthologie de l'amour chinois*; Paris, 1932], in *China* VII (1932), pp.127—131.

31.《论中国的历史、语言和文学》:"Articles on Chinese history, language and literature", in *Winkler Prins Encyclopedie*, 5th edition

(Amsterdam,1932—1938).

32.《五柳先生——论陶渊明》:"De Wijze der Vijf Wilgen"[The Sage of the Five Willows—a discussion of the poet T'AO YUAN-MING], in *China* VIII (1933), pp.4—27.

33.《悼念亨利·波莱尔》:"In memoriam Henri Borel", in *China* VIII (1933), p.167.

34.《中国的古今边塞诗》:"Oude en nieuwe Chineesche oorlogszangen"[Chinese songs of war, ancient and modern], in *Chung Hwa Hui Tsa Chih*, *Orgaan van de Chineesche Vereeniging Chung Hwa Hui*, XI (1933), pp.9—11.

35.《亨利·波莱尔,1869年11月23日—1933年8月31日》:"Henri Borel, 23 Nov. 1869—31 Aug. 1933", *idem* XI, p.68.

36.《中国棋艺》:"Het Chineesche schaakspel"[Chinese chess], *idem* XI, p.99—105.

37.《驳〈申报〉1933年9月21日署名"君惕"文》:"Weerstand bieden; uit een artikel, geteekend Ch'un Ti, in de 'Shun-pao' van 21 Sept. 1933"[Resist; from an article in the *Shen-pao* of 21 September 1933, signed Ch'un Ti], in *idem* XI, pp.145—146.

38.《印度故事:牺牲儿子的武士》(译自梵文):"De krijgsman die zijn eigen zoon offert. Een oud-Indisch verhaal, uit het Sanskript vertaald en ingeleid"[The warrior who sacrifices his own son. An ancient Indian tale, translated from Sanscript and introduced], in *idem* XII (1934), pp.26—31.

39.《中国的砚台》:"Chinese inkstones", in *idem* XII, pp.79—83.

40.《宋画的哲学背景》:"De wijsgeerige achtergrond van de schilderkunst der Soeng-periode"[The philosophical background of the art of painting of the Sung-period], in *idem* XII, pp.125—134.

41.《中国雅乐东传日本考》:"Chinese literary music and its introduction into Japan", in *18th Annuals of the Nagasaki Higher Commercial School*, part 1 (1937—1938) published in *Commemoration of Prof. Chozo Muto* (Nagasaki, 1937), pp.123—160.

42.《讣告：西蒙·哈特维希·山克》:"Necrologie: Simon Hartwich Schaank", in *T'oung Pao* XXXIII (1937), pp.299—300.

43.《鬼谷子》:"Kuei-ku-tzu, the Philosopher of Ghost Vale", in *China* XII-XIII (1938), pp.261—272.[VAN GULIK's annotated translation of this text was lost during the war; he never returned to it.][案：原文译注已在战争中亡佚。]

44.《三种古琴》:"On three antique lutes", in *Transactions of the Asiatic Society of Japan*, 2nd series, vol.XVII (Tokyo, 1938), pp.155—191, ills.

45.《评 H.普罗森特和 W.海尼施的〈日本书目〉》:"Critical review of H.Prosent & W.Haenisch, *Bibliographic von Japan*, Bd.V.(Leipzig, 1937)", in *Transactions of the Asiatic Society of Japan*, 2nd series, vol. XVII (1938).

46.《琴铭研究》:"琴铭の研究", in *Sho-en* 书苑 [a Japanese monthly devoted to calligraphy and paleography], pp.10—16.

47.《隔鞾论：日本对鸦片战争的模仿》:"Kakkaron 隔鞾论, a Japanese echo of the opium war", in *Monumenta Serica* IV (1940), pp.478—545, with 2 plates.

48.《评卡尔·豪斯霍夫尔的〈太平洋地缘政治学〉》:"Review of Karl Haushofer, *Geopolitik des pazifischen Ozeans*", in *Monumenta Serica* V (1940), pp.485—486.

49.《评 J.O.P.布兰德和 E.布莱克豪斯的〈西太后统治下的中国〉》: "Review of the Peking edition (1939) of J.O.P. BLAND and E.BLACKHOUSE, *China under the Empress Dowager*", in *Monumenta Serica* V (1940), pp.486—492.

50.《中日书坊刻本扉页上的魁星点斗印》:"On the seal representing the god of literature on the titlepages of Chinese and Japanese popular editions", in *Mounumenta Nipponica* IV (1941), pp.33—52.

51.《福开森博士诞辰七十五周年祭》:"Dr. John C. Ferguson's 75th anniversary", in *Monumenta Serica* VI (1941), pp.340—356, including a bibliography of FERGUSON'S works.

52.《〈中国琴道〉订补》:"The lore of the Chinese lute—addenda and corrigenda", in *Monumenta Nipponica* VII (1951), pp.300—310.

53.《说筝》:"Brief note on the *cheng*, the small Chinese cither", in *Toyo ongaku henkyu* 东洋音乐研究 9 (1951), pp.10—25, ills.

54.《中国的"现结芒果"术,论道教幻术》:"The mango-trick in China; an essay on Taoist magic", in *Transactions of the Asiatic Society of Japan* III, 3rd series (1954), pp.117—175.[案:"现结芒果"术〈mango-trick〉是一种印度幻术,相当中国的"种瓜即生"术]

55.《银钉和银锭》:"Yin-ting 银钉 and yin-ting 银锭", in *Oriens Extremus* II (1955), pp.204—205.

56.《说墨锭》(评外狩素心奄《唐墨和墨图说》):"A note on ink cakes", in *Monumenta Nipponica* XI (1955), pp.84—100 [a review article on TOGARI SOSHIN'AN 外狩素心奄, *Toboku waboku zuselsu* 唐墨和墨图说, Tokyo, Bijutsu shuppansha, 1953].

(丙)《狄公案》等小说

57.《迷宫案》: *The Chinese Maze Murders* (The Hague, van Hoeve, 1953.—Dutch version: *Labyrinth in Lan-fang*. The Hague, van Hoeve, 1956), written in 1950, first published in Japanese 1950. Translated into Chinese by the author and published as *Ti Jen-chieh Ch'i-an* 狄仁杰奇案(新加坡:南洋印刷社有限公司,1953),[10+]5+199 pp.

58.《湖滨案》: *The Chinese Lake Murders* (New York: Scribner,

1953.—Dutch version: *Meer van Mien-yuan*. The Hague: van Hoeve, 1959), written in 1952, partly rewritten in 1957.

59.《铜钟案》: *The Chinese Bell Murders* (London: M. Joseph, 1958.—Dutch version: *Klokken van Kao-yang*. The Hague: van Hoeve, 1958), written in 1948—1951, first published in Japanese in 1955.

60.《黄金案》: *The Chinese Gold Murders* (London: M. Joseph, 1959.—Dutch version: *Fantoom in Foe-lai*. The Hague: van Hoeve, 1958), written in 1956.

61.《铁钉案》: *The Chinese Nail Murders* (details of the English ed. Unknown.—Dutch version: *Nagels in Ning-cho*. The Hague: van Hoeve, 1960).

62.《红阁子》: *The Red Pavilion* (London: Heinemann, 1964.—Dutch version: *Het rode paviljoen*. Hague: van Hoeve, 1961), written between 22nd March and 22nd April 1959.—The novels 6, 7 and 8 were first published in Malaysia.

63.《朝云观》: *The Haunted Monastery* (London: Heinemann, 1963.—Dutch version: *Het Chinese spookklooster*. The Hague: van Hoeve, 1963), written in 1958—1959.

64.《御珠案》: *The Emperor's Pearl* (London: Heinemann, 1963.—Dutch version: *De parel van de keizer*. The Hague: van Hoeve, 1963), written between 5th March and 8th April 1960.

65.《既定之日——阿姆斯特丹疑案》: *The Given Day* (Kuala Lumpur, 1964.—Dutch version: *Een gegeven dag*. Amsterdams mysterie [The given day, Amsterdam mystery].—The Hague: van Hoeve, 1963).

66.《四漆屏》: *The Lacquer Screen* (London: Heinemann, 1964.—Dutch version: *Het Chinese Lakscherm*. The Hague: van Hoeve, 1963), written in 1958.

67.《猿与虎》(包括《断指记》、《汉家营》)：*The Monkey and the Tiger* (London：Heinemann, 1965.—New York：Scribner, 1965). These two stories were first published in Dutch：*The morning of the monkey as Vier Vingers* (Four fingers.—Amsterdam：Vereniging tot de bevordering van de belangen des boekhandels, 1964); *The Night of the tiger as De nacht van de tiger* [The night of the tiger. The Hague：van Hoeve, 1963].

68.《柳园图》：*The Willow Pattern* (New York：Scribner, 1965.—Dutch version：*Het Wilgepatroon*. The Hague：van Hoeve, after earlier publication as a serial in the newspaper *De Telegraaf* in the course of 1963).

69.《广州案》：*Murder in Canton* (New York：Scribner, 1967.—Dutch version：*Moord in Canton*. The Hague：van Hoeve, 1966 3rd edition), written in 1961—1962.

70.《狄公八案》(包括《五朵祥云》、《红丝黑箭》、《雨师秘踪》、《莲池蛙声》、《跛腿乞丐》、《真假宝剑》、《太子棺柩》、《除夕疑案》)：*Judge Dee at Work* (London：Heinemann, 1967). This collection of eight stories includes the six tales that were published in Dutch as *Zes zaken voor Rechter Tie* (Six cases for Judge Dee. The Hague：van Hoeve, 1961), and the story *Oudejaarsavond in Lan-fang* [New Year's Eve in Lan-fang], privately printed as a gift to friends for New Year 1959 [The Hague：van Hoeve].

71.《紫光寺》：*Phantom of the Temple* (New York：Scribner, 1967.—Dutch version unknown), written in 1965.

72.《玉珠串》：*Necklace and Calabash* (London：Heinemann, 1967.—Dutch version：*Halssnoer en Kalabas*. The Hague：van Hoeve, 1967), written in 1966.

73.《黑狐狸》：*Poets and Murder*, written in 1967, to appear early in

1968.

［案：上述17种小说，只有著作65非《狄公案》系统的小说，题目是据原文直译，其他都是《狄公案》系统的小说，题目都是根据中文译本的固定译法］

高氏是外交家，但兴趣在汉学研究，主业和副业颠倒其位，外行胜于内行。研究学术问题，他与常人也不同，宁弃大路从小径，不顾主流学术热衷的所谓重大问题，而专注于众所忽略的微末细节，尤于琴棋书画，中国文人士大夫的风雅生活，情有独钟，推崇备至，不但深入研究，还当业余爱好，亲尝亲炙，乐在其中。其研究领域极其广泛，常随兴趣之转移而时时变换其主题，玩索有得，汇聚成文，取材鸿富，构思奇特。他聪颖早慧，精力过人，宦游各国，笔耕不辍，身后留下的著作达73种（一半是书，一半是文），平均下来，几乎每年都要写一本书和一篇文章，真正可以称得上是"著作等身"，在老一代的汉学家中，是不可多得的天才和奇人。

（据高氏去世后《通报》杂志发表的讣告〈见 *Toung Pao*, series II, vol. LIV, 1968, pp.117—124〉和其他传记资料编写）

附录二
《秘戏图考》中文自序[1]

中国房中术一道由来已久，《易》论一阴一阳，生生化化，其义深矣。其为教也，则著之于书，道之以图，自汉以来，书图并行，据张衡《同声歌》可知也。盖此术行而得宜，则广益人伦，故古代希腊、罗马、印度皆有其书，至今欧美医士立房中术为医学一门，编著夫妇必携儿女必读之书，而中土则自汉已然，海外知之者鲜矣。夫男女构精，亘古不易，而人之所以视之，则代有同异。《汉书·艺文志·方伎略》特著房中八家，可知两汉之时对于此道，视为医术之一，初不视为猥亵之行也。其后六朝道家之行房益寿、御女登仙等说，复为人所诵习，不以为讳，观《徐陵与周弘让书》可证也。隋唐之时，佛教密宗之仪轨传来中国，交姤觉悟之说与道家合气成仙之旨融洽为一，马郎妇观音故事即其一例。自尔以来，此类著述浸多，敦煌出土《大乐赋》注所引，足备一隅。其后赵宋之时，程朱学兴，据男女有别之义，遂谓房中一切均是淫事，以房中术为诱淫之具。胡元肆虐中土，文士无所施展，乃多放纵于酒色艳词。媟戏流行海内，而房室之讳得以稍宽，可谓此道不幸之幸也。及夫有明，宋学复兴，儒家拘泥亦甚，故此类书籍一时不振。明末，高人墨客多避阉势，卜居江南，殚精于燕闲雅趣，多改编《素女》、《玄女》等经，并加讲解，颇极一时之盛。暨满清入主，制度服色

---

[1] 此文是作者为《秘戏图考》一书所作的序，表明作者对中国性文化的看法。今收录于此。——编者

为之一变。但闺门之内,卒不肯使满人窥其秘奥。且清之奖励宋学,又甚于明,儒者遂于此种图书深藏不宣,后竟遭毁禁之厄。乾嘉之际,所存者什一而已。

十八、十九世纪,访华西人考察风俗,书籍既不易入手,询人又讳莫如深,遂以为中国房内必淫污不堪,不可告人,妄说误解因之而生。甚至近世西人所传中国房室奇习,大抵荒唐无稽。书籍杂志所载,茶余酒后所谭,此类侮辱中华文明之例,已不胜枚举。一则徒事匿藏,一则肆口诬蔑,果谁之罪欤?

此种误谬,余久所痛感,但以无证可据,订正莫由。客年于日本,搜罗佚书,偶得明刊房中术书数种,并明末绣梓春宫若干册。康乾间,此类图书多流入日本,为彼土文士画家所珍。浮世绘版画实多取材于此,而德川幕府亦未严禁,故得保存至今。本年夏,余于西京旧家购得万历雕《花营锦阵》春册版本,尤为难能可贵,至是而资料略备矣。

余所搜集各书,除《修真》、《既济》二种外,殆可谓有睦家之实,无败德之讥者。可知古代房术书籍,不啻不涉放荡,抑亦符合卫生,且无暴虐之狂,诡异之行。故中国房室之私,初无用隐匿,而可谓中华文明之荣誉也。至于《花营锦阵》、《风流绝畅》等图,虽是轩皇、素女图势之末流,实为明代套版之精粹,胜《十竹斋》等画谱强半,存六如、十洲之笔意,与清代坊间流传之秽迹,不可同日而语。外国鉴赏家多谓中国历代画人不娴描写肉体,据此册可知其谬也。

此类图书,今已希若星凤,窃谓不可听其埋没,因不吝资劳编成本书,命曰《秘戏图考》,分为三册。首册所辑,乃中国房术概略,自汉迄明,并记春册源流。中册手录各代秘书十种,并撮抄古籍中记房中事者附之。下册则《花营锦阵》,用原版印成,俾留真面。

盖本书自不必周行于世,故限于五十部,不付市售,仅分送各国国立图书馆,用备专门学者之参稽,非以供闲人之消遣。海内识者,如有补其阙遗并续之以明末以后之作,固所企盼,而外国学者得据此书以矫正西人之误会，则尤幸矣。编纂既竣，特缀数言，以俟中国学者、大雅君子，庶明余意云尔。

　　　　　　　　　　西历一九五一年孟夏　荷兰高罗佩书于吟月庵

附录三
1990年中文版译者前言

这本书的内容对中国读者已经太陌生,简直好像是讲另一个国度。然而,这却是一部地地道道的汉学著作:由一个外国人讲中国,讲我们自己的事情。

作者高罗佩(R.H.van Gulik,1910—1967),是荷兰著名汉学家,曾在荷兰莱顿大学和乌得勒支大学攻读法律和东方语言,1935年以研究印度、中国西藏和远东马祭的论文而获博士学位。之后,他一直在荷兰驻外机构中担任外交官,先后就职于东京、重庆、南京、华盛顿、新德里、贝鲁特和吉隆坡,最后任职为驻日本大使。

作者汉学功力深厚,发表过不少研究中国古代历史文化的译作和专著,如米芾《砚史》译本(1938)、《中国琴道》(1940)、嵇康《琴赋》译本(1941)、《明末义僧东皋禅师集刊》(1944)、《狄公案》译本(1949)、《春梦琐言》(1950)、《秘戏图考》(1951)、《棠阴比事》译本(1956)、《书画说铃》译本(1958)、《中国绘画鉴赏》(1958)、《中国长臂猿》(1967)及本书。这些书中,尤以《狄公案》译本和本书名气最大。《狄公案》译本在西方有"中国的福尔摩斯小说"之称(作者后来还写有自己构思的续作),非常风靡。而本书则取材鸿富,研精虑深,在研究中国古代性生活这一问题上,被西方汉学界公认是一部具有开创性的权威之作。美国学者坦纳希尔(Reay Tannahill)在其《历史中的性》(*Sex in History*)一书中遍论世界各古老文明的性生活,述及中国,几乎全取此书。她说,此书"无论自取材或立意言之,皆为无价之宝"(455页),洵非虚誉。虽然此书主要是写给西方读者,是为了纠正西方人对中国古代性生活的偏见,但它的内容对中国读者也同样有耳目一新之感。因为作者所讲的许多事情即使对中国人来说,似乎也已十分隔膜。

本书英文原名,直译过来是"中国古代的性生活",副标题是"公元前1500年至公元1644年中国性与社会的初步考察",另外还有中文名称,叫《中国古代房内考》。我们这个译本是沿用作者的中文书名。

此书从性质上讲是一部从社会史和文化史的角度研究中国古代性生活的学术专著。就作者的经历和学术背景而言,我们不难看出,作者对中国历史文化的研究,过去多偏重于琴棋书画和诗赋小说,很有点中国传统知识分子的"儒雅之风"或"玩古董气"。他怎么会想到现在这样一个题目上来呢?这就要说到他对中国明代春宫版画的搜集。

在本书序言中,作者很坦白地说,他对中国古代的性问题过去一直是绕着走,觉得自己缺乏性学知识有如残疾人,不敢去碰。但是有一次,他偶然买到一套明代套色春宫版画的印板,即《花营锦阵》,想把它印出来供有关学者研究,由此引发兴趣,才终于一发而不可收,先是写了《秘戏图考》,后又写了本书。所以讲到本书,是不能不提到《秘戏图考》的。

《秘戏图考》是一部研究明代春宫版画的专著。该书最初是从艺术鉴赏的角度来写,只想在前面加一个带有历史研究性质的导言,后来逐渐扩大开来,竟成为一部三卷本的大书。其中第一卷是正文,系用英文写成。该卷分三部分,第一部分是《色情文献简史》,内容是讨论房中秘书和色情、淫秽小说,时间范围从汉一直到明,就是本书的雏型。第二部分是《春宫画简史》,重点介绍八部春宫画册。第三部分是《花营锦阵》,包括画面说明、题辞译文和注释。卷后附录《中国性词汇》及索引。第二卷是《秘书十种》,系书中引用的重要中文参考文献,用中文抄录,包括《洞玄子》、《房内记》、《房中补益》、《大乐赋》、《某氏家训》、《既济真经》、《修真演义》、《素女妙论》、《风流绝畅图》题辞、《花营锦阵》题辞。卷后有附录,分"旧籍选录"和"说部撮抄"两类。第三卷是影印的《花营锦阵》原图。全书前面有英文导言和中文序(用文言文写成)。所有中、英文皆手写。作者认为该书不宜公开出版,所以只印了五十部,分赠世界各大学、博物馆和研究单位(参看本书附录二)。近闻香港已将该书影印出版。

此书初版于1961年,与《秘戏图考》是姊妹篇,但二者有几点不同。第一,此书侧重社会史和文化史的研究,而不是艺术鉴赏,与前者有分工,叙述历史部分加详,而讲春宫版画反略,只占第十章的一小部分。第二,此书后出,距前书有十年之久,讲历史的部分不但独立出来,而且内容上有增补,观点上有修正。如作者增加了讲西周和西周以前、东周和秦的部分,其他原有各部分也补充了许多新引文,修改了许多旧引文的译文,并采纳李约瑟的意见,修正了前书对道家房中术的评价,放弃了所谓道家进行"性榨取"的说法,因此显得更加完备。第三,此书是用来公开出版,面向广大读者,作者一贯强调爱情的高尚精神意义(参看书中对赵明诚、李清照爱情故事的描写),反对过分突出纯肉欲之爱,对正常的性行为与变态反常的性行为(施虐与受虐,排粪尿狂,兽奸)做有严格区分,故对本书行文、图版和插图的选择极为慎重。如作者把某些引文中涉及性行为的段落用拉丁文的生理学词汇翻译,使具严肃性;图版、插图完全没有表现全裸或性交的画面。其中惟一两幅选自春宫画册的图版,也是为了说明其艺术表现手法而专门挑出,一幅全身着装,一幅只裸露上身。全书没有超过这一限度的。

对性问题的研究,在现代西方已经形成专门的学科(Sexology),中国古代则叫作"房中术"。从研究文化史的角度讲,"房中术"是中国古代"实用文化"中的一个重要侧面。这里我们所说的中国古代"实用文化",主要包括以天文历算为中心的"数术之学"、以医学养生为主的"方技之学"以及兵学、农学和手工艺等等。战国以来的私学,即带有一定自由学术性质的诸子之学实际上是在这种"实用文化"的基础上发展起来的。中国古代的房中术本属于"方技"四门之一（其他三门是"医经"、"经方"和"神仙"）。现在马王堆出土的西汉帛书表明，这种研究在古代是被视为上至于合天人、下至于合夫妇，关系到饮食起居一切养生方法的"天下至道"，在当时影响很大。过去我国思想史的研究者往往囿于诸子之学，对中国古代实用文化的影响和作用认识不足，特别是对其中涉于"迷信"、"淫秽"的东西避忌太深。与此形成对照的是，国外汉学界往往恰好是对这些方面抱有十分浓厚的兴趣。例如1974年在美国加州大学伯克利分校举行的马王堆帛书工作会议上反映出来的情况就是如此。他们之所以重视这些东西，原因可能是多方面的，但有一点很清楚，就是他们显然注意到，这些材料对于研究中国文化的独特内心理解是不可缺少的。关于这一点，我们不妨拿诸子书中很有名的《老子》做一个例子。《老子》书中最重要的概念是"道"。"道"是什么意思，长期以来人们一直争论不休，其实原书讲得很清楚，"道"是不死的"谷神"，"谷神"就是"玄牝"，即一个"玄之又玄"的女性生殖器，天地万物所出的"众妙之门"。这显然是一种与房中术密切有关的"地母"(earth-womb)概念。还有书中的另一重要概念"德"，核心是"守雌"，作"天下之牝"。为什么说要作"天下之牝"，就是因为"牝恒以静胜牡。为其静也，故宜为下"，凡是熟悉古代房中术内容的人都不难明白，这些话正是来源于对性行为的观察。至于其他譬喻，如"婴儿"、"赤子"、"天下之谿"等等，无不由此引申。

西方汉学家利用我们忽略的材料而在某些研究领域里比我们先行一步，李约瑟《中国科学技术史》是一个例子，高罗佩的此书是又一个例子。

本书为读者展开了一幅中国古代性生活的巨幅画卷。作者在书中运用了大批中文史料，有些是海外珍本秘籍，有些是从浩如烟海的中国旧籍中细心钩稽出来，工程庞大，作为一个外国人，实属难能。

从这些引书，我们可以窥见作者的基本写作思路和内容安排的"虚实"。它们主要包括以下几类：

（一）一般旧籍。如讲西周和西周以前的第一章主要引用了《诗经》，讲东周的第二章主要引用了《左传》，讲秦和西汉的第三章主要引用了《礼记》。早期阶段史料缺乏，作者只好利用这类材料。另外，本书每章开头作为引子的历史概述，大多是据一般正史记载，针对的是西方读者，带有介绍性；各章中穿插了一些文学作品，如汉代歌赋、唐诗及宋词，除少数是直接关系到本题的史料，很多只是用来"渲染气氛"。

（二）房中书及有关医书。房中书是古代指导夫妇性生活的实用书籍，最早见于《汉书·艺文志》著录，在初本是极为严肃的书籍，并无消遣娱乐的性质。古代希腊、罗马、印度和现今西方国家都有这种书。作者对历代史志著录房中书，皆考其撰人、书旨、篇帙和存佚之迹，一直穷追至明，然搜辑所得不过数种，只有日本古医书《医心方》所引《洞玄子》及《素女经》等书引文、《大乐赋》、《房中补益》、《既济真经》、《修真演义》、《素女妙论》。这些书，《医心方》引书年代最早，收入第六章。过去国内只有叶德辉辑本，收入《双梅景闇丛书》中。叶氏所辑有遗漏，且打乱原书引用顺序，此书则是按《医心方》原书进行引述。《大乐赋》是法国伯希和藏敦煌卷子本，过去国内有罗振玉《敦煌石室遗书》影印本和叶德辉《双梅景闇丛书》刻印本。《房中补益》出孙思邈《千金要方》，有《四库全书》本。这两种属于唐代，收入第七章。其他三种都是流入日本的珍稀之本，属于明代，收入第十章。由于这类材料比较少，所以显得特别珍贵，作者又自称对性学外行，想用史料本身说话，所以往往大段大段引用，有的甚至全篇抄入（如《洞玄子》）。

（三）与道家内丹派房中术有关的书籍。书中反复强调道家原则的重要性，但由于明《道藏》对这类书大加删略，作者实际引用的材料并不多，主要只有《周易参同契》、《抱朴子》、《云笈七签》和《性命圭旨》等几种。这种书与前一种书有密切关系，如《医心方》引抱朴子、冲和子之说，就属于道家言，故作者每每把二者视同一类。但此种书已从一般所谓的"合夫妇"、"养性命"发展为专以得道成仙为目的的秘术修炼，把女人当炼丹的"宝鼎"、而把"合气"、"采补"看做点化的手段，更加神秘化，也更加技术化。

（四）唐代色情传奇。见于第七章。如《游仙窟》、《神女传》、《志许生奇遇》。这类材料书中引用不多，但有一定重要性。它们不仅反映了当时的性习惯和婚俗，还可视为后世色情小说的滥觞。

（五）野史笔记。这类材料非常零散，寻找不易，但常常包含许多意想不到的信息，如本书第六章讲中国的变态性行为，引用朱彧《萍洲可谈》述沈括妻之虐待狂，引用赵翼《陔余丛考》述南宋时期的男妓行会，引用陶宗仪《辍耕录》述春药"锁阳"，引用赵翼《簷曝杂记》、谈迁《枣林杂俎》述淫具"缅铃"。第八章讲"龟"字的由尊而讳，引用王士禛《池北偶谈》、赵翼《陔余丛考》、俞樾《茶香室四钞》；讲宋代三等妓院，引用周密《武林旧事》、耐得翁《都城纪胜》、吴自牧《梦粱录》。第九章讲元代宫廷中的喇嘛教密教仪式和所谓"欢喜佛"，引用郑思肖《心史》、田艺蘅《留青日札》、沈德符《敝帚斋余谈》。

（六）明代色情、淫秽小说。作者把包含大量性描写的小说区分为两类，一类是 erotic novels，即色情小说，指并不专以淫猥取乐，而是平心静气状写世情的小说，代表作是《金瓶梅》；另一类是 pornographic novels，即淫秽小说，指专以淫猥取乐，故意寻求性刺激的下流小说，代表作是《肉蒲团》，此外，书中还介绍了《绣榻野史》、《株林野史》和《昭阳趣史》三书。这两类小说虽然都有大量性描写，但性质不同。前者在文学史和社会史的研究上占有很高地位，这是大家都公认的；而后者从内容上讲是庸俗的，在艺术形式上也没有多少可取之处，是享乐过度、厌倦已极的心理表现，有时情节反而是为性描写而设计。不过，尽管如此，我们应当承认，即使是后一类作品，对于文学史的研究、语言史的研究、社会史的研究、性学的研究，也仍然是一种重要史料。

（七）春宫版画。作者曾经寓目的春宫画册共有十二部，《秘戏图考》中介绍了其中的八部，即《胜蓬莱》、《风流绝畅》、《花营锦阵》、《风月机关》、《鸳鸯秘谱》、《青楼剟景》、《繁华丽锦》、《江南销夏》。本书只选择代表其各个发展阶段的五部，没有讲《花营锦阵》、《风月机关》、《青楼剟景》。作者在此书中对春宫画的起源、工艺手法和类型、分期做了简短概述，指出春宫画最初是起源于房中书的插图,后来才单独流行,在形式上分手卷和册页两种,并且在上述小说兴起后,还以小说插图的形式出现。作者指出,春宫版画的流行主要是在明末的江南,时间很短,只有八十年左右,但在唐寅、仇英的图样设计和胡正言《十竹斋画谱》和《十竹斋笺谱》刻版技术的影响下,却达到了中国版画史上登峰造极的地步。作者在《秘戏图考》中文序言中说,这些画"实为明代套版之精粹,胜《十竹斋》等画谱强半,存六如、十洲之笔意,与清代坊间流传之秽迹不可同日而语。外国鉴赏家多谓中国历代画人不娴描写肉体,据此册可知其谬也"。

(八)其他绘画和艺术品。为了使西方读者对中国古代的"房内"生活有一种直观和亲切的了解,作者在每一章中还专门辟有讨论各时期服饰、家具和室内陈设的段落。书中许多图版和插图即为此而安排。它们当中有些是作者的私人藏品。

另外,作者还利用了许多西方汉学家、日本汉学家的有关论著,对他们的译本和研究在注释中做了扼要的介绍和评价。在本书附录一中还引用了许多西方和印度本国研究密教的论著。

对以上这些材料的讨论往往被分配在每一章中,各自成为独立的片段,可以互相对照,但因各章讨论的重点不同而畋轻畋重,如房中书的讨论重点是在第六章,而色情、淫秽小说和春宫画的讨论,重点是在第十章。为了眉目清晰,我们在这些片断的前面加了提示性的小标题,用方括号括起。这些材料以性问题为中心构成了一个很大的画面。从中我们可以看出,性问题是一个涉及医学、宗教、家庭婚姻、伦理道德和文学艺术等许多领域,从生理到心理,从个体到家庭,从家庭到社会,触及面极广,敏感度极高的问题。我想,每个稍具正常心理的人都不难想象,如果我们把这一侧面从每个有关领域中一一抽去,那么我们对中国文化的理解将会是何等片面和肤浅。

此书对于开展同类性质的研究,不仅提供了大量资料,而且更重要的是,作者开阔的视野和敏锐的目光,对我们也很有启发。

下面是比较突出的几点。

首先,虽然正如上文所说,本书前几章从材料上讲很薄弱,如果让我们来写,往往就会感到无处下手。然而正是在这种地方,却充分显示出作者的洞察力。他能从晚期房中书的字里行间体味到它有一种渊源古老、始终一贯的原则,开卷一上来就讲中国人的基本性观念,指出它是以阴阳天道观为基础,这可以说是抓住了纲领。现代文化人类学的知识告诉我们,一切原始民族都远比现代人与自然界有更密切、更敏感的接触。他们总是把生命现象与宇宙生生不已的造化过程紧密相联,并从与自然更为接近的动物"学习",求得与自然的沟通与协调。他们把自然、人与自然的媒介(动物)和人看作是一个交感互动的大系统,对它们进行了漫长而又细致入微的观察。所以中国的传统医学理论和有关的方术总是把服食(特殊饮食法)、行气(气功)、导引(形体锻炼)和房中(性交技巧)作为一个整体来看待,从中发展出一种日益神秘化和技术化的体系,既带有一切原始思维的幼稚性,也带有它的天然合理成分。正是以此为基础,中国古代房中术才一再强调,夫妇之道乃是天地阴阳之道的精巧复制。这一点,我们从近年湖南长沙马王堆出土的汉代帛书《养生方》、《十问》、《合阴阳》、《天下至道谈》等书可以看得更清楚。在本书中,作者曾经猜测"假如《汉书》所载房中书得以保存下来,它们的内容肯定应与《医心方》所引内容是一致的"。上述马王堆帛书,抄写年代在汉文帝时期,成书当在更早,其术语和叙述方式与《医心方》的引书极为相似,可以证明作者的猜测是正确的。

其次,过去许多研究领域都对性问题避而不谈,搞医学的不讲房中术,搞宗教的不讲密教,搞小说史的顶多提一下《金瓶梅》,搞版画史的也不理春宫版画,致使这一问题的研究成为"被人遗忘的角落"。很多材料都在图书馆中尘封蠹蚀,无人知晓。不但"隔行如隔山",就连本行都两眼一摸黑。与这种做法相反,在本书中,作者不但把各方面的材料集中起来,而且能够注意各种问题的相互照应,比如一般房中术与道家内丹派房中术的关系,道家内丹派房中术与印度密教的关系,春宫版画与色情、淫秽小说的关系，把有关线索串连起来，非常注意问题的整体关联，使后来的研究者可以循此做进一步探索。

第三，我们还应提到的是，作者对他所研究的课题非常讲求科学认真的态度。例如在讨论中国古代的性观念时，作者总是一再强调，要从一夫多妻制的历史前提去理解。指出当时人们对两性关系、男女在婚姻中的地位以及他们对婚姻的义务，还有其他许多问题，都有特定的历史标准，中国古代房中术强调"一男御数女"的技巧掌握并不是随便提出来的，而是考虑到这种历史前提下男女双方的身体健康、家庭和谐和子孙繁育等实际问题。还有一些很小的细节，如《儿女英雄传》中男主人公安骥和女主人公何玉凤"阴阳颠倒"，这一现象在性心理的研究上很典型。作者为了说明何玉凤的"男子化"，就连书中讲何玉凤站着撒尿这样一个细节都未放过，观察是很细心的。再比如作者对"回精术"的评价，一方面作者指出，没有射出的精沿脊柱上行是不符合生理学的，它们只会进入膀胱，而不会进入脊柱，但同时，作者又很慎重，说这也许是古代中国人对相关心理过程的一种模糊表达。书中涉及专门的医学知识，作者总是尽量引用现代科学的研究成果。如对"春药"，作者指出，它们大多并不含有有害成分，但亦无特殊效力，只有一般的滋补作用，中国人对春药的迷信往往带有性联想的夸大成分，个别药物甚且对人体有害。这些说法就是有可靠根据的。而作者在其知识不足以做出判断的情况下，总是把问题提出来，留给专家去解决，这也很有"多闻阙疑"的精神。

第四，作者学识渊博，除精通中文史料，还对印度和日本的文化有相当深入的了解，因此有可能对三种文化的有关材料进行比较研究。如作者提到中国房中书、春宫版画、婚俗、服饰、家具、室内陈设对日本的各种影响及其遗留痕迹，把许多现象，如中国的"颤声娇"（案："颤声娇"是一种药粉而不是一种工具，作者理解有误）与日本的"琳之玉"、中国的春宫版画与日本的浮世绘等等做了有趣的对比。特别是本书附录一很重要，提出了一个范围更大的问题，即中国房中术与印度的佛教金刚乘和印度教性力派密教经咒的关系问题。这个问题还牵涉到西藏喇嘛教和日本东密。隋唐时代的房中书与印度密教有几乎完全相同的"回精术",这种相似很容易使人以为中国的房中术是外来的。特别是元代以来,人们往往把房中术的传授归之于"番僧"(参看《金瓶梅》),更使这种印象得到加强。作者不囿于成说,利用大量史料论证,中国的房中术远在汉代就已形成完整体系,在年代上早于印度密教经咒,应是独立起源,而非外来;相反,印度密教经咒却可能是在中国房中术的影响下发展起来,以后又回传中国,影响到隋唐以来的中国房中术。虽然作者也承认,他所提出的仅仅是一个假说。但这个假说至少有一半是可以成立的:即中国房中术应当有其独立的起源,出土的马王堆帛书就是一个很好的证据。

此书对中国古代性生活的研究有开创之功,但既然是开创,当然也就仅仅是开了个头。正如作者在序言中所说"要想在一本概论性质的书中反映出上述十个历史时期每一期性关系的总体面貌,这当然不可能。况且我们对中国社会史的现有知识是否已经达到足以做详细论述的地步也是大可怀疑的",此书仅仅是勾勒出一个大致的轮廓,以国内学术界的要求去衡量肯定还相当粗糙,很多有关领域的研究者可能会提出非议。

从材料上看,本书前五章显得比较薄弱,特别是前两章,涉及的是先秦时期,显得就更薄弱。先秦时期,不仅文字史料少,而且是个需要综合考古学、铭刻学等许多专门研究的特殊领域,作者似乎在这一方面并不擅长,只能利用西方汉学界的某些现成著作。可是这些著作,从书中引用的情况看,大多比较陈旧,比如作者对古文字材料的运用基本上就是靠不住的。另外,作者引用《左传》,纪年推算亦往往错后一年,这些我们都加了订正性的译者注。

除去材料上的不足,作者还坦率地承认,自己对专业的性学知识是外行,所以作者经常说把问题留给性学家去讨论。作者明确声明,他在本书中对产科学和药物学等纯医学问题不做讨论。这种不足,我们无法苛求作者。但本书对避孕问题几乎完全没有谈到,这却未免令人遗憾。因为这个问题对中国性关系的研究确实太重要了。我们只要从避孕技术在西方"性解放"运动中所起的作用加以反观，便可想见这一点。

还有，作者在对中国性观念的评价上使用了"正常"与"不正常"的概念，强调中国人比其他古老文明更少"反常"行为；在对中国性观念发展的估计上也有"一向开放而突变为压抑"之说。这些说法也值得商榷。

此外，还可顺便说一下，他在第六章中说叶德辉因刊印古房中书而为士林不耻，虽遭土匪杀害也无人同情，这种说法也不太准确。他的死，并不是被土匪杀害，而是在湖南农民运动中遭镇压。读者可参看杜迈之、张承宗《叶德辉评传》（岳麓书社，1985年）。

本书写作的一个基本目的是想纠正西方人认为"古代中国人性习俗堕落反常的流俗之见"（见本书序）。这一工作正像李约瑟的《中国科学技术史》，不仅对中国文化的研究有填补空白之功，而且也为增进东西方文化的相互理解做出了贡献。作者说，"正如人们可以想见的那样，像中国人这样有高度文化教养和长于思考的民族，其实从很早就很重视性问题"，他们不仅远在两千多年前就已形成极具系统的房中术理论，而且一直到清代以前，性问题仍可自由谈论和形之文字。这些书"清楚地表明，从一夫多妻制的标准看，他们的性行为是健康和正常的"（见本书序）。

可是，这却产生了一个问题：即为什么长期以来中国人对性问题一直保持着一种相当开放的态度，而清朝却突然急转直下，一下子变得缄默不言、讳莫如深了呢？对于这个问题，作者并没有回答，而是留给了读者去思考。

我们都知道，清代的禁毁之厄在历史上是空前的。当时统治当局禁毁书籍主要有两类，一类是讲明亡史实，被视为政治上的最大危险；另一类是所谓"淫词小说"，罪名则是有害"人心风俗"。清人以一个朝气蓬勃的民族入主中国，力挽明代末年侈糜淫滥的亡国之风，的确显得很有魄力，但其禁书宗旨乃是"严绝非圣之书"（康熙五十三年谕），不仅把上述色情、淫秽小说、"淫词唱片"禁绝在内，就连《水浒》、《西厢》这样的书也不肯放过，这也暴露了他们在文化上和心理上的极端脆弱。前一种书的禁止，是非早有定论,但后一种呢?大家却看得不大清楚,很少体会到这种"一干二净",竟在我们民族的精神深处留下了无形的"暗伤",这种精神上的"阉割",其惨毒酷烈实不下于前者。

作者说,清代的禁毁之厄造成了中国人假装正经的淫猥心理,他们虚情矫饰,竭力把自己的私生活弄得壁垒森严,陷于自己编制的罗网而不能自拔。这种遮遮掩掩曾使当时来华访问的西方人大感不解,以为其中必有污秽不可告人之处,辗转传说,愈演愈奇。因此作者发出浩叹:"一则徒事匿藏,一则肆口诬蔑,果谁之罪欤!"(《秘戏图考》中文序言)

这的确是本书留下的一个惹人深思的问题。

作者在《秘戏图考》中文序言的结尾曾说,"海内识者,如有补其阙遗,并续之以明末以后之作,固所企盼"。

现在作者已经逝世二十年了,我们仍在等待着这样的著作问世。

李 零

1987年8月10日

附录四
1990年中文版译者后记

本书还未出版,就有许多关心本书的朋友有约在先,叫我无论如何别忘了送书给他们。但当时我却只能漫加应承:假如书能出来,则当然,当然。

现在,本书即将付印,上海人民出版社的编辑倪为国同志又催我写这篇后记。看来真的是时候了。好,那我就来诉诉翻译过程中的苦恼,并讲讲朋友们的支持和帮助吧。

本书的翻译是几年前就已萌生的一个想法。大约还在1982年前后,我在中国社会科学院考古研究所见过此书。当时,这本书还只是一本很普通的书,可以随便借阅,所以我并没有把它当回事,随便翻翻也就还掉了。但几年后,当我在自己的研究中,对中国古代的数术方技之学逐渐产生兴趣,认识到此书对中国古代文化史和社会史的研究可能有重要意义,想要把它再次借出时,它却已经升格为善本。"别时容易见时难",所以我想,干脆还不如把它翻出来算了。

大约1986年初,我请考古所的刘新光同志帮助全文复印了此书。后来又请了郭晓惠、李晓晨和张进京合作翻译此书。这三位同志,他们都很忙,只能用业余时间来翻,如果找不到一家可靠的出版社,大家都赔不起时间。所以当时我们只是试着翻了一点,并没有真正展开工作。只是到1986年秋,当我们的想法被上海人民出版社接受,并正式列入出版计划后,我们才全力投入这一工作,一直干到1987年9月。本书作者序和附录是由李零翻译,一至五章是由李晓晨和李零合译,六至七章是由郭晓惠和李零合译,八至十章是由张进京和李零、郭晓惠合译,索引是由郭晓惠整理,全书人名、书名和引文是由李零查对,并由李零统校和润色。在本书翻译过程中,上海人民出版社的倪为国同志几次往返于京沪之间,从译文细节到内容质量都做了许多技术性指导,也使我们得到很大的鼓舞。大家合作得很好。

翻译此书,初看似乎并不难。它讲的全是我们中国的事情,译起来应当最顺手。特别是此书引文很多,我原以为找来抄上就是了,可以省掉很多功夫,哪里想到,其实麻烦也就出在这里。第一,此书引文有不少都是出自高氏《秘戏图考》卷二《秘书十种》及其附录,这些材料多系流失海外的珍本秘籍,不是国内找不到,就是在图书馆里深藏密扃,难以接近。第二,这些引文有不少被译成拉丁文,必须先把拉丁文译出,才能与中文原文对上茬口。另外还有许多杂七杂八的东西,如各种野史、笔记,也是零碎得很,有些作者又不注明出处,或者是注错了。找起来,好苦呀!

为了解决中文史料的"回译"问题,首先我们不得不向当时在美国哥伦比亚大学访问的高王凌求救。《秘戏图考》是非卖品,全世界只有50部,我们国内没有。我从本书附录二查到哥伦比亚大学图书馆藏有此书,遂请高王凌代为复印。此书在哥伦比亚大学也是善本,只是经高王凌努力,才终于破例获准,可谓帮了大忙。但是这也引起了一些麻烦。首先是复印件寄回,竟被海关扣留,要收件人持证件和介绍信前往"说说清楚"。我们去了两次,做了许多解释工作,然后上报审批,一拖就是好长时间。幸亏接待我们的海关人员皆为通情达理之人,能以学术为重,不为俗见所囿,谢天谢地,这些材料才总算没有被当作"黄色书刊"而没收。

其次,本书介绍的几部明代小说,也是很大的麻烦。其中《金瓶梅》,在国内虽然比较好找,但英译本用的是明天启间的《原本金瓶梅》,第一回开头有一段话为《金瓶梅词话》本所无。国内的影印本和洁本都是用的《词话》本,上面自然没有这一段。我请教了北京大学中文系的小说专家沈天佑先生,才把这件事弄清,那段话也是请沈先生查出。还有《肉蒲团》的第三回,在没有得到高王凌同志的复印件之前,我曾到北京大学图书馆查阅。北大图书馆是全国明代色情小说最集中的地方,著名的马隅卿藏书即在其中，我又是该大学的人，近水楼台，应该说是很方便了吧？然而真去查一下，我的天呀，别提多可怕了，前后竟要经过三四道审批。研究所开出介绍信，不行，还要经办公室审批，副馆长审批。副馆长批了总行了吧？不行，还要打回来再找正馆长审批。正馆长不在，怎么办呢？没有办法，又把专门掌管此类书籍的负责人找来再审一遍。只是经过多次"提审"，反复盘问，我才获准查阅指定的那个第三回。虽然我很钦佩他们的负责态度，但仍然感到浑身的不自在，好像囚犯一样，暴露在一片可疑的目光之中。所以，后来剩下的几条材料，我干脆还是请留学美国西雅图华盛顿大学的傅云起女士帮忙查找，抄好寄来。

在本书翻译过程中，除去中文史料，书中还有许多拉丁文、法文、日文和其他文字，也要求助于熟悉这些文字的同志。其中法文和拉丁文的翻译，我们曾得到法国巴黎第七大学的魏立德先生、意大利的 Vita Revelli 女士慨然相助，日文则是请教北京大学古文献所的严绍璗先生。此外，本书附录二有关印度的部分，很多梵文词汇和有关知识，也都是"拦路虎"，多亏中国社会科学院南亚所的宫静同志和世界史所的刘欣如同志帮助，我们才得以克服困难。

这里特别应该提到，我国著名学者胡道静先生，他以八十高龄冒酷暑通读全书，对全书的内容和译文质量给予很高的评价，使本书得以顺利出版，这使我们深受感动。

总之，没有上述各位的襄助，本书是不可能与读者见面的。所以在此，我们理当向他们表示深挚的谢意。

最后，我们希望指出的是，本书虽是一本写给西方读者看的书，但对中国读者来说，却有自我认识的意义。我们把它翻过来，重新介绍给中国读者，说实话，并不是因为性问题近来已经成为一个热门话题。相反，我们倒是希望，这本书对长期禁锢之后的过度敏感和兴奋会有某种"冷却"作用。

李　　零
1988年12月

附录五
高罗佩与马王堆房中书

说　明

　　此文本来是应中国社会科学院邀请,为参加该院与荷兰驻华大使馆在京举办中荷学者纪念高罗佩逝世二十五周年学术讨论会而作,但由于种种原因,会议未能如期召开,我遂以此文参加1992年8月在湖南长沙召开的马王堆汉墓国际学术讨论会。论文发表于后来出版的会议论文集《马王堆汉墓研究文集》(湖南出版社1994年)一书中。

　　高罗佩博士(Dr. R. H. van Gulik, 1910—1967)一生著述甚丰。在他的作品中,恐怕要以系列小说《狄公案》(*Judge Dee*)最风靡流行,[1]《中国古代房内考》(*Sexual Life in Ancient China*, Leiden, Brill 1961)最具开创性和权威性。高氏在西方汉学界享誉已久,但中国读者对他的了解却比较晚。前几年,太原电视台以高氏之作为本,拍成电视连续剧《狄公案》,曾吸引了大批中国观众。但由于戏拍得"太中国",作者又是以汉名出现,他们在欣赏之余,几乎没有注意作者是谁。如果他们知道这是出自一个外国人之手,他们肯定是会感到惊奇的。后来,我和三位朋友应上海人民出版社之约还翻译了高氏的《中国古代房内考》(1990年),并在译

---

[1] 共十七种,见 *T'OUNG PAO*, Vol.LIV, 1968, pp.123—124。

者前言中介绍了高氏的生平和著作。我所接触到的读者都说，他们想不到中国还有这样的传统，此书给他们留下了深刻印象。我想，中国人能够对高氏这个"奇人"和他的"奇书"有所了解，主要就是得益于上述电视剧和我们的译本。

高氏的《中国古代房内考》是一部大气磅礴，纵历数千年，横跨许多领域的通论性著作。它所希望给予读者的当然是一种整体印象，但我对此书发生兴趣却是由于对马王堆房中书的研究。由于研究后者，才发现了前者，从中受到启发，也另有心得。所以我想，以马王堆房中书的发现重新回顾高氏的研究，也许是我对高氏的最好纪念。

一、高氏对我们的启发

在我们所要讨论的这个领域中，有两个人是不能不提到的。一个是中国叶德辉，一个是荷兰高罗佩。前者是中国近代"国学"的一个代表，而后者是西方传统"汉学"的一个代表。"国学"和"汉学"虽然都是研究中国，但角度不同，方法不同，研究者的背景和读者对象也不同，将二者加以对比也许是个有趣的问题。1989年11月，我在美国加州大学伯克利分校做有关马王堆房中书的演讲。在回答问题之前，我已预料，听众一定会提到这两个人，而果然他们就提到了这两个人。

叶德辉(1864—1927年)，对中国读者来说，知道的人要多一点。特别是他的死，在中国现代历史上是一件很有名的事。[1] 叶氏对古房中书的整理主要是属于辑佚性质，而辑佚的看家本事是目录学。这些都属于传统考据学的范畴。

叶氏所作古房中书辑本，全部收入《双梅景闇丛书》，包括：(一)《素女经》，(二)《素女方》，(三)《洞玄子》，(四)《玉房秘诀》(附《玉房指要》)。[2] 这四种辑本，除《素女方》是在孙星衍的辑本(收入《平津馆丛书》)的基础

---

[1] 参看杜迈之、张承宗《叶德辉评传》，岳麓书社，1985年版。
[2] 原书所收《天地阴阳交欢大乐赋》不是房中书。

上增辑,都是辑自《医心方》卷二八《房内》。在马王堆房中书发现以前,《房内》是研究这一问题的主要资料来源。

叶氏把《房内》引文作成辑本介绍回国,对中国传统的"再发现"有积极贡献。但认真讲,他的辑本却存在不少问题,如:

(一)据笔者重新核对《房内》引书,其中最重要的房中书是三种:《素女经》、《玄女经》、《彭祖经》。其次是《子都经》、《仙经》和封衡(字君达,号"青牛道士")、刘京、"卜先生"之书的个别引文。另外,还有不少有关的医书和医方。这里面,《素女经》为黄帝、素女问对(除两条是单引,多是转引自《玉房秘诀》。另外《洞玄子》有《素女论》,《千金方》有《素女法》各一条);《玄女经》为黄帝、玄女问对(全部是单引)。《彭祖经》是以殷王遣采女问道于彭祖为形式(转引自《玉房秘诀》和《玉房指要》)。叶氏辑本,《洞玄子》和《玉房指要》还大体正确,其他两种都有问题。他的《素女经》辑本主要是由《素女经》、《玄女经》和《彭祖经》中出现"采女曰"的引文混合而成,并包括《产经》和《大清经》的两条引文。而《玉房秘诀》则是将所引《彭祖经》中的一部分移入《素女经》后剩下的引文,包括《彭祖经》中只见"彭祖曰"的引文,还有《子都经》(原有三条而漏掉一条)、封衡之书和编辑者的案断(作"冲和子曰")。另外,在《玉房指要》中,也保存着《彭祖经》的引文。可见叶氏辑本确有许多分合未当之处。

(二)上述各书都是隋唐时期很流行的书籍。叶氏虽已指出《素女经》、《玄女经》和《玉房秘诀》是见于隋唐史志著录,但却未能对它们的年代和性质做进一步考察。实际上,《素女经》、《玄女经》和《彭祖经》都是西汉末或者至少是东汉魏晋时期就已流行的房中书(见刘向《列仙传》卷下《女几传》、张衡《同声歌》和葛洪《抱朴子》的《释滞》和《遐览》)。其中《素女经》出现在前,《玄女经》是它的续篇,二者合称"玄素之法"。而《彭祖经》据说又是在"玄素之法"的基础上写成(见上《女几传》),作者是一位叫"黄山君"的方士(见葛洪《神仙传》卷一的《彭祖传》和《黄山君传》)。叶氏最严重的错误是,他对《彭祖经》疏于考证,竟将《房内》引文中的此书割裂为三,入《玄女经》和《彭祖经》中的采女之说于《素女经》,而留其仅见"彭祖曰"的引文于《玉房秘诀》和《玉房指要》，使人误以为《素女经》是黄帝与素女、玄女和采女这"三女"的问对。另外，《玉房秘诀》和《玉房指要》都是类书式的杂钞，而不是单纯的古书，如其中的《子都经》和封衡之书也是汉末魏晋有名的房中书，叶氏亦未能辑出。

（三）《房内》原本多俗体、异体和舛误，叶氏辑本还有不少抄误。

我在伯克利的演讲中已指出，叶氏辑本影响很大，错误也很多，学者多舍原书不读，是很可惜的。

下面我们要讲的是高氏的研究与叶氏相比有什么不同。

高氏的《房内考》是以他在50年代写成的《秘戏图考》(Erotic Colour Prints of Ming Period, Tokyo 1951)为基础。《秘戏图考》的重点是论明末春册，但卷一《导论》对房中术也有所涉及，卷后并附有房中术语的考证；卷二《秘书十种》除收有《房内》的引文，还有三种明代房中书，即《素女妙论》、《既济真经》和《修真演义》。[1] 在《房内考》中，作者对古代房中书做了进一步研究，除历考著录，定其存佚，还在第六、第七和第十章分别讨论了《房内》引文和《素女妙论》等书，译述其内容，分析其术语（并对前书卷一附录的考证做了订正），提出自己的评价。虽然在文献性质与年代的理解上，高氏显然是追随叶氏，但此书不仅扩大了材料的范围，而且视野也更为宽广，使问题的研究从资料整理上升为理论探讨。

对于古房中书的研究，我以为，《房内考》一书有四点最值得注意：

（一）高氏对中国古代房中术的传统有比较连贯的理解，例如他说，《房内》所引各书虽流行于隋唐时期，但内容却可能采自更早的房中书，"假如《汉书》所载房中书得以保存下来，它们的内容肯定应与《医心方》所引内容是一致的"（124页）。现在既然我们已经知道，《素女经》、《玄女经》和《彭祖经》都是汉代古书，而且出土的马王堆房中书，年代要早于这些古书（有些书的内容也与《汉书·艺文志》的著录有关，如《十问》），其术语体系正与这些书酷为相似，可见高氏之说确为卓见。

---

[1] 其他几种都不是房中书。

(二)高氏《秘书十种》收有《素女妙论》一书。它和《既济真经》、《修真演义》虽同属明代钞本,但在性质上很不一样,不是一般的道家"采战"之书,而是与早期房中书一脉相承。我在研究中发现,此书不仅对理解《房内》引文是重要线索,而且对理解马王堆房中书也是重要线索。如《房内》引文有"九浅一深之法",到底什么叫"浅"? 什么叫"深"? 只有此书保存着解释。还有此书"九势"有"鱼唼"一式,和马王堆房中书的"鱼嚼"同义,可以证明《房内》引文中的"鱼接鳞"实乃"鱼唼鳞"之误。

(三)中国古代房中术有所谓"还精补脑之术",魏晋以来被视为道家秘诀,至关重要。作者是以研究印度学而获博士,后来一辈子当外交官,在印度、中国和日本都住过,精通多种亚洲语,擅长跨文化的比较研究。在《房内考》的附录一中,他提出一个有趣的假说,即印度密教(Tantrism)的类似技术可能是来源于中国,然后又反传中国,唐代孙思邈《千金方》卷二七《房中补益》所说的这种技术就是反传的结果。他的假说是基于年代学的比较,即印度密教经典的年代都比较晚,不早于唐代,而中国房中书的年代却早得多,可上溯于汉。这一假说现在仍无法证实,但高氏指出中国的房中术应有独立起源,确不可易。

(四)与西方不同,传统中国在上层社会是实行一夫多妻制。同这种婚姻结构相适应,中国古代房中术发展出"多御少女莫数写精"的技术。在《秘戏图考》中,高氏曾对这类采补之术持否定评价,称之为"性榨取"(sexual vampirism)。但在《房内考》中,他接受了李约瑟博士(Dr. Joseph Needham)的批评,提出应对这类观念做正面评价:即如果从中国家庭制度的背景来考虑,这种技术还是符合实际需要,因而也是正常的。

另外,还应顺便指出的是,高氏《秘书十种》及《房内考》的译文没有直接采用叶氏辑本的顺序,而是将《洞玄子》辑为一书,其他一仍原书,这是比较慎重的(但其中也有抄误)。

二、马王堆房中书的重要性

中国的房中术源远流长,《史记·扁鹊仓公列传》就已提到这类古书,称为"接阴阳禁书",但内容不得其详。《汉书·艺文志·方技略》列有房中书十种,也全部失传了。从各种有关材料看,大约从西汉末到魏晋,逐渐形成以《容成经》、《素女经》、《玄女经》、《彭祖经》和《子都经》等书为核心的传授体系。例如《抱朴子》所说最重要的房中书就是这批书(见《释滞》和《遐览》)。《素女妙论》是这种体系的延续。如果说高氏致力的方向是在确立这一发展过程的中间一点和最晚一点,那么马王堆房中书的重要性就在于,它确立了这一发展过程的更早一点。它的发现证实,至少从汉初到明末,中国的房中术是一个连贯的传统。

1973年出土的与房中有关的马王堆帛书共有七种,包括:(一)《养生方》,(二)《杂疗方》,(三)《胎产书》,(四)《十问》,(五)《合阴阳》,(六)《杂禁方》,(七)《天下至道谈》。[1] 其抄写年代不晚于汉文帝十二年(公元前168年),成书年代还要更早,有些可能是在战国时期。我们拿它与《房内》引文和《素女妙论》比较,可以看出它们的术语和概念很相似。这点,我在伯克利的演讲中已经提到,后来并写成专文,[2] 这里不再重复,只着重谈谈后世房中书最重要的三种技术要领,看它们在马王堆房中书中是否也存在。

(一)"九浅一深之术"。这种技术见于《房内》引文,其内容到底指什么,过去一直不大清楚。另外《房内》引文还提到"十动不写","十动"是什么意思,也无人解说。马王堆房中书虽然没有直接提到"九浅一深之法",但提到"十动"或"十已",规定是"十动:始十、次廿、卅、卌、[五]十、六十、七十、八十、九十、百",即以每抽送十下为"一动",累进至百[案:"百"是"盈数",并非实指,而是极言其多]。可见是以每十下为一个节拍,所谓"九浅一深"就是对这种节拍的划分。但这里有个问题,就是"浅"、"深"缘何而定。对解决这个问题,高氏所收《素女妙论·浅深篇》最重要。它提到"女子阴中有八名,又名八谷",加上表示阴蒂的术语,一共是九个:

---

[1] 《马王堆汉墓帛书》[肆],文物出版社,1985年。
[2] 详拙作《马王堆房中书研究》,《文史》第三十五辑。

(1) 红毯(阴蒂);　　　　　(6) 谷实(阴深五寸);
(2) 琴弦(阴深一寸);　　　(7) 愈阙(阴深六寸);
(3) 菱(麦)齿(阴深二寸);　(8) 昆户(石)(阴深七寸);
(4) 妥谿(阴深三寸);　　　(9) 北极(阴深八寸)。
(5) 玄珠(阴深四寸);

规定是:阴深一至三寸为"浅",四至六寸为"深",七至八寸为"太深"[案:"寸"指"手指同身寸",约长2厘米,这里的八寸是指分阴道为八段]。据此,我们可对《房内》引文中的"女有九宫"试做复原:

(1) 赤珠(阴蒂);　　　　　(6) 谷实(阴深五寸);
(2) 琴弦(阴深一寸);　　　(7) 臭鼠(阴深六寸);
(3) 麦齿(阴深二寸);　　　(8) 昆石(阴深七寸);
(4) 俞鼠(阴深三寸);　　　(9) 中极(阴深八寸)。
(5) 婴女(阴深四寸);

再往上追,马王堆房中书中也有类似术语。如《养生方》卷后附有一图,可称之为《牝户图》,就是用以表示这些部位(但作平面图)。可见在这方面,前后有很大一致性。

(二)"还精补脑之术"。此术在后世房中术中地位最重要,葛洪《抱朴子·释滞》说"房中之术,近有百余事焉","其大要在于还精补脑一事耳"。这种技术,细节描述见于《千金要方》卷二七《房中补益》和《房内》引用的《仙经》,要领是以行气法和按抑屏翳穴(或缩肛)来止精,[1]令未射之精(所谓"精气",不是精液)沿脊柱还入脑中。上文已说,这种技术的出现时间是个大问题。高氏以为孙思邈所述是由印度反传,但孙氏所述和《房内》所引都是出自魏晋古书《仙经》,可见不会是由印度反传。另外,东汉末年的《老子想尔注》也提到这种技术,说明这种技术还有更早的来源。在马王堆房中书中,从表面上看,好像没有这种技术,但近来我发现,这些书常提到一种"益气"之法或"治阴之道",是凭一种叫作"引阴"的导引来

---

[1] 高氏对此穴位的解释有误,所说位置乃屋翳穴。见198页。

保养生殖器。这种导引也见于新发表的张家山汉简《引书》，但后者有两种"引阴"，一种是所谓"益阴气"的"引阴"，同此；另一种是与"引阳"相对的"引阴"，与此无关。这种导引一般都是作"骑马蹲裆式"，垂臂直脊，通过行气，收缩肛门，活动生殖器，来达到锻炼的目的。书中把这种导引比作养育"赤子"（男性生殖器的隐语），说是应当"饮食之"又"教诲之"，常于早起之后、晚睡之前和饮食之际为之，兼有行气和服食。[1] 这种导引强调缩肛动阴很重要，因为后世所谓"还精补脑"，是以按抑屏翳穴（在会阴处，与肛门有关）或"缩下部闭气"（"下部"指肛门）为要领（见《仙经》），《素女妙论》叫"摄住谷道，宁定心志"（"谷道"也是指肛门），都是把控制肛门括约肌的反射机能当作关键。另外，这种导引中还提到"翕气以充腦（脑）"。凡此皆可间接说明，"还精补脑之术"在当时可能也已具备。

（三）"多御少女，而莫数写精"。此说见于《房内》引文的《彭祖经》、封衡之书和《玉房秘诀》、《玉房指要》等书。"多御少女"是指频繁更换性伙伴，性伙伴要选择年少未曾生育的女子（后世称为"择鼎"）；"莫数写精"是指控制射精的次数和频率，只在一定时间施泻。上文讲过，这种技术也是中国古代房中术很有特色的地方。在马王堆房中书中，讲控制射精的地方比较多，但"多御"之说有没有呢？不仔细看，好像也没有。其实《养生方·治》（此题两出）提到"食脯四寸，六十五"，"欲廿用七最（撮），欲十用三最（撮），酒一杯"，"食脯一寸胜一人，十寸胜十人"。这种吃补药多少可以对付女人多少的说法，整理者已经指出，即属"多御"之说。

所以根据这些，我们完全有理由说，马王堆房中书已经具备后世房中书的所有要点。

此外，从马王堆房中书的发现，我们可以看得更清楚，中国古代房中术是一种综合了服食、行气、导引等多种技术的复杂体系。如补药、媚药是服食，而"引阴"和"还精补脑"则是行气、导引。特别是中国古代的体位

---

[1] 参看《养生方·食引》、《十问》"尧问于舜"章、"王子巧父问于彭祖"章、"帝盘庚问于耇老"章、"禹问于师癸"章、《天下至道谈》第七章及《引书》"益阴气"和"引阴"。

术语,往往模仿动物,也是来源于导引中的禽戏。

三、其他有关问题

与房中术有关,《房内考》还涉及其他许多问题,也有一定重要性,可附论于此。如明清小说经常提到各种房中工具和媚药,研究者往往不得其解,对内容的理解造成妨碍。它们主要是:

(一) 触器。俗称"角先生"或"角帽",是一种模拟男茎,腔体,套于男茎使用的器物。

(二) 藤津。俗称"广东人事"或"广东膀",是一种用热水浸泡可以变硬的男茎代替物。

(三) 托子。是一种套于男茎根部的圆环,用银或其他质地的材料制成,有用单环者,也有用双环者。

(四) 悬玉环。可能与前者类似,但用玉制成。

(五) 缅铃。是一种内有小丸的金属球,往往嵌于男茎,在女子阴道内起震颤作用。

(六) 硫黄圈。是一种套在龟头上,带硫黄的小圈。

(七) 白绫带子。是一种缠裹药物,或用药液浸煮的绸带,用以束阴茎或拴托子。

(八) 封脐膏。也叫"保真膏",是一种贴于脐孔的药膏。

(九) 颤声娇。是一种药粉。

诸如此类,名目繁多。

对上述工具和药物,高氏也有所考证。如他提到明末春册中有一种双头淫具(165 页),就是属于双头的"角帽"(参看《浪史奇观》第三十九回)。另外,他还讨论了"广东膀"(165 页)、"悬玉环"(281 页)、"缅铃"(165—166 页)和"药煮白带子"(281 页),为研究者提供了有益的线索。当然,其中也有一些可以商榷的地方。如作者以"悬玉环"为上述"托子"一类器物,这有一定可能,但他所举明末春册中的图像,从画面很难判断质地是否为玉,更大可能还是属于"托子"。还有他以"颤声娇"为"缅铃"

的别名,这也是误解。因为在《金瓶梅》中,原文的描述很清楚,"颤声娇"是一种药粉而不是工具。

另外,关于上述工具和药物的来源,高氏怀疑,明清以来,中国人似乎有一种喜欢把淫具媚药托之域外的倾向,就像英国人把避孕套叫"法国信"(French letters),法国人把避孕套叫"英国信"(lettres Anglaises)一样(166—167页)。情况是否如此,也值得讨论。据笔者考证,上述工具和药物,最有中国传统的东西要属"触器",考古发现有不少实物,[1] 可与明清小说互证。另外用硫黄作阴道收敛剂也见于隋唐医方(参看《房内》的《治玉门大》)。但值得注意的是,上述器物有些恐怕还是外来的。如"托子"便很像是《欲经》(参看 The Kama Sutra of Vatsyayana, translated by Sir Richard Burton and F. F. Arbuthnot, New York: G. P. Putnam's sons, Inc., 1963)第七部分所述的 Valaya 和 Shanghati,带有明显的印度特征。而"缅铃",近亦有人考证,是来源于印度,经缅甸而传入,并且《欲经》第七部分也有描述。[2] 可见中印房中术确实还是有一些交流的。

本文勾画了高氏逝世后,在他所开辟的这一领域中,我们取得的一些主要进展,并以此为基础评价了高氏的研究得失。我相信,今后地下出土物肯定还会有许多新的发现可以补充我们的认识,但高氏的筚路蓝缕之功,大家是不会忘记的。

零案:姚灵犀《思无邪小记》把仿阳物之淫具叫做"触器",旧作谬袭其说(见上424页),应予更正。请参看拙作《角帽考——考古发现与明清小说的比较研究》(载《秦始皇帝陵博物院》2011年总壹辑,西安:三秦出版社,2011年,213—228页)。

李 零

1992年3月写于北京蓟门里寓所

---

[1] 汉代多为铜制,宋代多为瓷制。我另有文考证。
[2] 吴晓铃《〈金瓶梅〉"勉铃"释》,《文献》1990年四期。

附录六
闭门造车——房中术

我的本行是研究"三古":考古、古文字和古文献。但古人也是人,七情六欲,牵动全局,即使研究古代的人也不一定绕得开。可能是由于我翻译过高罗佩的《中国古代房内考》,也写过两篇讨论马王堆房中书的文章吧,除了熟悉我的朋友,好多人都是一提就说:"李零嘛,我知道,不就是那个研究房中术的人吗?"我请朋友们为我正名,好像效果不大。

今年 5 月的一天,北大的同学请我演讲,题目是"中国古代方术"。开讲前我声明,现在全国都在"五讲四美",学校里也有修身会,方术虽含房中术,恐怕还是不讲为好。可是演讲终了,一堆条子递上来,还是有人不依不饶。如有一个条子说:"李老师,我很钦佩您翻译《中国古代房内考》的勇气,请问您是否打算用现代理论重新研究这一课题?"当时我大概讲了两点。第一,翻译高氏之作,我好像没有想过"勇气",只是因为研究马王堆房中书,偶见其书,不能装聋作哑,翻出来,既可方便大家,又不埋没古人。第二,我虽然也读过一点现代性学著作,并与专门从事这类研究的潘绥铭时有切磋,但我并不认为在这方面古今中外有天壤之别。我说,饮食男女,人之大欲。为满足后一大欲,人类在黑暗中长期摸索,反复操作,达几百万年(现在体质人类学越讲越乱,我也弄不清是多少年,这里是姑妄言之)。房中术在哪儿都是门古学问,就像炒菜,不一定要有现代理论,才能炒出来。中国的发明史,有许多可能是吹牛,但有一样我们不必脸红,这就是中国古代的房中术。中国的房中书,年代最古老,不仅大大早于印度的《欲经》(*Kama Sutra*),而且比罗马的《爱经》(*Ars Amatoria*)也早不少。其还精补脑之术可推始于汉,也早于印度的密教。明清的色情小说更冠绝一时,在本世纪以前,不仅数量空前,而且内容也极丰富,美国堪萨斯大学的马克梦(Keith McMahon)教授说,凡是人脑瓜能想出来的,他们都写出来了。

在北大的演讲中,有一点好像我没讲,这就是我压根儿也没想写一部新书,取高氏而代之。因为老实说,这个领域有三大块,一块是房中书,一块是内丹术,一块是小说(还有春画),附带的情爱、婚姻、家庭、生育,枝枝蔓蔓,也铺盖甚广,我除对房中书有所涉猎,其他方面知识不够,不想孤军深入,走得太远。不过,近来读过几篇评论《中国古代房内考》的新作(见文后所附),心血来潮,倒想说上几句。

房中书在中国是属于方技四门之一。这四门虽与医学有关,但比医学的概念要广,不限于消极的防治疾病,还包括积极的养生保健,甚至以服食、行气、导引和房中为炼养功夫,求益寿延年,通于神明,同古代的神仙家有很大关系。古人所谓"神仙",本来不过是健康透顶、老而不死的意思,但在道家或道教中,确实有宗教含义。现在科学昌明,大家对最后一条都不大敢讲,但又不满足于西洋医学概念之狭窄,宁可骑墙于科学、迷信,折其中曰"养生"。这种态度固不免坐诒"前现代"或"前女权"之讥,满可以让新学之士抡圆了耳光照死里抽,然而论者有解固精为"养生",媚药、采补为"补养",指房中术是从"养生"进于"补养",由"补养"进于"荒诞",很多批评都不在点上,太多"现代人"的偏见和误解。例如这位作者说,中国的房中术只讲"性"不讲"爱",流于"非道德化的生物学态度",不如罗马和印度更多"对性体验的微妙描述和对情欲的深刻理解",恐怕就是小题大作。因为世界上的其他房中书,据我所知,他们也一样是以男性为中心,一样有这种"生物学态度",甚至就连最罗曼蒂克的谈情说爱,也未见其高洁(况且他们还有不少我们古语所谓"禽兽行"的变态描写)。比如《爱经》吧,这书虽然是讲"爱的艺术",但它一开篇就讲得很清楚,"我们要唱的是没有危险的欢乐和被批准的偷香窃玉"。它的中心是讲"猎艳",即如何勾引女人、笼络女人。这不仅有助于了解西方谈情说爱的惯用伎俩(如为女人拂去胸头的尘埃,或替她拾起曳地的裙裾,花言巧语,大献殷勤,穷追不舍,作寻死觅活状,等等),也与中国小说中的风月老手如西门庆在手法上可以沟通(我们有捡手绢、做衣服一类糙招)。涉及房事,也有教女人如何投男人所好摆姿势,没有高潮也要假哼哼一类秘诀。[1] 还有《欲经》,这书不但和中国的房中书一样的"不洁",而且还打着印度宗教和种姓制度的深刻烙印,别说"男女平等",就连"男男平等"或"女女平等"也不讲,带有"生物本能"的"荒诞"之处也一点不比我们逊色。如《肉蒲团》写未央生愧"本钱"不大,请"天际真人"动手术,竟将狗鞭移植于"那话"之中,很令读者骇怪。我总怀疑,这种想象大概就是受外来影响。因为《欲经》对这类把戏的描写那才叫淋漓尽致。原始民族喜欢"人体雕塑",刺面文身、贯耳穿鼻,遗风见于各国,但像印度人拿生殖器(男性的)开刀,横切竖割、打眼钻洞、镶环嵌珠,以为非此不能有"大乐",这种"根雕艺术"好像还比较少见。

中国的房中书是技术书,而且是相当专门的技术书,它的特点是"术语化"和"格式化"形成很早,而且一开始就同文学有分工,只谈"性"不谈"爱",追求简练精赅,避免拖泥带水。[2] 这是它比较发达的一个标志。现在从文献著录和考古发现看,房中书在中国的发现至少不晚于西汉初(公元前200年左右),而且从其成熟和稳定性判断,还可上溯到更早。我们估计,将来必有战国时期的文本发现。例如汉文帝时的名医淳于意,就已从他的同乡阳庆授读过此类秘本("接阴阳禁书"),时在高后八年(公元前180年)。马王堆房中书也大抵抄写于相近的时间。晚一点,《汉书·艺文志》著录了八种房中书。这些书都已亡佚,但东汉流行的房中书,有道教盛称的"房中七经"(黄帝的房中书、《玄女经》、《素女经》、《容成经》、《彭祖经》、《子都经》、《陈赦经》),仍有不少佚文保存。比较出土的汉初文

---

[1] 此书有漓江出版社出版的戴望舒译本。戴本是从法文节译本译出。
[2] 如《大乐赋》即属色情文学而不是房中书。同样,严格地讲,《爱经》也不是房中书。

本和传世佚文，我们不难发现，这些书里的问对人物虽换来换去，但谈话的内容大同小异，从术语到体系都很相似，可见早已定型。中国的传统，很多都是两千年一系相沿不改，例如晚明钞本《素女妙论》就和汉初的马王堆房中书连细节都极为相似。

对中国的房中术进行批判，"生物本能"说最不着边际。我们中国人讲"生物本能"，喜欢以"食"、"色"并举（今痞子呼为"二巴"），但马王堆房中书《天下至道谈》之所以把房术称为"天下至道"，只是因为"人产而所不学者二，一曰息，二曰食。非此二者，无非学与服"。他们只承认呼吸、吃饭可以不学就会，并不认为"色"也在其中，因而强调"合男女必有则"，因而要把这个"则"当学问来做。在我看来，这正是它很严肃也很科学的地方。王朔的小说有一句话，叫"爱有千万种，上床是最下一等"。但是西方性学家以为"凡上帝不耻于创造的，我们也不耻于言说"。他们的性学手册讲床第之事，照样也是舍道德、宗教、婚姻、家庭不谈，毫无罗曼蒂克可言。可见在这个"最下一等"上，洋人和我们也是所见略同。

要找中国房中书的"毛病"，当然还有许多。例如这类书是以"房中"（犹今语"屋里的"）、"阴道"（也叫"接阴之道"）、"御女"为名，详于女而略于男（比如讲"女有九宫"就比"男有八节"要详细，连图都有），就很明显是以男性为中心。其体裁多依托帝王（由帝王垂询，而由带神仙色彩之智者作答），也有很浓厚的多妻制色彩（但并无贱视平民之意）。这些都可以说是切中要害。不过，拙见以为，即使连这样的东西也不必大惊小怪（见不怪为怪）。因为这类态度以今日看虽不近情理，但在古代却属正常。男权在古代的普遍是不用说了。[1] 多妻，以西方基督教的标准看是反常，[2]

---

[1] 例如李小江有"男性经历了五种社会形态，女性只经历了两种社会形态"的怪说，就是着眼于男权统治的普遍。

[2] 平均妻权要比平均地权难得多。正是从世界其他国家的情况看，西方在老婆问题上的公平思想才显得难能可贵，令人敬佩。当然，这仍然只是"形式上的平等"。事实上，他们也是除"正经房子"还有"避雨窑子"，情妇、妓女还是少不了。

但在其他地方也很普遍。[1]况且即使是西方的传统,原来也有类似背景。比如1993年被美国联邦调查局剿灭的柯瑞施(David Koresh),他就是以《旧约》中的大卫王自居,理直气壮地以"多妻"为正统。《天下至道谈》说"句(苟)能持久,女乃大喜,亲之兄弟,爱之父母",当时人讲房中意义之伟大已到这份儿,你还能要他讲什么呢?

中国房中书同道家和道教有密切关系。这种书,早期与晚期不太一样。早期,两汉魏晋和隋唐,主要是上面提到的那类古书,他们虽然往往打着帝王的旗号,但不一定是禁秘之书,反而往往是普及本。[2]这类书与"黄老之术"有密切关系,如《素女经》、《玄女经》、《容成经》就是属于黄帝书;而汉代注释《老子》也有以方技和房中解老的传统(如《河上公章句》、《严遵指归》和《老子想尔注》),房中书借《老子》中的词汇为术语,[3]传统可以上溯到马王堆帛书。但这样的书,所述多是常识规范,被葛洪讥为"粗事",魏晋道教对房中术真正看重的是口诀和言外之教。后者见于《黄书》、《仙经》等书,往往都是围绕"九浅一深之法"、"多御少女莫数写精"、"还精补脑之术"这三大要领。这类要领虽可溯源于马王堆房中书,但在操作上大概有许多具体规定,后来有进一步发展。东汉末传房中术有三个主要派别,一个是传容成之术(甘始、左慈、冷寿光、东郭延年和封君达,即黄老派的房中术),一个是传彭祖之术(黄山君),一个是传玉子(张虚)之术(天门子、北极子、绝洞子、太阴子、太阴女、太阳女)。前两个派别所传可能多为"粗事",但后一派别与"墨子五行术"有关,所述口诀同张陵《黄书》相似,似带有较多神秘色彩(见葛洪《神仙传》)。后世内丹术的发展当与这一类秘术修炼和口诀传授有关。

---

[1] 马克梦说,他在美国讲中国性史,学生最受刺激的就是多妻。西方人对阿拉伯世界的多妻制比较了解,而对中国的知识还太少。

[2] 古代帝王妻妾成群,疲于应付,是这种书冠以帝王之名的一个理由。另一个理由是他们在古代是绯闻焦点(就像好莱坞影星),正好利用平民之艳羡以为广告之资。但更大的可能只是在于利用帝王的声望,就像西方讲剖腹产要依托凯撒(日语叫"帝王切剖术")。

[3] 例如"赤子",男阴;"玄牝"(或"玄门"),女阴;"握固",闭精;"走马",射精。

我体会，上面提到的"从养生到荒诞"，所谓"荒诞"大概主要是指内丹派的房中术。关于内丹术，我并不在行，这里不敢多说，只想讲两点。第一，内丹术在宋以前地位不如外丹，这点与科技水平有关。因为呼吸吐纳、屈伸俯仰、男女交接虽然都是最老牌的健身术，但它们皆属"无本生意"，在"金丹大药"为"高科技"的时代，自然不被看重。战国秦汉以来，人们最迷信的是"药"，特别是化学制剂的"药"（今天的西方仍如此，他们的化学也是源于炼金）。比如葛洪就认为，只有金丹是致仙之本，如药不成才兼修众术。他不但不认为凭房中可以"单行而成仙"，还直指其说为"巫书妖妄过差之言"（《微言》）。这是宋以前的主流。第二，现在研究者多已指出，外丹术的衰落是在唐以后，因为唐代吃死了一大批皇帝。房中和其他"无本生意"借这一契机复兴，有一大特点，是它们用外丹术语全面改造了原来的体系。新的房中书有各种派别，恐怕要从道教的内在思路去研究，并不能简单以对女性的恐惧、仇恨或压榨概括之。[1] 这些派别的共同点是进一步技术化，希望借外丹以外的技术达到神仙境界。如果我们从道教外的观点去看道教，当然可以视其宗教境界为"荒诞"，但这种"荒诞"正惟其是专业体育式的唯技术主义，所以也就和大众的关系相对地少。宋明以来，房中采战主要流行于道教内部和宫闱之中（史志不载这类书籍），普通百姓别说花不起功夫赔不起钱，光是老婆太少这一条，就得让他们望而却步。我们若以这样的局部去概括中国古代的性传统恐怕不妥。

鉴于上述讨论，对中国性传统的评价，我有一个积极的建议，这就是我们与其拿房中书作标本，对中国的两性关系作社会学评价或意识形态批判，还不如从中国明清小说入手。因为后者不但比较非技术化也比较世俗，而且有丰富的社会场景，更能反映全局。例如马克梦先生的近著《吝啬鬼、泼妇和一夫多妻者》(*Misers, Shrews, and Polygamists*, Dur-

---

[1] 房中虽以水火喻男女，以战斗喻交接，甚至有"临深御奔"一类对女性的不敬之辞，但其说盖主于"慎"，往往先言其害后言其利，并非真的认为"水火不容"、"你死我活"（这可能吗？），而是主张男女两利，水火既济。

ham and London:Duke University Press，1995)就是一本值得推荐的好书。

中国小说讲儿女风情，种类很多，可以"性"、"爱"并举，也可以只讲其中一种。统言之曰"人情小说"，析言之则有许多细别(如"才子佳人小说"、"狭邪小说"和"淫秽小说")，从异性到同性，从正常到变态，从闺阁到青楼，从皮肉烂淫到儿女情长，简直应有尽有。[1] 明清之际，市井繁华，人欲横流，俗话说"饱食思淫欲"，那时的人真是吃饱了撑的，什么都想得出来，有些简直入于科幻之境，加上中国印刷术又特别发达(比同时期国外印刷物的总量还大)，当然最能反映中国性传统的方方面面。这样的东西和古代的房中书或道教传统当然有关，但又很不一样。例如，早期房中书讲体位，有十节、九法、三十式，花里胡哨，好像菜谱(一位法国朋友这样讲)，但入于小说只有三种，一曰"顺水推舟"，二曰"隔山取火"，三曰"倒浇蜡烛"，不但名称大变，而且数量被简化，反而是最基本的体位(西方叫"前人"、"后人"和"女上")。还有《金瓶梅》等书多有"二八佳人体似酥"一诗，相传是吕洞宾所作，就是出自道教，但书中所述还是以普通人的一般性生活为主。

对中国古代性生活应当怎么看，高氏之书只是搭了个架子，很多问题还值得讨论。特别在女权运动勃兴的现在，对高氏之书的"反思"更在所难免。例如，近来美国的费侠莉教授(Charlotte Furth)就已写出新的评论，并且遭到旅美学人李晓晖的反诘。费侠莉从女权角度抨击高氏之作，不失为一种新的角度，但她的问题是对史料误解太多。比如她从房中书可以读出压迫妇女，从胎产书可以读出关心妇女，并以此虚构中国历史的前后反差和儒道对立，就是属于"求荒诞而得荒诞"。因为中国的胎产书

---

[1] 有人说，如删去色情描写则情节不能连贯属"色情小说"，反之则不是。比如《肉蒲团》是，《金瓶梅》不是；《废都》是，《白鹿原》不是。但我以为"人情"很难做如是划分，最好还是放在同一大类中去把握更好，不一定能像身体的暴露，可以分出个什么"全裸"、"半裸"或"完全不裸"(美国影片有这种分类)。

与狭义的房中书原本出于一系，中间并没有她想象的那种对立。

过去陈寅恪先生给冯友兰《中国哲学史》写"审查报告"，曾指出研究历史并不是同古人找茬，寻找他们的可笑之处（这很容易），相反，他主张要对古人抱"了解之同情"（也就是说"勿以今人之心度古人之腹"），我很赞同。但是另一方面，我还有一种陋见，就是今人行事思考，大可不必纠缠于古人，如果你觉得他们不合口味，则束书不观可也。

【有关书评】

柯文辉：《中国古代的性与社会——读〈中国古代房内考〉有感》，《世纪》1993年第2期，52—55页。

康正果：《从养生到荒诞（房中书透视）》，《读书》1995年第2期，46—52页。

Charlotte Furth, *Rethinking van Gulik*, *Sexuality and Reproduction in Traditional Chinese Medicine*, in Engendering China—Women, Culture, and the State, pp.125—146, edited by Christina K. Gilmartin etc., Harvard, 1994.

李晓晖：《千古风流在中华——高罗佩其人、其妻、其艺、其学》，《新语丝》1995年7月第18期。

李　零

1995年7月24日于美国西雅图

附录七
昙无谶传密教房中术考

昔荷兰学者高罗佩(R. H. van Gulik, 1910—1967)作《中国古代房内考》(Sexual Life in Ancient China, Leiden: Brill 1961),曾提出中印房中术可能存在互传的假说,见该书附录一:《印度和中国的房中秘术》。他认为佛教金刚乘(Vajrayaña)和印度教性力派(Śaiva Śākta)的房中秘术,其男女合气的气道(夹脊的左右二脉)和段位(六朵莲花),从形式上看,同孙思邈在《千金药方》卷二七《房中补益》中讲的御女法酷为相似,孙氏所述可能是来源于印度,但印度的这类技术又可能是中国道教房中术传入印度后再回传的结果。它传入中国分两次,一次是唐代,一次是元代(以喇嘛教的形式传入)。

现在高氏去世已三十多年,从新的考古发现看,我们有这样的认识:(1)中国的房中术发达甚早,马王堆房中书从术语到系统都已具备后世房中书的基本特征,应有自己独立的起源;(2)孙氏《房中补益》所述出自《仙经》,《仙经》是西晋古书,要早于唐代。但值得注意的是:(1)中国的房中术似乎是到东汉晚期才演化为道教仪轨,备如《黄书》所述;(2)《黄书》所述仪轨是与九宫坛场相配,具有类似密教曼荼罗(maṇḍala)的设计;(3)东汉晚期,与道教兴起相先后,佛教也传入中国,二者确有许多相互影响(例如早期道教无偶像,其偶像是仿佛像为之)。因此在这一时间范围内,中印房中术的相互影响还是值得讨论的问题。

据高氏考证,印度房中术之传入中国主要是通过大乘佛教中的密宗,因为古典印度教和小乘佛教的教义都是反对房中活动的。《广林奥义书》(Bṛhadāraṇyaka upanishad) 卷六第四节虽然也提到房中，梵文房中书《欲经》(Kāma-sūtra) 也成书较早，但它们皆属实用书籍，没有以此作超度手段。另外，早期到过印度的法显、玄奘和义净，他们也没有提到这类活动。真正使密教早期形式的金刚乘形成中国佛教之组成部分，其代表人物是公元 8 世纪到中国传经的善无畏、不空金刚和金刚智（"开元三大士"）。因此高氏把早期密教经典的年代定在公元七八世纪。这种看法现在是值得重新考虑的。因为就现存文献记载看，不仅密教的很多技术，其年代要早于这一时期，而且就连房中一项，其传入年代也不始于唐，而至少可以上溯到南北朝时期。例如昙无谶在中国传房中术就是较早的一例。

昙无谶是早期来中国传经，以咒术著称的印度僧人。据梁慧皎《高僧传》卷二《晋河西昙无谶传》（他书所载大同小异），谶本中天竺人，幼从达摩耶舍诵经读咒，初学小乘，兼览五明，后遇白头禅师，授树皮《涅槃经》本，从此专攻大乘。年二十，诵大小乘经二百余万言。谶明解咒术，所向皆验，西域号为"大咒师"，尝以咒术使枯石出水，王悦其道术，深加恩宠。顷之王意稍歇，待之渐薄。谶赍《大涅槃前分》十卷，并《菩萨戒经》、《菩萨戒本》等奔龟兹（西域国名，在今新疆库车一带），而龟兹多学小乘，不信《涅槃》，遂至姑臧（北凉所都，在今甘肃武威）。河西王沮渠蒙逊闻谶名，呼与相见，接待甚厚。蒙逊欲请出其经本，谶以未参土言，又无传译，学语三年，翻为汉言，自玄始三年至十年（414—421 年），先后译出《涅槃初分》、《中分》、《后分》，以及《大集》、《大云》、《悲华》、《地持》、《优婆塞戒》、《金光明》、《海龙王》、《菩萨戒本》等经。八年中，曾一返故国两至于阗（西域国名，在今新疆和田一带），更求经本。谶尝为蒙逊驱鬼甚验，逊待之益厚，会北魏太武帝拓跋焘闻其道术，遣使迎请，且告逊曰"若不遣谶，便即加兵"，逊惜谶不遣，又迫魏之强，乃密图害谶，伪以资粮发遣，厚赠宝货，遣刺客害之于路。时为蒙逊在位之末年（433 年），谶卒仅四十九岁。

《昙无谶传》只言谶擅咒术而不及房中术，但《魏书·沮渠蒙逊传》云：

胡沮渠蒙逊，本出临松卢水，其先为匈奴左沮渠，遂以官为氏。……
……

　　……蒙逊性淫忌，忍于刑戮，闺庭之中，略无风礼。

　　第三子牧犍统任，自称河西王，遣使请朝命。

　　先是，世祖遣李顺迎蒙逊女为夫人，会蒙逊死，牧犍受蒙逊遗意，送妹于京师，拜右昭仪。改称承和元年。……牧犍尚世祖妹武威公主，……

　　太延五年，世祖遣尚书贺多罗使凉州，且观虚实。以牧犍虽称蕃致贡，而内多乖悖，于是亲征之。诏公卿为书责让之曰："……既婚帝室，宠逾功旧，方姿欲情，蒸淫其嫂，罪十也。既违伉俪之体，不笃婚姻之义，公行鸩毒，规害公主，罪十一也。……

　　……

　　……牧犍淫嫂李氏，兄弟三人传嬖之。李与牧犍姊共毒公主，上遣解毒医乘传救公主得愈。上征李氏，牧犍不遣，厚送居于酒泉，上大怒。……

　　初，官军未入之间，牧犍使人斫开府库，取金银珠玉及珍奇器物，不更封闭。小民因之入盗，巨细荡尽。有司求贼不得。真君八年，其所亲人及守藏者告之，上乃穷竟其事，搜其家中，悉得所藏器物。又告牧犍父子多蓄毒药，前后隐窃杀人乃有百数；姊妹皆为左道，朋行淫佚，曾无愧颜。始罽宾沙门曰昙无谶，东入鄯善，自云"能使鬼治病，令妇人多子"，与鄯善王妹曼头陀林私通。发觉，亡奔凉州。蒙逊宠之，号曰"圣人"。昙无谶以男女交接之术教授妇人，蒙逊诸女、子妇皆往受法。世祖闻诸行人，言昙无谶之术，乃召昙无谶。蒙逊不遣，遂发露其事，拷讯杀之。至此，帝知之，于是赐昭仪沮渠氏死，诛其宗族，唯万年及祖以前先降得免。……

　　《沮渠蒙逊传》谓谶"罽宾沙门"与上异，"罽宾"（西域国名，在今克什米尔境内）在天竺北，与龟兹近，为谶所经行，非其母国。谶去罽宾，先经龟兹,再至鄯善(西域国名,在今新疆若羌一带),自鄯善东行,乃至凉州(即姑臧),可补《昙无谶传》之缺。蒙逊在位当公元401—432年。"承和元年"、"太延五年"、"真君八年"乃北魏太武帝年号,分别相当公元433、439和447年,皆蒙逊死后。传述蒙逊父子蓄毒杀人、诸女子妇行淫与无谶授法有关,亦《昙无谶传》所无。推传文之义,"昙无谶以男女交接之术教授妇人"盖先行于鄯善,后行于北凉,故有与鄯善王妹私通事发而亡奔凉州之事[案:汤用彤考谶入凉州前曾居敦煌,见所著《汉魏两晋南北朝佛教史》,北京:中华书局,1983年,上册,280页]。蒙逊受法,似极秘密,拓跋焘召之,竟杀人灭口。其事之发在蒙逊死后七年(牧犍时),真相大白在蒙逊死后十五年(安周时),所述谶法出于追述,似兼咒术、毒蛊术与房中术。这是印度房中术(可能还杂有西域房中术)传入中国的最早记录。

我们在上文提到,南北朝之际的中国僧人曾借"淫乱"为名大肆攻击道教,孰不知佛教传入中国也有类似传授。所不同者,唯其术行于宫闱,相当隐秘,远不如道教之术广为人知耳。

印度密教传入中国,有中日学者称为"杂密"的早期阶段,即公元2世纪上半叶至8世纪中叶这一段。当时印度来华僧侣多以传陀罗尼(dhāraṇi)经著称,天文图谶、针药方技是其所长。其技术传授同由"开元三大士"标志的"纯密"阶段有前后相继的关系,这是比较明显的。[1] 但"纯密"阶段的房中这一项在早期是不是也有,则是值得讨论的问题。昔周一良先生著《中国密宗》对这一时期曾有所讨论,[2] 他指出佛教密宗同早期婆罗门教的传统有关,经咒和坛场是重要特点[案:值得注意的是,经咒和坛场也是《黄书》过度仪式的特点]。例如他举出的魏晋南北朝到隋代的"密宗佛教在中国的最早的宣教者",即竺律炎、竺法护、涉公、昙无谶、昙

---

[1] 吕建福《中国密教史》,中国社会科学出版社,1995年,1—57,100—153页。
[2] Chou I-liang, "Tantrism in China", *Harvard Journal of Asiatic Studies*, vol. VIII (March,1945), no.3 and 4;中译本收入周一良《唐代密宗》,钱文忠译,上海远东出版社,1996年,1—125页。

曜、智通、义净等人,他们就是以此为特点。周先生提到:

> 来自中亚的僧人涉公(卒于 380 年)由于能够呼龙降雨,得到了符坚的信从。这是佛僧在中国祈雨的最早例子。后来的密宗大师们都被指望能任此事。昙无谶(卒于公元 433 年)熟习陀罗尼,并且通过使水从一块石头中喷涌出来显示其法力。……
>
> 被认为是创建大同石窟的僧人昙曜与印度僧人合作,在公元 462 年翻译了《大吉义神咒经》,描述了制坛的方法,佛像在其中以圆形环列,接受信徒们的供养。此坛似乎是曼荼罗(maṇḍala)雏形,其结构在后来的经典中得以传授。……

他不但把昙无谶列入"前密教经典时期"的早期代表人物之一,还指出了他的擅长咒术是与陀罗尼经咒有关。

关于密教房中术在中国的传播,周先生在《中国密宗》一文的附录十八曾引李复言《续玄怪录》佚文作为印证:

> 昔延州有妇女,白皙颇有姿貌。年可二十四五,孤行城市,年少之子悉与之游,狎昵荐枕,一无所却。数年而殁,州人莫不悲惜,共醵丧具为之葬焉。以其无家,瘗于道左。大历中,忽有胡僧自西域来,见墓地遂趺坐具,敬礼焚香,围绕赞叹。数日,人见谓曰:"此一纵淫女子,人尽夫也,以其无属,故瘗于此,和尚何敬也?"僧曰:"非檀越所知,斯乃大圣,慈悲喜舍,世俗之欲,无不徇焉,此即锁骨菩萨,顺缘已尽,圣者云耳。不信即启以验之。"众人即开墓,视遍身之骨,钩结皆如锁状,果如僧言。州人异之,为设大斋,起塔焉。

他指出这一传奇既托之唐大历年间(766—779 年),显然"是在密宗佛教的环境中产生"(他并把这个故事与志磐《佛祖统纪》的一则故事做了比较,认为后一故事是模仿前一故事,惟易"延州妇"作"马氏妇",疑即后世以"马郎妇观音"称女身观音所本），极为重要。[1] 但这一记载和他所说"早期宣教者"的活动年代有一段距离，当时经咒已有，坛场也有，缺的只是房中术。我以为《沮渠蒙逊传》的重要性就在于它补上了这一缺环。

关于早期印度房中术传入中国的路线，现在看来也值得重新讨论。昔高罗佩论中印房中术的早期交流，他曾提出三种可能，即：（1）东线：中国—东南亚—印度；（2）北线：中国—中亚—印度；（3）南线：中国—海路—印度，并把最大可能寄托于东线，即把从印度东部的阿萨姆邦到缅甸到中国云南的路线当作主要路线。然而现在看来，连结中印度和中国的北线，即经罽宾、龟兹、鄯善和于阗的西域丝路也许更值得注意。昙无谶走北线入华是经西域各国，这还提出一个问题，即他传授的房中术是否还融入了西域各国的传统。当然所有这些问题，光有一个例子是不够的。更多的秘密仍埋藏于西域丝路，还有待于新的考古发现。

李　零

1997年6月12日写于北京蓟门里

---

[1] 高罗佩（《中国古代房内考》中译本，474页）说："现代中国学者周一良在谈到中国人对密教文献著作的删改时说：'性力崇拜在中国从未流行，中国的儒家禁止男人和女人之间有任何密切来往'（TIC 327页）。我相信本书记载的事实足以证明杜齐和周一良是把十三世纪之前还没有立足之地的压抑和社会习俗错误地安到了唐代中国人的身上。"但周书虽提到宋代可能禁止这种崇拜，却指出密宗"也许曾持续起过作用"。他举出的两个故事就是为了证明此点（见钱译周书114页）。

图书在版编目(CIP)数据

中国古代房内考:中国古代的性与社会/(荷)高罗佩著;李零等译.—北京:商务印书馆,2007(2025.6重印)
ISBN 978-7-100-04540-7

Ⅰ.①中… Ⅱ.①高…②李… Ⅲ.①性社会学-研究-中国 Ⅳ.①C913.14

中国版本图书馆 CIP 数据核字(2005)第 058302 号

权利保留,侵权必究。

中 国 古 代 房 内 考
—— 中国古代的性与社会

〔荷〕高罗佩 著
李 零 等译

商 务 印 书 馆 出 版
(北京王府井大街36号 邮政编码100710)
商 务 印 书 馆 发 行
北京中科印刷有限公司印刷
ISBN 978-7-100-04540-7

2007 年 1 月第 1 版　　　　开本 787×1092　1/16
2025 年 6 月北京第 9 次印刷　印张 28¾　插页 13
定价:139.00 元